図Ｉ　修道士に教えるベルナルドゥス

図II　詩編を読み，瞑想する修道士

dinabilit. sociabilit. humilit. Ordinabilit scilicet custodiens ui
as tuas in conspectu di ⁊ proximi tibi cauens a peccato ⁊ proxi
mo a scandalo. Sociabilit studens ⁊ amare ⁊ amari ⁊ suppor
tans infirmitates proximi n tantu corporu s ⁊ moru. humilit
ut cu hec omnia feceris uentu supbie studeas exsufflare. Et o
missis omnib; que p eum dns est sepe mirabiliter operatus. hoc unu
liber huic interserere tractatui. p quod potest eius sanctitatis sub
limitas inter cetera que fecit opa. comprobari. uidelicet quod
cuidam puerulo muto quem tamen ipse mutum ee nesciuit. queda
uerba ad patrem deferenda commisit. recepa enim eu hospitio.
⁊ honeste tractauerit. ⁊ inde grates ei psoluit. que idem puer. stati
officio lingue accepto. patri de uerbo ad uerbum. sicut uir scs ptu
lerat. disertis ⁊ expressis articulis indicauit.

hic missus est in claram uallem. alius in firmitatis domu. tri

図III　樹木の下で

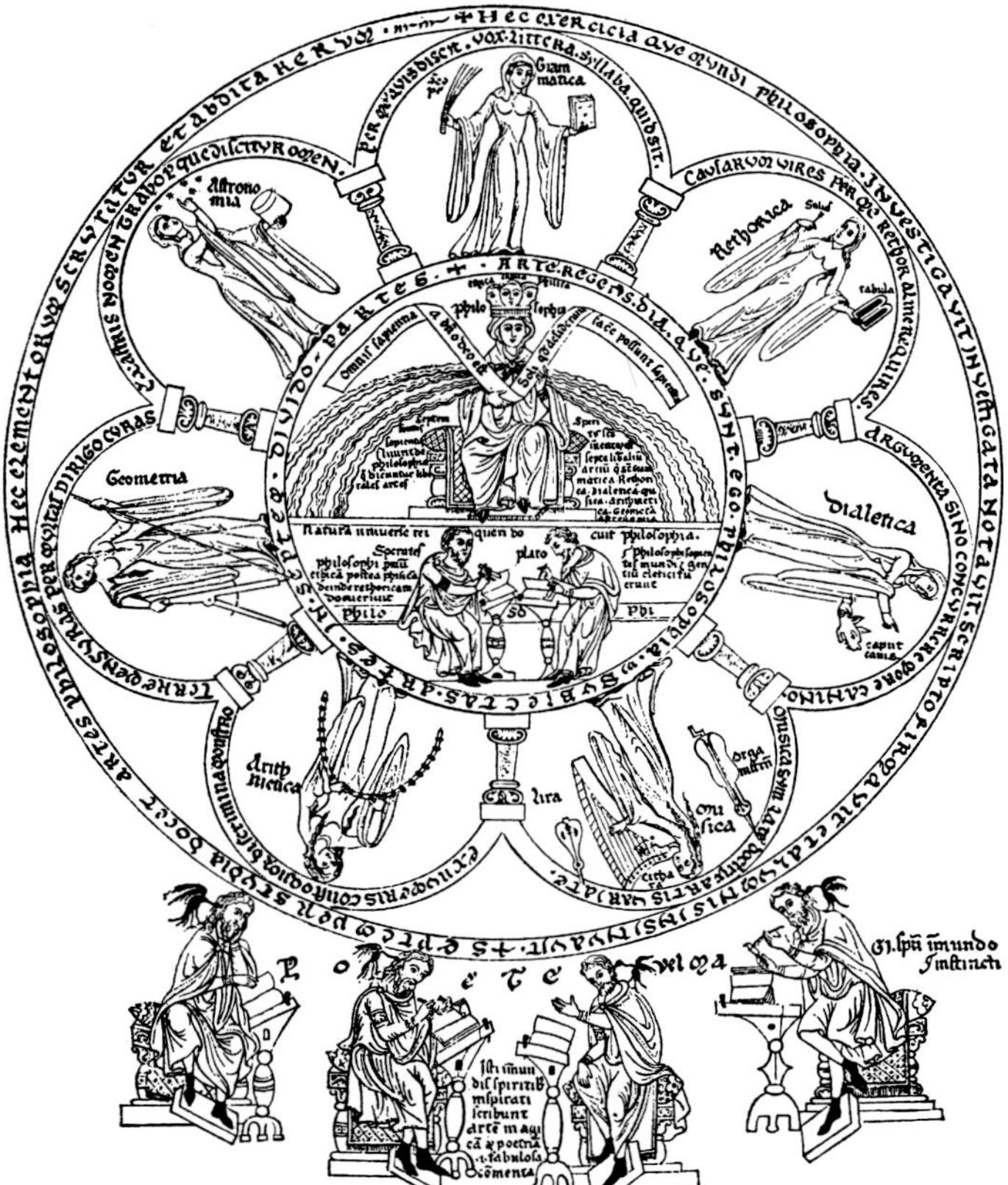

図IV　ランツベルクのヘラディスによる哲学，自由学芸，詩人

修道院文化入門　学問への愛と神への希求

修道院文化入門

——学問への愛と神への希求——

ジャン・ルクレール著
神崎忠昭・矢内義顕訳

知泉書館

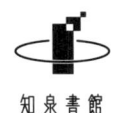

第三版への序文

三五年間の新しい研究成果を取り入れた上で、本書を書き改めることは、私の高齢が許してはくれない。しかし、本書が一九五七年に初めてフランス語で出版されたときの記憶は、なお鮮明である。同年、M-D・シュニュの卓越した著作『一二世紀の神学』(La théologie au XIIᵉ siècle) が出版された。そして、同じ時代に関するわれわれ二人の取り組み方の補完的な性格が強調された(1)。われわれの友情のこもった書簡の中で、シュニュは次のように記した。「私たちの確信の出会いを、喜びとします。私たちの探求の分野が異なっていることがはっきりしているだけになおさらです。私たちの共通の読者は、『修道院神学』(théologie monastique) の真実を銘記することになるでしょう(2)」。

問題は、文化と神学、さらに正確に言うならば、さまざまな文化とさまざまな神学における必然的な関係であった。さまざまな文化、そしてさまざまな心性に関する社会学は、「さまざまな神学の多元性」をよりよく理解することへと導いた。この表現は、シュニュが、かなり後になって、モンセラートの修道士の著した『キリスト教神学史』の推薦文で用いたものである。すなわち、「さまざまな文化の多様性と発展は信仰に浸透する。そして信仰は、神への超越的な一致であり、神の臨在において多様化する(3)」。信仰の思索 (Cogitatio fidei) の正当な多様化は、この数十年の間に、明らかになったばかりである。当時は、歴史の名において、この多様化を要求しなければならない時代であった。そしてシュニュは、歴史が「この平和的な共存の申し分のない例を提供した」と付け加えた。

キリスト教の源泉の中にしっかりと根を下ろした同質的な諸伝統が、豊かな発展を準備した以上、それらの伝統は、今日もなお、現実的な価値を保っているのである。

第二版への序文

本書は、一九五五年―五六年の冬、ローマの聖アンセルモ大学の修道院研究所において、若い修道士たちのために行なわれた一連の講義からなる。本書は、彼らの求めに応じて出版され、彼らに献呈されている。本書は、入門書であり、したがって、専門家、すでに十分な知識を持つ学者のためのものではない。彼らが、こうした概括的な著作の場合には避け難い一般化を非難しても、それは当然だろう。そこで、まず初めに、本書の取り扱う範囲を示しておかねばならないだろう。

本書の目的は、総合を提出することではない。それには時期尚早である。また文献一覧を提供することでもない。それは他にもある。そうではなく、今後なされるべき研究テーマへと関心を引き付けること、そして部分的で暫定的な解決を示唆することである。本書で使用された源泉は、第一に、文献資料であり、その中でも、特に、教理的な性格ないし霊性に関わる性格をもった文献である。地理学、医学、法学に関する論考は考慮されないだろう。宗教的な文書は、実際、最も多く、最も豊かだが、それらはまだ写本の状態である。ここでは、それらが完全に枚挙されることはないだろう。利用された文書のすべてが言及されることもないし、また引用されたものも、例として挙げられるに留まるだろう。一三世紀の初頭以降の著者からの引用は少ないであろう。

これらの限定、そして留保を付けると、当然のことながら、本書は、単純化、一般的な概観を含むことになる。それらは、証明され、濃淡を与えられ、正確に定義されることを要求するだろう。それらは、しばしば専門的な研究においてなされ、そこでは、本書の説明に欠けている証拠が示されている(4)。本書は、新たな光を投げかけようとするのではなく、主として、これまで成果が分散したままだった諸研究をまとめようとするものである。C・H・ハスキンス、ド・ゲランク、そして今日では、パウル・レーマン、B・ビショフ、その他の学者たちは、中世文化全般に関する忍耐強く、実り多い研究を行なった。これらの中から、修道院文化は固有の性格をもっているのか、それらはどのようなものか、を問う機会が到来したと言ってもよかろう。この判定は困難である。修道制の歴史には、修道制の外部の学者たちが、おそらく、ほとんど注意を払ってこなかったいくつかの側面があるが、他方で、修道士は、それらを過大に評価するきらいがある。不確定が生じる余地は、常に、評価の中に、そして確定された事実の中にすら残ることになろう。そして、このことは、最初に認めておくことが望ましい。したがって、ここでは判定を下すことよりも、理解することのほうが重要である。判定は神に委ねられる。歴史家は、テキストが彼に語る人々と事実が、なぜそのようなものであったかを知ることで満足しなければならない。確かに、われわれが、人々——本書で取り上げる諸世紀に生きた多くの人々、修道士たち——を、文献ないし絵画に拠って、知っていると考えることは幻想である。にもかかわらず、それらは、われわれのもっている唯一の源泉なのである。それらは、彼らの中のほんのわずかな人々の仕事である。たとえ、偉大な著作家と例外的な天才の証言を補うために、普通の人々そしてしばしば無名の証言に訴えたとしても、それらが全体を示すわけではない。修道制の中にも弱点がある。その文学の中には嘘や偽造がある。しかし、それだけではない。結局、修道士の最も真なる自己、彼らがそうあろうとする自己こそが、彼らにおいて最良のものなのである。

RTAM	Recherches de théologie ancienne et médiévale
SBBAW	Sitzungsberichte der Bayerischen Akademie der Wissenschaften
SE	Sacris erudiri
SM	Studi medievali
SpC	La spiritualité catholique
Trad	Traditio
TRev	Theologische Revue
VS	La vie spirituelle
ZkT	Zeitschrift für katholische Theologie

聖書の略語については，新共同訳『聖書』日本聖書協会の略語に従った。

略 号 表

AB	Analecta Bollandiana
AHDLMA	Archives d'histoire doctrinale et littérature du moyen âge
AMrhKG	Archiv für mittelrheinische Kirchengeschichte
AnaMo	Analecta Monastica
ASOC	Analecta Sacri Ordinis Cisterciensis
BenMo	Benediktinische Monatsschrift
BiViChr	Bible et vie chrétienne
BZ	Byzantinische Zeitschrift
CistC	Cistercienser-Chronik
COCR	Collectanea Ordinis Cisterciensium Reformatorum
CSEL	Corpus scriptorum ecclesiasticorum latinorum
DHGE	Dictionnaire d'histoire et de géographie ecclésiastique
DSp	Dictionnaire de spiritualité
EtMérov	Études mérovingiennes
GeL	Geist und Leben
HZ	Historische Zeitschrift
MEL	Medio Evo latino
M. G. H.	Monumenta Germaniae historica
MIOGF	Mitteilungen des Instituts für österreichische Geschichtsforschung
MS	Mediaeval Studies
MSR	Mélanges de sciences religieuses
MTZ	Münchener Theologische Zeitschrift
P. L.	Patrologia latina (Migne)
RAM	Revue d'ascétique et de mystique
RBen	Revue bénédictine
REL	Revue des études latines
RHE	Revue d'histoire ecclésiastique
RHR	Revue d'histoire des religions
RM	Revue Mabillon
RMAL	Revue du moyen âge latin
RSPT	Revue des sciences philosophiques et théologiques

目　次

第三部　修道院文化の成果

修道院文化入門

——学問への愛と神への希求

序論　文法学と終末論

「前期スコラ学」と「修道院」文学

この数年、「修道院神学」が話題に上るようになった。この表現の背後には何らかの現実が隠されているのだろうか。一方で、真に「神学」であり、他方で「修道院的」であり、しかもそれ以外ではないという知的な形態が存在するのだろうか。今から、この主題、つまり修道院神学という事実に入っていくために、修道院神学が完成の域に達し、他の神学と最も明確に区別される時代、その最盛期である一二世紀を考察することにしよう。

中世の教理史における一二世紀の重要性については、もはや確証するまでもない。その発見は、比較的最近、二〇世紀のことである。第一次世界大戦以前に、C・ボイムカー、ド・ゲランク、M・グラープマン、その他の人々によってその重要性が指摘され、以来、E・ジルソン、A・ラントグラフ、ロッタンのような大家、そして他の多くの人々によって、しだいに明るみに出されてきたのである。今日では、この時代が一三世紀のスコラ神学を準備するにあたって、重要な役割を果たしたことは認められている。ところで、一般に、「前期スコラ学」(prèscolastique、ドイツ語ではVorscholastik, Frühscholastik) という名称で示されるのは、一三世紀におけるスコラ学、つまり「盛期スコラ学」(haute scolastique, Hochscholastik) の偉大な飛躍に直接先行する時代の教理的な著作の全体であり、この「盛期スコラ学」は「後期スコラ学」(scolastique tardive, Spätscholastik) に先行する。確かに、一二世紀のすべての著作が、一三世紀のそれらを準備した。けれども、一二世紀の著作が多様であったために、その準備の仕方も多様であった。中にはすでにスコラ的であり、前期スコラ学というタイトルにふさわしい著作もあった。他方で、決してスコラ的とは呼ぶことができない著作もあった。本書で問題になるのはこうした著作である。つまり、それらは、確かに存在し、一二世紀の文学と教理の歴史において考慮に値し、またそれらに固有の性格が尊重されなければならず、スコラ的な性格をもつ著作と混同されてはならない。「スコラ的ではない」(non-scolastiques, außerscholastische) と言うのは、こうしたテキストのことである。

もちろん、ここで用語の問題を持ち出すことができよう。まず先に、スコラ学の定義について合意を得なければならないと言われるだろう。しかし、この点に関しては、異なる諸見解が表明され、決定的な一致をみることはない。たとえば、ド・ヴュルフにとって、スコラ学という用語は教理の総体に適用され、しかも正統教理の総体だけに適用される。(1) このため、ブラバンのシゲルス(一二四〇頃－八四年以降)とラテン・アヴェロエス主義者たちはこの名称に値しない。もっとも、ド・ヴュルフは後にこの解釈を放棄した。これに対し、グラープマンにとって、スコラ学という用語は、教理ではなく、方法に適用される。彼の偉大な著作が『スコラ学の方法史』(2) と題されたのもこのためである。けれども、このスコラ的な方法それ自体は、ある人々にとってはアリストテレスのテーゼを採用することであり、この場合、一三世紀の開始まで、事実上スコラ学は存在しないことになる。他の人々にとっては、アリストテレスによって鍛え上げられた論理学――これはボエティウス(四八〇頃－五二四年頃)の著作などにより中世に伝えられた――を手段として用いることであった。この場合は、アンセルムス(一〇三三／三四－一一〇九年)やアベラルドゥス(一〇七九－一一四二年)のような人々も、すでにスコラ学者であったと言うことができる。今日、かなり一般的に認められているのは、スコラ的な方法が、アリストテレスの活用ではなく、学校における教育の手順、主に聖書（sacra pagina）に適用された問い（quaestio）によって特徴づけられるということである。そしてこの意味では、一二世紀初頭のラン学派の著作はすでにスコラ的であるし、そればかりでなく、さらにさかのぼり、カロリング期に始まる古代の教育の再生以来、聖なる教えに関して立てられたさまざまな問い（quaestiones）もスコラ的である。(3)

本書では、こうした意味でスコラ学という言葉を使うことにする。というのも、この見解は、スコラという言葉の最も自然な意味に対応し、またこれによって、スコラ的な著作とそうではない著作を区別することができるからである。実際、スコラ学者（scolastique）とは、語の意味からすると、学校の教師、つまり学校で教える人のことである。ところで、後に明らかにされる点だが、中世、特に一二世紀には、二種類の学校が存在する。修道士の学校と聖職者の学校である。前者の場合、それが修道生活を志す子弟だけに開かれている場合は「院内」の学校と呼ばれ、他の子弟の入学を許可する場合は「院外」の学校と呼ばれる。さらにこの「院外」の学校は、わずかの例外を除いて、もっぱら、文法学、修辞学、弁証論理学の三学科（trivium）と算術、幾何学、天文学、音楽の四学科（quadrivium）、つまり自由学芸を教育し、聖なる教え（神学）は教育しない。

一般に、修道士が受けた宗教的な教育は、学校という場で、教師の下で、質疑（quaestio）によってなされたのではなく、個々人が、霊的な師父である修道院長の導きの下で、聖書と教父の著作を読むことによって、修道生活の典礼の枠内でなされた。以上のことから、極めて明確な特徴をもったキリスト教文化の一つの類型が浮かび上がる。「観想的な」傾向をもつ、利害に無関心な文化である。聖職者の学校は、これと著しく異なる。それらは都市の大聖堂に付設され、そこに足繁く通うのは、すでに田舎や教区の学校あるいは修道院学校で自由学芸の教育を受けた聖職者たちであり、彼らはそこで自分たちの司牧活動、「活動的な生活」の準備をすることになっていた。「スコラ神学」、すなわち、学校の神学、学校で教授される神学は、この聖職者の学校において誕生する。一二世紀の人々が学校のことを口にする場合、たとえば「学校へ行く」(ad scholas ire) と言う場合には、そこで意味されているのは都市の学校であって、修道院のそれではない。

では修道士には神学がなかったということであろうか。彼らにも神学はあるが、しかし、スコラ神学ではない。彼らのそれは、修道院の神学、「修道院神学」(théologie monastique) である。一二世紀の人々は、この区別を明瞭に意識していた。ここでは、一一八五年頃に書かれた、サン=ヴィクトルのゴドフロワ (一一二五/三〇-九四年頃) の『ミクロコスモス』(Microcosmos) から一例を取り上げることができよう。トゥールネのシモンの見解について報告した後、このヴィクトル学派は次のように付け加える。「いずれにせよ、われわれ〔修道士〕にはほとんど関係のないこれらの問題は、スコラ学者の討論に委ねることにして、われわれの関心を他に向けることにしよう[4]」。この律修聖堂参事会員は、ここで明確な態度を表明している。彼は、スコラ学者の関心を引く事柄と、修道院禁域に住む人々 (claustrales) の関心を引く事柄とを、はっきりと区別しているのである。

十分に注意してもらいたいことは、修道院の環境とスコラの環境が、いつも対立していたわけではないということである。それらは対照的であるが、相互に関係し、相互に依存する点も多い。以上のことを想起するためには、二人の偉大な神学者の名前を呼び出すだけで事足りよう。それは、クレルヴォー修道院長のベルナルドゥス (一〇九〇-一一五三年) と『命題集』の教師ペトルス・ロンバルドゥス (一〇九五/一一〇〇-六〇年) である。彼らは、互いに著しく相違していたが、友人同士でもあった。今しなければならないことは、この二つのキリスト教文化における環境の区別を明らかにすること、そして、一般的な考察に終止しないために、名前を挙げたばかりのこの二人の神学者から取られた二つのテキストを提示することである。

ペトルス・ロンバルドゥスのパウロ書簡註解への序文

最初に示すのは、ペトルス・ロンバルドゥスがパウロ書簡註解のために執筆した序文の最近発見された版である。(5) それは、今日まで知られ、刊行されている序文とは異なっている。(6) 内容は実質的には同じだが、しかし、よりいっそう「口述体」に近く、ロンバルドゥスが自分の学校で生徒たちに行なっていた実際の教育をより忠実に再現し、そのため、ここで問題としている方法をより明確に示している。

冒頭から、まったく非人称の形式で、明確な区別が導入され、続いて、各々の術語が定義され、新たな区分が提示され、さらに他の一連の区分が導入される。まず目標が示される。それは、「……のことを知らねばならない」(Sciendum quod...) とあるとおり、知ることである。それを獲得する手段は問い (quaestio) である。「なぜかが問われる」(Queritur quare) のである。パウロ書簡は、他の歴史的な記録に関してなされるのと同様に、調査の対象となる。続いて、真正性、執筆年代、執筆状況、構想の問題が取り上げられる。それらの各々の主題に関して、まず先学、諸権威 (auctoritates) の解決が述べられる。ついで、教師はそれらの中から解答を選ぶ。こういうわけで、註解とその序文の目的は、客観的な歴史の問題を解決することである。源泉となるのは、古代のさまざまな註解、特に、ヒエロニュムス（三四七—四一九／二〇年）の名で流布したペラギウス（三五四頃—四二〇／二七年）の註解、ついでオーセールのハイモ（八五〇／六〇年頃活動）、同時代人の中ではギルベルトゥス・ポレタヌス（一〇八〇頃—一一五四年）である。ロンバルドゥスのテキストは、一二世紀のスコラ学者の中では最も優れたものの一つだが、独創性に乏しく、さして個性的でもない。しかし、このこと自体が何よりも価値があり、学校の伝統におけるその影響を説明している。

ベルナルドゥスの『雅歌講話』の序文

このロンバルドゥスのテキストを別の例、つまり、修道院という環境でなされた聖書の教育の例と比較してみよう。テキストを選ぶにあたっては、その目的が前者に対応し、註解の序文でなければならないので、ベルナルドゥスの『雅歌講話』(Sermones super Cantica Canticorum) の第一講話を読むことにしよう。すでに開口の言葉からして、まったく異なる響きをもっている。「兄弟たち、あなたがたには、他の人たち、世俗に属する人たちに語ることとは別のことが語られなければならない。あるいは、いずれにせよ、異なる仕方で語られねばならない」。そして、以後はすべてこれと同じテーマを展開する。したがって、語り方は非人称ではない。一人称で語る場合、人は、はっきりと決まった読み手ないし聴き手に語りかけ、また彼らにふさわしい教育を行なうものである。では、聴き手はどのような人々であろうか。彼らは、万人が知らねばならないような使徒の信仰に関する教育を望む人々、世俗の人々ではない。彼らは霊的な人間であり、霊的な教え (doctrina spiritus) を必要とする人々である。彼らは、パウロの言う「完全な者たち」(一コリ二・六) であり、彼らには知恵が語られなければならない。パウロが「われわれは知恵を語る」(sapientiam loquimur) と述べるとおりである (同上)。彼らは、「久しく天上の事柄に専心し」「昼も夜もそれらを瞑想の対象とすること」(詩一・二) を習いとしてきた人々、一言で言うと、観想的な人々である。彼らは、教えを受ける権利と要求をもち、それは、真正な聖なる教え、別言すると、神学である。だが、それは修道院的な体験に応じた、すなわち、端的には、修道院で営まれる信仰の生活に対応した神学である。この神学は、これを教育する側にもそれを理解する側にも、一つの生活様式、厳格な修徳修行、あるいは今日の言い方なら、「参加」(engagement) を前提として求める。さらに、この神学は、思弁的な洞察よりも、むしろ一種の味覚、真理への固着の味わいのようなもの、要するに、神への愛をもたらすのである。

ベルナルドゥスは、聖書から取られた詩的なイメージを用いて、この観想的な講話（theoricus sermo）の方法と対象がいかなるものかを明らかにする。それは、学問ではなく、霊性へと秩序づけられる。彼は理性的な手段をも超えることを要求するが、この手段は正当な仕方であれば、信仰に適用しうるのである。それゆえ、彼が前提とするのは、教える者と聴従する者に神の賜物、個人的な恵みが与えられることである。何よりも、教えるのは神である。したがって、祈らねばならない相手は神である。この視点からすると、道徳的な生活と修徳修行なくして神学が存在しないのと同様に、祈りなくして神学は存在しない。祈りは、結果として、神との一種の接触、神への深い愛情を呼び覚ますことになる。というのも、これらのニュアンスは、他のニュアンスとともに、ベルナルドゥスがここで用いるaffectusという語に含意されているからである。彼は、ここに魅力（allicit）、喜び、甘美を喚起するためのさまざまな表現を付け加える。この「仕事」には労苦がつきものであろう。これは真の探究（investigare）であり、困難な探究（inquirendi difficultas）となろう。しかし、神の甘美を体験することは熱狂を生み出し、それは詩において、讃美において開花するだろう。「雅歌」は、希求の表現であると同時に成就の表現である。それは、歌、いや、愛の歌であり、人が自己の全存在を傾けて聴く歌、自ら歌いあげる歌である。こうして、それは、信仰の進歩、すなわち恵みから恵みへ、召命から修道生活への回心、そして至福の生活に入るまでの進歩に随伴し、それを支えるのである。ベルナルドゥスは労役、「日々の戦い」を喚起するが、しかし同時に、希望の喜び、すばらしい約束、未来の報酬、神を言い表わす諸々の言葉を喚起する。というのも、主なる神が出発点であり、すべての段階であり、終わりであり、唯一の目的だからである。重要な言葉は、もはやquaeritur（問われる）ではなく、desideratur（希求される）であり、sciendum（知られるべき）ではなく、experiendum（体験されるべき）である。ベルナルドゥスは、このことを倦むことなく強調するが、その形式は、音楽的なリズムが持続的な美を醸し出し、その濃密さはいかなる翻訳によっても表現されえないものである。「この種の歌は〔聖霊の〕塗油のみが教え、体験のみがそれを学び知る。体験した者はそれを理解する。体験をもたない者は、それを認識するよりも体験したいという希求に燃え上がるのである」。

この講解が頂点に達するとき、ベルナルドゥスは、われわれを詩の境界まで導く。しかし、彼はそれを終わらせなければならない。彼は、再び修道院の規則遵守を示唆し、それがこの講話を結論づけることになる。というのも、この極めて情熱的で真摯な高揚を記すために、彼は一つの文学ジャンルを使用し、その規則に従っているからである。彼は神学者である。だが、形式の完全さと構成への配慮という点で、彼は教養人である。彼がここで用いるジャンルは、教父の場合でも、また修道制においても、本質的にキリスト教的な伝統のジャンル、つまり説教である。ところで、優れた構成をもつ説教は、すべて序論、展開、結論から成り立っていなければならない。ベルナルドゥスはこれらの要求にすべて従う。彼が自らに課した規則の範囲内で、柔軟性と自由を発揮するのであるが、それらは、ペトルス・ロンバルドゥスの序文の構成を特徴づける区分や再区分とは対照的である。文体と同様、彼の教えも個性的である。それは、主観的ではなく、普遍的であり、すべての人にとって価値をもっているが、それは各人が、独特の人格であり、各々に固有の霊的な体験に参与している限りにおいてである。最後に、ベルナルドゥスが源泉、あるいは、ともかくも模範とした範囲は、もはやペラギウス、ハイモ、ギルベルトゥス・ポレタヌスではなく、二人の偉大な神秘の教師、オリゲネス（一八五頃－二五三／五四年）と大グレゴリウス（在位五九〇－六〇四年）である。

この二つのテキストの単純な比較は、問題を提起するとともにその解決の方向を示している。ペトルス・ロンバルドゥスの場合、神学というものがあるということは、周知のことである。しかし、ベルナルドゥスに神学というものがあるのか、あるとしたら、それはどのような性格であろうか。彼のテキスト自体が答えを示唆する。それは、一見すると矛盾するように思われるが、しかし、ほとんどすべての修道院文学に見出される二つの要素を調停することにある。それらはさまざまな著者と時代に従って、多様な仕方で統合されることになろう。修道制の中にはさまざまな潮流、さまざまな環境が現われるが——最も重要なものとして、ベネディクト会とシトー会——、それはスコラ学においてさまざまな「学校」——ランの学校はシャルトルのそれとは異なる——そしてさまざまな時期があるのと同様である。しかし、この二つの要素は、割合もほとんど変わらず、修道院文化の継続性と同質性を保証する定数である。それらの一方は、修道院の著作の「文学的な」性格であり、他方は、それらの神秘主義的な方向性である。教育は、語ることよりも、むしろ執筆すること、いや、文章の技法、文法学（grammatica）に従って上手に書くことによってなされる。それは、この世においては主キリストと人格的に一致することを目指し、後の世では至福に入ることを目指す。それを特徴づけるのは、熱烈な希求、終末論的な持続的緊張である。一言でこれらの文学とそれを対象とする研究を特徴づけることが困難であるのは、こうした理由による。神学、霊性、文化史、これら三つの現実は、修道士の現実の生活において決して分離されず、また人がそれを切り離すこともできない。したがって、ここで企てられた研究に課せられていると思われる計画は、個々の例に照らし、具体的に、ベネディクトゥスとベルナルドゥスおよびその息子たちとを結びつける文化の潮流の開始、展開そして恒常的な要素を明確にすることである。以下の頁の唯一の目標は、修道院著作家を読みたいという気を起こさせることである。

第一部　修道院文化の形成

第一章　ベネディクトゥスの回心

二つの系統のテキストが、西欧中世の修道院文化の起源と発展に、決定的、恒常的、普遍的な影響を及ぼしたが、それらのテキストは、文法学と終末論という、この文化にとって二つの本質的な要素の萌芽を含んでいた。これら二つのグループのテキストのうち、一つはベネディクトゥスに関わるものであり、もう一つはあらゆる点で非常に彼に近かった教会博士、すなわち大グレゴリウスによるものである。それゆえ、まず、それらを一つずつ検討する必要があるだろう。それは、本書の以下の論述全体において必要となるであろう諸用語を定義づけ、諸概念に注意を促すよい契機を与えるだろうからである。ベルナルドゥスが示したように、崇高な道は「慎ましく厳しい始まり」(angusto initio) から開始するのである。

ベネディクトゥスの生涯と学問

西欧中世の修道制の伝統は、全体として、主として二つのテキストに基づいているが、それらは、西欧中世の修道制の伝統を「ベネディクトゥス的な」伝統とするものでもある。その一つは大グレゴリウスの『対話』第二巻の『聖ベネディクトゥス伝』であり、もう一つは伝統的にベネディクトゥスに帰せられている『修道士のための戒律』である。前者は歴史的、霊的な資料に富んだ文書であるが、ここでは検証可能な事実の部分と聖人伝的なテーマの部分を区別する必要はない。なぜなら、本研究はベネディクトゥスについての歴史ではなく、彼の影響の歴史に関わるものだからであり、それも特に問題とするのは、文化的な方向づけの分野においてだからである。さて、この点について、大グレゴリウスは、『聖ベネディクトゥス伝』の冒頭において、興味深い証言を残している。この部分は、修道制の伝統において、この後しばしば援用され、その象徴のような役割を果たすことになる。そのテキストとは、『対話』第二巻の序において、若きベネディクトゥスがローマと学校を去って独居へと向かい、ただ神に捧げられた生活を送ったと語られている箇所である。(1) この陳述から、いくつかの事実が明らかになる。第一にベネディクトゥスの回心である。この回心は、彼の生涯を理解するために重要であり、彼の業績と影響力を評価するのに少なからぬ影響がある。その重要性は、アウグスティヌスの回心に劣らない。アウグスティヌスと同様に、ベネディクトゥスは学問から始め、その後これを放棄した。そこから、二つの問題をここで提起しうるであろう。第一に、彼はどのような学問をしたのかという問題であり、第二に、彼はなぜこれを放棄したのかという問題である。

彼はどのような学問をしたのであろうか。それは、当時「自由人」に教えられていたもの、あるいは大グレゴリウスの表現によるならば、「自由学芸」(liberalia studia) であろう。この表現は、当時のローマの青年にとって、文法学、修辞学、法学を指していた。(2) 多くの推測によらなければ、われわれは若きベネディクトゥスの当時の年齢を知ることはできない。彼の年齢は、彼がいかなる学問をしていたかによるのである。(3) 彼は法学を学ぶ年齢にまで達していたであろうか。これを証明するものは何もない。彼はまだ「少年」(puer) であり、ようやく「世俗に足を踏み入れた」ばかりだった。おそらく、少なくとも文法学は学んでいただろうが、この「文法学」(grammatica) については後に論じることにしよう。さしあたり、ここではあまり重要ではない。われわれの関心は、この陳述の象徴的な意味にあるからである。いずれにせよ、学校をとりまく環境で見聞きしたものにうんざりし、間もなく、ベネディクトゥスはすべてを放棄し、学校から逃げ出す。なぜだろうか。学問が低下していたからではないだろう。そのようなことは一言も述べられていない。そうではなく、学生生活、学校での生活が、品行にとっての危険に満ちていたからである。(4) 以後のベネディクトゥスの生涯は、すべて神を探し求めることへと向けられ、神へと進むために最良の条件、すなわちこの危険な世俗から離別した生活が続けられることになる。このようにして、われわれは、ベネディクトゥスの生涯において、修道院文化全体の二つの構成要素を萌芽的に見出すことができる。学問はなされ、決して軽視されたわけではないものの、神の国のために放棄され、脇に追いやられるということである。そしてベネディクトゥスの行動は決して例外ではない。それは、古代の修道士たちにとって普通のことであった。たとえば、アルルのカエサリウス（四六九／七〇－五四二年）の生涯において同じ態度を見ることができる。彼は、ときどきレランス島の修道院を出て、ある家庭で過ごすことがあったが、そこでユリアヌス・ポメリウス（五〇〇年以降歿）を紹介される。ポメリウスは「文法学についての卓越した学識によって、この地方では著名であった」。人々が望んだのは「世俗の学問が、彼の中で、修道士の純朴さに磨きを加えること」であった。しかし、すぐにカエサリウスはこの文法教師の授業を放棄してしまった。ポメリウスが『瞑想的な生活について』という非常に優れた作品の著者であったにもかかわらずにである。(5) ベネディクトゥス的な伝統全体は、ベネディクトゥスの生涯の模倣、すなわち「知ある無知、知恵ある無学」(scienter nescia et sapienter indocta) を模倣することになる。その伝統は、この知ある無知の教えを受け継ぎ、このうちに生き、これを伝え、思い起こし、そして、この教えは、教会の文化的な活動にとって不可避的なパラドックスとして、絶えず保持され、現存することになるのである。

『戒律』における学問

次に、ベネディクトゥスの『戒律』の問題に移ることにしよう。これについて、二つの問題を提起することができるだろう。第一に、その著者の教養はどのようなものであったかという問題である。第二に、著者が、彼の弟子たちに想定していた、あるいは彼らに求めていた教養とはどのようなものであったかという問題である。まず、彼の教養を過大評価しても、過小評価してもいけない。彼の回心の問題と同様、この点についても、歴史家たちは、この過大評価あるいは過小評価という誘惑に屈してきた。修道院文化のほとんどすべての問題に関して、同じような意見の相違が見られるが、このことはまったく意味がないわけではない。ベネディクトゥスの教養を明らかにするために、彼の『戒律』の典拠を挙げることができるかもしれない。しかし、彼は先行する諸戒律からしばしば孫引きのかたちで引用しているために、この基準は、決して多くを明らかにしてはくれない。結局、『戒律』の著者が際立っている点は、彼の学識の広汎さではなく、むしろ、彼がそれらを用いた賢明さ、修道生活についての彼の理解、そして修道生活に彼が刻み込んだ諸特徴だからである。

第二の問題、すなわち、ベネディクトゥスは、修道士にいかなる教養を想定していたのか、あるいは要求していたのかという問題も、的確で確定的な解答を与えることは同様に容易ではない。この点、すなわち学問や研究に対するベネディクトゥスの態度についても、やはり、さまざまに異なる判断が下されている。一部の人々は、修道院を一種のアカデミーと見なしている。他の人々は、ベネディクトゥスは知的な労働を重視していなかったという見解を示している。確かに、彼は、この知的な労働という問題について、『戒律』の中で規定していないが、これを前提としていたことは疑いない。一方、手仕事に関して、彼は定められた時間割が許容ないし要求する範囲で規定している。この点についても、この問題に精通している人々のあいだで見解の相違が見られる。なぜなら、『戒律』

の中には、さまざまに異なる解釈を正当化する箇所があるからである。すでに『戒律』の中に「学問研究の問題」は存在している。そこで、『戒律』そのものに従ってこの問題を提起してみることにしよう。次いで、ベネディクトゥスの同時代人であるカッシオドルス（四八五―五八〇／八二年）の教えと比較してみよう。

『戒律』において、われわれは二つの要素を見出すことができるが、それらは『聖ベネディクトゥス伝』においても現われていた。すなわち、文学の知識と神の探求である。この分野において重要な基本的な事実とは、修道士の主たる関心の一つが、「聖なる読書」（lectio divina）であり、その中には瞑想も含まれている（meditari aut legere）ことである。その結果として、修道院では、書物を所有し、それらを書くこと、読むことができ、そして、もしこれらのことができなかったならば、学ばなければならなかった。(6) ベネディクトゥスが図書室（bibliotheca）について語っているかどうかは確かではない。なぜなら、bibliothecaという語を、彼は四旬節に読まれるべき書物について用いており、彼の語法によれば、聖書を意味しているという可能性もあるからである。(7) しかし、ベネディクトゥスが図書室、それもかなりよく整備された図書室の存在を前提としていることは明らかである。なぜなら、各修道士は、四旬節の際に、書物（codex）を一冊受け取ることになっているからである。また『戒律』の末尾においては、全員が聖書とカッシアヌスとバシレイオス（三三〇頃―七九年）を読むように勧められ、さらに食堂、内陣において、あるいは賓客の前で、朗読ができなければならないからである。

さて、書物を所有するためには、場合によっては、それを書けなければならない。すべての修道士は、通常例外なく、書くことができると見なされている。修道院長と総務長（cellararius）は、彼らが授受した物品の記録を取らなければならないし、(8) 文書庫には文書記録が保管されている。(9) また修道士たちに求められたことの一つは、手紙を書く際に許可を求めることであり、もう一つは許可なくして筆記用具を所有してはならないことである。(10) さらに、修道士はそれぞれ書くために必要なものを受け取るように規定されている。[11] 少なくとも、一部の修道士は書物を製作すること、すなわち、書物を書き写し、装丁し、ある場合には装飾することができると見なされており、これは二つの異なった用途のためである。この点について、『戒律』は不明瞭であるが、同時代の他の諸戒律によって明らかになろう。第一に修道院のために、書物は作られなければならなかった。もちろん、書物の寄進を受けることもありえたし、そのような事例も知られている。しかし、通常、書物は修道院において書き写されていた。この事実は、この時代の複数の戒律によって明らかに証言されている。そして、外部のためにも同様に書物を書き写し、それを売るということをベネディクトゥスは想定している。このことは、古い諸戒律においても同様に言われており、それもベネディクトゥスの『戒律』において見出されるのと同じ表現[12]である以上、同じ意味であると考えざるをえないであろう。

また、ベネディクトゥスは、修道士が文盲ではないことを前提としている。書物を読んだり学問をしたりすることのできない者は一部だけであると見なされており、『戒律』が定める公的ないし私的な朗読を行なえるためには、全員が読めなければならない。このことは、学校の存在を意味し、そこで読み書きを学ぶのである。実際には、六世紀においては、修道院に入ったすべての者が読み書きができたと想定することはできない。ベネディクトゥスは、修道志願者について、『戒律』が「その者のために読まれる」(legatur ei) よう定めている。[13] これは、修道志願者が、それまで読むことを学んでいなかったため、修道院に来た際に自分自身では読むことができないという場合もありえたかのようである。ただし、ここで「読む」というのは、「解説する」という意味である可能性もある。志願者に『戒律』を読み、それを説明するのである。修練期間に修道志願者に読むことを学ばせることは、一言も語られていない。しかし、修道院に奉献され、そこで修道士として暮らす子どもたちもおり、彼らも、いつかは読み書きができるようにならなければいけないので、彼らのために――そして彼らのためだけに――学校がなければならなかったし、また書物がなければならなかった。おそらく、図書室には、聖書と教父の著作以外に、初歩の文法書、たとえばドナトゥス（四世紀中頃）、プリスキアヌス（六世紀初頭）、クインティリアヌス（三五頃―一〇〇年頃）、そして何人かの古典古代の著作家たちの作品が所蔵されていたに違いない、と推測することができよう。『戒律』の第五五章において問題とされている書字板と鉄筆は、ともに学校のための用具であって、「写本室」（scrip-torium）のためのものではない。

「読書」と「瞑想」

それゆえ、修道士が読めなければならないとするならば、それは何よりも「聖なる読書」（lectio divina）に専心するためである。これはいかなるものからなっているのであろうか。どのように読まれるのであろうか。それを理解するためには、「読む」（legere）と「瞑想する」（meditari）という語がベネディクトゥスにおいて有し、中世全体を通して保持されることになる意味に注意を促す必要があろう。これらの語が示している事実は、中世の修道院文学に特徴的な条件の一つを説明するであろう。すなわち、想起という現象であるが、これについては後で論じることにしよう。読書の問題に関して、ここで重要なことは、ある基本的な事実である。古代と同じく中世においては、通常、人々は、現代のように主として目で読むのではなく、見たものを唇で発音しながら語り、発音された語に耳を傾けながら、「書物の声」（voces paginarum）を聞いたのである。人々がもっぱら行なうのは、まさしく聴覚による読書である。それゆえ「読むこと」（legere）は、同時に「聞くこと」（audire）を意味している。そして、聞いたことだけを理解する。それは、今日のフランス語でも「ラテン語を聞く」（entendre le latin）という表現が、「理解する」を意味しているとおりである。確かに、黙読、あるいは声を潜めた読書が知られていなかったわけではない。これは、当時、ベネディクトゥスの表現によれば「黙して読む」(tacite legere)や「自分に読む」(sibi legere)、あるいはアウグスティヌスの表現によれば、「沈黙のうちに読む」(legere in silentio)と呼ばれ、「明瞭に聞き取れる読書」(clara lectio)と対照されている。しかし、ほとんどの場合、「読むこと」(legere)と「読書」(lectio)が特定されずに用いられている場合、それらはある行為を指しており、歌うことや書くことのように、身体全体と精神全体を動員するものであった。運動療法を必要とするいくつかの病気について、古典古代の医師たちは、散歩や競争や球技と同様に、読書を体操として勧めたという。[14] しばしば、大きな声に出して自分自身あるいは秘書に口述することで、テキストが執筆されたり書写されたという事情が、中世の写本に見られる「音声上の異文」(variantes acoustiques)を十分に説明している。[15] 現代においては、ディクタフォン(口述筆記用の録音装置)の使用が、同じような聞き違いを引き起こしている。古典古代、聖書、教父において、大きく声に出された読書に関する証拠はよく知られているが、[16] ここでは修道制の伝統に負うようないくつかの点に注意を促すだけで十分であろう。

たとえば、ベネディクトゥスは、修道士たちが「沈黙のうちに寝台で休んでいる」時間に、読みたい書物を他者に迷惑をかけずに読むことを勧めているが、この場合、彼は読書を沈黙にとって危険なものと考えている。[17] また、ペトルス・ウェネラビリス(一〇九二/九四―一一五六年)がひどい風邪にかかったとき、彼は公の場で語ることができなかっただけでなく、「読書」(lectio)もできなかった。[18] さらに、クレルヴォーのニコラウス(一一七六年歿)は、瀉血の後、読書するだけの力がもはやなかったと証言している。[19] 喉頭と口の動作が目の働きとは切り離されていなかったことは、まったく明らかである。目の働きは自ずと唇の動きを伴っており、「聖なる読書」(lectio divina）は、必然的に身体的活動を伴う読書だったのである。

この点において、読書は「瞑想」（meditatio）に非常に近かった。この「瞑想」という語は重要である。なぜなら、この語が含んでいる実践は、聖書と教父に対する修道士の心理のあり方を大部分決定することになるからである。「瞑想する」（meditari）と「瞑想」（meditatio）という語は、非常に豊かな意味をもっている。修道院の伝統において、これらの語は、古典ラテン語がもっていた世俗的な意味を保ちつつ、同時に聖書から得た宗教的な意味を有していた。そして、これらの異なった意味は互いに補完するものであった。なぜなら、聖書の翻訳や霊的な伝統において、meditatioという語が他の語よりも好まれたとするならば、それはこの語が、その本来の意味によって、著者の表現したいと望んだ霊的な現実とまさに一致していたからなのである。

世俗的な用法において、meditariという語は、一般的には、「思い巡らす」「省察する」を意味し、「考える」（cogitare）「熟慮する」（considerare）などと同じである。しかし、これらの語以上に、meditariという語は、ある実践的な面での方向づけを含み、また道徳的な方向づけも含んでいる。それは、あることを、実行できるように、考えることである。言い換えるならば、「そのことのために準備する」、「そのことを精神のうちに前もってイメージする」、「そのことを欲求する」、「何らかの仕方でそのことを前もってなす」、要するに「そのことのために自らを鍛える」ことなのである。[20] たとえば、この語は、身体的な訓練、スポーツ、軍隊生活に、また学校に関しては、修辞や詩や音楽の訓練に、そして道徳の実践に適用されている。このように「あることを考えながら、そのことのために自らを鍛える」ということは、「記憶にそのことを固定する」ことであり、「そのことを学ぶ」ことなのである。これらのあらゆるニュアンスが、キリスト教著作家たちの用法に見られるが、彼らにおいて、この語は一般的に一つのテキストに対して用いられ、この語が示している現実は、一つのテキストに適用されているのである。このテキストとは、テキストの中のテキスト、特に「書物」と呼ばれるもの、すなわち聖書とその註解書である。実際、特に聖書の古い諸翻訳とウルガタ聖書を通じて、この語はキリスト教の語彙に、特に修道院の伝統の中に導入され、この伝統においてこの語は、聖書が与えた新しいニュアンスを常に保持することになる。[21] 一般的に、この「瞑想」という語に訳されるのは、ヘブライ語の「ハーガー」(haga)であるが、前者と同じように、この語は基本的にはトーラー(律法)と知者の言葉を、一般的には低い声で発音し、自分自身にそれらを唱え、口で呟きながら、学ぶことを意味していた。これは、われわれの言う「暗記すること」(apprendre par cœur＝心で学ぶ)だが、むしろ、古代の人々に従って、「口で学ぶ」と言うべきであろう。なぜなら、口こそが「知恵を瞑想する」からであり、「詩編」(三六〔三七〕・三〇)に「義人の口は知恵を瞑想するであろう」(Os justi meditabitur sapientiam)と述べられているとおりである。いくつかのテキストにおいて、瞑想は、声を殺した「呟き」にすぎない。内的な、純粋に霊的な呟きにすぎないのである。しかし、少なくとも本来の意味は、常に、前提となっている。聖なる言葉を発音し、それを自分自身のうちに固定するのである。これは、聴覚による読書であると同時に、記憶と、その記憶が先立つ省察を働かせることである。「話すこと」「考えること」「心に留めること」は、同一の活動に不可欠な三つの局面なのである。考えたことを表現し、それを反復することは、それを自分自身に刻み込むことを可能とする。ユダヤ教のラビの伝統と同様、キリスト教においても、瞑想の対象となりうるのは一つのテキスト以外にはない。このテキストが神の言葉であるために、瞑想は「聖なる読書」(lectio divina)を補完するために不可欠であり、ほとんどそれに等しいものなのである。瞑想という語彙の現代的な語法に従うと、人は、言うなれば、「抽象的な」瞑想を行なうこともできる。たとえば、デカルトの『省察』(Meditationes)、あるいは何らかの信心書を考えてみよう。そこでは「神の諸属性について瞑想すること」は、それらについて熟考し、自分自身の中でそれらに関する観念を呼び起こすことを意味する。しかし、古代の人々にとって、瞑想することとは、あるテキストを読み、それを「心で」学ぶことである。「心で」学ぶということは、この表現の最も本来的な意味、すなわち、身体、記憶、知性、意志を伴う自らの存在全体によって学ぶことである。口がテキストを発音し、記憶がこれを固定し、知性がその意味を理解し、意志が実践しようと欲するからである。

ここで見られるように、修道生活のこの基本的な活動が文学の基礎となっている。修道士全員にとって、善業の第一の道具は、テキスト、すなわち、神の言葉を瞑想しつつ読むことを可能とするテキストである。このことは、修道士による聖書註解の分野に非常に大きな影響を与えることになる。それらの註解は、全面的に生活へと方向づけられ、抽象的な知を目指してはいない。これについては、後に問題にすることにしよう。しかし、ここで、明らかにできることは、文学の重要性であり、またベネディクトゥス的な伝統が形成し始めて以来、読書と瞑想によって、文学がその源であった心理的活動の意義である。文学のないベネディクトゥス的な修道生活は存在しない。確かに、文学は、修道生活の目的ではなく、二次的な目的ですらない。しかし、修道生活の一つの条件である。修道士の主たる活動の一つに専心することができるためには、「文法学」(grammatica) を知り、学び、そしてある人々にとっては、教えることが必要なのである。

文法学

では、文法学とは、いかなるものであろうか。古代の人々自身が文法学をどのように理解しているのかを思い起こすためには、ここで二人の証人を引用するだけで十分であろう。一人は異教徒、もう一人はキリスト教徒である。(22)クインティリアヌスは、このギリシア語起源の語が、ラテン語の「文学」(litteratura) という語と同じ意味であると述べている。また、マリウス・ウィクトリヌス（二八一／九一－三六五／八六年）は、ウァロ（前一一六－前二七年）を引用して、以下のように明確化する。「文法に関する学芸を、われわれは『文学』と呼び、これは、詩人、歴史家、雄弁家が語る事柄についての学問である。その主たる役割は、書くこと、読むこと、理解すること、証明することである」。したがって、文法学とは文化一般の第一段階であり、基礎である。grammaticus と litteratus という二つの同義語は、「読むことができる」、すなわち文字を読むだけでなく、テキストを理解できる人を指している。古典古代のローマ人にとって、マルーが見事に立証しているように、文法学とは「理解のカテゴリーの真に論理的な分析(23)」である。人々は、偉大な著作家たちのテキストに関して、懸命にこれを行なう。著作家たち、特に詩人たちの作品の分析と解釈は、準備された朗読、要するに「表現力豊かな」読書をきっかけとし、またそれによって行なわれる。テキストを表現すること、暗唱する際にそのすべての表現を引き出すことこそが、そのテキストをよく理解したことを証明することである。確かに、ベネディクトゥスの時代において、この教育は入門的なものである。その目指すところは、直接的な必要を満足させることである。重要なことは、大著作家たちを読んで、彼らの文体で書くのではなく、むしろ、聖書、少なくとも「詩編」を理解し、もし可能ならば、暗記することである。後にメロヴィング期において、この教育はほぼ「詩編」だけに限定されることになる。文字、音節、語、そして文章の文法的な分析から始める代わりに、子どもに直接「詩編」に触れさせ、そうすることで、彼は、まず「詩編」の各章句を、次いで「詩編」全体を読むことを学ぶのである(24)。しかし、ベネディクトゥスの『戒律』が書かれた頃に、すでにこうであったと証明するものは何もない。ベネディクトゥス、そして彼と同時代の修道戒律を起草したすべての人々にとって、修道士は文学の知識と、ある程度の教義上の学識を有していなければならなかった。世俗の学校で学ばれる著作家たち（auctores）、特に詩人たちは、神話的な記述に満ち溢れている。そこから、キリスト教徒にとって、これを読むことがもたらす危険が生じる。たとえ避けがたいものであったにしてもである。修道院学校において、教育は、他をすべて排除するものではなかったが、専ら聖書とその解釈に向けられていた。このようにして、修道院学校は、「文法学」（grammatica）という伝統的な方法のために、古典古代の学校を継承するとともに、この方法が部分的に適用されるテキストが聖書であるという点で、同時にユダヤ教のラビの学校にも起源をもっている。さらに、教育は、霊的な努力と決して切り離されることはなかった。この点に関しても、修道院は真に「主への奉仕の学校」（dominici schola servitii）なのである。

実際、修道生活の目的そのものが、神を求めることである。ベネディクトゥスの『戒律』を知るすべての人に明らかなように、修道生活はこれ以外の目的を持たない。「神を求めること」（quaerere Deum）こそが目的なのである。ベネディクトゥスが唯一重要な目的としてしばしば語っている永遠の生命に達するためには、現世のあらゆる目的から自らを切り離して、世俗から離れて沈黙のうちに、祈りと修徳修行に専心しなければならない。修道士のすべての活動は、その文学的な活動を含めて、霊的な方向づけ以外の動機をもつことができない。そして、そのあらゆる行為を正当化するために、終末論的なモティーフがしばしば持ち出される。たとえば、修道士が従順であるのは、「永遠の生命へと前進したいから」である。修道生活とは、ベネディクトゥスにとって、まったく世俗の利害を超越したものである。これはまったく修道士の救済と、神を求めることへと目的づけられており、何であれ実用的な目的あるいは社会的な目的を目指しておらず、そのようなことは一言も語られていない。修道士の「生活」（conversatio）は、ベネディクトゥスと同様の「回心」（conversio）を前提とし、これはまったく神の心に適うためにすべてを放棄させるものである。そして、修道生活の組織全体は、ある種の霊的な閑暇、あらゆる形態の祈りへと開かれたある種の自由、要するに、真に観想的な平和を守ろうとする配慮によって支配されているので

ある。(25)

カッシオドルスとの比較

このことはまったく自明なことである。しかし、先行する修道院の伝統から受け継がれ、以後の歴史を唯一方向づけることになるこの修道院の構想をより理解するためには、これを、ベネディクトゥスの同時代人、すなわちカッシオドルスのそれと比較することはまったく無益ではないであろう。確かに、ベネディクトゥスの『戒律』とカッシオドルスの『綱要』(Institutiones)を同じジャンルに属するテキストのように、厳密に比較することはできないであろう。前者は修道院の戒律であり、後者は修道士のための学問の綱領だからである。しかし、これらは各々、異なった視点からであるにせよ、それぞれにおける修道士の生活と関心についての情報をわれわれに十分に提供してくれるので、それらを比較対照することができるのである。ウィウァリウムが単なる教養ある人々の集まりではなかったことは、まったく事実である。ここは修道院であり、人々は祈りと労働に身を捧げていた。(26) 創立者から受けた寄進が、修道士の生計を確保するために労働する必要をなくしたとしても、手仕事は前もって定められている。これは、とりわけさまざまな技芸(artes)からなっていたが、そのうちでも第一のものは写本である。しかし、この点について、カッシオドルスの修道院は、ベネディクトゥスの修道院と大きく異なっていたわけではない。しかし、ウィウァリウムの主宰者は、たとえ、彼が修道士の生活を分かち合い、これを組織し、これを指導さえしたにせよ、修道士ではなく、修道士として考えていないことが、よく分かる。彼は決して修道士としての召命を受けたことがなく、この体験が彼には欠けているのである。大グレゴリウスがベネディクトゥスについて書いたこの根本的な回心をカッシオドルスは知らず、このことは、彼の全業績に影をおとしている。それを確認するためには、彼が彼の修道士たちのために書いたこの『綱要』に目を通せば十分であろう。(27) 彼は、『綱領』が聖書研究の入門書として、そしてそれに補うべく自由学芸の入門書としての役割を果たすことを望んだ。それゆえ、『綱領』は二巻に分けられ、その第一巻は「聖なる文学」(litterae divinae) を論じ、第二巻は「世俗の文学」(litterae saeculares) を扱っている。カッシオドルスの『文法学について』という論考は、これを補完するものであったに違いなく、彼はこれを読むことを勧めている。

『綱要』の序において、カッシオドルスは、相次ぐ戦乱がその時まで達成を妨げていた「キリスト教の学校」(schola christiana) という計画を、彼の修道院が実現しなければならないと述べている。それゆえ、ここでは、人々は二つのことを学ばなければならない。一つは「永遠の生命を勝ち取ること」である。これは、ベネディクトゥスの『戒律』においても、同様に修道生活の基礎となっている。さらにもう一つは、「上手に話すこと」を教育することである。このことについては、ベネディクトゥスは一言も触れていない。続く論旨において、これらの二つの要素は絶えず関係づけられている。たとえば、カッシオドルスは「聖書と世俗の文学」と併記し、他の箇所では「魂の救済と世俗の学識」と併記する。この「と」は非常に示唆的である。学問研究は二番目に挙げられているが、しかし霊的な生活とほぼ同じ次元に属している。さらに他の箇所では、「どちらの教育」(utrasque doctrinas) も問題になっている。さて、この「世俗の知」は、正しいテキストを読むことによって得られるゆえに、それを書き、誤ったテキストを校訂することを要求する。正書法と文法学についての深い知識が、第一に必要なのである。そのことから、宗教的な学問と世俗の学問についてのこの計画全体が生まれ、これらは互いに切り離すことができないと考えられている。世俗の学問については、カッシオドルスは異教徒の教師アレクサンドレイアのアンモニオスから影響を受け、文学的な諸学全体を含むことになる「三学科」(trivium) と、科学的な諸学の課程である「四学科」(quadrivium) という、中世における学問の区分の基礎を据える。[28] カッシオドルスはテキストを校訂することを教える。彼はウェルギリウスと文法家たち、そしてアリストテレスの『命題論』を引用している。確かに、彼は一度ならず霊的な価値を強調している。彼は「聖なる読書」(lectio divina) を称えている。これはベネディクトゥスと同じ表現が用いられている。そして聖書の何よりの註釈者である教父たちを称えている。しかし、ベネディクトゥスとは異なり、彼は学問と、テキストの校訂と、聖書研究の文学的な側面を強調しているのである。[29] カッシオドルスにおいては、瞑想は、ベネディクトゥスにおけるよりも、知的な色彩を帯びているように思われる。瞑想は「好奇心に満ちた意図」をもってなされなければならないのである。[30] 彼は、修道士たちに、健康を保つことができるように、ヒポクラテス(前四六〇頃―三七五年頃)とガレノス(一二九―九九年頃)を読むように勧めている。このことはまったく正当で、有益なことではあるが、ベネディクトゥスには見られないことである。

第二巻の冒頭において、カッシオドルスは、以下の巻では世俗の書物に専ら関心を払うことを宣言する。第一巻は聖なる書物を目的としていたというのである。しかし、この巻においても、すでに文法学と他の学科への多くの論及が見出される。ベネディクトゥスは写本室の存在を前提とすることで満足しているが、カッシオドルスはそれについて語っている。彼は蔵書目録を作成し、そこには多くの聖書註釈と、比較的少数の世俗の作品が含まれている。しかし、ベネディクトゥスは、どちらも列挙しなければならないとは考えなかった。ウィウァリウム修道院の目的の一つは、キリスト教的な学問に奉仕することである。カッシオドルスは、そこで教育の専門家 (professos doctores) を養成することを望んでいる。書物を通じて、正しい教説を広めることができる者たちをである。このようなことは、ベネディクトゥスにおいては、まったく目的とはされておらず、ほのめかされることもない。二人の修道院創設者において、異なった現実と目的が強調されている。ベネディクトゥスの修道院は、主への奉仕のための学校であり、それ以外のものではなかった。疑いなく、このように本質的で常に有効な方向づけ、教育内容についての厳密な規定の欠如、緩やかで、分別と順応性を考慮に入れていることこそが、ベネディクトゥスの『戒律』の永続性を保証したのである。一方、カッシオドルスのような学問の計画は、すぐに時代遅れにならざるをえなかったのである。

現在の研究状況においては、どの程度カッシオドルスが後世に影響を及ぼしたかを言うことは難しい。中世のさまざまな蔵書目録においては、彼の『綱要』よりも『詩編講解』(Expositio Psalmorum)の方が記載されているように思われる。中世の諸作品においては、『綱要』はあまり引用されてはいない。アルクイヌス(七三〇頃—八〇四年)は『正書法』(De orthographia)という作品の大部分を『綱要』に負っている。[31] しかし、カロリング期の教育復興の原動力であったアングロ・サクソン修道士たちは、総じて、直接原資料にあたることを好んだ。すべてのことを少しずつ知ることしかできない本書の方針が、まるで彼らには不十分に見えたかのようである。後になって、ペトルス・ウェネラビリスは、著者の名を挙げずに、『綱要』の一節を用いた際に、修道生活の「権威」ではなく、学問の「権威」としてのカッシオドルスに従っているのである。[32] カッシオドルスが修道制の伝統の中に入ることはなかった。アントニオス、オリゲネス、ヒエロニュムス、カッシアヌスとは異なっているのである。彼は孤立した存在にとどまり、彼を模範として挙げる者もなく、名を挙げる者もいなかった。修道生活に関する彼の教説に影響された者もいない。しばしば彼に基礎的な知識を求めた者はいるが、行動指針を求めた者はいない。彼の学知に助けは求めたが、彼の理想に訴えた者はいない。

ウィウァリウムは、「修道院—学校」(monastère école)である。ベネディクトゥスの修道院は修道院そのものに他ならない。この修道院は学校を有してはいたが、彼はそのことについて一言も語らず、学校が修道院の理想にいかなる修正も加えることはない。学校は、この理想の一部ではなく、この理想の実現の一部である。それは、いわば手段であって、変更を加えることができ、重要性もその時々に異なるけれども、それによって理想が影響をこうむることはない。カッシオドルスは諸学問の組織化について細部にいたるまで定めており、また彼の修道院における生活についても同様である。ベネディクトゥスは、彼自身としては、行動指針を与え、それがいたるところで常にその価値を保ち続けることになるが、それは文化の領域においても他の諸領域においても同様である。そしてその行動指針に基づいて、多様な変化の可能性をもち続けたのである。彼が要求したことはただ、以下のような不動の方針が保たれることであった。一方で、学問は必要である。通常、修道士は学問なしの生活を営むことはない。しかし他方で、学問は彼の召命の一部ではなく、彼の理想の一部でもなく、また修道院の理想の一部でもない。学問とは神の探求にとって必要で、前提とはなるが、つねに従属的な手段にすぎないのである。[33]

修道院における学問研究

さて、われわれは以下のように結論を下すことができよう。ベネディクトゥスの『戒律』においては、学問と学問研究についてのいかなる好意的、あるいは否定的な価値判断も見出すことはできない。強調されている唯一の価値は、永遠の生命という価値であり、否定的な判断が下されている唯一の現実は罪である。学問は、他のすべてと同様に一つの手段として、永遠の生命へと目的づけられている。ベネディクトゥスは、学問に関して彼の修道士たちに手ほどきすることを有益だとは判断していない。それは彼の役割ではない。この領域においても、他の領域と同様、それぞれの地域で、それぞれの時代において、そこに存在するであろう養成手段（instrumenta studiorum）を採用することになるのである。ベネディクトゥス的な修学課程（ratio studiorum）は存在せず、あるのは霊的な綱領であって、それゆえに、修道院の学問が問題となるのである。修道院的な価値が活き続けているあらゆる環境において、この問題が何らかのかたちで提起されることは、当然のことのようにすら思われる。他の形態の宗教的な生活においては、このような問題は存在しない。会が創設されたときに、修学課程が定められ、時代ごとに改訂され、この問題を十分に取り除いてしまうからである。他方、修道制において、問題があるとするならば、それは、すべてのことに同時に当てはまり、戒律の規定に従って適用すれば済むような単純な解決法がないからである。この解決法は、活き活きとして自発的に、絶えず繰り返し見出され、考え出され、活力を与えられなければならない。それぞれの時代に、それぞれの環境で、それぞれの修道院、そしてそれぞれの修道士ほとんどにとって、なされなければならないことである。

そして、もし問題があるとするならば、その難点は、二つの要素が緊張するという形をとっていることにあり、それらの和解は常に脅かされ、絶えず均衡が回復されねばならないからである。人間は絶えずどちらか一方に傾きすぎる惧れがあるのである。これらの要素とは、西欧における修道院文化に恒常的に存在する二つの要素である。一方は学問研究であり、他方は、ひたすら神を求めること、永遠の生命への愛、その結果として、学問研究をも含む他のすべてのことからの離脱である。ベルナルドゥス、アベラルドゥス、ランセ（一六二六―一七〇〇年）、そしてマビヨン（一六三二―一七〇七年）が研究に関してそれぞれ異なる意見を有していたとしても、彼らはすべて、この伝統に真に属する諸価値を擁護しているのである。しかし、彼らは各々、異なった視点から、この問題がもつ二つの側面の一つを強調しているのである。あたかも解決策が知的な次元に属するかのように、思弁的な定式化ができる理想的な総合などは存在しない。この二つの側面の争いは、霊的な次元に属する超克によってのみ解消されうるのである。それゆえ、修道院文化の歴史において、どのようにしてこの和解が実現され、学問と霊的な生活という二つの分野において、この和解がどのような成果をもたらしたかを、やはり突き止めなければならないのである。

第二章　大グレゴリウス　希求の博士

われわれは前章において、ベネディクトゥスの回心、修道院における学問の方向づけにとっての彼の重要性、そして彼の『戒律』において学問に与えられた役割について述べた。本章では、修道院文化において、終末論的な傾向に与えられた役割に決定的な影響を及ぼした人物、すなわち、大グレゴリウスについて考察する必要があるであろう。

神学者大グレゴリウスの影響

大グレゴリウスは偉大な教皇であり、偉大な行動人であった。彼が著わした『司牧規則書』(Regulae pastorales) や『書簡集』は、道徳神学、教会法、中世における司牧神学の源泉の一つとなった。しかし、彼はまた偉大な観想者でもあり、祈りの生活についての偉大な博士でもあった。彼の霊的な教説を展開した諸著作によって、彼は修道院文化に最も影響を及ぼしたのである。彼の神秘神学はまだあまり知られていない。その価値にふさわしいほどには研究されていないが、マルーが新たな一歩を踏み出し、大グレゴリウスを「われわれの最も偉大な神秘主義的な博士の一人[1]」と呼んだ。実際、彼には、キリスト教的な体験についての豊かで真正な神学、キリスト教的な生活とキリスト教的な祈りについての教えがある。これらは、オリゲネスやアウグスティヌスにおけるように、体験へと絶えず訴えるという特徴をもっている。そして、この神学によって、大グレゴリウスは、教父の時代と中世の修道院文化のあいだの掛け橋となっているのである。彼の教えは、単純な体験主義以上のものである。彼がキリスト教的な体験について明らかにした思索は深く、現代的な言い方をすれば、構造化されている。それを表現するために、彼が用いた用語は、確固とし、同時に厳密でもある。現存と不在、所有と非所有、確実性と非確実性、光と闇、信仰と永遠の生命。彼は、これらの弁証法を用いたのである。

この壮大な教説に関する簡単な入門が、中世の修道院文学に取り組もうとする人には必要に思われる。ほとんどすべての語彙が大グレゴリウスに由来しているからである。彼の諸作品のうちには、聖なる文献学とも言うべきものが存在し、それは純粋に象徴的なものと考えたくなるようなもので、実際、詩的な表現にも依存しているが、だからと言って、内容が豊かでないということはない。それゆえ、ここでは大グレゴリウスが用いたこれらの語のいくつかに注意を促すことが重要であろう。これらの語は、その後受け継がれ、修道院の伝統によって絶えず豊かにされたのである。

あらゆる人が、実際、彼の著作を読み、彼から活力を得ていた。われわれは幾種類もの証拠を持っている。彼の著作の写本は無数にある。(2) あらゆる時代において、洗練されたものもあれば、そうでないものもあったが、彼の特徴的なテキストの抜粋からなるアンソロジーが作られた。(3) 明白な証言が、クリュニー、(4) あるいは他の所で、(5) 絶えず彼の作品が読まれていたことをわれわれに告げている。あらゆる著作家が彼を引用し、彼に依拠している。イシドルス（五六〇頃－六三六年）は、彼の『要録』(sententiae) において、グレゴリウスから多くを借用している。同様に、リギュジェのデフェンソル（七〇〇年頃）は、広く流布することになる『火花の書』(Liber scintillarum) において、多く依拠している。(6) 八世紀には、ベーダ（六七三／七四－七三五年）やアンブロシウス・アウトペルトゥス（七八四年歿）が、ついでカロリング期の著作家たちが、さらに後にはフェカンのヨハネス（一〇七八年歿）、アンセルムス、ベルナルドゥスが彼に多くを負っている。東方においても、彼は最も読まれたラテン教父であった。彼は、その地で、彼の著作の題名にちなみ、単に「対話者」（Dialogos）と呼ばれるだけで通った。今日、われわれが『楽園の梯子』の著者ヨアンネス（五七〇頃－六四九年頃歿）を指して、「クリマクス」（Klimax＝梯子）と言うのと同様である。それは、悔恨についての彼の教えが東方のものとまったく一致していたからであろう。(7) 西方においては、修道院の時代の後も、彼は大きな影響力を保持していた。彼は、トマス・アクィナス（一二二四／二五－七四年）の大全において、アリストテレスとアウグスティヌスに次いで引用されている著作家であるし、(8) ジャン・ジェルソン（一三六三－一四二九年）の著作にも引用され、アビラのテレサ（一五一五－八二年）は、彼の『ヨブ記についての道徳論』に註解を加え、十字架のヨハネ（一五四二－九一年）も、確かに彼から影響を受けている。一七世紀においても、ボッシュエ（一六二七－一七〇四年）だけでなく、またフェヌロン（一六五一－一七一五年）やピエール・ニコル（一六二五－九五年）も彼を用いている。われわれの時代においても、あるレデンプトール会士が『大グレゴリウス　彼の著作から採られた霊的な生活の方法』という題目の本を出版したし、(9) 最近では、大グレゴリウスと十字架のヨハネの著作から類似する箇所を抜粋した選集が、これら二人の神秘主義的な著作家の類縁関係と今日性を明らかにした。(10) われわれの時代にいたるまで、大グレゴリウスの遺産が受け継がれてきた。彼の思想と表現は、無数の霊的な著作の教説と言葉のうちに受け継がれ、一般的に、それが誰のものであるかも忘れられてしまった。知らないうちに、われわれは、多くの点で、彼の表現形式と思想によって生き、それゆえに、彼の思想がわれわれには新奇なものとはもはや思えないのである。しかし、それらは、最初は、彼によって見出され、体験されねばならなかったのである。そこで、われわれが彼の思想について抱いている親しみの背後にある源泉に立ち戻って、それらを再発見してみよう。彼の思想は、過去よりも、おそらく今日の方が、より価値をもつであろう。彼の文体と聖書註釈は、しばしば戸惑わせる性格をもっているにもかかわらず、大グレゴリウスは、いくつかの点で、かなり現代的であると言いたくさせるような博士である。彼は神学だけでなく、霊的な生活についての心理学をもつくりあげた。祈りの状態についての現象学とさえ敢えて言いたくなるようなものである。彼は、これを具体的な表現で記し、非常に人間的な特徴を与えている。このことは、彼が常に変わらぬ豊かさを保持していたことを説明していよう。それでは、まず彼の教説の形成に、次いで教説そのものに論及していくことにしよう。

彼の性格と教養

五九〇年から六〇四年まで教皇として在位する以前、大グレゴリウスは修道士であった。彼はローマのカエリウスに自ら創設した聖アンドレア修道院で五年間を過ごした。その後、彼はコンスタンティノポリスに教皇使節として派遣された。この地で彼は五七九年から五八六年まで、修道士たちの前で講話を行なったが、これは後に書き改められ、『ヨブ記についての道徳論』となる。彼はまた『エゼキエル書講話』『列王記上講話』『福音書講話』『雅歌註解』を書くことになるが、最後のものは要約された筆記録しか残されていない。また『対話』四巻や、数多くの書簡がある。このように、彼の著作は膨大なものである。(11) 彼の作品はしばしば冗長であるが、それは、実行されること、理解されるために、「味わわれること」を前提としているからである。現代ではまれなある条件、閑暇(otium)を前提としており、彼自身もこのことについてしばしば語っている。確かに、あまり体系的ではないという彼の著作の性格が、どこから読みはじめても、どこで読み終えてもよいという長所をもたらしている。

大グレゴリウスは、六年のビザンツ滞在のあいだ、当地の修道院世界を足繁く訪れることができず、東方の霊的な伝統についてのある程度の知識を、そこから得ることができなかった。また必ずしも書物による知識があったわけでもない。彼はギリシア語がほとんどできなかったのである。しかし、彼は、当時のギリシア人修道士と生き生きとした接触をし、さらに、これは当然のことではあるが、ルフィヌスや他の者たちが訳したオリゲネスと『師父の伝記』を読んでいた。また、彼はしばしばカッシアヌスに多くを依拠しているが、熟考の上で、意見を異にする点もある。カッシアヌスのように、専門的な霊的技術とも言うべきものを備えた修道士のみが達することができる「アパテイア＝不動心」（*ἀπάθεια*）の理想を主張しなかったのである。彼の教説は、もっと一般的で、もっと広く人間的である。アウグスティヌスからは、いくつかの新プラトン主義的な概念と、それらを表現する用語を受け継いでいる。しかし、大グレゴリウスは、アウグスティヌスの哲学的な思弁よりも、道徳や信仰に関する教えを採用している。[12] また彼がベネディクトゥスの『戒律』を知っていたと考えることもできる。[13] いずれにしても、モンテ・カッシーノの『聖ベネディクトゥス伝』のために、彼はベネディクト会の伝統に属しており、以後、その歩みを方向づけることになるのである。

　彼はいかなる独創的な貢献をしたのであろうか。何よりも彼の個人的な体験によってである。霊的な生活と聖性についてのこの体験は、彼の性格と生涯を取り巻く環境をも反映している。修道士としての体験は、上述のとおりである。教養人としての体験もまた有していた。確かに、大グレゴリウスは知識人ではなかった。しかし、彼は教養人であり、六世紀という退廃期ではあったが、ローマに生活したという利点もあって、ラテン人に可能な限りの教養を備えていたのである。また極度の繊細さのおかげで、彼はさまざまな魂の状態を激しく体験した。こうしたことは彼以前にも知られていたが、彼ほどの厳密さをもって分析されることは、それまでなかった。また、彼は、ラテン語を自在に操ることができたおかげで、こうした魂の状態を非常にこまやかに記した。また病いも体験した。

彼の肉体の虚弱さは、人間の悲惨、原罪のあらゆる傷跡について、非常に鋭敏な感覚を彼に与えたが、同時に、霊的な進歩のための弱さと誘惑の有用性についての理解をもたらしたのである。彼は自らが苦しんだ病いについて一度ならず語っているが、それは人の心を揺り動かすような言葉である。(14) 大グレゴリウスの病いは、霊性の歴史における大事件の一つである。なぜなら、病いは、ある部分において彼の教説を決定し、それに人間性と分別という性格、確信的な調子を与えているからである。これらは彼の影響力のゆえんを説明するものである。人間の悲惨は、彼にとって決して理論的な概念ではない。彼は、日々の困難を通して次第に研ぎ澄まされていく感性によって、これを自己自身のうちで確認する。さらに彼の体験は、行動することを余儀なくさせられた観想者の体験でもある。彼の理想は修道生活の安息である。彼は、この生活を願い、数年間これを送ることができた。しかし、状況と、神の呼び出しが、彼をして教会に奉仕させ、次いで統治することを余儀なくさせた。彼の言葉を借りれば、「世俗の混乱」の中に生きざるをえなかったのである。そして、この時期は、ローマにおいて、イタリア全体において、特に混乱した時代である。彼は行動と観想を結びつけることになる。しかし、彼は常に観想に対するノスタルジーを失うことはない。教皇位は、彼にとって負担であり続けた。このように二つのものに裂かれていたことから、彼が感じることになる苦悩が、平和に対する彼の熱烈な希求を掻き立てることになるのである。

キリスト教的な生活と祈り

彼の霊的な教えは体系ではない。ましてや方法でもない。しかし、祈りについての彼の教説は、キリスト教的な生活についての全般的な構想と結びついている。それゆえ、まず大グレゴリウスにおけるキリスト教的な生活、次いでそこにおいて祈りが果たす役割について、検討する必要があろう。キリスト教的な生活とは、まず何よりも離脱と希求の生活と考えられている。すなわち、世俗と罪からの離脱と、神への強い希求である。この態度こそがすでに祈りであり、祈りの生活なのである。論旨を明確にするためには、ここではこの祈りの生活と、祈りの行為そのものを区別した方がよいかもしれない。

キリスト教的な生活に関するこの構想の出発点には、人間の悲惨についての強い自覚が存在している。これは生きた自覚であり、体験された自覚なのである。この自覚はしばしばテキストにおいて表現されており、はっとさせるような真実味を持っている。この自覚は、常に前提とされ、大グレゴリウスの語彙のあらゆるところに、彼にとって近しい語やテーマのうちに流れ込んでいる(15)。この人間の悲惨とは、彼にとって、彼の肉体的な性質、原罪、エゴイズムに由来するものであり、このエゴイズムが、われわれすべてを苦しめ、絶えずわれわれを待ち伏せし、たとえ善いものであろうとも、われわれのすべての行為を汚そうとしているのである。それゆえ、われわれは、行動しようとするときも、行動しているときも、また行動を終えたときも、われわれの意向を清めることによって、このエゴイズムを追い払わなければならない。このことに関して、大グレゴリウスは、われわれを地へと引き寄せる「重さ」という概念に言及する。この重さとは、移ろうもの、死すべきものに固有のものであり、この「重力」は腐敗のしるし、原罪に固有の属性であり、われわれに「重い過ち」について語らせるゆえんである(16)。彼はまた不穏(inquietudo)、すなわち安息と平和の欠如について記している。この移ろいゆくことの最後の表われ、最後の移ろいが、死であろう。しかし、それはすでに始まっている。われわれの生全体は、この死すべき不安定のしるしの下で過ぎ去っていくのである。

悔恨・離脱・希求

この人間の悲惨という体験の最初の結果は、この意味を理解することのできるキリスト者にとっては、謙遜(humilitas) である。言い換えるならば、世俗と、われわれ自身と、われわれの罪からの離脱であり、われわれは神に属することが必要だという意識である。このようなものが「悔恨」(compunctio) であるが、これには二つの面がある。一つは「怖れの悔恨」であり、もう一つは「希求の悔恨」である。本来的には compunctio という語は、世俗的な用法では、医学用語であった。[17] 刺すような痛みや身体的な病苦を指している。しかし、キリスト教の語彙において特に用いられた意味は、その本来の語義との接点を失ってはいないが、より豊かで、はるかに高いものである。compunctio は魂の痛みとなったのである。この苦痛には、同時に、二つの根源がある。一つは、罪が存在し、われわれはそれへと傾いているという事実である。これが、「悔い改め、怖れ、畏怖の悔恨」(compunctio paenitentie, timoris, formidinis) である。もう一つは、われわれが神を希求し、すでに神を所有しているという事実である。大グレゴリウスは、他の誰にもまして、後者の面を強調した。暗闇の中の神の所有、そしてその意識も持続しないが、その結果として、それが消え去ったことを知ったという悔恨と、それを再び見出したいという希求が生まれるのである。この「心の悔恨」「魂の悔恨」(compunctio cordis, animi) は、常に「愛の悔恨」「愛着の悔恨」「観想の悔恨」(compunctio amoris, dilectionis, contemplationis) となる傾向をもっている。「悔恨」とはわれわれのうちにおける神の行為である。それによって神がわれわれを目覚めさせる行為、衝撃、打撃、「刺し傷」、ある種の火傷である。[18] 神は、われわれを、突き棒によるかのように、駆り立てる。神は、われわれを、貫くかのように、執拗に刺す (cum-pungere)。世俗への愛はわれわれを衰弱させる。しかし、雷の一撃によるかのように、魂は神へと注意を向けるように呼び出されるのである。[19]

この神の行為は、どのようにしてわれわれのうちにおいて実現するのであろうか。いかなる手段、いかなる媒介によって、いかなる機会においてであろうか。あらゆるかたちの苦しみによってである。苦悩、神の鞭（flagella Dei）、現世の何千もの苦難、罪そのもの[20]、そして特に誘惑[21]によってである。神は人間を誘惑する許可を悪魔に与えるが、それは賢明なる計画（dispensatio）によってであり、誘惑の結果生じる恩恵のためである。誘惑は必然的なものであり、祈りの生活において向上してゆくほどに、より頻繁になり激しくなる。誘惑は、意向を清めるべく掻きたて、謙遜にさせる。誘惑こそが高慢の治癒策なのである。それゆえにこそ、神はこの危険を受け入れるのである。誘惑、過ちさえも、高慢よりは深刻ではないからである[22]。しかし、これは一つのきっかけに過ぎない。神秘的な行為によって、われわれに働きかけるのは神自身である。悔恨は、われわれには理解できない賜物である[23]。それゆえ、悔恨はある浄化を引き起こすが、これは受動的と言うことができる。主がわれわれのうちにこれを成就し、われわれは同意するだけである[24]。何よりもまず、この神の見えざる行為、この神妙なる介入に対して、われわれ自身を鋭敏にしなければならない。この介入は、新しい感覚、オリゲネスがすでにその理論の概略を描いていた五つの「霊的な感覚」によってしか把握できないのである。この感覚こそが、大グレゴリウスにおける「心の口蓋」（palatum cordis）あるいは「心の耳において」（in aure cordis）といった表現を説明するが、これらの表現が後の伝統へと受け継がれていくことを、ここで明記しておこう[25]。内的な歌、軽い呟き、沈黙の言葉[26]、大グレゴリウスはこれらの詩的な語彙を好む。これらの逆説的な言葉は、神秘的な生活の現実を表現するのに非常に適しているのである。悔恨の役割は天上への郷愁を魂のうちに導き入れることである。このテーマに、涙というテーマが付随することは理解できよう。二種類の涙が、悔恨の二つの面を象徴している。「低きへと流れる涙」（irriguum inferius）は悔い改めの涙である。「高きへと流れる涙」（irriguum superius）は希求の涙である。愛の涙が、つねに

悔い改めの涙にともなう。しかし、次第に喜びの涙が支配するのである。(27)

謙遜とともに、われわれの空虚な内面を唯一満たすことができる方への希求が増す。悔恨がわれわれを苛み、それによって神へのわれわれの受容力を増すのである。大グレゴリウスはまさに希求の博士である。彼は、喘ぐ(anhaelare)、切望する(aspirare)、嘆息する(suspirare)(28)などの語を絶えず用いるが、これらの語は超克、「昇華」(sublimitatio)への傾向を表わしている。また彼が重視したテーマの他の一つは、われわれの重みを癒す霊的な飛翔である。翼によって、鷲の舞い上がるがごとく、神に向かって自らを高め、神を探し、神へと急がなければならないのである。(29)しかし、彼方を目指すこの上昇の動機は何であろうか。それは、この世の苦痛から逃げたいという欲求であろうか。決してそうではない。苦痛は欲求のきっかけにすぎない。われわれは、これを克服し、より高く、神の許まで登らなければならない。神は、苦痛を通じて私たちに語りかけ、われわれを神の許へと呼び寄せる。「離脱」(détachement)は、この比喩的な語の本来の意味においては、非常に多くの人々を現世に縛り付けている繁栄に対しても、実行されなければならない。(30)唯一正当な希求とは、現世において常に神を所有したいということである。すでに現世において、苦痛のさなかにおいても、いや、むしろこの苦痛を通して神を所有すること、そしてやがては天上において神を所有することである。なぜなら、天上の諸現実(caelestia)とは、神の別名に過ぎないからである。神の許に達するためには、死を愛し、死を希求し、死を望まなければならない。このことは、死を苦しみ、死を恐れることを決して否定するものではない。われわれは、ただ神が死を遣わすときに、神の許へと行く手段として、死を受け入れ、同意しなければならないのである。

さらに、神への希求が熱烈であれば、それは忍耐強いものである。長い試練の下に、この希求は増す。神をさらに愛するためには、神を待望することを知らねばならず、神の無限の豊かさに常により開かれているためには、現世での時の長さを役立てることを知らなければならない。[31] この希求に与えられた重要性は、大グレゴリウスの教説に非常にダイナミックな性格を与える。重要なのは、たゆまぬ進歩である。なぜなら、この希求が強まるにつれて、これは、神をある程度所有することによって満たされ、神はさらにこの希求を増大させるからである。この希求の結果は、神のうちに見出された平和である。なぜなら、希求とはすでに一つの所有であり、ここにおいて怖れと愛が和解する。神への希求において、――これは現世においては神への愛のかたちそのものだが――キリスト者は神の喜び、栄光の主との合一を見出すからである。[32]「全霊をもって神を希求する者は、確かに、すでに神を愛する者である」[33]。愛はすべてを一つにし、あらゆる対立を解決する。「労苦における安らぎと、安息における憔悴」(quies in labore, fatigatio in requie)。これらの、あるいは他のパラドックスは、この二律背反の解消を表わしているのである。愛の力は霊的な探求を強める。新たな重みが、魂を神へと連れて行く。この「愛の重み」は移ろいゆくものの重みよりも強い。[34]「神への愛にこそ、われわれはしがみつかなければならないのである」[35]。愛の力は、われわれを上昇させる「機械」のようである。[36] エゴイズムによって硬化した魂 (obdurate) は柔軟にされ (emollitur)[37]、冷えた魂は再び熱くされ、その錆は落とされなければならない。[38] 愛という「重力」の真の中心へと帰され、連れ戻され、「悔い改めさせられる」[42] ことにより、魂は単純にされ[39]、正され[40]、解放されるのである。[41] 平和とされ、魂は平穏を享受する。[42] 魂は無関心、無感覚になるわけではない。[43] 魂はただ自分自身そして神と和解するだけである。魂は自らの状態に同意する。よりよくこれを理解するのである。魂は神に同意する。神は待望によって自らを愛させるのである。魂はさまざまな煩わしい仕事に同意する。[44] 大きくされ、いわば「広げられた」かのように、魂は、神への奉仕のために実り多い働きをするようになるのである。[45]

愛による認識

キリスト教的な生活についてのこのような構想において、祈りはいたるところにある。大グレゴリウスは、最も多様で、とりわけ、最も高度な祈りを書くことを好んだ。彼によれば、人間は「限界のない光」を目指している。[46] しかし、人間はこの光に対して「盲目」である。[47] 本性的にそうなのである。なぜなら、人間はさまざまなイメージを通して思考するが、それらは必然的に物体的であり、それゆえ、限界がある。一方、神は霊的で、限界がない。また人間は不安定であるが、永遠の神は不変である。同じく、人間はその罪のために盲目であり、罪は絶えず人間の視線を人間自身へと、そして人間のうちで最も劣った善へと導くのである。しかし、人間は神の霊によって、自らを超えて高められる（sublevari）ことができる。聖霊によって、この「神の指」によって、いと高き方の手がわれわれに触れ、われわれにその賜物を与える。その賜物とは、神自身に他ならない。[48] 人間は離脱によって、修徳修行によって、神を希求し、準備することしかできない。すなわち「活動的な生活」、聖書を読むこと、キリスト教における観想の卓越した対象であるキリストの神秘についての瞑想によって準備されるのである。その時しばしば、神の息吹によって、魂は、身体を活かすというだけの機能を超えて高められ、霊はその通常の認識の仕方を超えて高められる。知性は、霊の一つの面に過ぎないが、自らを「超越」するのである。そのとき、われわれは、「遠くから」（de longe）、われわれの創造主の美しさを、「愛によって認識すること」（per amorem cognoscimus）[49] を通して見つめるのである。霊がこのように神に固着することは、対象を説明しようとする努力の成果ではない。これは味、風味、知恵であって、学知ではない。[50] 観想による認識とは、愛による認識であり、愛は、信仰を豊かにし、信仰から発するのである。「私は言う、信仰によってではなく、愛によって、あなたがたは知るのである」。[51] 「私たちが諸々の天を超えた諸現実を愛するとき、私たちはすでに私たちが愛しているものを知ることから出発する。なぜなら、愛そのものが知ることだからである」[52]。しかし、魂は長くはこの高みにとどまっていることができない。魂は、自らが神について垣間見たものによって、いわば眩まされてしまうのである。神の光は魂を押し戻し、魂は自らへと再び墜ちて戻り、疲れ果て、ある種の激しい一撃（re-verberatio）によるかのように、雷に撃たれたかのようになる[53]。魂は誘惑の只中にあって、希求の生活を再開する。これらの誘惑は、より高い段階に達することを許されると、より強く、より多くなるが、魂はより豊かで、より確固とした謙遜のうちにある。この謙遜は神の認識から生まれる。「神の観想のうちに、人間は自らを卑しめる」（in contemplatione Dei homo sibi vilescit）のである[54]。能動的な謙遜（vilescit）とは、原理を確信することではなく、ひとつの体験であり、ひとつの現実的な自覚である。この謙遜は、まず自らが何者であるかを対象にし、何を所有しているかに関わらない。神の賜物が、自らを高める契機になることはありえないし、ましてや自然の賜物には不可能である。「あなたがたのうちで、あなたがたが何を所有しているかではなく、あなたがたが何者であるかを考えなさい」[55]。神の光によって照らされた魂、神を知った魂は、自らのうちにあるものがすべて純粋ではなく、神に反していることに気づく。魂はこのように謙遜によって堅固にされる。そもそも、この同じ態度こそが、神へと向かう魂の行程の出発点であり、条件だったのである。

霊的な神学

大グレゴリウスによれば、キリスト教的な生活とは、謙遜から謙遜へと行く一つの前進である。それは、以下のように言うことができよう。すなわち、獲得された謙遜から、神に注ぎ込まれた謙遜へと進むのである。この謙遜は、誘惑と離脱の生において、神への希求によって養われ、観想において愛によって認識することを通して深められ、堅固にされるのである。これらの連続する局面を、大グレゴリウスは終わることなく繰り返される記述のうちに言及している。彼はこれらを抽象的で哲学的な言葉で分析することはない。彼は聖書から具体的なイメージを借りるが、これらのイメージは、個々の人間に、その体験のうちに、自ら自身の冒険を認めることを可能とする。まさにこの点において、彼の教説は、ゲルマン民族の侵入後、蛮族の世界から生まれた幾多の世代の必要に応えていたのである。これらの単純でナイーブな人々にとって、彼は、キリスト教的な生活についての、活き活きとした、誰にも近づきうる記述を与えたのである。この教説は、非常に人間的で、あるがままの人間、身体と魂、肉と霊を備えた人間についての認識に基づいていた。幻滅もなく、絶望もない。この教説に生命を与えているのは、神への信仰についての見解、そして神が人間の内に住み、試練を通して働くという、こうした人間への真の信頼である。そして、彼の著作を読むことは、言葉の穏やかさのおかげで、平和をもたらす。人間の内的な闘争を絶えず描くこの人は、平和をもたらす言葉によって、これを描写しているのである。一頁毎に、入れ替わるように、人間の悲惨と神の体験が見出される。しかしまた同時に、これらの和解も、愛徳のうちにおけるこれらの総合も、見出されるのである。

実際、この教えは真の神学であり、教義神学を含んでいる。また道徳的な生活と神秘的な生活に関して一つの神学を展開している。あるいは、これらが神学の対象をなしているのである。長い註解の中に分散しているからといって、この神学が明瞭でないわけではない。プラトンの場合、彼の哲学がいくつもの対話編に分散しているからといって、哲学がないと、誰か敢えて言う者があろうか。ヴォルフ（一六七九―一七五四年）の場合は、体系的に提示されているがゆえに、哲学があると、誰か敢えて言う者があろうか。大グレゴリウスは信仰の諸現実について省察し、よりよく理解しようとする。彼は、これらの現実と一致した生き方について、実践的な行動指針を定めるのに止まらない。彼はこれを追求し、これについての深い認識を提示しているのである。神を求めることと、神との合一は、彼においては、人間と神との関係全体についての教説によって説明されている。この教説について、この教説を表わしているテキストについて、今度は、修道院的な中世が終わることなく省察する。それゆえ、これを豊かにしたが、一新することはなかった。シャルル・ペギー（一八七三―一九一四年）は「誰もプラトンを超えることはなかった」と述べた。キリスト教的な体験についての神学的な分析において、誰も大グレゴリウスに本質的なものをつけ加えることはなかったように思われる。しかし、古い考え方が若さを保つためには、それぞれの世代において、それらがあたかも若いものであるかのように考え、発見しなければならない。ベネディクトゥスの伝統は、この義務を怠らなかったのである。

第三章　礼拝と文化

われわれは、ベネディクトゥスと大グレゴリウスにおいて、修道院文化の基本的な構成要素であり、これを方向づけた決定的な要因を見出した。今度は、修道院文化が形成された時代に論及しなければならないであろう。これは慣習的にカロリング期と呼ばれる時代である。すなわち、八世紀後半から九世紀前半にかけての約百年間である。この頃に、この文化は固まり、そのはっきりとした決定的な特徴を呈するようになったのである。

カロリング・ルネサンスの貢献

「文化」「文明」という語の定義については、多くの人がこれまでにも書いてきた。非常に一般的な視点から言えば、文化とは、世界と生についての諸概念の全体、またそれを表現する諸手段、すなわち言語と学芸が含まれるように思える。まさに、言語とは学芸の第一のものであり、上手に語り、上手に書き、考えたことをうまく定式化するためのものである。それゆえ、言語そのものが文化の象徴であり、言語がその文化の水準を示すのである。均質的な修道院文化の誕生を目撃することは、その言語の形成を目撃することと同じであろう。以下の部分において中世の言語が形成されていくことを検証するが、これを修道院的な中世が用いることになるのである。これは本質的に、その起源によって、宗教的な言語となる。それは、宗教というものを表現することを定められた言語、宗教全体の最も高度な行為そのもの、すなわち礼拝における言語である。これを理解するためには、まず、西欧の修道制がどのようにカロリング改革を準備したかに注意を促し、次いで、この文化的なルネサンスが有する礼拝的な性格と、修道士たちが果たした役割を強調し、最後に、カロリング・ルネサンスが修道院文学の分野において上げた成果を確認する必要があろう。なお、修道士の「文明をもたらした役割」を賞讃するのがここでの問題ではない、と言わなければならない。これから試みようとしているのは、単に、なぜ中世の修道院文化があのような形態をとり、いつからあのような形態をとったかを理解しようとすることだけである。

大グレゴリウスは、イングランドに修道士たちを派遣したが、彼らはその地にラテン教会の文化を移植した。アングロ・サクソン修道士たちは、ローマから受け継いだこの種子に実を結ばせるが、彼ら自身、自らの表現手段を形成しなければならなかった。彼らには礼拝を行なうために表現手段が必要であった。礼拝は、彼らに非常に多くの詩的な霊感を与えた。また司牧活動のためにも必要であった。アエルフリクス（九五〇／五五－一〇二〇年頃）のような人物は、同時に「説教家にして文法家」でなければならなかった。[1] 民族大移動が大陸を荒廃させた長い期間、そしてその後、ラテン文化はとりわけイングランドにおいて保存された。トレドのユリアヌス（六四二頃－九〇年）の『文法学』（Ars grammatica）のような著作は、アルドヘルム（六四〇頃－七〇九年）に、次いでベーダ・ウェネラビリスに知られていた。[2] ベーダ自身が、この努力そのものの驚くべき成果である。すばらしいことに、カンタベリーのアウグスティヌス（六〇五年歿）が到着して百年経たないうちに、異教徒の孫であったこの人物は、教会博士となり、われわれのキリスト教文学の古典の一つになった。蛮族のこの子孫は、プリニウスや、古典古代の他の著作家たち、特に詩人たちを知り、引用した。オウィディウス、ルカヌス、スタシウス、ルクレティウス、そしてとりわけオウィディウスである。彼はオウィディウスを模倣しようとしてさえいる。彼は教父の著作を非常に愛読していた。特にアウグスティヌス、それ以上に大グレゴリウスである。彼はこれらすべての宝を調和のとれた総合のうちにまとめあげた。韻律についての論考において、彼が模範としたのは古典古代の著作であったが、また同様にキリスト教著作家たち、聖歌、典礼でもあった。彼は、古典の韻律規則に反してセドゥリウス（五世紀前半に活動）が採用した自由な逸脱を承認し、三位一体の栄光をより美しく歌い(3)、あるいは主の言葉の真理をより正確に訳そうとしているのである(4)。

ボニファティウス

イングランドから、このラテン語文化が大陸の大部分に再び到来することになった。宣教師たちはこの地に聖書だけでなく、また世俗の著作家たちが残した文学の模範をもたらしたのである。たとえば、ティトゥス・リウィウスのある写本は五世紀にイタリアで書き写されて、七世紀あるいは八世紀にイングランドにもたらされたが、後に、アングロ・サクソン宣教師の一人によって、ユトレヒト地方に再びもたらされたのである(5)。しかし、彼らの努力はこれにとどまらなかった。彼らはさらに文学的な技法の理論を作り上げていったのである。特徴的な事実は、ゲルマニアの使徒と呼ばれ、フランク教会の改革者であったボニファティウス（六七二／七五－七五四年）が文法家だったことである。彼は韻律に関する小品と文法に関する論考を書いた。これまで彼の業績のこの面はほとんど研究されてこなかった。しかし、文法学は彼にとって司牧活動の道具の一つであり、彼が宣教した地域に信仰と教会文化を移植することを可能にした手段の一つであり、決してその重要性は小さくない。それゆえにこそ、彼は書物によって文法学を教えることが必要であると信じたのである。彼が文法学に割いた著作は、非常に示唆的である。確かに、彼の『文法学』（Ars grammatica）は他の多くの文法書に似ている(6)。そして、それゆえにこそ、疑いなく、ボニファティウスと修道院文化を研究する歴史家たちの関心を引かなかったのであろう。ボニファティウスは、この著作の中で、語尾変化とさまざまな品詞の規則を述べ、それらを古典古代の著作家たちから借りてきた範例によって明らかにする。しかし、文法学についての彼の構想の独創的な特徴は、短い序に表われており、ここで彼は、なぜ、またどのようにしてこれらの規則を定め、これらの範例を選んだかを説明している。[7] この作品は、ある若い弟子に宛てられており、彼の宗教的な教育を目的としている。この教育は、彼が古典古代の著作家たち（auctores）や、古典古代のラテン文法家たちを研究することを要求することになろう。しかし、ボニファティウスはキリスト教の教師であり、まさにキリスト教の文法家である。そして彼はキリスト教的な文法学を教える。彼は教会人であり、彼の教えは、あらゆる分野において、教会的である。実際、彼の弟子が学ばなければならないラテン語は、今や伝統を経た言語であり、数世紀にわたるキリスト教を体験してきた言語である。それゆえ、古典古代の著作家たちや文法家たちを学ばなければならないが、彼らの著作を教会生活の中で摂取しなければならない。それらの作品のうちにある、普遍的《カトリック》教会の伝統と一致しないものを除去し、その伝統が宗教的な表現として導き入れたものを加えなければならないのである。[8] 規範となるのは、教会から、そして毎日読む博士たちの著作から受け取ったラテン語である。しかし、文法学の知識は、この読書をよく理解するために絶対的に必要なものである。なぜなら、聖書にはさまざまな難しい点があり、内容の把握を妨げる惧れがあったからである。[9] この序を終える際に、ボニファティウスは、なぜ彼が十字架と主イエスの名を、円で囲んで、彼の論考の冒頭に置いたかを説明している。旧約聖書そのものがキリストへと向かい、すでに比喩のヴェールの下に救済の神秘の現実をすでに含んでいるように、文法家たち、詩人たち、歴史家たち、旧新約聖書を読み、「探求して」、よいと思われるものは、すべてキリストに関連づけられるべきである。パウロが「すべてを吟味しなさい。そして良いものを大事にしなさい」（一テサ五・

二一）と助言するとおりである。これらすべてのものは、いわば堅固な城壁のうちに、つまり、信仰の円のうちに導き入れられなければならない。人の霊には、その外へ彷徨い出る権利がない。事物を理解することとは、事物とキリストの関係を把握することである。これによってのみ、霊の目をもって、神の愛の神殿が築かれるのが見えるのである。(10) そして、この文法学への招きは、終末論的な聖歌によって閉じられる。徳によって、エルサレムの市民は天上を目指さなければならない。そこで、天使たちとともに、キリストを永遠に見るのである。(11)

典礼の復興

カロリング改革を準備したこの文化の真の性格とは、このようなものである。つまり、古典古代から全面的に影響を受けた人文主義である。しかし、この人文主義の規範となるのは、十字架に架けられ、復活したキリストであり、その模範と恩恵によって、われわれをいと高き都へと導くために、われわれに悪を放棄させる方である。

この歴史をよく知る人は次のように書くことができた。「ラテン語の質は、中世においては、知的な水準を示す最良の基準である。ところで、九世紀のラテン語は、後の一六世紀の人文主義者のラテン語にほとんど劣らない」(12)。それゆえ、カロリング「ルネサンス」が存在するのである。(13) しかし、シャルルマーニュがこの文芸復興を引き起こしたのはなぜなのであろうか。彼は宗教的な構想の下にこれを行なったのである。七八〇年頃、彼は西欧において、政治、経済、社会のあらゆることに秩序を与えようとしていた。宗教的な改革においても、彼は、教義、道徳、礼拝、修道院の規律などあらゆる分野の無秩序に挑んだ。彼が採ったイニシアチヴのうちで、文学のルネサンスを結果としてもたらしたものが二つある。それらは、典礼と修道生活の再組織化を目指していた。

この時代には、四世紀から六世紀の教会を揺るがした教義的な大論争は、西方では収束し、信仰が異端によって脅かされることはまれであった。スペインにおけるプリスキリアヌス派とキリスト養子説の残存は、信徒の大部分に影響を与えることはなかった。しかし、たとえ信仰が攻撃されなかったとしても、ある種の低下を蒙っていた。人々は信仰の何たるかをほとんど知らないままに、信仰を実践しており――とりわけ未開社会において人間は宗教的だからである――、しばしば信仰は迷信に堕し、人々の道徳的な生活を大きく向上させることはなかった。六世紀から八世紀にかけて、教会会議は絶えず偶像崇拝を禁じ、素朴な人々の信じやすさにつけこむ者たちが勧める慣習を断じ、異教が人々の心に残した記憶を非難した。それゆえ、信仰と道徳を守るためには、これらすべての慣習に代わって、教理的な保証をともなう、教会の真正な礼拝を打ち立てなければならなかった。言い換えるならば、典礼を復興し、そして、ローマ典礼に近づかなければならないと考えたのである。

しかし、このことが可能であるためには、まず聖職者がラテン語を習得していることが重要であった。だが、ラテン語は話されなくなり、理解もされなくなっていた。ようやく形成されたばかりのロマンス系諸語や、ゲルマン系諸語は、普遍的《カトリック》教会の教義を表現するには適していなかった。教義はすでにかなり発展し、ニュアンスに富み、さまざまな定式と非常に厳密な語彙の鋳型に流し込まれていたからである。ラテン語以外でキリスト教の教理を考えることは、そこに不正確さ、言い換えれば誤りを導き入れる惧れをともなっていた。典礼書そのものもかなり不正確なラテン語で書かれていた。綴りは不安定で、語の区切りもいいかげんであった。ラテン語を読むことも、転写することもできなかった。写本の質は劣悪だったので、シャルルマーニュは、ほとんどすべての写本を破棄させ、より良いものだけを保存するように命じた。しかし、それらの善本でさえ、われわれが現存する数少ない書物から判断する限り、間違いだらけである。正統信仰を保証し、それにふさわしい表現を礼拝に確保するためには、二つの復興が不可欠であった。ローマ典礼の復興と、文字の文化の復興である。シャルルマーニュは、教育を受けた写字生が、典礼書を正確に書き写す任にあたるように配慮した。聖職者たちは、あまりにも無学（idiotae）であった。俗語しか知らない者たちだったのである。ラテン語を書くことも話すこともできないのならば、どうして福音書を理解できようか。シャルルマーニュが古典研究を奨励しようと望んだのは、古典研究が司牧者とその信徒たちに聖書の理解をもたらすからであった[14]。

パウルス・ディアコヌスとアルクイヌス

この構想の主な実現者は、パウルス・ディアコヌス（七二〇／二六－九五／九九年）とアルクイヌスであった。前者はモンテ・カッシーノの修道士であった。その頃、文化は、とりわけ、アラブ人の侵入後もキリスト教を守っていたヨーロッパの辺境に避難していた。イングランドと南イタリアにである。この後者の地域は、「修道士で神学者」であったアンブロシウス・アウトペルトゥスの故郷でもあった[15]。パウルス・ディアコヌスは、典礼書の改訂において重要な役割を果たした。彼も文法学について註釈を書いたことが分かっている[16]。ドナトゥス、カリシウス、ディオメデスや他の古典古代の文法家たちから引用された古典の範例に、彼は聖書、あるいはユウェンクス（三三〇年頃活動）などのキリスト教詩人たちから借りた範例をつけ加えている。ユピテル、プリアモス、オルフェウスなどの名と並んで、アダム、アブラハム、ダヴィデなどの名を記している。また主イエスの名も見られる。この名は彼に感動的な信仰告白の機会を与えている。「イエス、われわれの救い主の尊ぶべきこの御名を、われわれは、ラテン語文化に適応させたいのである[17]」。

アルクイヌスは、ヨークの修道院で教育を受けた。彼が修道士であったかは確かでない。ある歴史家が、彼の特徴を非常に巧みに提示している。「彼が誓願を立てた修道士であったか、あるいは修道誓願を立てなかった聖職者であったか分からない。これらの二つの主張には根拠があるが、おそらく、最良の解釈は、彼を厳格な修道生活ではなく、中間の道（via media）を辿った修道士と考えることであろう。確かに、ベーダの生涯と業績において顕著なベネディクトゥス的な修道士の一所定住は、アルクイヌスの経歴にはあまり見られない。定住の門（portum stabilitatis＝修道院）に辿り着こうと試みたが、虚しかったと彼は告白しているからである」[18]。実際、彼は、教会における彼の任務を果たすために、数多く旅をしなければならなかったのである。不正確な話し方は、書物と学校がないことから生じることを、彼は理解していた。それゆえ、写本、特に古典古代の著作家たちのものを請来させ、学校を建設することが必要であった。彼がこの計画を皇帝に上奏した非常に美しい手紙が現存している。「生徒たちを、文法学の精妙さの成果で育むためには」、精選された書物を自由に使うことが重要である。すなわち「学校での学問についての書物のうちで、最も学識豊かな書物です。それゆえ、フランクの地にイングランドの精華をもたらし、ヨークの学校がもはや閉ざされた庭園ではなくなるようにしなければなりません。楽園の果実は、トゥールの学校においても摘むことができるようにしなければならないのです」[19]。アルクイヌスは、彼自身も文法学と正書法についての論考を書いている。彼は、範例を古典古代の世俗の著作家たちから借りているが、また同様にウルガタ聖書や教父たちからも引用している[20]。彼は宮廷付属学校を組織し、次いでトゥールのサン・マルタン修道院付属学校を設立した。これらの学校で教育を受けた弟子たちが、あらゆるところに文化をもたらすことになる。たとえば、宮廷においては、後にサン・リキエ修道院長となるアンギルベルトゥス（七五〇頃－八一四年）や、コルビー修道院長となるアダラルドゥス（七五三頃－八五〇年頃）らがおり、トゥールにおいては、フルダ修道院長ラバヌス・マウルス、メッスのアマラリウス（七七五頃－八五〇年頃）、フェラーラのアダルベルトゥスらがいる。彼らの多くは、彼らの修道院の学校に活力を与えることになった。結果は望まれていたとおりのものであった。八一六年の勅令は、修道院において、生徒たちが互いに俗語ではなく、ラテン語で話していたことを認めている。「鄙語ではなく、ラテン語を用いている」（Usum latinitatis potius quam rusticitatis）としているのである。[21]

アニアーヌのベネディクトゥスとノートケル

もう一人の人物が——彼は真に修道士であった——決定的な役割を果たした。アルクイヌスのように、礼拝と文化全般の復興においてではないが、少なくとも修道生活の革新において決定的な役割を果たした。その人物とは、アニアーヌのベネディクトゥス（七五〇頃–八二一年）である。改革者としての彼の役割はよく知られている。しかし、彼はある文化によって方向づけられ、支えられていた。彼はこの文化の綱領を書き残しているが、その中で彼が定めた知的な態度は、中世の修道士たちのものとなる。[22]彼はその中で、信仰が、明確であり、調和的に発展するために、言い換えれば「大人」であるために、獲得しなければならない「形態」について記している。文法学と論理学を用いつつも、それらを克服し、霊は神秘についてのある理解を探求しなければならないのである。それは神の好意へと達するためにである。特に、「正統信仰の教父たち」の教義上の教えについて熟考することに専心しなければならない。アニアーヌのベネディクトゥスは、三位一体論と、人間の内にある神の似像の教説を強調しているが、後者は修道士の霊的な著作において非常に大きな位置を占めることになる。そして彼は、キリスト教の歴史において初めて、友愛について概略的に論じ、後世の者たちがこれに磨きをかけていくことになる。彼はオリゲネスの師であったアンモニオスの模範を提示し、ヒエロニュムスと大グレゴリウスという二人の輝かしい修道士[23]や、放棄と霊的な閑暇のうちに知恵を探求することを教えたすべての人々を読むことを勧めている。「かぐわしい知のみが、神の友とする。この知恵によってこそ、人は神の友となり、神に従うのである」[24]。このようにして、人は清らかな信仰を守り、その内容が明らかにされるまで、信仰を育むのである。[25] このように、中世修道院の黄金時代の黎明期にあって、しばしばベネディクトゥス修道制の第二の創設者と考えられてきた人物が、神学的な探求に決定的な推進力を与えているのである。しかし、ここで重要なのは愛へと秩序づけられた神学であり、これは後の修道院神学がやはりそうであるのと同様である。

カロリング期の復興が修道院文化に何をもたらしたかを示す例は枚挙に暇がない。では、ラテン語で歌う必要と、ラテン語の詩句を作る傾向について考えてみよう。われわれは、典礼であれ他のものであれ、この時代の無数の詩に多くを負っており、多くの書物を埋めるに至っている。[26] 詩を作る必要から傑作が生み出されたのは、ザンクト・ガレンのノートケルのような真の詩人が現われたときである。この問題について、ある厳しい批評家は、彼の詩が「アッティカの詩とさほど遜色なく作られたように見える」ことを認めたあとで、なぜノートケルや他の多くの人々がラテン語で書き、彼らの母国語であるドイツ語で書かなかったのか問うている。そして、彼らにとってラテン語が異質なものではなかったからである、と答えている。確かに、彼らは文法家の許で、外国語としてラテン語を学んだ。しかし、彼らがラテン語を学んだのは、これが彼らにとっての祖国である教会の言語だからであった。これは、彼らがそれによって霊的な生活を営むラテン語文化の言語であり、彼ら以前のあらゆるラテン語文化の伝統、すなわち古典古代とキリスト教古代と聖書と教父の言語だった。これは彼らの宗教の言語であり、彼らにとってキリスト教を表現する唯一の手段であり、彼らが表現したいと望む現実と体験に唯一適したものであった。[27] ノートケルは、ドイツ語による表現であれラテン語による表現であれ、公衆のために詩作することはなかった。彼は「彼の主のために」詩を紡いだのである。主は彼に自らの言葉をラテン語で与えた。この言語だけが、キリスト教が生活と文化と体験にもたらした豊かさを表現できるのである。聖書、教会の聖歌、彼の魂に深く触れて、自らを超えて高めてくれるものすべてを、彼はラテン語で受け取ったのである。新しいこのような現実を表現するために、彼にはこの言語以外には言葉がなかったのである。歓喜の声を挙げ、熱狂を高揚させたいとき、彼が歌わなければならなかったものは、あまりに美しく、あまりに崇高であったため、ラテン語以外ではなしえなかった。彼は教会に向かって、教会のために、教会の神秘を歌った。この教会の神秘は、彼の魂にラテン語で刻み込まれていた。この言語によってこそ、また彼はこれを表現しなければならなかったのである。そして今度は彼が、ラテン語を用いることによって、彼が昔からの伝統から受け取ったラテン語文化を豊かにしたのである。

スマラグドゥス

カロリング期の復興によってもたらされた修道院文化のもう一人の証人は、九世紀前半にサン＝ミイェル修道院長であったスマラグドゥス（八二五年頃歿）である。彼も文法についての著作を残しているが、その中で霊的な生活についての彼の著作におけるのと同様に、天上に達する手段を教えている。選ばれた者たちは、まず何よりも、ラテン語文化によって、三位一体を知ることが許される。それゆえに、ラテン語文化によってこそ、彼らは永遠の生命に達するはずである。[28] では、何によって、文法学は天上へと行くことを可能とするのであろうか。聖書と教父を読む能力を与えることによって、文法学は救済の手段となり、崇高な尊厳を獲得するのである。文法学は、神の言葉同様に、神の賜物であり、そこから切り離されることはありえない。なぜなら、文法学こそがその鍵を与えるからである。スマラグドゥスは文法学への賞讃を詩で歌っているが、それはもう一つの救済の手段である『ベネディクトゥス戒律註解』の冒頭に、彼が後におくことになる詩と似ている。「ここに、あなた方は、天上から到来し、聖霊御自身が私たちに与えて下さったすばらしい手段を見出すことでしょう。ここにおいてこそ、聖霊は私たちに太祖たちの偉大な行ないを語り、ここにおいてこそ、『詩編』の抒情が響くのです。この小さな書物は、神の賜物に満ちています。この書は聖書を含んでいるのです。そしてこの本は、文法学の香りがします。聖書は神の国を求め、地上から離別して、より高きへと上昇することを教えています。聖書は、すべての至福なる者たちに、この天の恩恵を約束しています。主とともに生き、永遠に主とともに住むことをです。文法学は、それゆえ、神の善性によって、注意してこれを読む者たちに大いなる善を授けてくれるのです[29]」。

スマラグドゥスが教えたラテン語文化は、ボニファティウスと同じように、教会のラテン語文化である。彼はそのことを隠していない。逆に、そのことを誇っているのである。世俗のラテン語のいくつかの特徴が、異教徒の心情や誤った信念によって説明されるように、キリスト教信仰はウェルギリウスの言語を充実させ、より大きな柔軟性を与えたのである。教会の言語のために弁解することを余儀なくさせられるどころか、彼はこれを讃美し、そこに霊的な重要性と文学的な長所を発見したのである。キリスト教は、ラテン語にとって、解放の機会であった。キリスト教はいくつかの語の新しい用法を可能とした。それらは、規則によって排除されることはなかったが、それらを導入する機会が生じなかったために、慣用的な用法に含まれていなかったのである。またスマラグドゥスが、古典ラテン語の用法が知らなかった「預言の命令法」を知っていたことが明らかにされている。なおしばしば、こうした用法は神秘的で、その鍵は信仰によってのみ与えられることになっていた。それゆえ、スマラグドゥスによって引用された用例においては、聖書と教父の語義が、正当に、古典古代の語義につけ加えられているのである[30]。

このような註釈は無益な気晴らしではなかった。ベーダ、ボニファティウス、アルクイヌス、スマラグドゥスや、他の多くの者たちが、ドナトゥスについて書いたのは、具体的な必要に対処するためであった。たとえば、スマラグドゥスの『文法学』の最も古い写本の一つにその証拠がある。そこに書き込まれたケルト語の欄外註は、文献学者たちがそれ自体として研究したもので、それらの註に囲まれたラテン語テキストとは無関係である。だが、文化と宗教心理の歴史という観点から見ると、これらの註釈は、このラテン語テキストとの関係において考察されるに価するものである。これらの註釈は、疑いなく、母国語がロマンス語ではないが、ラテン語を学ぼうとする修道士たちによって感じられた困難と、採られた方法を明らかにしていると言えよう。[31] また同じ写本の中には、スマラグドゥスの『文法学』の諸原則が見られるが、それらはその第一の目的であった礼拝のために適用されている。重要であるのは、聖務で使用される一連の祝福の言葉と罪の赦しの言葉で、それらは韻律の規則に従ってリズムがつけられている。[32] 古典古代とキリスト教の伝統という二つの遺産から継承されたこのラテン語を、スマラグドゥスは彼の霊的な著作において用いたのである。それらは『修道士の冠』(Diadema monachorum) ――『王道』は平信徒のために翻案された抜粋――[33] であり、『ベネディクトゥス戒律註解』(Expositio in Regulam sancti Benedicti)[34] である。後者は、古い註解のうちで、最も思想的に豊かであるとともに、伝統的な資料に関しても最も考証され、文献学的に最も正確であり、最も美しく、さらに非常に柔軟で調和がとれ霊的な生活の現実を表わすのに最適な言葉で書かれている。これは、すでに「神秘的な」ラテン語であり、後の時代の偉大な修道院著作家たちの言葉を予告している。彼の『文法学』の冒頭と同様、スマラグドゥスは『註解』の冒頭に、その目的を記す詩をおいている。ここでも、永遠の生命を得ること以外は重要ではありえない。修道士たちにとって、彼ら自身を超えて自らを高め、「天上の王国」へと達する手段は、『戒律』である。彼はこれを韻文で述べ、次いで散文で記している。「彼らは、戒律の正しさを守ることによって、永遠の至福を享受することを望む[35]」のである。そしてすぐに、彼は文法学の知識をこの目的のために使用する。ベネディクトゥスの『戒律』の最初の語であるObsculta（聴きなさい）という古典ラテン語にはない綴りが、彼によって文法的に正しいとされているのである。そして第二の語である「o」は間投詞とされるなど、他も同様である。スマラグドゥスはベネディクトゥスの表現を、学校教師たちの用法によって正当化しようとはしなかった。では、いかなる用例を彼は持ち出したのであろうか。大グレゴリウスの用例である。[36] 文法家としての技量を『戒律』の一語一語にこのように発揮しているが、しかし、サン＝ミイェル修道院長は、八一七年の修道院に関する重要な勅令の規定の一つに従っているだけなのである。「修道院長たちは、『戒律』を一語一語、それらをよく理解できるように、吟味しなければならない。そして彼らの修道士たちとともに、『戒律』を実践すべく努力しなければならない[37]」のである。

光の時代

ここでは、わずかな例しか挙げることができなかった。これらの事例によって、カロリング期の復興がいくつかの大中心地にのみ許された特権であったと考えさせたとするならば、それは、カロリング・ルネサンスについて不正確な概念を与えたことになろう。たとえば、歴史家たちが記すところによれば、古典作品のテキストの保存と流布は、フルダ、ロルシュ、コルヴァイなどのいくつかの大修道院に限られることでは決してなかった。さして重要ではなく有名でもない数多くの修道院においても、ウェルギリウス、スタティウスや他の古典古代の著作家たちが学ばれていたに違いない。それは確かに、徹底的ではなく、数多くの完全なテキストに基づくものではなかったかもしれないが、少なくとも根気よくなされていた。[38] 教父の作品についても、同じことが言える。この文化復興の大運動において、さまざまな傾向が姿を現わしたが、それらは、地域、時期、独創的な精神を有する指導者あるいは組織者によって与えられた影響によって異なる。ここで強調しておかなければならないのは、ただ、カロリング期の修道院文化の一般的な特徴だけである。

この文化においては、すべてが文学的であると言うことができよう。言い換えるならば、すべてが、韻文であれ散文であれ、書く技法の規則に服しているのである。あらゆるものが、技法（artes）によって学ばれるが、これらの技法は最良の模範から息吹を得ており、あらゆる文学活動はこれに一致しなければならないのである。技法というものは、古典古代や中世におけるこの語の受けとめ方では、定められた規則の全体である。「文法学」とは、文章表現に役立つすべての規則を含んでいるのである。アウグスティヌスによって語られ、イシドルスによって中世に伝えられた原則と一致して、「その名が示すように、文法学とは文字（littera）の研究であり、それゆえにこそ、ラテン語で litteratura と呼ばれるのである。忘却されてはならず、文字に委ねられてきたすべてのものは、当然、文法学に属するのである」[39]。

キリスト教的な表現が、いかなる文法学に属しているかを、見ておく必要があろう。カロリング期の文法学とは、この時代の文化全体の反映である。そして何よりも文法学においてこそ、この時期がルネサンスと思われるのである。しかし、このルネサンスという語は濫用されているため、この場合、この語に付与することができる意味を明確にすることが重要であろう。カロリング期は、独創的あるいは創造的であるよりもむしろ、古典古代の文学的な遺産を再発見し自分のものとした時代である。民族の大移動は、多くの地域において、古典古代との断絶をもたらしていたからである。しかし、この時代は真の意味での「再－生」（re-naissance）である。なぜなら、古典古代とのこの新たな接触は、創造的な努力に力強い飛躍を与えたからである。確かに、教父の時代と、一〇世紀およびそれ以降の文学的な発展期のあいだの過渡期であり――この意味で、まさしく「中－世」である――カロリング期は、後の時代にとって、暗黒時代に続く光の時代と見なされることになるのである。「この時代には、教えの輝きがあった」（hoc tempore fuit claritas doctrinae）[40]。

二つの遺産

このルネサンスの結果として生まれた文化は、二つの遺産に富んでおり、今度は、このルネサンスがそれらを受け渡すことになるのである。一つは古典古代の遺産、もう一つはキリスト教の遺産で、これは聖書と教父に不可分に基づいていた。古典古代の伝統が甦ることになるが、しかし、これはキリスト教の中においてであった。純粋に古典古代の復興という考えは、人々には思い浮かばず、新しいラテン語文化のキリスト教的な性格、あるいはキリスト教化された性格というべきであろうか、それが次第に意識されるようになったのは、新しい文化が発展するに応じてであった。生き生きとした変化を遂げていくキリスト教的なラテン語の規範は、教父たちによって与えられていた。その中でも、大グレゴリウスは、「ドナトゥスの規則の中に、天上の真理の言葉を閉じ込めることはまったくふさわしくない、と私は考える」と述べている[41]。ベーダによって暗示的にしか示されなかった同じ確信が、スマラグドゥスによって非常に明瞭に示される。誰の目にとっても、古典古代の遺産はすべてキリスト者に属しており、彼らこそがようやくこれをその真の目的へと方向づけたのである。すなわち、教会における神の礼拝である。この人文主義を表現するために、「申命記」に従って[42]、「異教徒の捕虜」(captiva gentiles) というテーマがしばしば援用されている。イスラエルの民は、戦争の際に捕らえた異教徒の女性と、いくつかの条件付きで、結婚することができたのである。たとえば、ラバヌス・マウルスは以下のように註釈をつけている[43]。「これこそ、われわれが、異教徒の詩人たちの作品を読み、現世の知恵の書物を手に入れたときに、習慣的に行ない、またなさなければならないことである。もし、われわれがその中で何か有益なものに出会ったならば、われわれは、それらをわれわれの教えの方へと改宗させなければならない (ad nostrum dogma convertimus)」。ここには真の改宗があり、それによって、これらの文化的な価値はその真の目的へと回帰するのである。ラバヌス・マウルスはさらに述べる。「しかし、もし、われわれがその中に余分なもの、偶像や性愛や現世のものへの関心を見出すならば、それらを削除しなければならない」。したがって、カロリング・ルネサンスの結果生まれ、その文化を表わす言語と文学の性格は次のように説明できるであろう。言語と文学は、自覚的に古典古代の伝統に依存している。しかし、宗教的であろうと欲し、宗教的な目的に奉仕することを望んだのである。新しい言葉が登場するのである。これは一種の「混成」言語であるが、この場合は意図的にそうであろうとしたのである。かつて、キリスト教が現われ、最初の数世紀の博士たちが教会の使信をラテン語に訳し始めたとき、自発的に、教父のラテン語が生まれた。そこから、キリスト教的な文法学が生まれた。それに続いて、キリスト教的な中世ラテン語が創り出され、続く数世紀間にさらに発展して豊かになる。このラテン語は、古典古代の著作家や教父たちのものと比べれば、おそらく力強さには欠けるが、簡潔で易しく、柔軟で明確、音楽的かつリズミカルで、これらの新しい民に必要なものであった。キリスト教的なラテン語一般については、「パリのノートルダム大聖堂が、ローマのパンテオンに匹敵するように」ホラティウスのラテン語に匹敵するものであると言われている(44)。しかし、むしろ、ロマネスクの簡素な教会が建てられていた時代に書かれたラテン語には、アウグストゥスの時代にローマのパンテオンや公共建築の中で話されていたラテン語との連続、そしてまた革新が見られるのである。中世文化はこの後、二つの傾向に分かれ続けることになる。それは、その起源から恩恵を受けていた二つの遺産に対応している。一つは古典古代の文学であり、これは必要不可欠で賞讃されていたが、危険なものとも見なされていた。もう一つは教父の文学であり、恩恵をもたらし、正当なものであったが、しかし一部の者たちは、これについてしばしば弁明する必要を感じていた。なぜなら、彼らにとっては、異教徒の文学よりも美しさの点で劣る表現と思われたからである。その結果として、中世文化において、また言葉そのものにおいても、一種の二元論が生じることになる。以下においては、修道制がこの発展においていかなる態度をとったかを見ていくことにしよう。

第二部　修道院文化の源泉

第四章　天の崇敬

中世の修道院文化は二種類の源泉を有している。一つは、文学的な性格をもつものである。すなわち、書かれたテキストで、それらを、瞑想とともに読むこと、そして研究することによってその内容を同化吸収しなければならない。もう一つは霊的な体験に属するものである。これらの体験のうちで最も重要なものは、調和した総合のうちに、他のすべての体験を互いに和解させることを可能にし、この体験の目的地へと達することを希求させるものである。修道院文化の内容は、二つの語が象徴し、総括しているように思われる。すなわち、文法学と終末論である。一方で、神へと近づき、神から受け取ったものを表現するためには文字が必要である。他方で、永遠の生命を目指すためには、絶えず文学を超克しなければならないのである。この超克について最も強い、そして頻繁になされた表現は、永遠の生命に関するものであった。修道院文化の本質的な構成要素の特徴を明確にするには、ベネディクトゥス以来、そして特にカロリング改革以来、文法学がそこで占めていた位置を強調した後、その支配的な方向づけについて語らなければならないであろう。このことについて、修道院文化は大グレゴリウスの影響に忠実であり続けた。すなわち、その終末論的な傾向であり、他の語を使うならば、「悔恨」(compunctio)である。

天の崇敬

中世の修道士たちが文学的な技法を適用したテーマのうちで、まず最初で、最も重要なものは、「天の崇敬」と呼ぶことができるものである。彼らが創り出したこの新しい言葉を、修道士たちは好んで用い、天への希求を表明したが、この希求は観想者の心を全面的に捉え、修道生活の基調となる。たとえば、無名の証人に耳を傾けてみよう。彼は、いわば「世論」を表わしており、修道士ではないが、あらゆる先入観を免れている。「雅歌」の註解において、「実践（praxis）に基づく生活」言い換えれば「活動的な生活」を定義したあとで、彼はさらに次のように言っている。「聖書のこの書が目的とするテオリアに基づく生活とは観想的な生活であり、ここにおいては天上の諸現実しか希求しない。そして、修道士や隠修士がこれを行なっている」(1)。天へのこの希求について語ることは、それゆえ、修道院文化がその中で開花した霊的な環境に言及することになるであろう。ここにおいて、修道士たちが彼らの文化の源泉そのものをどのように用いたかについては、年代上の順序はもはや重要ではない。あらゆる時代に常に見出される共通な条件がここでは重要なのである。天の崇敬が中世の修道制において頻繁になされていたことが確認されたならば、結論として、修道士の文化と神学にとってのその意義は自ずから明らかになろう。

疑いなく、中世人は地獄を想定していた。修道士たちも「幻視」の中で地獄を描き、そこに彼らが来世について抱くイメージや考えを投影していた。しかし、彼らの異界行は、後のダンテと同様に、ほとんどすべてが楽園で終わっている(2)。そして修道士たちの祈りのテキストにおいては、天についての瞑想の方が地獄についてのものよりも多く見られる。彼らの霊的な著作の章だけでなく、論考全体にも、以下のような題目を有するものがある。たとえば、『天の希求について』(3)、『天上の祖国についての観想と愛について。ここには現世を蔑む者だけが近づきうる』(4)、『天上のエルサレムへの讃歌』(5)、『天上の祖国の喜びについて』(6)などである。場合によっては、これらのテキストは、韻文あるいは散文で書かれた励ましあるいは宣揚であり、場合によっては、「詩編」の章句が瞑想や祈りの言葉の要素と交互に見られる。今日しばしばよき死を迎えるための勤行が行なわれるように、当時はエルサレムのための勤行が行なわれた。人々は天上について思いを巡らし、いつの日かそこへと昇る希求を抱き続け、そのための恩恵を求めた。この修道士の心理を理解するために、これが具現化されているテキストから、いくつかの示唆的なテーマを取り出してみよう。テーマという語は、この問題に最適の語である。実際、テーゼを示す思弁的な学問とは違って――これについては後に明らかにするが――、ここでは、象徴的な表現に依拠する領域がはるかに重要だからである。表現できない体験を希求させることが問題なのである。音楽や、詩と同じように、学芸の役割は、特に、単純で豊かなテーマについて「変奏」を奏でさせることにあり、また修道士の言葉は特にその喚起力によって価値があるからである。修道士の言葉はそうでしかありえない。なぜなら、これは聖書の言葉であり、比喩に富み、具体的で、したがって、詩的な本質をもっているからである。しかし、これらの表現法は、抽象的な性格のものではないけれども、同じく重要に受けとめられることが必要である。

用いられたすべてのテーマは、聖書に起源を有している。このことは、いくつかの例において、古典古代の文学を無意識に借用することを排除するものではない。たとえば、天上の喜びについて語るために、「魅惑的な場所」(locus amoenus)、黄金時代、エリュシオンなどの語が想起され、ピンダロスやアリストファネスによるこうした表現が、アウグスティヌスの新プラトン主義の中に痕跡を残し、とりわけ彼を介して、中世文学の中にも見られる。しかし、第一のインスピレーションは、やはり聖書からのものである。事実、修道院文学全体においては、天上の至福を論じることを目的としない著作においてさえ、絶えず天が問題とされている。数多くのテーマは、同じ現実をさまざまなかたちで表わしており、それらのあいだに、いかなる論理的な秩序も打ち立てることはできない。以下のものが、その主要なものである。

天上のエルサレム

第一に、エルサレムのテーマである。ベルナルドゥスは、修道士をエルサレムの住人と規定している。すなわち、「修道士にしてエルサレムの住人」(monachus et Ierosolymita)なのである。これは、イエスが亡くなった都、イエスが再臨するであろうと言われている山に、修道士は肉体的にいなければならないということではない。なぜなら、修道士にとって、この場所はいたる所にあるからである。この場所は特に、現世と罪から遠く、神と、神をとりまく天使と聖人たちに近づける所にあった。修道院は、シオンの尊厳を分かち持っているのである。修道院は、そのすべての住人に、主の生涯とその受難と昇天によって聖化され、主の栄光の帰還を見るであろう場所に固有の霊的な功徳を共有させるのである。

主が帰還するであろうと言われている山は、修道院の神秘の象徴である。修道士となった者はすべて、この祝福された場所に常に住んでいるようなものである。ここにおいてこそ、修道士は、真の聖なる都と一致することができるのである。ベルナルドゥスは、さらに述べる。「エルサレムという言葉は、現世において、宗教的な生活を送っている者たちのことを指し示している。彼らは、なしうる限り、品行方正な生活によって、天上のエルサレムの生活態度を模倣しているのである」(7)。この中で、ベルナルドゥスは、修練士の一人に触れ、この者が、パウロの「私たちの生活は天にある」(conversatio nostra in caelis est)(8)という言葉を実現する道をすでに見出している、と語っている。彼はさらに言う。「この者は、都を好奇の眼差しで賞讃する訪問者ではなく、その敬虔な住民の一人、その正規の市民の一人となったのである。しかし、この都とは、地上のエルサレムではない。地上のエルサレムは、アラビアのシナイ山と関係があるが、そのすべての子らとともに、隷属状態にある。そうではなく、まさに天上のエルサレムである。これは自由で、私たちの母である（ガラ四・二五－二六）。もし貴殿がそれを知ろうとなさるならば、それはクレルヴォーである。ここにこそ、天上のエルサレムと結びついたエルサレムがある。心からのまったき敬虔、生活の模倣、真の霊的な家族関係によって結びついているのである。あの修練士は、この場所に、主が約束されたとおり、永遠に続く安息を見出すであろう。彼はここに住むことを望んだ。なぜなら、彼は、ここに、まだ真の平和を見たというのではないにしても、少なくとも、真の平和への期待を確実に見出したからである。この平和については、『神の平和はすべての思いを超えている』（フィリ四・七）と語られている」[9]。それゆえ、修道院とは、先取りされたエルサレムである。人々が喜びとともに見つめる聖なる都への期待と希求と準備の場所である。ベルナルドゥスの弟子の一人で、常に微笑を絶やさなかった福者ヒンメロートのダヴィデについて、彼の伝記作者は、「彼の顔は、聖人たちのように、喜びで輝いていた。その顔はエルサレムへと向いていた」と記すことができたのである[10]。

実際、中世の修道院の神秘神学が好んだテーマの一つは、神が享受し、神が自ら選ばれた者たちに至福の生において分け与える栄光に関する観想である。この最終的な現実、これへの展望が、現在の生を方向づけており、これはしばしば、都エルサレムという象徴で描かれる。ほとんどの場合、これが天上のエルサレムと言われることはない。天上のものではないエルサレムとの区別がないかのようである。そして、しばしば「命ある者たちの地」（詩二六〔二七〕・一三）とさえ呼ばれる。重要なのは、それがどこにあるかということではない。われわれは、人間的なイメージによって語らざるをえないが、それは類似にすぎない。重要なのはそこで営まれる生、すなわち神の生そのものである。したがって、神に与るすべての者たちは、ともに、天上と地上において同じ教会の市民なのである。これを想起させるために用いられた「類型」(typus)は「肉のエルサレム」ではなく、「霊のエルサレム」である。その神殿が物質からできているエルサレムではなく、パウロがガラテアの信徒に語った、地上のエルサレムによって予表されるエルサレムである。これは、神と一致する者たちの共同体に他ならない。これは天であり教会である。それには、ただ一つの名称だけが与えられる。預言書であれ黙示録であれ、それらの記述において、聖書が聖なる都について述べたことが適用されるのである。

天への上昇

しばしばエルサレムというテーマと結びつけられるのが、神殿、契約の櫃の幕屋というテーマである。ベーダからセルのペトルス(一一一五頃-八三年)まで多くの著作家たちが、こうした神の現存と神の住まいで永遠に営まれる生の象徴について記した(11)。

天上のエルサレムは、修道士が目指す目的地である。修道士は、上昇を想起させ——そして実現する——すべてのものによって自らを高める。そして、これは他の一連のテーマを導く。まず、上昇のテーマとして卓越しているのは、キリストの昇天である。このキリストの神秘の一つについて、ベルナルドゥスは、受難に関する以上に多くの説教を残している(12)。修道士はこの世を離れる。すべてのキリスト者同様に、彼はこの世から離脱する。しかし、特別な召命によって、さらに修道士はこの世から自らを切り離すのである。彼は孤独のうちに、しばしば山の中へ進むが、それは、教会がキリストの昇天の大祝日にすべての信者に教える「天上に住もう」(in caelestibus habitemus)という勧告をよりよく実現するためである。主が栄光の雲の中に姿を隠したとき、使徒たちは目を天に上げて見つめていた。二人の天使がやって来て、主が再臨するまで、彼らは主を見ることはないであろうと告げた。まもなく、彼らには、あらゆる地に広まり、福音の種を蒔き、教会を植えなければならない時が来る。（使一・六―一一）しかし、修道士たちは見つめ続ける特権を有している。彼らが決して主を見ることはないであろうことは、彼らも知っている。彼らは信仰のうちに生きるであろう。だが、それでも、彼らはそこに留まるであろう。彼らの十字架とは、主を見ることなく愛することであり、そして常に見つめながら、目には見えないが、そこに現存する神以外の何ものにも目を向けないことになるだろう。この世に対する彼らの証しとは、見つめなければならない方向を、彼らの生活のみによって、指し示すこととなるだろう。そしてそれは、祈りと希求によって、神の国の成就を速めることになろう。

キリストの変容は、昇天の兆しであった。それゆえ、この神秘について考えることが好まれた。ペトルス・ウェネラビリスはこの東方起源の祝日をクリュニー修道院と修道制に導入したが、この御変容の祝日が全教会の典礼暦に入るのは三世紀後であった。彼はこの祝日の聖務日課を著わし、この神秘について美しく教えに満ちた長い論考を書いている。(13)

天使的な生活

他のテーマは、天使から借用されている。あらゆる種類の比較が、修道士の生活と「天使的な生活」（vita angelica）のあいだの関係と類似点を示唆しているからである。この点を記したテキストは数え切れないほどである。(14)それらの意味はいかなるものであろうか。われわれが住む感覚的な世界を脱し、肉体を棄て、「天使として振る舞う」ことが重要だったのであろうか。そのようなことはなかった。しかし、天使が天上において神に捧げる讃美は、修道士の生活において祈りが果たす役割の理解を助けてくれる。天使の生活について語られるとき、天使であることよりも、むしろ彼らが行なっていた称讃の務めが考慮されている。以下の見解は適切であろう。この表現方法は、「曖昧な表現に満ちた誇張法ではなく、適切な用語を好む健全な神学が警戒すべきものではない。……まず何よりも重要なのは、終末論的な諸価値を表わすのにふさわしい表現である。天上においてこそ、人間は『天使に等しく』[15]なるであろう。しかし、われわれは、すでに神の国の入口におり、永遠の生命の保証に与っているのであるから、現世の生活は、すでにそれ自体が、信仰という点で、天使の生活との比較によって、形容されていると考えるのが当然ではないであろうか」[16]。この最後に挙げたテーマ、そして天について考えることを助けるあらゆるテーマは、すべてのキリスト者に当てはまる。それらは修道士に固有のものではない。これらのテーマは修道院文学——修道士が書いたもの、修道士に関わるものを指す——において、より展開されただけである。なぜなら、彼らは完全なキリスト教的生活を目指し、その方法は、他の何よりも、終末論的な意義を有しているからである。その役割は、あらゆる人々に、彼らが決してこの世界のために創られたわけではないことを想起させることである。

飛翔・涙

飛翔の象徴も、テキストにしばしば現われる。一般的に、このテーマは「詩編」五四〔五五〕編の章句「誰が私に鳩のような羽を与えてくれるだろうか。そして私は飛び、私は安らぐであろうか」を出発点としている。オリゲネスから、幼子イエスのテレーズ（一八七三―九七年）にいたるまで、神秘主義的な著作家たちは、このイメージによって、彼らの神に対する希求を表現することを好んできた[17]。大グレゴリウスがこのテーマを利用した最初の人物ではなかった[18]。しかし、大グレゴリウスが重さという象徴、そしてそれを癒す飛翔という象徴に与えた重要性は、中世の修道院文学にこの語彙を浸透させるのに大いに貢献した。ベルナルドゥスにおいても、他のすべての修道院著作家たちにおいても、長いリストの証拠を挙げることができよう。

二つの欲望と呼びうるものを対照することによって、たとえば、スマラグドゥスは、天上の生に対する彼の希求を、同様に明確に言葉にすることができた。実際、重要なことは、肉の欲望を霊の欲望に取って代わらせることである。ある対比がこれら二つのあいだでなされる。霊の欲望の役割は、疲れた魂を、未来の栄光の希望によって力づけることである。[19]しかし、この表現方法は、修徳修行の否定的な面である抑圧ではなく、肯定的な面を強調した。すなわち、神への飛翔、人間の目的、すなわち十全に永遠に所有された神を目指すことである。

そして、天上への希求は、多くのテキストにインスピレーションを与え、涙を問題とさせた。この希求の涙は、愛の悔恨から生まれる、主の賜物であった。修道士は涙を求め、その意味を引き出す。スマラグドゥスは「涙の恩恵について」という章において、聖書や師父たちの伝記や大グレゴリウスから借りてきた証言を集めている。他の者たちは、このテーマをより独創的に展開した。とりわけ、フェカンのヨハネスの場合、彼の著作は後世の霊的な文学に大きな影響を及ぼすことになる。彼の言う「愛徳の涙」、「甘美な涙」は、神の甘美さを感覚すること、それを永遠に享受したいという希求によって生み出されるが、嘆息をともなっている。この嘆息は悲しみのしるしではなく、希求のしるしである。[20]中世において、修道制には「嘆息」(suspiria)の文学が存在するのである。[21]

ペトルス・ダミアニ『楽園の栄光について』

天の崇敬が表明される主要なテーマを、足早ではあるが、示してきた。今度はそれらをテキストによって解説することが必要であろう。それらは数多く、しばしば極めて美しいものである。それらのテキストの写本は、しばしば非常に良質の敬虔な図像をともなっている。それらの図像は、聖書がわれわれに描く天上の都を視覚的に示している。「天の希求」の図像は、文学作品に劣らず、芸術的で、詩に溢れている。最も有名で書き写され上梓されたテキストの一つは、ペトルス・ダミアニの詩『楽園の栄光について』[22]であろう。その詩節は、語彙が緻密に絡み合い、音楽的なリズムを備え、翻訳することができないほどである。冒頭から、以下の二十詩節のテーマが告げられる。魂は永遠の生の泉をあえぎ求める。肉の囲いの中に囚われの身となっている魂は、その囲いがやがて崩れ落ちる様を見たいと望んでいる。追放された魂は、最後に祖国を享受することを望んでいる。この幸福は、魂が原罪によって失ったものである。魂はその幸福を再び所有したいと望む。それゆえにこそ、魂はその栄光を観想することを愛する。現世の苦しみは、失われた楽園の記憶を魂に呼び起こす。聖書に記された諸々のより美しいもの、感覚にとってより甘美なものが、この全面的な幸福を理解させるために言及される。果実、花々、春、日のあたる草原、聖人たちの栄光と子羊の光輝、霊と肉のあいだに実現された合意、健康、尽きることのない若さ、選ばれた者たち相互の知と愛、変わることのない一致。キリスト者がその喜びの中に入って、神から受け取りたいと望むようなものは、何一つ欠けていない。しかし、この幸福は決して静的なものではない。ひとたび定められてしまったならば、その限界を乗り越えられないようなものではない。この贈与は、満たされるにつれて、増し、増すにつれて、満たされる。希求と所有は、終わることなく、互いを育む。神は尽きることがないからである。そして、このように考えることは、疑いなく、永遠のことについて最もよく表現することを可能とするのである。ニュッサのグレゴリオス（三三五頃−九四年）が「エペクタシス＝伸展」（ἐπέκτασις）と呼んで分析したものを、ペトルス・ダミアニは以下のように記す。「選ばれた者たちは、常に飢え、常に満ち足りながら、希求するものを所有する。満足しても決してうんざりすることはなく、希求から絶えず生じる飢えも決して苦痛とはならない。彼らは、希求しながら、終わりなく食べ、食べながら、希求することをやめない」[23]。感覚と霊を満たす喜びは、新たにされるように見える。

なぜなら、主は次第に自らを伝えるからである。そして、この長い詩は、天に入ることへの要求で終わっている。しかし、この明確な要求は、希求された幸福に関する観想ほどには場所を占めていない。楽園の栄光を考えることは、われわれがそこで所有することを希望している方を、われわれが愛していることを証明している。この方は、われわれに希求する力を与えることによって、すでに、われわれに自らを贈与している方だからである。

『キリストと乙女たちのあいだで交わされた祝婚歌』

この希求の文学のもう一つの証拠は、『キリストと乙女たちのあいだで交わされた祝婚歌』である。これは、おそらく一二世紀のヒルザウ修道院の一修道士によって作られ、シトー会のいくつかの写本によって伝わったものである。(24) このテキストは百二十九連の二重の詩節を含むに過ぎない。この詩はまず、乙女たちがキリストの王国に入ることに言及する。次いで、彼女たちが見出した幸福が述べられる。ここにおいても、楽園の庭があらゆるイメージを提供している。花々、芳香、感覚と霊にとっての魅惑、このすばらしい環境で、愛は一挙に開花する。婚礼の行列は進み、キリストがようやく姿を現わす。それまで隠れていた栄光が、明らかになるのである。「何と偉大であろうか、親密な愛は。信仰がその力を発揮するとき、愛は魂を呑み込む。四肢をその真の頭《かしら》と一致させるのである」。花嫁は、「詩編」四四〔四五〕編が描くあらゆる飾りを身にまとう。そして、これは、神への同じ愛によって一つに結ばれた者たちすべてに分け与えられる幸福である。この終わりのない時（tempus interminabile）は安息日、過越しの祭、夏である。老いにも、死にも、いかなる変化にも苦しむことはない。この安らぎは、神をありのままに知り、神を絶対的に清らかな視線で見ることからなっている。ここでも、都エルサレムは諸々の宝石で飾られている。それぞれの宝石は、徳の象徴であり、徳の報酬としての喜びの象徴である。ここでは聖歌「至福なる都エルサレム」(Urbs Jerusalem beata) が、詩人の想像力を育んでいる。しかし、十分に満たされた五つの霊的な感覚は、唯一の真の幸福、唯一の真の褒賞、すなわち、神自身について語るための手段に過ぎない。そして、聖なる都の記述は、この約束され待望された栄光、キリストとの最終的な合一について、先立ってなされる感謝の機会なのである。それは、神以外のすべてを超克し、ひたすら神のみを求めるようにという勧め、この困難で執拗な探求において助けと不動心を求める祈りである。「私たちはあなたを探し求めています、主よ、嘆息を重ねながら。あなたへと向かって、私たちを高めたまえ」。「終わりのない」(interminabilis) という語が繰り返し現われるが、この語は、天上の喜びとそれを歌い挙げる詩の両方の特徴となっている。人々は、聖母と至福者たちの幸福と一致し、常に新しい象徴によってこの幸福を描き、そうすることによって、神の子羊の讃歌を歌い始める。人々がこれを歌い続けるのは、歌の目的である幸福を理解させるためであり、繰り返しなされる祈りによってそれを得るためである。

フェカンのヨハネス

フェカンのヨハネスほど、天上への希求というテーマを展開した著作家はいない。彼の全作品は神への熱望であるとさえ言うことができよう。重要な点は、まず、その作品が極めて美しいことである。第二に、このため、非常に大きな影響、計り知れない影響を与えたことである。誤ってカッシアヌス、アンブロシウス、アルクイヌス、アンセルムス、ベルナルドゥスの名を冠せられ、そして特に『聖アウグスティヌスの瞑想』という題を与えられ、フェカンのヨハネスの諸作品は、『キリストにならいて』以前において、最も読まれた霊的な著作である。ベルナルドゥスはフェカンのヨハネスを愛読し、彼の著作の中には、その痕跡が認められる。ベルナルドゥスは、彼の文体の質と神秘的な飛躍の勢いという点でヨハネスと類似している。ヨハネスの魂の高揚を示す長い一節を引用することもできよう。だが、ここでは『神学的告白』（Confessio theologica）の最も長い部分の表題だけで、内容を理解するのに十分であろう。それは「これから第三部が始まる。ここにおいて魂は敬虔に満たされ、キリストの至絶なる愛に駆り立てられ、キリストへと向かい、キリストへと嘆息し、その唯一の愛の対象であるキリストを見ることを希求する。何か甘美なるものを見出したかといえば、それは、うめき、涙を流すことだけであり、世を避け、黙して、『誰が私に鳩のような羽を与えてくれるだろうか。そして私は飛び、私は安らぐであろうか』（詩五四〔五五〕・七）と言って安らぐことだけである[25]」というものである。

『エルサレムの栄光』

最後に、エルサレムの栄光を称揚する長い散文詩を取り上げよう[26]。この著者は、名は不明だが、ベネディクト会のベーズ修道院の、おそらく一二世紀初めの修道士である。いずれにしても、彼は大グレゴリウスとフェカンのヨハネスから強い感化を受けている。彼のテキストは、激しい熱狂の横溢を表わしている。彼が言うように、彼は「自分の中で、神がご自身について語るのを聴いた」のである。彼は、その心に「天からの露がすでに滴った」人々の一人なのである。彼は至福について抽象的な説明はしない。彼は神とのある接触を引き起こし、それを準備することを望んでいる。この合一のかたちはまったく霊的であり、それについて語るには、見ること、触れることという感覚的なものとの比較に頼らざるをえない。栄光の主、その廷臣に囲まれた主について、彼は連禱を唱えるのである。

この都の住人は、天使と人であり、彼らは分かちがたく結ばれている。彼らの幸福は、彼らが神と共にいることから生じる。神は彼らの存在全体に入り込み、彼らの身体は神の一部なのである。神の都に関するこの観想から、そこにいたいという希求、活動的な希求が生まれる。これは、待つと同時に目指すことであり、まさしく希望することである。

修徳修行の諸義務は、この神秘的な眺望から生じる。現世からの離脱は、キリストへの固着の裏返しである。これは、現世において、神への愛の条件であり、証明である。自らの神のもとへ飛翔することを欲する者は、神へと向かう。彼は手を伸ばし、祈り、その目は喜びの涙で溢れる。

テキストの写本では、いかなる区切りもなされていない。しかし、実際には、これは一種の散文詩である。聖書的な味わい、この詩の魅力である感情の飛躍、この極めて音楽的で、簡潔であると同時に濃密な言葉のリズムと同一母音の反復は、これらの燃えるような詩節に、躍動と自由をもたらしている。これらの躍動と自由は、真に霊的で、自らが記した幸福にすでに与っている者の内的な生命を反映している。

翻訳することは、このような質のテキストの力を必然的に弱めてしまうことになるであろうが、少なくとも、ある理解はもたらすであろう。それゆえ、以下にこの感嘆すべき祈りを訳してみた。他の非常に多くの名も知られぬ修道士たちの内的な態度を、非常に明瞭に示してくれるのである。

都エルサレムとその王。それらをしばしば想い起こすことは、私たちにとって、甘美な慰め、瞑想のための快い機会、私たちの煩わしい重荷を軽くするためになくてはならないことである。それゆえ、私は、短く、できたら有益に語ることにしよう。都エルサレムについて、その建設を、その王の王国の栄光を。そして、主が私のうちで、ご自身とその都について語られることに耳を傾けることにしよう。これが、神があなたがたの心に点けた火に注がれる油の数滴となることを、私は希望する。そして、あなたがたの魂が、愛徳の火と敬虔への勧めの油によって炎を上げ、火勢を強め、より大きな熱情によって燃え上がり、より高く昇っていくように。魂が世界を後にし、天を横断し、星々を越え、神に達するように。霊によって神を見、愛し、神のうちに、しばし息をつき、安らぐように。

それゆえ、普遍的教会《カトリック》の信仰が信じ、聖書が教えるように、御父は万物の至高の源、御子はこの上なく完全な美、聖霊は至福の喜びである。御父は創られた宇宙の原因、御子は真理を獲得するための光、聖霊はそこから幸福を飲まねばならない泉である。御父はその力によって無から万物を創造し、御子はこの力によって創造された事物を知恵によって秩序づけ、聖霊はこのように創造され秩序づけられた事物を慈しみ深く、豊かにされた。現世の途上において、御子は私たちを弟子とされ、聖霊は私たちを悲しみにくれた友のごとくに慰めて下さる。祖国において、御父は私たちを勝利者とし、私たちを栄光で被って下さる。神ご自身にとっては明らかな至高、至福の三位一体も、天使と私たちにとっては理解を超えている。この地上で信じられていることは、天において見られるであろう。どのようにして、一でありながら、分けられて三となり、三でありながら、不可分の一であるのかを。

いと高き所に、エルサレムの都は建てられている。その建設者は神である。この都市の基礎は一、すなわち、神である。その基礎を据えた方は一である。それは神ご自身であり、いと高き方がその基礎を据えたのである。その都に生きるすべての者たちの生命は一である。見る者たちの光は一、安らぐ者たちの平和は一、あらゆる者たちがそれで満腹するパンは一、あらゆる者たちがそこから汲む泉は一である。これらすべては神ご自身であり、神はすべてにおいてすべてである。誉れ、栄光、力、豊かさ、平和、そしてすべての善なるものである。

すべてを満たす唯一の方である。

この堅牢で安定した都は永遠に続く。御父によって、この都は眩い光で輝き、御父の光輝である御子によって、この都は喜び、愛し、御父と御子の愛である聖霊によって、この都は存在しつつ変貌し、観想することによって輝き、一致することによって喜ぶ。エルサレムは存在し、見つめ、愛するのである。

エルサレムは存在する。それは、御父の力からその活力を得ているからである。エルサレムは見つめる。それは神の知恵で輝くからである。エルサレムは愛する。それは、神の善性のうちで喜んでいるからである。この祖国は、なんと幸福であろう、敵対を恐れることなく、神のまったき認識の喜び以外、何も知ることはない。

今や、それぞれの者が各々の衣をまとう。第八の時代において、至福なる者たちの軍は二重の棕櫚の葉で飾られるであろう。すべての者が知るであろう。すべての言葉は黙し、心が語ることになるであろう。身体は霊的で見えなくなり、太陽のごとく輝き、敏捷で、意志に従い、すべてを望むままに実行することができるようになるであろう。

その時、月の中の月、安息日の中の安息日が訪れるであろう。その時、月の光は太陽の光のように輝き、太陽の光は七倍にも輝き、御父の王国において、聖徒の顔は太陽のごとくに輝くであろう。

この都は太陽の光を必要としないであろう。全能の神が照らして下さるからである。その松明は子羊、神の子羊キリストである。この罪の汚れなき子羊は、御父が救済のための犠牲として世に遣わされ、罪なくして生き、罪人たちのために死に、この世から罪を取り除き、陰府の苦しみを解き、水なき湖から囚われていた者たちを脱せしめ、彼らを凱旋の列に加え、自らの王国において、再び彼らに御自身とともに座を占めさせるであろう。

この方の顔はこの上なく美しく、その姿はこの上なく慕わしい。天使も見つめることを望む方である。この方は、平和の王であり、全地がその方の顔をこいねがう。この方は、罪人をとりなす方、貧しき者の友、悲しみにくれる者を慰める方、小さい者の保護者、純朴な者の教師、巡礼の導き手、死者を贖う方、戦う者たちを勇気づける助け手、勝利者たちに寛大に褒賞を与える方である。

この方は、至聖所の金の祭壇、イスラエルの子らの心地よい背もたれ、天使の喜ぶ光景である。この方は、至高の三位一体の高き玉座、万物の上に高められ、世々に祝福される。この方は、聖徒の冠であり、すべての者の光、天使の生命である。

おお、私たちにこれらすべてのものを報いて下さった方に、私たちはどのように応えよう。私たちは、この死に定められた体からいつ救われるのだろうか。いつ私たちは、神の家の豊かさに酔い、神の光のうちに光を見るのだろうか。私たちの生命であるキリストは、いつ姿を現わされるのであろうか。そして、いつ私たちは主とともに栄光のうちにいるのだろうか。いつ、私たちは命ある者たちの地で主なる神を見るのであろうか。優しく褒賞を与えて下さる方、平和の君、安息のうちに住まわれる方、苦しむ者たちを慰める方、死者のうちで最初に生まれた方、復活の喜びである方、神の右手であると御父が確言された方を。この方は神の御子であり、数千のうちから選ばれた。彼に聴き従い、彼の許に駆けつけ、彼を渇望しよう。私たちの熱望の涙で満ち溢れるように。私たちがこの涙の谷から移され、アブラハムの懐（ルカ一五・二二）に入るときまで。

しかし、アブラハムの懐とは何か。アブラハムの懐にいる者たちは、何を所有し、何をなすのか。知性によって理解し、言葉によって説明し、情感によって感じることができる者がいるであろうか。アブラハムの懐に、どれほどの力、美と栄光、誉れと甘美と平和があるのかを。アブラハムの懐とは、御父の安息である。ここにおいて、御父の威光、御子の輝き、聖霊の甘美さがはっきりと啓示され、ここにおいて、聖徒は神の御前に祝祭を挙げ、喜びに欣喜雀躍し、ここにおいて彼らの住まいは光り輝き、ここにおいて聖徒の魂は安らぎ、神の讃美の豊かさに酔いしれる。彼らのうちには、喜びと歓喜と感謝と讃辞がある。

ここには輝かしい祝祭、ゆったりとした休息所、近づきがたい光、永遠の平和がある。富める者も貧しい者も、主人から開放された奴隷もいる。かつて、できものでおおわれ、金持ちの玄関前にいたラザロも、今は御父の栄光によって終わることのない幸福のうちに暮らしている。すべての天使と聖徒の合唱隊が歓喜の声を挙げている。

おお、どれほど広く快いものであることか、アブラハムの懐とは。おお、何と平穏で密やかであることか。何と自由で澄明であることか。おおイスラエルよ、アブラハムの懐とは何とすばらしいものか。自らを誇る者たちではなく、心の正しい者たちにとって、とりわけ、そこに抱かれ、そこで新たにされる者たちにとっては。おお神よ、あなたなくしては、あなたを待ち望む者たちの目が、アブラハムの懐で用意されたものを見ることはない。人はこの秘密を知らない。これは、快楽のうちに生きる者たちには、地上では明らかとならない。これは、目がまだ見ず、耳もまだ聞かず、人の心に思い浮かびもしなかった秘密である。これこそはキリストのために戦った信者たちに約束され、キリストとともに統べ治める勝利者たちに与えられるものである。

滅びゆくものと私たちは、なお何か共通のものがあるだろうか、これほどのものが天上において約束されているというのに。私たちは地上において罪人とともに何を享受するというのであろうか、天上の軍団の宮廷へと召集されているというのに。私たちにとって肉の快楽がどれほどのものであろうか、天上の似姿を帯びているはずであるのに。私たちに目の快楽はどのような関係があるのだろうか、天使の喜ぶ光景を見ようと欲しているのに。私たちに世俗の野心はどのような関係があるのであろうか、天の所有が約束されているというのに。

それゆえ、私たちのすべての父祖と同じく、寄留者であり異邦人である限り、私たちの日数が地上の影のように過ぎ行き、休息がない限り、地上を滅びの天使と、目を晦ませる暗雲と、騒乱の風と、広がる火が通り過ぎる限り、私たちは、エジプトの影から主の翼の陰へと逃れ、災いが過ぎ去り、昼のそよ風が吹き、影が逃げ去るまで、そこに留まろう。そしてアブラハムの懐のうちに置かれるにふさわしい者となるのである。

ここには、真の豊かさがある。ここには知恵の宝庫、長く喜ばしい生がある。ここには完全な力があり、いかなる弱さもなく、いかなる勇気にも欠けてはいない。ここには完全なる知恵があり、いかなる無知もなく、いかなる真の認識にも欠けてはいない。ここには至高の喜びがあり、いかなる不幸もなく、いかなる善性にも欠けてはいない。ここには豊かな健康がある。ここには完全な愛徳があるからである。ここには完全な至福がある。ここには神の完全なる直視があるからである。私は言いたい、直視は認識のうちにあり、認識は愛のうちにあり、愛は讃美とともにあり、讃美は平安とともにあり、平安には終わりがない、と。

誰が私たちに鳩のような翼を与えて下さるであろうか、そして私たちは地上のすべての王国を飛び去り、南の空のかなたに達するだろうか。誰が私たちを大王の都へと導いて下さるであろうか。そして、私たちが今は書物で読み、おぼろげに、鏡に見るかのごときものを、そのとき、誰が私たちに神の御前で観て、喜ぶようにさせて下さるであろうか。

神の都。なんと多くの栄光に満ちた事物が、あなたについて語られなかったことであろうか。あなたのうちには、喜ぶ者たちの住まいがあり、あなたのうちには光があり、万物の命がある。あなたの礎石は一つの石、活きた隅の親石、ひときわ貴重な石である。あなたの扉は輝くダイヤモンドで光を放つ。それらは大きく開かれるであろう。あなたの壁は諸々の高貴な石で飾られ、あなたの塔は宝石で輝くであろう。あなたの宮殿は、エルサレムよ、宝石を敷きつめられ、透明のクリスタルのごとき純金で覆われるであろう。そしてあなたのうちに、栄光の顕現を観るであろう。あなたのうちに、人々は歓喜の歌を歌い、すべての者は天上の甘美な音楽、合奏と合唱を聴くことであろう。そして、誰もが一つの言葉を発するであろう。「ハレルヤ」。ただ一つの言葉、この上なく甘美な言葉、讃美に満ちた言葉。この都には、私たちの父祖たちと親しい友たちがいて、私たちのために神にとりなしてくれる。彼らは私たちの到着を待ち望み、彼らになしうる限り、私たちの歩みを速めてくれる。

彼らへと向かって、私たちの手とともに、私たちの心を高めよう。すべての移ろうものを乗り越えよう。私たちの目が、私たちに約束された喜びへと向かって、尽きることなく涙を流すように。昨日キリストのために戦い、今日キリストとともに統べ治める信者のうちにすでに成就されたことを喜ぶように。私たちに真実をもって語られたこと、すなわち「私たちは命ある者たちの地を行くであろう」ことを喜ぼう。すべての地にまさって名高い地、主が祝福された誉れ高き地。蜜と乳が流れる地。地上のエルサレムにはるかに勝る希望の地。しかし、その地上のエルサレムのためでさえ、真のイスラエルの民は死にいたるまで戦った。幸いなるかな、私たちがこの都に入るであろう時は。ここでは主が、ひとりひとりを訪れて、私たちに尽くして下さるであろう。そのあいだに、天使たちは歓喜し、聖人たちは欣喜雀躍するであろう。

その日、神ご自身が私たちと私たちのすべての友に自らを顕わし、聖徒たちの目からすべての涙をぬぐい、取るに足らぬことの代わりに大いなるものを彼らに与え、移ろうものの代わりに歓喜を与えられるであろう。

その時、すべてのことがすべての者に明らかになる。すべてのことがすべての者のものとなろう。そのとき、明らかに、神が三にして一であり、すべてにおいてすべてであり、すべてを超えていることを知るであろう。そのとき、喜びに満たされて、私たちの心は歓喜し、私たちの喜びを誰も私たちから取り去ることはできないであろう。なぜなら、今私たちが希望していることが、そのとき現実となるであろうからである。王国の子となり、天使たちとともに、神の永遠の相続人に、キリストの共同相続人になるであろう、私たちの主にして、御父と聖霊とともに世々に生き、統べ治めるキリストご自身によって。アーメン。

天上の生の先取り

それゆえ、中世の修道院文学が、大部分、「悔恨」の文学で、神への希求を保持し、増大させ、伝えることを目的としていたことは事実である。そしてこのことは、修道院文化と修道生活の構想全体を示唆している。修道生活は天上の生の先取りと考えられている。永遠の生命の真の端緒なのである。この生活においては、すべてのことが、現実全体の成就と関係づけて判断されている。現在は仮初めなのである。この構想はしばしば二つのテーマによって表現されたが、ここでは指摘することしかできない。まず、「前もって飲むこと」(praelibatio) である。ここでももう一度、感覚、特に味覚から借りた語彙に助けを求めている[27]。この「前もって味わうこと」(praegustatio) は、魂のうちに、ある喜び、ある欣喜雀躍、ある種の酔いを生み出すが、しかしこれは信仰と修徳修行における酔いであり、純粋に自然的な刺激物にはよらない。これは「素面の酔い」[28]である。第二は「閑暇」(otium) のテーマである。永遠の安息を先取りしているゆえに、修道生活、すなわち「閉ざされた楽園」における生[29]は閑暇の生なのである。これは頻繁になされる定義であるが、その場合、otium、quies (安らぎ)、vacatio

(余暇)、sabbatum(安息)、などの語によって示され、これらの語はしばしば互いに意味を強め合って otium quietis、vacatio sabbatum などの表現を生み出すことがある。[30] これらのテーマにはよく注意しなければならない。これらのテーマが表わしている現実は、伝統的な「ヘシュキア」(ἡσυχία)が「ヘシカシム」と異なるように、「静寂主義」とは違うからである。「閑暇」は二つの危険にはさまれている。「無為」(otiositas)と「忙」(negotium)であるが、後者は「閑暇」の否定そのものである。「閑暇」こそが修道士の一大関心事であった。だが、これは非常に忙しい閑暇(negotiosissimum otium)であり、ベルナルドゥスや他の多くの者たちが繰り返し書いていることである。このテーマも、他のすべてのものと同様に、聖書からインスピレーションを得ている。疑いなく、古典古代からの「閑暇」の伝統も働いている。しかし、たとえば、サン=ティエリのギヨームはセネカやプリニウスから「肥沃な閑暇」(otium pingue)という表現を借りてはいるが、まったく新しい意味を与えている。[31] それは「シラ書」が示し、修道院著作家たちによってしばしば繰り返された表現で、「書き手の知恵は、閑暇のときにある」(sapientia scribae in tempore otii)というものである。[32] 閑暇のテーマには、また「寝台」や「褥」という象徴が結びついている。「私たちの花咲く褥」(lectulus noster floridus)という表現もある。[33] 寝台とは修道生活であり、褥とは観想を指している。[34] そこからまた「目覚めた眠り」という象徴も生まれる。[35] 神秘主義的な言語は、絶えずこのようなパラドックスに訴えて、抽象的な定義に押し込めうるにはあまりに複雑な現実を、その内容を枯渇させずに、喚起するのである。常に重要なことは、表面的には自然の領域において対立する諸概念を、霊的な体験の次元において、両立させることである。

前もって天国を味わうという構想が、修道士たちの文化と神学を方向づけ、その構造さえも決定している。この構想は終末論的な次元に属し、神の直視という点では、まだ不完全ではあるが、それに前もって与るゆえに、観想は本質的に信仰と希望と愛の行為である。それゆえ、観想は知性の推論活動の結果として生じるのではなく、研究によって得られた学知の褒賞でもなく、思弁的な知を増す結果ももたらさない。観想は愛を保つことを目指し、その愛はさまざまな形をとって天上の至福を待ち望むのである。それは、闇の中の所有、希求における所有である。観想は、語の本来の意味においては、光のうちにおける所有であり、天上においてしか実現されず、地上においては不可能である。しかし、神から、賜物として、その真の先取りを得ることはできる。それは希求そのものである。(36)天を希求することとは、神を望むことである。そして、しばしば修道士たちが「短気な」と形容した愛で、神を愛することである。(37)希求が増すにつれて、魂は神のうちに安らぐ。所有は、希求に応じて増大する。(38)しかし、完全な充足が死を条件としているように、天を前もって味わうことは、世界に対して死ぬことを前提とする。神秘的な死なくして、苦行なくして、観想はないのである。(39)この義務はあらゆるキリスト者に課せられている。すべての信者は、自らを地上から切り離して、天が象徴する神に自らを委ねるようにと招かれているはずである。アンセルムスは、『プロスロギオン』の末尾において――彼自身の言葉によると――「自らの魂を神にまで高めよう」と試み、神の幸福と、天上においてそれを享受している者たちの幸福についての長い観想に専心しているが、あたかも、信仰を理解しようという彼のすべての努力がここに帰着するかのようである。(40)また、この同じ観想を、彼は倫理的な勧めの目標としている。隠修士フーゴーに宛てた書簡において、彼は世俗の人々に対してなされるべき説教の概略を示しているが、結論として、彼らが天を希求するように導く必要を強調し、『プロスロギオン』の末尾に記したことを参照するようにと述べている。(41)実際、天の崇敬は修道士たちの独占物に留まり続けることはできないのである。

しかし、彼らは、他の者以上に、これを実践した。なぜなら、彼らの修道院禁域での生活は、自らを与え、自らを希求させる神から注意をそらすことがより少なかったからである。一二世紀のある無名の修道院著作家は、どのようにして神との合一が希求において実現し、一体となるかを見事に表現している。「永遠の生命の入口に達するに値することを望む者に、神は聖なる希求しか要求されない。言い換えるならば、もし私たちが永遠の生命にふさわしい努力をすることができないにしても、少なくとも永遠の現実を希求することによって、たとえ私たちがこのように劣り遅かろうとも、私たちはすでにそこへと向かって進んでいるのである。人は飢えに応じて食べようとし、疲れに応じて休息しようとする。同じように、聖なる希求の質に応じて、人はキリストを追い求め、キリストと一つになり、キリストを愛するのである」[42]。

第五章　聖なる書物

修道院文化の文学的な源泉は、主たる三つのものに還元することができる。それは聖書と、教父の伝統と、古典古代の文学である。典礼は、後に問うことにするが、聖書と、教父の伝統が受け入れられた環境であり、修道院文化のあらゆる表出を総合するものである。それゆえ、まず最初に、修道院的な聖書解釈の研究についての入門を試みる必要があろう。「試みる」や「入門」というような、これらの二つの語は、この領域がこれまでほとんど研究されてこなかったという事実によって正当化されよう。最も研究されてきた領域とは、古典古代の源泉の領域であるが、それはおそらく中世文化のこれらの問題が、神学者や教父学者たちよりも、中世研究者によって取り組まれてきたことによるからである。だが、読者たちは、今や、すでに気づいているであろうが、全般的には修道院的な中世、そして個別的にはベルナルドゥスは、先行するものを視座として、理解されなければならないのである。すなわち、教父の伝統であり、その主たる使命は聖書を伝達し、聖書を解説することであった。中世の修道院の聖書註解者についての全体的な研究というものはまだ行なわれていない[1]。その準備として、個別研究がなされなければならないであろうが、それらも同様に行なわれていない。それゆえ、解決を提示することはできなくとも、少なくとも、いくつかの問題について注意を促し、提起することはできるであろう。

まず、一つの事実は確かである。実際、聖書についての修道院文学というものが、実際に存在し、その数も豊富であり、しかも、この分野に関する従来の数少ない研究が想定させるよりもはるかに豊富だということである。この事実を確証するために、基礎的な方法の一つとして、統計学的な方法がある。最近出版された『中世における聖書文献総覧』(Répertoire biblique du moyen âge) にこの方法を適用すると、一一世紀から一三世紀初頭の時期に関して、修道院の著作家たちの数は他の環境における著作家たちの三倍近くであることが確認される。(2) しかも、この総覧もまだ完成していない。(3) 一二世紀を通じて、修道院の著作家たちは非常に多く、彼らこそが基調を与えている。その後、次第に、スコラ学の註解書の数が増してくるのである。

いわば、内側から、修道士による聖書解釈を理解しようとするならば、まずこの解釈を生んだ聖書の体験の起源について、注意を促すことが必要であると思われる。結論として、修道院的な聖書解釈の諸性格が明らかにされよう。

文法学の必要性

聖書解釈を行なったすべての人々に共通の前提は、聖書に必要な入門が文法学だということである。聖書は書物であるから、それを読むことができ、他のあらゆる書物を読むことを学ぶように、これを読むことを学ぶ必要がある。第一になされるべきは、聖書の字義の分析であり、スマラグドゥスがベネディクトゥスの『戒律』に適用したのと同じ文献学的な手続きを、聖書に適用することでなされる。文法学が「聖書の入門」と見なされていることは、たとえば、クリュニーのフーゴーの伝記にはっきりと述べられている。(4) 文法学的な分析をこのように聖書に適用することは、結果として、文字そのものへの一種の執着をもたらし、テキストと語を非常に重視することになったのである。

しかし、このように聖書に文法学を適用することは、修道制においては固有な仕方で実践された。なぜなら、これは修道生活の根本的な慣習と結びついているからである。ここにおける基礎的な手続きは、実際、聖書が読まれている非修道院的な環境、すなわち学校における手続きとは異なっている。本来的には、「聖なる読書」(lectio divina)と「聖書」(sacra pagina)は同義表現である。ヒエロニュムスにおいても、ベネディクトゥスにおけるように、「聖なる読書」とは読まれているテキストそのものであり、ある特定の章句であり、聖書から抜粋された「朗読日課」である。中世のあいだに、この表現は次第に、読むという行為、「聖なる読書」を示すために専ら用いられることになる。学校においては、「頁」(pagina)そのもの、すなわち、客観的に受けとめられたテキストという表現が、テキストが研究の対象である限りにおいて、より好んで用いられている。聖書はそれ自体のために研究されているのである。一方、修道院においては、むしろ読者と、読者が聖書から引き出す利益が考慮されているのである。二つのケースにおいて、重要なことは聖なる(sacra, divina)行為であるが、しかし二つの環境においては、この同一の活動の二つの異なった面が強調されている。方向づけが異なっており、その結果として、用いられる手続きも異なるのである。スコラ的な「講読」(lectio)は、「問い」(quaestio)と「討論」(disputatio)を指向する。読者は、テキストにさまざまな問いを提起し、またこれに関して、自分自身にも問いを提起する。「問われることを常とする」(quaeri solet)のである。一方、修道院における「読書」(lectio)は「瞑想」(meditatio)と「祈り」(oratio)を指向する。前者が学知と「知ること」を指向するのに対して、後者は知恵と「味わうこと」を指向する。修道院においては、「聖なる読書」という行為は文法学から始まり、「悔恨」と終末論的な希求に至るのである。

すでに注意を促しておいたことではあるが、中世においては唇で、少なくとも低い声で、発音しながら読書をするのが一般的であった。その結果として、目が見た章句を聴いているのである。それは、今日、ある言語ないしテキストを学ぶために、それらの語を発音するのと同様である。このため、書かれた語についての視覚的な記憶以上に、発音された語についての筋肉の記憶、聴かれた語についての聴覚的な記憶が生じる。「瞑想」(meditatio) とは、こうした記憶を総動員することに自分自身を集中させることからなっている。それゆえ、瞑想は「読書」(lectio) と切り離すことができない。これこそが、いわば、身体と霊魂に聖なるテキストを書き込むのである。

神の言葉をこのように繰り返し低く呟くことは、しばしば霊的な栄養摂取というテーマによって言及されている。それを表わす語彙は、「咀嚼」「消化」、そして消化の非常に特殊な形態である「反芻」(ruminatio) から借用されている。したがって、読書と瞑想も、この非常に意味深い「反芻」という語によってしばしば示されている。たとえば、絶えず祈っていた修道士を称えるために、ペトルス・ウェネラビリスは「彼の口は、聖なる言葉を反芻していた」(5) と書くことになる。ゴルツェのヨハネス(九七六年以降歿)については、「詩編」を唱える彼の唇の呟きが蜜蜂の羽音に似ていたと言われている。(6) 瞑想することとは、自らに唱える章句と緊密に結びつき、そのすべての語を吟味し、それらの意味の十全な理解へと達することであった。これはテキストの内容をある種の咀嚼によって吸収することであり、そこから味わいを醸し出すのである。これを味わうことは、アウグスティヌス、大グレゴリウス、フェカンのヨハネスや他の著作家たちが語るように、「心の口蓋」(palatum cordis)、「心の口」(in ore cordis) でなされるが、翻訳不可能な表現である。(7) この活動全体が、当然のことながら、祈りである。「聖なる読書」(lectio divina) とは、祈りによる読書である。(8) それゆえ、まだ修練期間の修道士に宛てられた無名の小論は、次のような注意を与えている。「読書をする際には、味わいを求めるべきであり、学知を求めてはならない。聖書とはヤコブの井戸であり、そこから汲み出された水は、次いで祈りのうちに撒かれる。祈り始めるために、礼拝堂に行く必要はないであろう。むしろ、読むことそれ自体に、祈り、観想する手段が見出されるであろう(9)」。

想起がもたらすもの

読むこと、瞑想すること、祈ることをこのように統一すること、すなわちサン＝ティエリのギヨームの表現を借りれば、「瞑想的な祈り」は、宗教的な心理学全体に重大な結果をもたらした。それは、人格全体を占有し、巻き込み、その人格に聖書を根づかせ、そのとき初めて、聖書はその成果を結ぶことができるのである。このことは非常に重要な想起という現象を説明する。言い換えるならば、引用や暗示が自発的に思い出されることであり、語が似ているということだけで、労せずして語や章句が互いに呼び起こされるのである。それぞれの語が、いわば留め金をもっている。すなわち、語は一つあるいはいくつもの他の語に掛かっており、これらの語が連関し合い、論旨をなしているのである。そこから、いわゆる典拠探しの困難さが生じる。修道士たちは聖書の古い翻訳、あるいは異文から引用したのであろうか。大抵の場合、彼らは記憶に従って引用する。さまざまな引用は、修道士たちの精神において、また執筆する際も、同一の主題による変奏曲のように、留め金となる語によって全体としてのまとまりをもっているのである。その結果、同じ文脈が幾度となく同じ著者に、そして他の多くの著者にも現われることになる。必ずしも、著者が以前に語ったことを参照しているとは限らず、同じ一連のテキストを用いている他の著者を引用しているわけでもない。ただ、同じ語が類似の引用を呼び起こすのである。

想起は、教父におけるように、中世の修道院著作家たちにおいても、著述の分野においてある重大な影響をもたらす。音の響きが類似しているというだけで、さまざまな語が聴覚的に想起され、それらが連鎖的に組み合わされることにより、結果として、偶然的で表面的なつながりしかない二つの類似した語がしばしば結びつけられることになるのである。しかし、その語を含む章句あるいは節が心に浮かぶのであるならば、どうして註解を加えてはいけないであろうか。そのような場合、論じ始めた当初のテーマから脱線するという事態が生じる。アウグスティヌスについて、「彼の文章の構成は〈悪い〉、すなわち、われわれとは違っている」(10)と言われたことがある。このことは、多くの修道院の著作家たちに当てはまる。彼らは、事前にきっちりと定めた論理的な計画に常に従って書いているわけではない。選んだ文学ジャンルにおいて、彼らは極端な自由を享受している。筋書きは心理的な発展に従い、連想の働きによって決定され、脱線がさらに多くの脱線を呼ぶこともありえる。たとえば、『雅歌講話』において、「あなたの名は流れる香油」という「雅歌」一章三節の言葉に関して、ベルナルドゥスは花嫁の香油について長く語った後に、謙遜を延々と讃美する。彼は脇道に逸れてしまったのだろうか。そうではない。彼は「雅歌」から遠ざかってしまったことに気づいてはいるが、決してそれを悔いてはいない。彼は、出発した節に再び戻る。しかし、またここで「詩編」七五〔七六〕編二節が「イスラエルに御名の大いなることを示される」と告げ、シナゴーグと教会に関する説教が挿入される。彼はこのテーマについて一つの説教を丸々費やしている。続いて、彼は、イエスの名を称え、この名を帯びている旧約の人物を論じ、預言者たちに関する彼の見解を解説する。彼は預言者たちを、エリシャがシュネムの婦人の息子を生き返らせに来る前に、彼女に遣わした杖に比較する〔王下四・八―三七〕。生き返ると、子どもは七回くしゃみをした。この箇所で、旧約の寓意的な意味について長い初歩的な説明をした後で、ベルナルドゥスは回心の七つの段階について説き、これらの段階は聖霊の賜物へと考えを向けさせるのである。この新しい方向に彼は喜んで乗り出し、そして、このことが彼の考えを少しずつ「雅歌」の第三節へと

再び向けるのである。この一連の脱線は、六つの長い説教を占めるに至っている。(11)

反芻と想起が説明するもう一つの重要な事実は、中世人の想像力の強さである。この能力は、彼らにおいては溢れんばかりであり、われわれには理解しがたいほどの強さと鮮明さに達している。われわれは、じっと見つめなくとも、ぼんやり一瞥しただけで、印刷されたイメージや動画を見ることに慣れている。また抽象的な考えを好んでいる。われわれの想像力は、働きが鈍ったため、もはや夢見ることすらも許してはくれなくなってしまった。しかし、中世人において、この力は活発で、多くの働きをしていた。彼らは、この想像力によって、存在するものを、テキストが示すあらゆる細部、すなわち、事物の色や大きさ、人物の衣服や態度や行動、彼らが動く複雑な枠組みまで描写し、「現前」させ、見ることができたのである。中世人たちは、イメージや感情を非常に強く際立たせることにより、存在するものを描くこと、すなわち、創造することを好んでいた。聖書の言葉は人々の心にある強い印象を絶えず生み出していた。聖書の語が使い古されることもなく、人々がそれらに慣れっこになることもなかった。聖書は好んで川や井戸に喩えられていたが、常に清らかな水をたたえていた。当時の霊的な人々は、肉的なイメージを抱かないように助言しているが、しかし、それは、代わりに聖なる想像力を据えるためである。想像力をこのように聖化した結果、中世人たちはテキストの細部にこだわる。それはテキストが含む思想に対してだけではない。(12)想像力のこの強さは図像の分野に大きな影響を与えたが、また文学的な表現の領域においても同様である。記憶は、聖書によってことごとく陶冶され、聖書の言葉と、それらが喚起するイメージによって全面的に育まれており、その結果、人々は聖書の語彙によって自発的に自らを表現する。想起は、引用ではなく、他から借りてきた章句の断片でもない。想起は、それらの章句を用いた者の言葉であり、彼のものなのである。それらの言葉をある典拠に負っているという意識すらおそらくなかったであろう。さて、この聖書の語彙は二重の性格を有している。

第一に、聖書の語彙はしばしば詩的な性格を有している。明晰さあるいは正確さよりも、喚起力の点で優れており、それが語っている以上のことを仄めかしているのである。しかし、まさにそのことによって、霊的な体験、神秘の光に満たされ、分析が不可能なものを表現するためにより適している。さらに、正確さは欠いているけれども、この語彙はある非常に豊かな内容を備えている。一つの事例を挙げてみよう。

修道院文学において、徳についての論考が聖書以外の重要な源泉を持つことはない。さて、聖書における徳の名称は、聖書にしかない意味を帯びている。たとえば畏れ（timor）は、多くの場合、愛徳に他ならず、恐怖や恐れとは似ても似つかない。神を畏れるという聖書の発想は、神を怖がることや、罰への恐怖とはまったく異なっているのである。この畏れという語は、聖書のヘブライ語特有の表現だが、その後も用いられ続けた。それゆえ、世俗の著作家たちが与えたのとはまったく異なる意味を有した。この愛のこもった畏れは、崇敬や尊敬以上のものである。これは、信頼を伴い、平和を生み出し、愛徳や、天上の希求を相伴う。聖書が「神への畏れ」と呼ぶものは、やや否定的に愛徳を示す方法なのである。唯一の真の畏れは、人々が愛し永遠に享受することを望む神の現存を失うかもしれないということなのである。このように理解するならば、畏れとは、愛徳と同じように、すべての徳の根本である。「知恵の初めは、主を畏れること」（Initium sapientiae timor Domini. 箴一・七）なのである。神への畏れという、この非常に豊かな発想は旧約に由来し、新約に取り入れられた。ベネディクトゥスはこれに影響されて、謙遜について語っているが、その第一段階とは神を畏れること、すなわち神の現存を感じ取ることである。そして、すべての修道院の著作家たちはこの伝統に属している。彼らが勧める教えは、抽象的、あるいはアプリオリに（経験に先立って）つくりあげられた発想に基づいてはいない。彼らのすべての発想は聖書に依拠している。このような観点に立てば、すべての徳は同義である。畏れ、知恵、あるいは賢慮と呼ぼうとも、それらは同じ起源、同じ目的を有するからである。それらはすべて神の賜物であり、永遠の生命へと向かい、それへの希求を生む。古人にとって、それら各々に固有の目的を特定する必要はなかった。キリスト教的な生活とは一つであり、徳を区別するとしても、それらの徳は連関しており、互いに条件づけられていることを、全面的に認めなければならないのである。聖書において、各々の徳については語り尽くされている。それらの徳を区別するのは、聖書が、その長い歴史を通じ、さまざまな状況において、同一の徳ある生き方を語るために異なる語を用いたからであった。徳が一つであることは、論理よりも高い次元から生じる。超自然的な現実の次元である。それによって、すべての徳は神に由来し、神へと導くのである[13]。

最後に、想起という現象は、聖書解釈の領域においても重大な結果をもたらす。それは、修道院的な聖書解釈というものが存在するからである[14]。しかし、それは、大部分が、想起による解釈であり、その点で、ユダヤ教のラビによる解釈に似ている。ある節を、同じ語が現われる他の節によって説明することからなっていたからである。このような見解に立つならば、想起による解釈は、今日における解釈のいくつかの方法と、しばしば信じられていたほどには異なっていないことになろう。今日の解釈はコンコーダンス（用語索引）を広く活用するからである。さて、中世の人々は、言葉を反芻することにより、聖書を「心で」、すなわち暗記して知るに至った。それぞれのテキストに描かれた状況に一致するテキストや、それぞれ他の語を解説する語を自発的に見つけることができるのである。ある種の生きたコンコーダンス、あるいは生きた図書室——この図書室という語が、聖書を指すという意味において——となったのである。修道院的な中世は、書かれたコンコーダンスをほとんど用いない。連想し、関連づけ、比較するという自発的な働きで、解釈には十分だったのである。一方、スコラ学においては、『語彙分類』(Distinctiones) が大いに用いられた。このような書物では、それぞれの語はアルファベット順に並べられ、その語が用いられているすべてのテキストの関連部分が参照されている。[15] これらの書かれたコンコーダンスが、書物という人為的な方法によって、想起という自然な現象を補うことを可能にしたのである。

聖書解釈の補助手段

しかし、修道士による解釈のすべてが、いわば自動的な想起によって説明されるわけではない。いくつかの補助手段や書物に頼ることを拒否したわけではないからである。もちろん、それらに十分に習熟していたので、依拠する際も記憶に頼ることが多い。これらの補助手段は、ある種の一覧表で——用語辞典（レキシコン）といってもよい——語の意味が示されているが、それは全般的な意味であり、文献学的な意味だけではなかった。これらの補助手段は、特に二つの種類からなっている。一つは「聖書の固有名詞」（sacra nomina）を集めたものである。ヒエロニュムスは地名や人名の語源を解説したが、[16] これはイシドルスや他の編纂者たちに受け継がれていった。さらに、一つの語の音の響きが、他の語の響きを想い起こさせるのに十分だった場合には、いくつもの語源が、これもまた想起によって見つけられた。[17] しかし、そのために、語の解釈が恣意的で、個々の註解者の思いつきに委ねられることはありえなかった。この分野において、逸脱を許さない、部分的には旧約聖書にさえ遡る伝統が存在したのである。知識の他の源泉は古代の博物学者たちの著作で、動物、鉱物、植物、色彩の意味を解説するものである。また動物誌や鉱物誌、あるいは単に古代の博物学者たちからイシドルスやベーダの著作に伝えられたものに依拠していた。中世の著作家の作品を読むと、彼がその寓意を作り出したのだろうと考えたくなる。しかし、それらの寓意をいくつも比較してみると、われわれには思いつきと思われる細部についても、それらが一致していることが認められる。実際、それらのものは、語源の場合と同じように、ある文学的な伝統に基づいており、彼らは、それらが科学的であると信じていたのである。たとえば「ナルド」(nardus) は中世の西欧においては知られていないハーブであったが、すべての註解者たちはこれに同じ記述をし、同じ諸特徴を与え、ほとんど変わらない表現で、同じ霊的な意味を与えている。伝統に則り、全員が同意する解釈を、彼らは証言しているのである。彼らのうちで最も正直で、最も才能ある人物であったベルナルドゥスは、このことに関して、植物を研究した人たちの学識を信じると述べている。そして実際に、ナルドの解釈の基礎となっているあらゆる要素は、プリニウスの『博物誌』によって与えられているのである。(18)

大祭司の衣服を飾っている宝石や貴金属、幕屋の幕に用いられた布地に聖書が帰している色彩についても、同じことが言える。これらすべてのことについて、解釈は客観的に与えられたデータに基づいているのである。出発点には、常に確認された事実がある。この事実は、語の自明の意味と結びついていることがあった。たとえば、金は最も貴重な金属であるが、それゆえ最も重要な徳目を示すことになり、文脈によって、知恵、信仰、あるいは神を示している。また、聖書の章句そのものが、いわば語の真正な解釈を与えることもしばしばある。たとえば、神の言葉は、「詩編」一一〔一二〕編七節(19)において銀に喩えられ、それゆえ、神の言葉には銀の特徴が、特に、その美しい輝きがあてはめられる。さらに多くの場合、象徴体系は自然本性的な特徴に基づいている。ここでは二つの場合を考慮しなければならないであろう。ある場合においては、象徴体系は単純で、伝統全体に定着している。たとえば、ヒヤシンスの花は青である。ベーダが引用する古代の博物学者たちはこの事実を記録している。しかし、この色は天の色である。それゆえヒヤシンスは天上の生を示すことになる。しかし、他方で、象徴体系は複雑であり、この場合には、さまざまな可能性をもたらす。たとえば「二度赤く染められた」(coccus bistinctus) 鮮やかな布地についてである。ある場合には、解釈はこの布地の色、すなわち血の色に基づいている。ある場合には、二度染められたという事実に拠っており、この場合には「神への愛」と「隣人への愛」という二つの切り離すことのできない戒めを考えることができるであろう。またある場合には、色と二度染められたという事実を合わせて考え、肉体と心の受難を想い起こすことができるであろう。これらのすべての解釈は、色彩や宝石の象徴が詩人によってしか大切にされなくなった時代になると、常軌を逸していると見えるであろう。しかし古人にとっては、これらの解釈は現実に基づいていたのである。それゆえ、このような解釈が、若干の差異はあるにしても、教父の時代や中世のあらゆる註解に繰り返し見られることは当然である。さらに、それらの多くは、少なくとも要約されたかたちで、オリゲネスによってすでに提示されているのである。[20]

修道院的な聖書解釈の諸性格

修道院的な中世において、われわれが、現在、学問的な解釈と呼ぶものの代表者がいなかったわけではない。たとえば、黒衣の修道士ブール・デュウのヘルヴェウス（一一四九—五〇年頃歿）、シトー会士ニコラウス・マニアコリア（一一四五年頃歿）は、聖書のラテン語テキストの間違いや不正確な点を正そうとした。[21] しかし多くの人々は、ギリシア語もヘブライ語も知らず、ヒエロニュムスの権威を信じ、テキストをそのまま受け取っていた。ウルガタ聖書が彼らの聖書の体験そのものの基礎にあり、彼らの註解のほとんどすべてはこの体験に根ざしており、これを引き起こすことを目的としていたのである。それらの註解は、学校で教えることが書くきっかけとなったわけではない。これらは、個人的な性格をもった霊的な必要に応えるために書かれた。著者自身の必要、あるいは彼の公衆、つまり、読者あるいは共同体の必要のために書かれたのである。[22] すべての人々が実践していたこの体験を例証するためには、ある人々がこのことを明瞭に語っている論考を読むべきであろう。最も典型的なものの一つはセルのペトルスの論考であり[23]、もう一つはグリレルムス・フィルマトゥスの論考であろう[24]。聖書とその読み方について、彼らは、オリゲネスや大グレゴリウス以来、霊性文学に生命を吹き込み、天の希求を持続させたほとんどすべてのテーマに言及している。彼らは最も偉大な人物ではないが、このような著作家たちこそが、普通の修道士の聖書の体験にわれわれが参加することを可能としてくれるのである。ベルナルドゥスのような人物でさえも、考え方や表現法の分野において、何かを考案したということはほとんどない。もちろん、彼は天才である以上、新しい思想をもっていた。しかし、それらの思想は、ある環境の中で生み出され、また彼が修道制全体およびその過去と共有していた心理状態に一致するものであった。彼が生きたこの文脈が分からなければ、彼の文体も、彼の影響力も理解できないであろう。

これまで確認されてきた事柄は、修道院的な解釈の諸性格を明らかにしてくれる。それは、文学的な性格と神秘的な性格とが同時に分かちがたく結びついているということである。文学的というのは、一つには語に与えられた重要性のためである。つまり、修道士は、それらの語に文法学を適用したからであり、それらの語について聴覚によって記憶し、次いで想起したからであり、また、それらの語を解説する一覧表を作成したからである。この解釈は、聖書によって聖書を、文字そのものによって文字を解釈するのである。修道院的な解釈が神秘的だというのは、彼らの聖書観のためである。なぜなら、聖書は、第一義的に知の源泉、学問的な情報の根拠ではなく、救済の手段であり、「救済の知」(salutaris scientia) を与えるものだからである[25]。このことは聖書全体に妥当することである。聖書に含まれるあらゆる語は、神が個々の読者に、その救済のために語った言葉であると考えられている。それゆえ、そのあらゆることが、現世の生活について、また永遠の生命を得るために、個々人にとって現実的な価値を有しているのである。人々は、ここに信ずべき真理と、実践すべき戒めを見出す。中世の修道士たちがアウグスティヌス――彼自身もプラトンの影響によるのであるが――に負っていた比喩によれば、聖書は鏡である。そこに人々は、再現しなければならないイメージを見ることができるのである。聖書を読んで、人々はあるべき姿と自らを比べることができ、そして、模範に一致するために、そこに映った姿に欠けているものを得ようと努めることができるのである。(26)

このように、聖書を本質的にもっぱら宗教的なものとして理解することは、他の諸結果に加えて、旧約聖書を重視することにつながる。旧約が新約よりも註解されたのは、旧約と新約の関係について、人々が明確で実り豊かな考えを有していたからである。(27) 実際、両者のあいだにはある連続性があり、一方を知らなくては、他方を理解できない。それゆえ両者を研究する必要があるが、それは別々にではなく、常に結びつけてなされなければならない。明らかに、新約に見出される事実や思想や表現の多くは、旧約においてそれらに先行して見られるものと無関係に研究することはできない。しかし、同様に確かなことは、旧約そのものも、それがあたかも、それ自体で意味をもつ完結した過去に関する歴史史料であるかのように、新約を絶えず参照することなしに、読まれたり解説されたりすることはありえないということである。聖書において重要なのは、救済の神秘そのものである。神とは何であるのか、神は人間に、世の始まりから終わりに至るまで何をしたのかが、問題とされている。受肉した神の御子は、世界の創造と聖化というこの大いなる業の中心にいる。キリストとの関係においてこそ、キリストの到来に先立つあらゆること、到来に伴うあらゆること、到来に続いて起きたあらゆることが、理解され位置づけられなければならない。この原則はさまざまに相異なる適用を受けた。しかし、中世のあらゆる解釈を生み出した理念は救済史全体の発展的な性格である。教会は成長する体として理解され、そして、この体が全体としてのキリストなのである。

旧約聖書と新約聖書

教父時代と同じく中世にとっても、旧約と新約の全体は、神の同じ民の同じ歴史を物語るものである。旧約が記す歴史は、イスラエルの歴史ではなく、すでに、イスラエルとともに開始した教会の歴史である。したがって、中世は、旧約と新約を「さまざまな書物」の二つの集成としてではなく、二つの期間、互いに呼応する二つの「時代」と見なしている。この律法の時代（tempus legis）と恩恵の時代（tempus gratiae）は、同じ救済の異なる段階であり、各々は、聖書のテキストを超えて、これらのテキストがわれわれに語る現実の全体を包含しているのである。

旧約と新約のあいだの前進は、継続によるのではなく、「不完全なもの」から「完全なもの」を生み出す、発展による前進である。救いの歴史の第一段階は、第二段階を目指すが、それは単に旧約が新約を準備しているからだけではなく、旧約が、たとえ不完全で未完成であるにしても、新約をすでに内に含んでいるからである。新約は旧約を完成する。しかし、旧約は新約を開始していた。神の言葉は受肉以前からすでに働いていたからである。旧約全体が、新約において明確に啓示される贖罪に関与し、実際その端緒となっている。旧約は新約のしるしであり前表であるのは、旧約が新約の原型だからである。完全なものが不完全なものに、その形を、その価値を、その効力を与える。旧約が新約の予型であるのは、まさに旧約が、新約において完成される神の業に関わっているからである。

その結果、新約は規範であり、それによって旧約を解釈しなければならず、旧約が、まるで新約がなかったごとくに、新約と無関係に解説されることはありえない。だが一方で、新約そのものをよりよく理解するためには、それに先行するものを想い起こさなければならない。前表は真理を内に秘めている。真理は前表の覆いを取り去り、その意味を明らかにする。隠されたた意味があらわにされたならば、今度は前表が真理を明らかにする。前表に立ち戻ることは、真理とは何かをよりよく理解し評価する一つの手段であるから、無益なことではない。それゆえ、「ヘブライ人の歴史」に関する理解を与えてくれるという理由で、旧約を歴史史料として研究しようとする関心は、中世には無縁である。旧約のテキストは、前表的な意義をもっていなければならないが、それ以外の意義をもたないこともしばしばある。したがって、旧約は、歴史的な意義と前表的な意義という二重の意義をもつ場合もあれば、ただ前表的な意義だけをもつ場合もある。しかし、歴史的な意義だけをもつことは決してない。

旧約は、常に、新約の至高の現実について語るために役に立つ可能性をもっている。ドイツのルペルトゥスは、その『聖霊の御業について』という著作において、まず、旧約の下で果たされた業について語っている。しかし新約の時代が訪れても、なお彼は旧約からテキストを借りている。キリストがその父に呼びかける場面で、ルペルトゥスがキリストに語らせる言葉は、ヨブが神に語った言葉である。ルペルトゥスの関心は、歴史上のヨブにはない。彼はヨブに、神の面前における人間の、特に完全な人間の象徴を見ているのである。ヨブはキリスト、義人であり、贖罪についての彼の考えを表明しているのである。それゆえ、旧約に求められているのは、たとえ、それがユダヤ教とキリスト教の歴史であろうとも、歴史の問題についてではなく、宗教の問題についての解明の光なのである。

こうした考察は、一二世紀末のシトー会士フォードのバルドゥイヌス（一一九〇年歿）の論考『祭壇の秘跡について』からの一例によって明示されよう。[28] 聖体の秘跡に関して執筆する際、バルドゥイヌスは最後の晩餐という事実から出発する。しかし、それを説明するために、彼は、大部分を旧約からの一連のテキストで構成し、それらを順々に註解する。祭壇で行なわれていることは、人間が、その創造の時から建ててきたあらゆる祭壇で行なわれたこと、また神が人間のために行ない、今も行ない続けていることすべての頂点、概要、「要約」(recapitulatio) である。時の流れは、神の教育方法にすぎず、これによって人間は徐々にミサに与るための教育を受けるのである。「創世記」(一四・一七―二四)は、メルキゼデクがパンとぶどう酒を奉げたことを語っている。さらに後には、「詩編」一〇九〔一一〇〕編四節がメシアについて、メルキゼデクと同列の祭司であろうと述べている。そして、イエスは、預言を成就し、パンとぶどう酒を聖別する(マコ一四・二二―六平行記事)。さらに「ヘブライ人への手紙」(五・一―一〇)は予型とその成就を正しく解釈する。それゆえ、バルドゥイヌスによれば、聖体の犠牲は、それに先立つあらゆることの「完成」であり、成就である。救済の現実は、救済史のそれぞれの局面において、さまざまな形で全体として与えられている。解釈は、これらの局面の一つ一つを、他のすべての局面に照らし、それらと分離することなく、理解することを試みる。聖体の晩餐は、ユダヤ教の過ぎ越しの祝いの中に位置づけられていた。ここにこそ、旧約の儀式は帰結し、それこそが救済史の中心であり、核なのである。旧約を参照しなくては、このことは理解できない。聖書の教えは歴史的な方法でわれわれに授けられる。教義は時代の流れの中で事実を通じて明らかにされる。この発展こそが、バルドゥイヌスの論考が追うものなのである。この発展は、いわば、二つの斜面からなっている。一つの斜面は、天地創造から聖木曜日の最後の晩餐へと向かって登っている。もう一つは、旧約の前表へと再び下り、それらにキリストの光を照射しているのである。最後の晩餐はその頂点であり、解釈者は、そこから、ヘブライの民の過去全体を、教会の過去の歴史全体を、鳥瞰するように一望できるのである。

しかし、旧約は、さらに別の価値も有している。旧約には、教会の過去だけでなく、その未来も見出される。神の民は、キリストの再臨に関しては、まだ不完全で成就していない途上にあり、受肉に関して、メシアの到来以前の状態と似ているのである。救済史のすでに成就した二つの局面が、その第三の局面を準備する。多くの三つ組の言葉が、この段階的な進展を示すために用いられる。準備(praeparatio)―修復(reparatio)―完成(consummatio)、前表（figura）－恩恵（gratia）－栄光（gloria）などである。[29] 教会の現在の状態においても、救済の現実はすでに完全に与えられているが、まだ完全には明らかにされず、秘跡において与えられているだけである。それゆえ、キリスト者の状態は、古い契約による義人たちの状態と共通しており、すべての者が来るべき啓示を信じなければならないのである。選ばれた民の歴史は、それゆえ、われわれにも教育的であり、旧約の霊的な解釈は、われわれがやがて直視するであろうことの端緒なのである。この解釈は、われわれに終末論的な希求を抱かせ、信仰と同時に、希望と愛を育むのである。

旧約のもつ預言的な性格から、おそらく、希求はそこにおいて最も頻繁に見出される感情であろう。中世の修道士たちは、約束の地への希求ないしメシアへの希求を、天上への希求、栄光のうちに観想されるイエスへの希求として自発的に解釈した。[30]

それゆえ、われわれは、やはり終末論へと再び戻ることになる。この聖書解釈の壮大さは、聖書の統一性に十全な光をあてようとしたことである。これは一つの宗教的、神秘的な解釈である。しかし、弱点は、逆説的であるかもしれないが、過度の字義的な解釈と呼びうる点にある。律法と福音は、あたかも同じ対話に関わる二人の話し手のようであり、相互に補い、解説し合い、互いの証言を認め、確認する。旧約のテキストには、新約に対応し、その反響であるような箇所が常に存在する。それに気づくためには、難しい方法に頼る必要はまったくない。ただ語句や文や思想の類似に注意し、これらの表現が新約において言わんとしていることを旧約に移し替えればよいのである。それゆえ人々は語にこだわり、類似した箇所を比較し、それぞれの表現の意味を注意深く検討し、対照することで、それぞれの意味を明確にするのである。すでに見たように、聖書そのものが聖書の註解なのである。語に対するこうした執着のため、またすでに注意を促したさまざまな理由のために、中世は、旧約聖書と新約聖書の調和という伝統的な考え方を、大きな宗教的テーマや歴史の大きな流れに適用するにとどまらず、それを個々のテキストにも適用した。このため、二つのテキストのあいだにまったくこじつけの関係を持たせることもしばしばあった。このような解釈において、重要であり続けるのは、細部の解説ではなく、聖書に関する基本的に宗教的、救済論的な性格の全体的な構想である。聖書が旧約から終末論へと発展的な性格を有するという深遠な構想が重要なのである。

「雅歌」の註解

修道院的な聖書解釈に関するこれらのいくつかの証拠を補うために、中世の修道院で最も読まれ註解された書物に注意を促さなければならないであろう。それは旧約の「雅歌」である。人々が「雅歌」を読むことを好み、またその註解書を読むことも好んだことは、古い修道院蔵書目録によって十分に証明されている。ここでは二つの事例を挙げるだけで十分であろう。ペトルス・ウェネラビリスの時代、クリュニーには一五編の雅歌註解が所蔵されており、そのうちの三編はオリゲネス、二編は大グレゴリウスのものであった(31)。さらに、オルヴァル修道院旧蔵で現存する約七〇編の写本のうち、雅歌註解が七編を占める。すなわち蔵書全体の十分の一である(32)。ベネディクトゥスの頃には、すでにカッシオドルスがオリゲネスのものを含む雅歌註解の集成を編んでいた(33)。後にアルクイヌスは「雅歌」を称えて、ウェルギリウスの軽薄さに対する解毒剤をそこに見出し、この歌こそが永遠の生命へと導く真の戒めを教えているとした(34)。中世の修道院文学の鍵となる著作が雅歌註解であることは決して偶然ではない。クレルヴォーのベルナルドゥスは、「雅歌」についての説教において、あらゆる人々に広まっていた「雅歌」への傾倒、探求、愛を、ただ天才的に表現しただけである。これらの雅歌註解、特にベルナルドゥスによるものは、一二世紀においてあらゆる会派の修道院で非常に読まれたのである。[35]

雅歌註解がどのように受けとめられたかをよく理解するためには、「雅歌」がスコラ学においてどのように註解されたかを比較する必要があろう。[36] 確かに、中世の修道院における雅歌註解の歴史については、まだ十分研究がなされてはいない。しかしながら、二つのジャンルを区別するいくつかの違いについては、現在でもはっきりと認められている。[37] スコラ学の雅歌註解は、言うなれば、集団的である。神と教会全体の関係について特に語るからである。強調されたのは神の真理についての啓示であり、人間は、信仰と、神秘を知ることによって、また、受肉による神のこの世における現存に基づいて、この啓示を所有しなければならないのである。一方、修道士の雅歌註解が対象とするのは、むしろ、神と個々の魂との関係、魂におけるキリストの現存、愛徳によって実現される霊的な結合である。雅歌註解は、特にシトー会士たちにおいては、神の愛についての論考に等しい。またスコラ学の註解は、明確な文体で、一般的に簡潔に、知性を対象とした教えを述べている。他方、修道士による註解は存在全体に訴えかける。その目的は、教えることよりも、触れることである。そして、しばしば、熱烈な文体で書かれ、それは著者が読者たちに伝えようとする内面のリズムを表わしているのである。さらに、スコラ学の雅歌註解は、たいていの場合、完結し、聖なるテキストの「文字」を最後まで解説する。他方、修道士の雅歌註解はしばしば未完である。たとえば、ベルナルドゥスは、一八年間に著わした八六編の説教において、「雅歌」第三章の冒頭に達しただけであった。これは十分うなずけることである。霊的な人は、自らが体験したこと、自らが神の愛について考えたことを述べてしまえば――そしてこのことはわずかな節をきっかけとして行なうことができるのだが――筆を擱いてもよかったのである。

中世の修道士たちが「雅歌」に寄せた関心は、どのような意味があるのであろうか。この問題は提起する価値があろう。なぜなら、ある解答を一部の歴史家たちが考えているからである。彼らにとって、この花婿と花嫁の対話は、今日、深層心理と呼ばれているものに関わる。しかし実際には、祈りの生活に専心した人々の終末論的な希求に関して、われわれの知っていることが、彼らの「雅歌」への執着を十分に説明するであろう。彼らが「雅歌」に見出したのは、特にこの希求の表現であった。「雅歌」は、修道生活の綱領そのものであった探求、「神を求める」(quaerere Deum) 詩である。この探求は、永遠においてのみ実現するであろうが、現世においても、暗闇の中の所有の状態においても、すでにその真の満足を得ている。そして、この満足は希求を育み、これは、現世において は、愛という形をとる。「雅歌」は花婿と花嫁の対話である。彼らは互いに探し求め、互いに呼び合い、互いに近づき、そして最終的な一致が近いことを信じる時、離れていることに気づく。近さと遠さがこのように二者択一的であることを、大グレゴリウスは『ヨブ記についての道徳論』――なぜなら、彼は『雅歌講話』以外の著作においても、雅歌について語ったからである――において完璧に表現した。「花婿は、追い求められると、隠れる。それは花嫁が、彼を見つけられなくて、熱意を新たにして彼を探すようにさせるためである。花嫁の探索は遅れるが、この遅れが、彼女のもつ神の受容力を増す。そして、彼女は、追い求めていた御方を、いつの日か、より完全に見出すであろう」[38]。ベルナルドゥスも、しばしば同じ見解に立って語っている[39]。そして、彼による最後の著述の一つ『雅歌講話』第八四編全体が、やはりこのテーマに関わっており、後に、同じく十字架のヨハネの『霊の讃歌』(Cántico espiritual) のテーマとなるのである。

「雅歌」は、ベルナルドゥスが言うように、観想的なテキスト (theoricus sermo) である。このテキストには司牧的な性格はなく、道徳を説くこともなく、なすべき行ないや守るべき掟も定めず、知恵ある助言も授けてはくれない。しかし、この熱烈な言葉、この讃美の対話は、聖書の他のいかなる部分よりも、愛に満ちた無私の観想に適していたのである。オリゲネスが二度註解し、大グレゴリウスやベルナルドゥスなどの多くの教会著作家たちが旧約と新約の他のいかなる部分よりも好んで選んだのも、十分理解できることである。[40] さて観想の目的は、天上の生への希求を保持することである。文法学者ヨハネスがトスカーナのマティルデ伯爵夫人（一〇四六―一一一五年）のために『雅歌註解』を著わしたとき、彼が望んだこともこのことであった。献呈の書簡の見出しは「観想の恵み」である。そして、彼は、直ちに、これから解説しようとする書を、「雅歌は観想の教え」と定義し、[41]「観想の甘美に捕らえられた者は、すでに天上の生活を分かち合っている」と付け加える。[42] 後に、スコラ学者たちは好んで知恵文学に註解を加える。「彼らは『箴言』と『コヘレトの言葉』のうちにソロモンの知恵を探求することになる」。[43] 他方、修道士たちは愛の歌に結びついていた。ベネディクトゥスの『戒律』に関する註解を著わした無名の修道士は、「雅歌」のうちに、修道士たちの『戒律』を補うものを見出す。これは愛の戒律である、と彼は語っているのである。[44]

第六章　古代への熱情

中世の修道院文化の基礎はラテン語聖書である。しかし、聖書は、これに註解を加えた人々、すなわち、教父たちと切り離すことができない。彼らはしばしば単に「註解者」(expositores) と呼ばれるが、それは私たちが註解と呼ぶような著作以外のものにおいても、彼らは、ほとんど聖書を解説するしかしていないからである。さらに、修道制は、特別な理由から、すなわち、その基礎となるテキストとその起源のゆえに、教父の著作を志向している。実際、一方で、ベネディクトゥスの『戒律』は、それ自体が教父の文書である。古代の霊的な環境全体を前提とし、それを思い起こさせるからである。しかし他方で、ベネディクトゥスは聖務日課の際に、彼が教父と呼ぶ人たちによって書かれた「註解」(expositiones) を読むように定め[1]、最後の章では再び修道士たちに教父を読むように促している。この教父 (Patres) という語は、この章ですでに四回繰り返されているが、特に修道制の師父たちを示している。彼らは東方の人々であり、このことは新たな結果を伴っている。ベネディクトゥス修道制は、単に教父一般にではなく、特に東方の源泉に引き付けられているからである。

東方の修道制の伝統

このことは強調されなければならない。なぜなら、ベネディクトゥスが古代の修道院の伝統と断絶するのを望んでいなかったことを示すからであり、これは大部分が東方の伝統である。[2] それどころか、大グレゴリウスによるベネディクトゥスの伝記において、彼の『戒律』の精神において、そして彼が勧めた読書や彼が定めた実践においては、古代の修道制との連続性への関心と、それへの忠誠が論じられているのである。ベネディクトゥスが「西方に迷い込んだ東方人」であったわけではない。彼はまさにラテン人である。しかし、彼はこの東方の伝統を尊重する。「教会の信仰にとって使徒伝承にあたるものが、修道制にとっては東方の伝統」[3] なのである。さらに、彼の戒律が仄めかしているいくつかのことから分かるように、彼は、古代の修道制に対して、いわば郷愁を抱いていたのである。

それゆえ、西方修道制のあらゆる偉大な時代において、人々がこの真の伝統との関係を復活させたいと望んだことは驚くに値しないであろう。カロリング期において、アニアーヌのベネディクトゥスは彼の『戒律集』(Codex regularum) において東方の諸戒律に大きな評価を与える。もっと後になっても、修道士たちは、常に、彼らが古代の修道制に負っていたものをはっきりと意識していた。このことを示す一つの事例を、一一世紀のイタリアの写本が与えてくれる。ベネディクトゥスの『戒律』のテキストに続いてすぐに、修道生活を「制度として確立した」人々の名が記されているが、そこで挙げられている二六名の修道制の師父たちのうち、ラテン人は四名に過ぎない。[4] さらに、その四名のうちにはヒエロニュムスがいるが、彼はしばしば東方人と見なされていた。[5] そして修道院における実践や、それらに影響を与えたテキストは、実際、多くを東方に負っており、また『砂漠の師父の言葉』(Apophategmata)、『師父たちの伝記』、カッシアヌスの『霊的談話集』(Conlationes)、バシレイオスの『戒律』など、東方修道制を知らしめた著作の影響を強く受けていた。ベネディクトゥス的な修道生活はすべて、古代の修道士たちに由来する考え方や、実践や、そしてしばしば言葉によって律されており、これらはあらゆる世代の修道士たちを修道制の起源と繰り返し結びつけている。さらに、ベネディクトゥス修道制のあらゆる復興は、これらの同じ起源に立ち返ることによって行なわれた。たとえば、後にシトー会成立の端緒において、年代記の記者オルデリクス・ウィタリスは、モレームのロベルトゥスに以下のような特徴的な発言を帰しているが、ありえないことではない。「聖アントニオス、聖マカリオス、聖パコミオスたちの行ないについて読みなさい。……私たちは、私たちの師父、すなわちエジプトの修道士たちや、聖地やテーバイで暮らした人々を、もはや範として歩んではいないからである」(6)。このように、あらゆる時代において、修道士たちは、「東方からの光」の魅惑を感じており、そこから自らの生き方の基礎となる発想や習慣を受けたことを知っていた。サン゠ティエリのギヨームは、あらゆる修道士が分かち持っている願望を表明して、『モン・ディユの兄弟たちへの手紙』の受取人たちに、「東方からの光と、エジプトの宗教的な生活における古代への熱情を、西方の闇とガリアの寒冷のうちに根づかせるように」(7)と願っているのである。

ギリシア教父

確かに、修道士たちは、教父の時代、特に古代の東方を志向していた、と言うことができるであろう。しかし、彼らは何を知っていたのであろうか。彼らは何をそこから受け取ることができたのであろうか。彼らは、教父の時代について、書物による知識だけではなく、それに加えて、第一に、教父との活きた交わりを通じ、ある種の体験と同質性によって、特別な知識を得ていたのである。修道制は、教父の時代から、修道院以外のいかなる環境よりも、独占的に四種の財産を受け継ぎ、それらを固く守っていた。すなわち、テキスト、模範、思想とテーマ、そして語彙である。しかし、ここで、これらの要素を区別することは、論旨を明確にするためにだけである。なぜなら、これらは、実際には切り離すことができないからである。

まずテキストに関してだが、多くの新しいアプローチによる研究が、全体を展望し明解な結論に達するために、今後なされなければならないであろう。しかし、すでに、ギリシア教父の著作に関して、次いでラテン教父の作品に関して、いくつかの事実を確認することができる。前者に関しては、エウアグリオス（三四五頃―九九年）とオリゲネスの作品がラテン世界でどのように伝承されたかを例にとって、以下のように、全般的な事実確認をすることができるであろう。

ギリシア教父に関する知識について、中世の修道士たちは、全面的に教父の時代の翻訳者たちに依存していた。カッシオドルスが配下の翻訳者たちを指導していた時代は、なおギリシア語とラテン語がともに常用されていたが、全体として中世において、特に一二世紀末までは、ギリシア語は知られていなかった。[8] 一二世紀になって、ラテン世界の修道士たちは、可能なときには、主導権を発揮してギリシア語テキストを翻訳させたが、しかし、ギリシアから受け継いだ教父の遺産のかなりの部分はすでに訳されていた。それは、他の古典古代の文化と同じように、特にイタリアとイングランドにおいて保管され伝えられていた。ヨークの教会を称えた詩の中で、アルクイヌスは「そこには、古代の教父たちの足跡が見出されるであろう。ローマ人がラテン世界で自らのために有していたあらゆるものを、あるいは、輝かしいギリシアがラテン人たちに伝えたあらゆるものを」[9] と述べ、例として、アタナシオス、バシレイオス、ヨアンネス・クリュソストモス（三四〇／五〇―四〇七年）を引用している。

ギリシア教父の中世への伝承については、われわれにはジークムントによる有益な著作がある。[10] だがこの研究の後も、なお多くのことがなされるべき課題として残っていよう。[11] 実際、著者もこのことを認めている。だが少なくとも、本書は信頼するに足る文献調査と、確かな方向づけを与えてくれる。まず、この著作は、写本によってテキストが伝承されているもの、あるいは、古い蔵書目録とさまざまな選集や詞華集（florilegia）によって伝承が証明されるギリシア教父の著作リストを確定することを可能にしている。このアルファベット順のリストは膨大なものである。アダマンティオス（三〇〇年頃）からアレクサンドレイアのティモテオス（四〇〇年頃）や『長老たちの言葉』（Verba seniorum）まで、まさに四三の項目に達する。さて、この綿密な調査によって集められた史料を検討してみると、二つの事実が認められる。第一の事実は、保存されたテキストの出自に関するもので、ギリシア教父のテキストをわれわれに伝えてくれる写本の大部分は、修道院に由来していることである。特に、これは最も重要なテキストに当てはまる。この点で、偉大な文化の中心地、すなわち、コルビー、フルーリ、フルダ、ゴルツェ、ロッブなどの修道院が果たした重要な役割を測ることができる。これらの修道院の多くは、ライン中流域に沿って、あるいはコンスタンツ湖やボッビオの周辺、そして特にフランス北部や現在のベルギーに分布していた。この地域には、数多くの修道院が存在していたのである(12)。

第二の事実は、保存されたテキストの性格に関してである。最も頻繁に翻訳され、流布したテキストは、言ってみれば、最も修道院的なもの、すなわち修道士について、あるいは修道士に対して語られているものであった。これらのものは、一方で、修徳修行に関するテキストであった。たとえば、バシレイオス、エフラエム（三〇五頃―七三年）、ヨアンネス・クリュソストモスの著作である。他方で、聖書註解が見られる。これは、ヨアンネス・クリュソストモス、ヘシュキオス（四五〇／五一年歿）、そして特にオリゲネスである。彼は、あらゆる分野の、あらゆる古代のギリシア著作家たちのうちで、最も読まれた。これらに加えて、ソゾメノス（三七六／四〇〇―四七／五〇年）、エウセビオス（二六三／六五―三三九／四〇年）、ヨセフォス（三七頃―一〇〇年頃）の歴史著作があった。他方、最も書き写されることが少なく、したがって、読まれることがなかったのは、アレイオス派や他の異端諸派に対する論争書であった。さらに明記しておかなければならないことは、修道院による伝承において、偽ディオニュシオス・アレオパギテス（五〇〇年頃）の著作がほとんど存在しないことである。彼の著作はヨハネス・スコトゥス・エリウゲナ（八〇一／二五－七七年以降）によって翻訳され、後にスコラ学がこよなく愛することになるが、彼が、一二世紀まで、ほとんど影響を及ぼさなかったことは、確かな事実である。(13) このことは同様に、ドイツのルペルトゥスやベルナルドゥスにおいても、確かめられる。(14)(15) ベルナルドゥスの著作中に指摘することができた偽ディオニュシオスに関するわずかな言及は、(16) おそらく、『天上位階論』を註解したサン＝ヴィクトルのフーゴー（一〇九六頃－一一四一年）を介して、間接的に彼に伝わっただけのように思われる。いずれにせよ、偽ディオニュシオスへの言及は非常に少ない。おそらく、偽ディオニュシオスは、修道士たちにとって、そして彼を無視することはできなかったベルナルドゥスにとっても、あまりにも抽象的、思弁的で、さらに、あまり聖書的ではないように思われたのであろう。(17)

いずれせよ、これらの事実から明らかなことは、修道生活において活用することを目的とした書物が望まれていたということである。あらゆる時代において、私的な読書のため、あるいは、食卓や他のところで公に読まれるために、さまざまなテキストが伝えられ保管されていた。バシレイオスの『戒律』、エフラエムの『勧告』、エウアグリオスの『金言集』、『師父たちの伝記』、ヨアンネス・クリュソストモスの講話、書簡、論考などである。これらは、決して学問的な論争書ではなく、聖書註解の抜粋集（Catenae）に取り上げられるような著作である。(18) 保持され続けたものは、異端との戦いのためではなく、修道士たちの生活のために有益なものである。さらに、修道院改革あるいは刷新の時期においては、いくつかのテキストが特により重要であるとみなされた。たとえばアニアーヌのベネディクトゥスは、彼の『戒律集』（Codex regularum）において、バシレイオスやパコミオスたちの諸戒律を記載し、『諸戒律の一致』(Concordia regularum) においては、ベネディクトゥスの『戒律』と東方系諸戒律を多くの点で対比照合している。一〇世紀、ノルマン人の侵攻後に、ジュミエージュ修道院が復興されると、オリゲネス、カッシアヌス、バシレイオスの著作が書き写された[19]。さらに後になって、掠奪された同修道院が本格的に再建されたとき、オリゲネスの聖書註解が筆写されたのである[20]。

要するに、西洋中世の修道制は、ギリシア神学の全体を真に知るに足るだけの東方からのテキストは有していなかった[21]。だが、修道士は、宗教的な生活に関わるもの、それに役立ちうるすべてのもの、古代の修道制の考え方と実践を伝えるすべてのものを所有することを望み、そして実際に、有していたのである。実際、彼らが古代ギリシアから受け取ったテキストは、サン＝ティエリのギヨームの「エジプトの宗教的な生活における古代への熱情を復興させる」という願いに応じたものであった。

このように修道士たちの霊的・神学的な著作には、古代のギリシアの考え方との自然な一致が存在したのである。ドイツのルペルトゥスやイサアク・デ・ステラ（一一〇〇／一〇頃－七八年頃）などには、まったく古風で東方的な背景が見てとれるが、その内容を明確にするのは難しく、なお研究の余地が残されている[22]。だが、疑いなく、このように浸透した考えのいくつかは、アンブロシウスを介して、フィロン（前二五／二〇頃－後四五／五〇年頃）に由来していた。さらに、あらゆるところで、あらゆる時代において、カッシアヌスを介して、アレクサンドリアのクレメンス（一五〇頃－二一五年以前）とエイレナイオス（一三〇／四〇－二〇〇年頃）の言葉と思想が受け入れられていた[23]。しかし多くの要素はオリゲネスに負っており、彼の著作は、直接あるいはエウアグリオスを通じて知られていたのである。

エウアグリオスの『金言集』

エウアグリオスの『金言集』が中世の修道士たちといかなる関係にあったかという歴史を通じて、われわれは一つのテキストの生命を目にすることができる。[24] 実際、『金言集』のラテン語版にはいくつもの段階が連続して存在した。最初の最も古い版は、かなり逐語的で、語はしばしば発音どおりに単純に転写されていたに過ぎない。たとえば、「霊的な倦怠」(accidia)、「教え」(dogmata)、「隠修士」(eremus) などの語である。この版は非常に逐語的であるので、それまで辞書では知られていなかったようなギリシア語の単語を再発見できたほどである。[25] 第二の版は、これもかなりに古いものであるが、第一の版と比べると、ラテン語としては改善されている。この版は三つのグループに分けられる写本群において確認されるが、これらのグループは三つの地域にそれぞれ対応しており、それぞれについて原本が判明している。その当時、ある修道院がこれこれの写本を所有していることが知られると、他の多くの修道院が急いでそれを写そうとしたかのようである。たとえば、一二世紀のオーストリアで、エウアグリオスの著作が一つの写本から出発してどのようにして全土に広まったか、その歩みが見てとれ、同様に一〇世紀においてシロス修道院の写本は、同じ時に、それほど遠くないヴァルヴァネラ修道院で写されていた。この第二の版は、出来に差はあるが、抜粋されて、『火花の書』(Liber scintillarum)、あるいはクレルヴォー修道院の『落花集』(Liber deflorationum) などに受け継がれた。また、先行する二つの版から借用した要素から成る混交的な改訂版が存在し、それは、たとえば、モンテ・ヴェルジネ修道院の写本に見られる。同じような事実確認は、他のテキストについてもできるが、特に古代の修道戒律について言えよう。

このように、最も重んじられた典拠、最も高い権威を用いる場合でも、かなりの裁量が行使されていた。文学的あるいは学問的な目的ではなく、実践的な目的を有していた編纂物においては、生活の規範として用いなければならない文書に変更を加え、適合させ、註釈を付すことができた。これがしばしば綿密に――しかし必ずしも良くなったわけではないが――行なわれたので、古代の修道制の文書が現存するに至ったのである。さらに、同一のテキストのさまざまな形態の写本は異文を示しているが、それらは、すべてが写字生たちの間違いというわけではない。しかし、同一の翻訳についてさえ、このように、証拠が異なるということは、こうした古代の修道院のテキストがもつ変化する、そして生命力のある性格を証明している。『金言集』は二度翻訳されただけでなく、それらを書き写す際に、写字生たちも、一定の裁量を行使した。ある場合には、理解できないような章句の一部を単に削除し、ある場合には、自分たちの責任でそのような表現を修正した。彼らが仕事をしたテキストは、彼らにとって、決定的に固定されたものとは思われず、生命をもち、変化し続けるものだったのである。

聖書博士オリゲネス

エウアグリオスは、オリゲネス的な思想とテーマを伝えたが、しかし同様にオリゲネス自身も知られていた。[26] オリゲネスのラテン語版著作についてのさまざまな批判版のイントロダクションを読んだならば、ほとんどすべての写本が修道院に由来し、大部分が九世紀から一二世紀にかけてのものであることに気づくであろう。また他の証拠によっても、修道院の復興があったあらゆる時代、あらゆる環境で、オリゲネスの復活が見られることは、立証できる。このことは、カロリング朝の改革について当てはまるが、それ以上に一二世紀の修道制の刷新に関して明白であり、いずれにしても、容易に証明することができることである。

まとまって残っている一二世紀の蔵書を調査できるような場合、あるいは昔の目録あるいは近代の目録によってコレクションを再現できるような場合、ほとんど常に、オリゲネスの著作の写本がその中に少なくとも一冊はあることが認められる。このことが検証されるのは、特に修道院の蔵書に関してである。司教座教会の蔵書には、オリゲネスはこれほど多くは現われない。

このように、九世紀におけるオリゲネスの復活が、アニアーヌのベネディクトゥスの名と結びつく修道制の復興と同時に起こるように、一二世紀におけるオリゲネスの復活は、ベルナルドゥスの名と結びつけられる修道制の復興と同時に起こった。われわれは、ベルナルドゥスがクレルヴォー修道院の蔵書のために購入した写本のリストを有している。その中に、「オリゲネスの著作」(Libri Origenis) というタイトルで、八冊の写本があることが分かる。これは、当時としては、かなりの数である。旧新約聖書についての註解書だけでなく、『諸原理について』(Periarchon) やオリゲネスを擁護するパンフィロス (二四〇頃―三〇九/一〇年) の『擁護論』も含まれている。[27] 同じような指摘は、シトー会のシニー修道院に関しても認められよう。この修道院に由来する六巻のフォリオ版のオリゲネス著作集がなお現存している。[28] さらにポンティニ修道院の蔵書目録によれば、一二世紀には、オリゲネスのすべての聖書註解がそろっており、特に、彼の『雅歌註解』については、二部所有されている。[29] 同時期のクリュニー修道院の蔵書目録にもそれらの著作が存在することは、オリゲネスへの関心がシトー会に限られてはいなかったことを証明していることになろう。[30]

ベルナルドゥスがオリゲネスの著作から、直接的に、一度ならず、影響を受けたことは、今では証明された事実である。[31] 彼は、単にラテン教父たちや中世の編纂物を通じて伝わったオリゲネスのテーマを知っていただけではない。ベルナルドゥスの同時代人であるペトルス・ベレンガリウスは、ベルナルドゥスがオリゲネスの註釈を剽窃して、『雅歌講話』を著わしたと非難することができたほどであった。[32] この非難は、ベルナルドゥスが独創的な作品を著わしていたという意味で、確かに不当なものであった。しかし、「雅歌」とその註解について彼が抱いている全体的な構想そのものは、オリゲネスの構想に近かったのである。アンブロシウスやニュッサのグレゴリオスのような教父時代の偉大な司教たちが、「雅歌」を解説する場合は、司牧的な関心が大きな位置を占めており、それらにおいては、しばしば、キリスト教入信のための諸秘跡が問題となっていた。[33] 他方、オリゲネスは、「雅歌」について、洗礼の秘跡のための解釈ではなく、より心理的な解釈をした。この同じ道を、ベルナルドゥスや一二世紀の修道院の註釈者たちも目指したのである。彼らの説教は、司牧者のものではなく、修道士のものであり、さらに入信儀式は、彼らの時代には、子どもたちに対して行なわれており、もはや大人たちにではなかった。その上、彼らの心理や想像力のタイプは、オリゲネスによる聖書解釈と一致していた。互いに類似した霊的な必要は、類似した手段によって満たされる。このような観点からすると、オリゲネスの聖書註解は、修道院文学と共通点をもっていた。彼の著作は、修道院という環境において特に感じられていた内面性の必要に応えていたのである。

さて、オリゲネスへのこの忠誠には、捨てがたい美点があった。ヒエロニュムスが彼について言った悪口はすべて知られていたし、いくつかの明確な点に関して誤謬が彼に帰されていたことも知られていた。それにもかかわらず、修道士は、彼の著作全体、特に彼の聖書註解に、抗しがたい魅力を感じていた。それに屈することを自らに許し、読者の良心をこの複雑な警戒心から解放するために、しばしば、オリゲネスのテキストの前には、ヒエロニュムス自身がオリゲネスを称えた言葉や、彼の正統性を確言するさまざまな詩が付せられた。[34] 好奇心を誘うある証言が、オリゲネスの教えの正統性だけでなく、彼自身の個人的な救いについても関心が抱かれていたことを明らかにしている。修道女シェーナウのエリーザベト（一一二九頃–六四年歿）は、ある幻視において、クリスマスの晩に、このことを聖母に訊ねたことを語っている。彼女の弟であるベネディクト会士シェーナウのエクベルト（一一三二頃–八四年）にけしかけられたからであった。

このようにして、私は弟の助言を受け入れた。弟はちょうどそのとき私たちのところで聖務を行なっていたが、私は聖母にこのような言葉で訴えかけた。「聖母様、お願いいたします。どうぞ教会の偉大な教師オリゲネスのことについて、いくらかでも私に明らかにしていただけないでしょうか。彼はその著作の多くの箇所で、あなた様を見事に称えております。彼は救われたのでしょうか。なぜなら普遍的教会《カトリック》は、彼の著作に見られる多くの異端説のために、彼を断罪しているからです」。これに対して聖母は私にこのように答えた。「主のお考えでは、この点について多くのことがそなたに明らかにされることはない。ただ知っておいてよいことは、オリゲネスの過ちは悪しき意図から生じたのではないことです。その過ちは過度の熱狂から生まれたものであり、それによって、彼は、彼の愛する聖書の深遠さと、神の神秘のうちに没入し、過度にそれを詮索しようとしたのです。それゆえ、彼が耐えている罰は重いものではない。彼がその著作のうちで私に捧げる讃美のために、彼は、私を記念して行なわれるあらゆる祝日のたびに、まったく特別な光に照らされている。世の終わりに彼に生じることについては、そなたに明らかにされるべきではなく、神の秘密のうちに秘せられなければならないのです[35]」。

このようなテキストは、それが書かれた環境の心理状況について詳しく語ってくれる。さまざまな慣習をもつ修道院において、聖務日課の際に、オリゲネスの名で伝えられた説教が朗読されていたが、それらは必ずしも彼の作ではなく、また、そのいくつかは聖母を称えるものであった。しかし、私的にであれ、集会室あるいは食堂においてであれ、同様に読まれていたのは、「彼の愛する」聖書について、彼が著わした註釈であった。このように、彼の評判はなお好意的ではなかったが、そのことが、彼の著作を読むことを妨げることにはならなかった。なぜなら、彼に求められていたのは、教理ではなく、むしろ心性であり、聖書を解釈する仕方だったからである。修道士がオリゲネスに感嘆したのは、彼について知っていること、すなわち、特に彼の聖書註解のためであった。引用されたのは、ほとんど常にこれらのものであった。オリゲネスは何よりも聖書博士と見なされていた。彼は、いわば、修道院の偉大な聖書註釈者たちの最初の者であり、彼が愛されたのは、修道士が聖書を愛していたからであり、オリゲネスが聖書を同じ心理、同じ観想的な傾向をもって解釈し、中世の修道士たちと同様の必要に応えていたからであった。彼が愛されたのは、彼の宗教的な感覚のためであり、彼が聖書に与えることができた「霊的な」意義のためだったのである。(36)

バシレイオスや他のギリシア教父たちの著作が中世においてたどった歴史についての研究は、疑いなく、興味深い結論を可能にしてくれるであろう。すでに、いくつかのテキストについては、それらがいかなる経路で伝えられたかが判明している。たとえば、一二世紀のハンガリーにおいて、ラテン語圏の修道士たちは、東方系の修道士と接触するようになった。彼らの一人ケルバヌスは証聖者マクシモスの『愛についての四〇〇の断章』(Capita de caritate) を訳したが、この翻訳はベネディクト会修道院の院長パンノンハルマのダヴィデ（一一三一－五〇年活躍）に献呈され、ライヒェルスベルクのゲルホー（一〇九三／九四－一一六九年）によってパリにもたらされた。その地でペトルス・ロンバルドゥスがこれを用い、彼の『命題集』に取り入れ、さらに、それを通じてスコラ学に導入された。(37) これらの事例は、西洋中世の修道士たちが東方から到来したものすべてに真に魅力を感じていたことを十分に示していよう。彼らは、可能な範囲で、それらの著作を知っていたのである。(38)

ラテン教父　ヒエロニュムスとアウグスティヌス

中世の修道制がラテン教父たちから受け継いだ遺産は非常に広範であった。実際、ほとんどすべてのテキストが伝承されていた。テルトゥリアヌスの著作のように、若干の遺漏があり、写本が少ない場合もあるが、このことは、「正統教父」しか読もうとしなかったことによって説明されよう。さらに、保存されたものについても、どれもが同等に重視されたわけではない。中世の伝統がラテン教父の各々にどれほど多くのことを負っているかを、明確にするための研究は有益であろう。アンブロシウスの著作では、旧約聖書についての論考が好まれたが、これはフィロンの寓意的な解釈に多くを負っていた。聖書の文献学的な解釈については、ヒエロニュムスに依拠していた。しかし、彼は何よりもその書簡によって影響を及ぼしたように思われる。これらは、書き方の模範であるとともに、修道院の修徳修行に関する理念を汲み出すことができる源泉であった。(39) アウグスティヌスは「修道院的な文体」の形成に主要な影響を及ぼした。特に彼の『説教』と『告白』において、彼は芸術的な散文の模範を示したが、そこでは韻を踏んだ古典古代の散文のあらゆる手法が、キリスト教的な熱情のために用いられている。彼の聖書註解は、オリゲネスの註解とは異なっていたが、同じように寓意的な解釈で、多くの人々に好まれていた。彼の神学的な著作のいくつかはあまり引用されなかったが、高く評価されていた。たとえば、一一世紀にポンポーザ修道院長ヒエロニュムスが、この修道院の蔵書目録を作成した際に、彼はアルファベット順ではなく、さまざまな著作家たちの重要度に応じた順序を採用した。彼はアウグスティヌスを第一に挙げ、彼が見つけることができたアウグスティヌスのすべての著作を集めた。他の見つけられなかった作品については、アウグスティヌスの『再考録』(Retractationes) に従ってリストを作成し、機会があったならば、テキストを手に入れることができるようにはからったのである。(40) 同様にアウグスティヌスの論考は、彼の他の作品とともに、アンジェのサン＝トバン修道院、(41)

ノナントゥラ修道院[42]、そして多くのベネディクト会修道院の蔵書にも数多く並んでいた。またアウグスティヌスは、最初のシトー会修道院においても高い声望を得ていた[43]。しかし彼の著作のうちでもっとも頻繁に書き写されたのは、論争書ではなく、むしろ司牧的な論考、説教、書簡、聖書註解であった。この比率はベーダの蔵書においてもすでに認められうることであり[44]、一般的に主張できるように思われる。

それゆえ、ギリシア教父についてと同じことを、ラテン教父についても言わなければならないであろう。修道院が彼らに求めたことは、何よりも彼らの生活に役立つことである。それゆえ、同一の著作家、たとえば、アウグスティヌスを例に挙げてみれば、同じ時代であっても、二つの異なる環境では、その用い方も異なっていた。スコラ学者たちは、『告白』を形而上学的な証明の武器庫として評価したが、修道士の学者たちは神秘家の証言としてのみ捉えた[45]。彼らは、アウグスティヌスの信仰告白の本質を、あらゆる哲学的な展開から分離した。『告白』において、本質を覆うこうした二次的なものは、それ自体も確かに貴重ではあるが、アウグスティヌスの祈りとは無関係なのである。マニ教徒あるいは新プラトン主義者たちとの論争は、中世の修道士たちにとって、まったく今日性を失っていた。彼らはそのようなことを長々と論じたりはしなかったのである。大グレゴリウス、フェカンのヨハネス、そして彼らの著作を糧とした多くの世代の修道士たちを経て、アウグスティヌス主義は、いわば、上澄みが汲み取られたのである。一三世紀のスコラ学者たちを魅惑したアウグスティヌスの姿は、修道院の時代の偉大な霊的思索家たちが彼に与えた姿とはまったく異なっていたのである。

さらにエウアグリオスの『金言集』や古代の東方の諸戒律と同じように、ラテン教父たちの著作も生命を保っていた。修道士は、それらを死んだ文書として用いはせず、翻案することを覚悟して、あらゆる時代とあらゆる環境において、これらの著作を活きた文脈に組み込んだ。それゆえ、教父の著作は、そこにおいて今日性を保っていたのである。この手法の一例は、悪徳と徳についての長い祈りによって示されよう。カッシアヌスから始まって、大グレゴリウス、アンブロシウス・アウトペルトゥス、アルクイヌス、ハリトガリウス（八三〇／三一年）を経て、フェカンのヨハネスに至るまで、テキストが絶え間なく豊かにされていったさまを目にすることができるのである。(46)

修道士の父アントニオス

テキストとともに、テキストを通じて、そしてまた活きた伝統を介して、中世の修道制は教父たちの時代から、さらに他の宝も受け継いでいた。第一に、模範である。修道生活のこれらの「創設者たち」は、ほとんど全員が、そして特に最初期の人々は、東方教会の人々であった。彼らのうちで最も偉大であったのは、「修道士の父」アントニオスであった。彼は、実際、すべての修道士たちの父であり続けていた。それゆえ、西洋中世のあらゆる環境とあらゆる時代において、修道士たちは自分たちを彼の真の息子と見なしていた。あらゆるところで修道士たちは彼の加護を求め、ときには互いに争うこともあった。(47) あらゆる修道制の復興において、古代のエジプトが想い起こされ、エジプトを復興したい、第二のエジプトを打ち立てたいと人々は言った。そして人々はアントニオス、彼の模範、彼の著作に助けを求めた。このことは、カロリング期について、次いで一一世紀にはモンテ＝カッシーノ、クリュニー、カマルドリについて、そして一二世紀にはシトー、ティロンについて、またフランスやイタリアと同様にイングランドについても立証される。修道士たちのあいだのあらゆる論争において、たとえば、クリュニーとシトーの修道士が対立した際に、両陣営ともアントニオスに訴えたが、それは正当なことであったと言えよう。なぜなら、彼らがアントニオスの言説から取り上げたものは、アタナシオスが彼に帰した、アレイオス派に対する非難ではなかったからである。彼の生涯から取り上げたものは、歴史的状況でもなく、伝記作者が彼を引き立たせるために行なった、誘惑や悪魔に関する細かい幻想的な描写でもなかった。霊的なテーマ、教えこそが、いかなる修道会に属していようとも、すべての修道士にとって価値を有していたのである。アントニオスはすべての者に一つの理想を提示したが、それはさまざまな仕方で実現されうるという特徴をもっていた。それゆえ、『聖アントニオス伝』は、中世の修道士たちにとって、単なる歴史文書ではなく、決定的に死んだ過去についての情報源でもなかった。これは活きたテキストであり、修道生活を磨き上げるための手段だったのである。

教父の語彙

中世の修道制は教父の時代から用語とテーマを受け継いだが、一つの語彙でさえも、もしその源泉が分からなかったならば、その意味はまったく不明であろう。中世の修道制は、言葉とともに、それらの語が示す実践や思想を忠実に守っていた。それらの内容の豊かさを尊重するためには、それらの語に通じているほうがよいであろう。たとえば、ペトルス・ウェネラビリスが、当時クリュニーの支院長で、のちにアルバーノ枢機卿司教になるマタエウス（一〇八五頃―一一三五年）について、Non relinquebat partem aliquam theoriae intactam[48]と書いたが、これを「彼は、理論において、いかなる点もおろそかにしなかった」と訳してはいけない。ここで問題となっているのは、修道生活の理論ではまったくないからである。問題は、言葉の最も豊かな意味での祈りであり、それは苦行に耐えることをともなっていた。文脈もこのことを示しており、むしろ以下のように訳さなければならない。「彼は、一瞬たりとも観想をゆるがせにすることはなかった」、あるいは「彼は、絶えず修徳修行を実践した」。同じように、ベルナルドゥスは「雅歌」を theoricus sermo と呼んだが、現代におけるこの言葉のように、「理論的な言説」という意味で使っているのではない。彼は、祈りを表現し、観想へと導く卓越した「観想的な」テキストという考えを提示しているのである。中世のテキストのある校訂者は、そのテキストのあらゆる写本がspiritualibus theoriis（霊的な観想によって）と読んでいる事実にもかかわらず、その意味を理解できず、theoricis（理論家たちによって）と正さなければならない、と考えたということである。

観想（theoria）

しかし、中世を通じて「観想」（theoria）という語が使用されていたことについては、豊富な証拠が示されている[49]。古典古代のギリシア哲学者や新プラトン主義者たちの「観想的生活」（*βίος θεωρητικός*）は、意味を替え、キリスト教の体制に適合し、古代のキリスト教的な神秘主義の術語となったのである。カッシアヌスは、この表現と思想が西欧に伝えられることに大きく貢献した。西欧では、「観想」（theoria）という語はしばしば形容詞をともない、「天上の観想」（theoria caelestis）「神的な観想」（theoria divina）という表現が用いられるが、それは、この「観想」という語が天上における観想に与かること、あるいはその先取りとして理解されていたことを証明している。彼はまたtheoricus、theoreticusという術語を生み出し、たとえばtheorica mysteria、theorica studiaなどの表現をつくったが、これらは「理論的な研究」ではなく、「祈りへの愛」と訳さなければならない。たとえば、ランツベルクのヘラディス（一一二五－九五年）は、これらすべての概念を一つにして、彼女の『悦楽の園』において次のように助言している。「絶えず神についての観想に基づき、現世の取るに足らないものを軽んじて、天上へと向かって駆けなさい。そこで、今は隠されている花婿を見ることができるであろう[50]」。

さらに、ペトルス・ウェネラビリスの時代にクリュニーで実践されていた、繰り返し跪き身をかがめるという祈り[51]は、砂漠の師父たちがmetaniaeという名で知っていた祈りと修徳修行の行為であった。このmetaniaという語は中世のテキストにはしばしば見られ、祭壇の前で身をかがめること、[52]あるいは何らかの過ちを犯した後に跪いて行なう罪の償い[53]を示していた。この語は、新約聖書における「悔い改め」（*μετάνοια*）という本来の意味を、その頃には失い、そこから派生した限定的な意味を有するようになっていたが、それは古代の修道制から受け継いだものであった。修道服もまた、しばしば、伝統的なギリシア語の術語であるschema（*σχῆμα*）と呼ばれていた。[54]teologia、theologusなどの術語も、フェカンのヨハネスなどにおいては、その古代の味わいを保っており、西欧でアベラルドゥス以降に与えられる思弁的なニュアンスはなかった。[55]

フィロソフィア（philosophia）

古代の意味を保っているギリシア語起源のもう一つの語は「フィロソフィア」（philosophia）である。ギリシア教父たちは、修道士の生活を「キリストに従うフィロソフィア」や「唯一の真のフィロソフィア」、あるいは単に「フィロソフィア」と定義していた。この術語は、ものごとの価値や、棄てるべき現世の虚しさについての実践的な判断を指し、その全生活によってこの放棄を明らかにしている人々に適用された。さらに、中世の修道制において、古代と同じように、「フィロソフィア」は認識のための理論や方法ではなく、活きた知恵、理性に従う生き方を指していた。[56]さて理性に従う生き方には、二種類ある。一つは、現世の知恵に従って生きることであり、これは異教の哲学者が教える「世俗のフィロソフィア」「現世のフィロソフィア」である。もう一つは、キリスト教的な知恵に従って生きることであり、これは現世のものではなく、すでに来世に属し、「天上のフィロソフィア」「霊的なフィロソフィア」「神的なフィロソフィア」である。最も卓越したフィロソフス、あるいはフィロソフィアそのものは、キリストである。「フィロソフィアとはキリスト」（ipsa philosophia Christus）[57]なのである。キリストは受肉した神の知恵そのものであり、その内にこの受肉の神秘が成就された聖母マリアは、「キリスト者のフィロソフィア」と呼ばれた。彼らは聖母マリアの指導を受けなければならないのである（philosophari in Maria）。[58] 救い主イエスの到来を告げた人々、あるいはイエスの使信を伝えた人々は、フィロソフスであり、キリスト者は彼らに従う。たとえば「フィロソフス・ダビデ」、「パウロのフィロソフィア」と言っていたのである。

しかし、この完璧なキリスト教、神に全面的に献げられた生き方、「天上の生活」（conuersatio caelestis）は、実際には、修道生活において実現された。それゆえ戒律を著わした人々、修道制の手本となった人々は、フィロソフィアの教師と見なされた。修道院はフィロソフィアの学校、「ベネディクトゥスのフィロソフィア」を学ぶ「ギムナシオン」（体育場）であった。[59] ベルナルドゥスは、クレルヴォーの修道士たちを「天上のフィロソフィアの教え」で養成したと称えられ、[60] ペルセーニュのアダム（一二二一年歿）は「シトー会のフィロソフィア」に専心すると宣言している。[61] 修道生活を送るということは、端的に「フィロソフィアをする」ことであった。philosophari という語に、ドゥ・カンジュは「修道生活を送る」（monachum agere）しか、中世の同意語を記載していない。この philosophari という動詞は、修道院で暮らす共住修道士たちにも、隠修所にいる隠修士たちにも適用された。そして修道院文学においては、一二世紀になるまで、「キリスト教的なフィロソフィア」（christiana philosophia）という表現が、特に註釈や説明を付けずに用いられる場合は、たいてい修道生活そのものを指していたのである。

ディスキプリナ（disciplina）

「フィロソフィア」という語に近いのが、「ディスキプリナ」（disciplina）という用語である。[62] この語もまた、修道院の時代には、その古い意味を守っていた。discipulus から派生したこの語は、古典古代の語法では、最初は

「教えること」という一般的な意味を帯びていた。まもなく、教えられたもの、次いで教え方、すなわち「パイデイア」（παιδεία）のように、教え導くこと、人間形成を示すようになった。特に適用されたのは、軍事、家庭、政治の生活においてである。さまざまな分野において、社会的、集団的な現実が強調された。この語義は、教会の最初の数世紀間、教父の著作、聖書の諸版、典礼、修道戒律において保持された。この語はいくつもの新たな用例を加えていったが、それらは常に教育という最初の意味を前提としていた。ベネディクトゥスの『戒律』は「聞きなさい、息子たちよ、師の教えを」（Ausculta, o fili, praecepta magistri...）という印象的な言葉で始まっている。修道士たちは、「弟子であり、聴従しなければならない」[63]のである。修道院は「主への奉仕の学校」[64]であるが、この表現は、学校教育と同時に軍務を思い起こさせる。

中世の修道院という環境において、なおこの言葉は生命をもち、その意味は変化し続けているが、しかし、常に、その起源にあったものの延長線上にある。一二世紀に、セルのペトルスは修道院におけるキリスト教的な生き方について『修道院の教え』（De disciplina claustrali）という論考を著わした。彼は、これを「師イエス」（magister Iesus）、「師の座」（cathedra）、「学校」（schola）などの言葉で定義し、解説したが、これらの語は「ディスキプリナ」という概念と、その起源に結びついているものである[65]。ベルナルドゥスは、キリストが人間にもたらした「天上の教えに関する教育」（magisterium disciplinae caelestis）について語り[66]、イニーのグエリクス（一〇七〇／八〇―一一五七年）は、彼の同僚のシトー会士たちに「あなた方は幸いである、兄弟たちよ。知恵の教え（disciplina）に与っているあなた方は、キリスト教のフィロソフィアの学校に登録されているのである」と語っている[67]。この語は、その古代における内容を想い起こさせる。すなわち「霊的な教え」（disciplina spiritualis）あるいは「天上の教え」（disciplina caelestis）とは、「御言葉の弟子」（Verbi discipulus）が御言葉の指導のもとに学んだものなのである。この文脈に、学校や軍隊での語彙、たとえば「説く」(erudire)「鞭」(verbera)「訓練する」(exerceri)などが、当然組み込まれていったが、これらの語には「ディスキプリナ」という語が現われる聖書の章句が当てはめられている。[68] さて一三世紀初めから、「ディスキプリナ」という語は、霊性の分野においては、活力を失い、新しい明確な語義が加えられなくなったが、スコラ学の哲学的な語彙としては変化を続けた。[69] しかし、修徳修行の著作家たちにおいては、貧しくなった語義しかもたなくなった。この語は「よい振る舞い方」を示すようになり、「よい行儀」を意味するようになったのである。ただ修道制の伝統だけが、教父の時代がこの語に与えることができた価値を保ち、古典古代と連続していたのである。

王の道(via regia)

また、他の事例を「王の道」(via regia)というテーマから引くことができよう。[70] このテーマの起源には、ほとんどすべてのテーマと同様、聖書の表現があり、「民数記」二一章二二節に由来する(同二〇・一七、申二・二七も参照)。ヘブライの民がパランの荒れ野をさすらっていた時のことである。イスラエルの子らは、青銅の蛇を仰ぎ見ることによって蛇の咬み傷を癒された後、アモリ人の王シホンに対する遠征を企てざるをえなくなるが、それは次のような状況においてであった。聖書によれば、「イスラエルはアモリ人の王シホンに使者を遣わして、次のように言った。『あなたの領土を通過させて下さい。道をそれて畑やブドウ畑に入ったり、井戸の水を飲んだりはしません。あなたの地を出るまで、私たちは〈王の道〉を通ります』」。しかし、シホンは拒否し、それどころか攻撃を決意した。彼は敗れ、イスラエルが彼の王国を奪ったのである。

聖書の文章はこのようになっているが、これは歴史的な解釈の問題を提起している。「王の道」という表現は、正確には何を意味しているのであろうか。この表現は私道に対する公道を指し、またまっすぐで直通の道を示し、程度の差こそあれ曲がりくねった小道とは異なっている。「王の道」という表現は、そのまま受け取れば、ある明確な概念やイメージに対応しており、それらは古代世界、特にエジプトでかなり広まっていたものである。ここで前提とされている概念は、国家の街道であり、それらは、あらゆるものを、回り道せずに、王が住む王国の首都へと導くものであった。これらの街道は、通り過ぎる村々を結ぶものではなく、決して迂回はしなかった。快適で、危険もなかった。確実に目的地へと導くのである。一般的には、玄武岩で造られ、君主あるいは国家の費用で維持され、帝国の誇りであると同時に、その繁栄を保証していたのである。

フィロンからアレクサンドリアのクレメンスに至るヘレニズム期のエジプト人著作家たちが、魂の上昇を描くために、このような比喩にごく自然に頼ったことは理解できることである。このようにして彼らが明らかにした主な真理は、一つは、人間は、私人ではなく、偉大な王、大王、すなわち神へと向かって進まなければならないということであった。この方は、旅の最終目的地で人間を待っているのである。もう一つは、他のすべての道は曲がりくねり、遠く、危険で、それゆえ、避けなければならないということであった。このテーマは、キリスト教化され、オリゲネスによって詳細に展開された。彼は「民数記」が語っているあらゆる状況や人名に註解を加えた[71]。次いでカッシアヌスによって解釈されたが[72]、彼の文脈はベネディクトゥスの考えの源としての役割を果たした。彼らを媒介にして、「王の道」というテーマは中世の修道制に伝わった。ラバヌス・マウルスはオリゲネスを要約し、他の人々はこのテーマをさまざまな状況に適用した。「王の道」は修道生活と同義語になった。なぜなら「王の道」とは右や左へと外れるのを避けることだからである。どのように適用されるかは相手や状況によって変わったが、テーマは同じままであった。たとえば、修道士の堅忍についての古い説教において、この象徴は、修道院の生活に固有なもの、その観想的な性格に適用されている。修道士が警戒しなければならない誘惑は、活動的な生活のさまざまな業務に従事することだったからである。(73)

修道院長たちは、修道士たちを導く責任を負っており、それゆえ、まず彼らが最初に、「王の道」に乗り出さなければならない。彼ら個々人の生活は、何よりもあらゆる逸脱を避けなければならず、彼らが人々を治める仕方は、あらゆる行き過ぎから等しく距離をとらなければならないのである。スマラグドゥスは、ベネディクトゥスの『戒律』の註解において、修道院長に対し、あらゆる命令において穏健であるよう勧めている。人間の弱さに対して、厳しすぎても甘すぎてもいけないし、戒律を遵守し、それ以上のこともそれ以下のことも要求してはならない。(74)このようにして初めて、修道院長は、彼の修道士たちからなる軍の真の長となるのである。なぜなら、このキリスト者の戦いは――これについて、ベネディクトゥスは語ることを好み、オリゲネスは洗礼を受けたときから始まることを示していたが――一人でなされるものではなかったからである。この戦いは、共同で、長の指導のもとで行なわれ、それゆえ、修道院長を讃美する場合、しばしば「この優れた将軍のとき、キリストの兵士たちは王の道を進んでいた」と記されるのである。(75)ベルナルドゥスにとっても、右にも左にも外れることのない王の道とは、回り道や外れた道、つまり、世俗の富を持つことがもたらす散漫の原因を避けようとして、所有しているものを売り払って、神のみに固着する者たちが進む道であった。(76)

しかし、修道院の黄金時代が終わると、「王の道」というテーマは明確な意味を失った。なぜなら、その聖書における起源や、教父たちの解釈を参照することなく用いられたからである。さて、この「王の道」というテーマが、教父たちによって、そして修道制において用いられたということが、伝統的な聖書註釈の特徴であった。この象徴を使用することの基礎は、ほとんど常に、聖書から借用されており、聖書の中では、旧約からであった。伝統的に定まった解釈は、字義通りの意味に基づく歴史的な根拠に忠実であったが、しかし、そこから出発して、寓意へと高められた。どのようにして、そこに達したのであろうか。空想力によってであろうか。そのようなことは決してない。あらゆる著作家たちが予型論（typologie）のために文献学を用いており、「予型」であるためには、二つの条件が実現されていなければならなかったからである。まず何よりも、歴史は、範型として、霊的な現実を予表していなければならなかった。同時にそして必然的に、この歴史は、それが予示したキリスト教的な現実を実際に準備する作用因でなければならなかったのである。

さて、事実、ヘブライの民の全歴史、特にその流謫は天上のエルサレム、すなわち真の約束の地へ向かう教会の歩みを象徴しており、またある仕方で、この歴史は、キリストの到来を、そしてその結果として教会の創設を準備しているのである。このような観点に立てば、イスラエルの全歴史は、教会の生命そのものの像である。しかし、どの程度この歴史の個々の事件は、教会とその成員の個別の活動に対応しているのだろうか。それを知るためには、憶測に頼らざるをえないのだろうか、それとも、それぞれが好みのままに推測せざるをえないのだろうか。「王の道」という事例は、そうではないことを、われわれに証明してくれる。あるテキストの霊的な意味を見分けるためには、二種類の情報源に助けが求められる。第一に、聖書が用いている通常の概念で、その内容は、まったく本来のものである。この場合、国家の街道という概念が、「民数記」の叙述が表わしている意味そのものを明らかにする。第二に、名の語源に頼らなければならない。そして、このことは古代や中世の人々の確信と一致する。すなわち名は、ある人物あるいは事物の本質を表わしているのである。さらに、語源学は文法家たちによって確信をもって確立されているので、人々は、これを信頼することができるものと十分信じていた。これらの歴史的、文献学的な所与に基づいて、旧約のテキストを、新約に照らして解釈することができるのである。この解明の光は、説明しようとする旧約のテキストと同じ語が用いられている福音書のテキストから来る。たとえば、キリストは「私は道である」「私は王である」と言っているではないか。またこの光は、教会が生きた現実全体、たとえば、諸秘跡、信仰、キリスト者の実践からも訪れるのである。

このように、ギリシア教父たちが方法を見つけ、中世は彼らの方法を採用した。中世はそれを認め、その結果を喜んで受け入れたのである。しかし、中世はまた伝統的な方法を応用した。古代から受け継いだものを伝えることに満足せず、さらに新たな発展を加えて豊かにしたのである。連続性もあるが、同様に進歩もある。これらの方法のおかげで確立した諸規範の中で、非常な多様性が開花した。著作家たちの一体性は、彼らすべてが聖書に基づいていることによっており、彼らの独創性は、基本となる類比（アナロジー）に多様な応用が可能であったことによっている。王の道は誰にとってもまっすぐの道である。しかし、まっすぐであるということはさまざまな仕方で理解されうる。その道からの逸脱がどのような性格のものであるか、また旧約と比較対照された新約のテキストが解説しているのがキリストと教会の生命のいかなる面であるかによって、異なるのである。愛徳、従順、貞潔、修道生活の諸義務への忠実、共同体のよい治め方、これらはどれもまっすぐであることを実践することであった。それゆえ、この聖書解釈の伝統には、画一性ではなく、統一、源泉への忠実、精神の自由が存在している。修道院の著作家たちは、古代から受け継いださまざまな方法を、彼らが遵守する規律の要求に合わせて採用することができ、一新する必要はなかったのである。

教父の文化と中世の修道院文化

以上のように中世の修道院文化の有する教父の源泉について概観したことから、二つの結論が引き出されよう。

第一の結論は、教父の時代と修道士の諸世紀のあいだに、そして教父の文化と中世の修道院文化のあいだに、真の連続性が存在することである。当時、人々は教父たちの著作を知り、愛し、その文学的な長所を評価していた。これは文法学の役割である。その宗教的な意義は、修道生活が育んでいた神への希求と一致していた。これは終末論の役割である。そして、このように教父を知ることは、単に書物の知識ではなく、学識の分野に限られなかった。西洋の修道制を教会全体の過去と結びつける連続性のうちにおいて、活きた伝統と呼びうるものに帰せられる役割を決して過小評価してはならない。修道制は、教父たちの著作を写し、読み、解説することによって、伝統を守ったとしばしば主張されている。これはそのとおりである。しかしまた、修道制は、これらの書物の内容を生きることによって、伝統を守ったのである。ここには、体験的と言うことができるような伝達の方法があった。一二世紀中葉、スコラ神学の熱気が高まりつつあった頃、人々の思考は瑣末な問題に逸脱してしまう恐れはあったが、修道院はなおキリスト教の偉大な思想の保管所であり続けていた。礼拝の実践と、教父の著作をたゆまず読んだおかげであった。固有の意味での修道制の伝統に関しては、タベンネシからカマルドリ、クリュニー、シトーに至るまで、アントニオスからペトルス・ダミアニやペトルス・ウェネラビリスに至るまで、断絶は存在しなかった。発展はあったが、切断はなかったのである。そして、この連続性は、教父たちの言語がもつ特徴を著しく帯びた言語のうちに表われている。(77)

さて以下は第二の結論であるが、この連続性こそが、中世の修道院文化にその特別な性格を与えたものであった。これは教父文化の一つであり、異なる時代、異なる文明のうちでの教父文化の延長である。このような観点に立つならば、八世紀から一二世紀の西欧は二つの中世に分けられるように思われる。(78) 修道院的な中世は、深く西欧的でラテン的ではあったが、もう一つの中世、すなわち、同じ時代に同じ地で栄えたスコラ学的な中世よりも、東方に近かったように思われる。スコラ学がキリスト教思想にとって正当な発展と真の進歩を示していることを、ここで否定しようとしているのでは決してない。このように二つの中世が並存していたことを確認しようとしているのである。修道院的な中世において発展した文化は、学校という環境で発展したものとは異なっている。修道院的な中世は本質的に教父的である。なぜなら、この文化は古代の源泉に深く影響され、それらの影響のもとに、キリスト教の核にあって、それによってキリスト教が活きている偉大な現実を中心としており、学校で論じられる、しばしば二次的な問題に逸脱することがないからである。特に、この文化は聖書解釈に基礎づけられ、この解釈は、教父たちの解釈と類似しており、彼らと同様に、想起に基づいていた。すなわち聖書そのものから取られたテキストを自発的に思い起こすというもので、この方法によるあらゆる結果、とりわけ寓意をともなっていた。

最後の教父ベルナルドゥス

修道院的な中世が中世ではないとか、教父の文化に何も加えなかったと言おうとしているのではない。修道士たちは、教会の過去を同化吸収する際に、彼らの時代に特有の心理的な特徴を与えた。しかし、その基礎、その源泉、彼らの文化が発展した一般的な雰囲気は教父的であった。教父の文化を教父の時代とは異なる時代に延長させることによって、彼らは新しく独創的で、しかし伝統的な文化を生み出した。これは、キリスト教の最初の数世紀の文化に深く根ざしていた。たとえば、ベルナルドゥスという人物は、一一、一二世紀の「新しい感性」[79]の証人であり、「フランスの最初の偉大な散文家」[80]とされるが、同時に「最後の教父」でもある。それゆえ、教皇ピウス一二世は、一六、一七世紀の人文主義者たちに従って、彼を「最後の、しかし、初期の教父たちに決して劣らない教父」(ultimus inter patres, sed primis certe non impar)[81]と宣言しているのである。それゆえ、ベルナルドゥスは、教父の時代の延長である霊的な世界と文学の象徴である。モランは、教父の時代が一二世紀まで続いたことに非常に的確に気づき、当時の無名の著作家の一人について、「末期の教父文学」(la litérature patristique à son décline)の代表者であったと述べている。[82] この「末期」という語は、ここではある時代の最後の段階を指しており、軽蔑的なニュアンスはない。なぜなら、ベルナルドゥスは、この時代においても、古代の教父たちに決して劣っていないからである(primis certe non impar)。ルソーは、修道制がいくつかの新しい貢献をし、またいくらか貧しくもしたが、しかし全体としては忠実に、教父の時代の諸価値を中世教会に伝えたことを、最近明らかにした。[83]

修道制がそのようなことをしたのは、「考古学的な」関心によるのでもなく、過去そのものへの愛着によるのでもなかった。一つには、古代の文化の源泉にこのように頼ることは、何か人為的なもの、強制されたことではなかったからである。これは自由で自発的なものであった。このことは、修道士たちがスコラ学の文化と対峙せざるをえない状況に陥ったとき、はじめて意識されたのである。もう一つには、過去が過ぎ去ったものとは決して見なされなかったからである。それは、現在に生命を与え続ける活きた現実と受け取られたのである。これに同意することは、修道院という環境における自発的で、いわば活きた反応であった。これは彼らの生活そのものであった。なぜなら彼らの生活は、救済の大いなる神秘を観想することを目指しており、神への強い希求に満ちていたからである。神は、文学的な源泉を通して、さらに「古代への熱情」の彼方に、彼らのキリスト教的な生の源泉そのものを再び見出そうという必要を、そしてキリスト教の起源に、使徒の時代に、主の人格にできうる限り結びつこうという必要を、彼らのうちに養い続けたのである。彼らの召命への忠実さによって、修道士たちは、スコラ学の時代においても、教父の精神を保ったのである。

第七章　自由学芸の研究

修道士と古典

中世の修道院文化の第三の重要な源泉は、古典文化である。この「古典」という語がこの場合にもっている意味については、明確にすべきであろうが、しかし、一般的に受け取られているところに従っても、異教的な古典古代の文化の諸価値に適用できよう。修道院文化がこれらに負っている意義という観点からすると、この文化の源泉として取り扱う順序においては、最後になるが、この源泉についても研究される必要があろう。第一に、異教的な古典古代の文化は真に一つの源泉だからである。第二に、これは中世研究者たちにとって、そして、しばしば彼らの著作や中世の修道院テキストを読む人々にとって、ある問題を提起しているからである。この問題は中世文学史家たちが示す判断の多様性から生まれるが、これは二つの点に関わっている。第一の点は、古典古代について中世の修道士たちが有していた知識そのものについてである。ある研究者たちによれば、彼らは深い影響を受けていたとされる。だが他の研究者たちによれば、彼らの知識は表面的で、いくつかの常套句、ある種の諺、どこにでも流布しているような引用しか知らず、それらは、今日のプチ・ラルースの簡便なギリシア・ラテン語・外来語成句欄(pages roses)に載っている類いのものである、とされる。歴史家たちの意見が異なっている第二の点は、修道士たちが古典古代の著作家たちに下していた判断についてである。ある歴史家たちによれば、彼らは、これらの著作家たちを高く評価しており、彼らの特に好む教師であり模範と見なしていたが、ある歴史家たちによれば、嫌悪しか感じていなかったというのである。

この見解の相違は、どこから生じるのであろうか。第一に、中世の人々が何を考えていたのか知ることが難しいことによる。彼らは自分自身について、また彼らがなしていることについて、ほとんど語らない。彼らは、生活の只中にあり、そこに存在し、行動することに満足し、なぜそうするのかを、われわれに語ることはない。われわれの時代とは異なり、彼らの時代は、同時代の傾向について書物を著わす時代ではなかった。しかし、時代の傾向は確かに存在し、事実のうちに表われており、われわれはその成果を集めつつある。(1)これらの事実についてのいくつかのデータによって、彼らが解決しなければならなかった心理的な問題を提起することは、少なくともできるであろう。

しかし、そのテーマについて、互いに対立する、あるいはそう見える証拠が史料にあるような問題の場合、困難は複雑さを増していく。一方で、中世の修道士たちは古典作品を知っており、それらを活用していることは否定できない事実である。他方で、しばしば彼らは古典を悪く言い、読むのをやめるように勧めていた。たとえばアルクイヌスは、過度にウェルギリウスを愛読している、とある修道士を非難しているが、彼の方も、この非難を『アエネイアス』の一節を引用しながら行なっており、(2)そして彼自身が書いたものもウェルギリウスの無意識の借用で満ちている。またベルナルドゥスは虚しい学問を非難するために、ペルシウスの権威を援用することになる。(3)これらの事実は、次のようなある適切な表現を証明しているように見える。すなわち、ウェルギリウスと他の詩人たちは「ある人々にとっては熱狂の対象であり、他の人々にとっては醜聞であったが、すべての人々が関心を抱いていた」(4)のである。それゆえ、歴史家たちの相対立する見解は部分的な調査結果に基づいているのである。これらの調査結果は、ある部分のテキストや事実に立脚しているが、実際には、二つの傾向そして二つの態度が存在した。それらは、一見したところでは、矛盾しているが、両立するものであった。つまり、一方では古典を利用し、他方では古典に警戒心を抱いていたということである。

この問題は、どのように解決することができるであろうか。修道院的な中世を評価することが問題なのではない。公正にこれを行なうためには、比較するための絶対的な規範、完全さを代表する黄金時代のようなものを見つけることが重要であろう。しかし、どこにこの時代を設定したらよいのであろうか。これを、ある程度可能にする方法は、修道士たちの古典文化の起源、次いでその結果を検討することであると思われる。この調査は、ベルナルドゥスとシトー会士たちだけでなく、それ以前のベネディクトゥス修道制の伝統にも関わっている。ジルソンは、今や有名となったある表現において、ベルナルドゥスとシトー会士たちについて、「彼らはあらゆるものを放棄したが、上手に書く技法は例外であった」[5]と述べている。さて、書く技法とは、習得された技法である。われわれは、それがどのようになされたかを、垣間見ることができるだろうか。なぜ、またいかなる方法によって、修道士たちは古典古代の著作を読んだのであろうか。何を、どの程度読んだのであろうか。

学校における古典の教育

中世の修道制における古典文化の生成過程について、二つの問題を区別して立てることができよう。いつ、すなわち、彼らの人生のどの段階において、彼らはこれらの著作家を読んだのであろうか。そしてどのような方法によったのであろうか。

一部の修道士たちは、程度の差はあれ、修道生活に入っても古典作品を読んだ。しかし、すべての、あるいは、ほとんどすべての修道士たちは、若くて、記憶力が優れていた頃に、学校でそれらを愛読していた。確かに、修道院学校においては、他の学校と同様に、また後述するように、他の学校におけるよりも、古典古代の著作家たちが読まれていた。われわれはこのことについて二種類の証拠を有している。第一に、現存する写本の存在そのものである。トイプナーやビュデなどの叢書の批判版の序文を参照すると、使用された写本の多くが修道院に由来することが確認される。一六世紀のルネサンスのとき、人文主義者たちはこれらの写本に重要な価値を認めていた。しかし、さらに、われわれは、これ以上に明白なある証拠を有しており、これは現存しない写本についても妥当する。それは中世の修道院の蔵書目録にある。それらには、数多くの古典古代の著作家たちの名が挙げられており、この新たな史料は、第一級の詳細な情報をもたらしてくれる。これらの著作家たち（auctores）は、一般に、修道院共同体のではなく、修道院学校の目録に記載されている。それらは「聖なる書物」（libri divini）ではなく、「自由学芸の書物」（libri liberales）あるいは「世俗の書物」（saeculares）であり、多くの場合、「学校の書物」（scholastici）であった。これらは、学校で教えられる書物、教室（class）で使用される書物であった。それゆえ、われわれが今日も保持している意味において、真に「クラシック＝学校で教えられるべき古典」（classique）なのである。これらの本はシトー会修道院の蔵書目録にはあまり記載されていない。シトー会修道院には学校がなかったからである。(6) しかし、古典古代の著作家たちは、シトー会士の著作にも登場している。彼らは修道院に入る前にそれらに親しんでいたのである。確かに、中世という長い歴史のあいだに修道制がこうむった変化を考慮に入れる必要があるし、必要な区別をするべきであろう。メロヴィング期においては、多くの地域で、「文法学」は「詩編」を使って、かなり初歩的な方法によって学ばれた。しかし、間もなく、七、八世紀のイングランドにおいて、古典作家たちはその役割を取り戻し、八、九世紀における教育のルネサンス以降、彼らがその役割を失うことはなかった。彼らは優れた模範と見なされ、彼らに従ってラテン語が学ばれなければならなかったのである。

こうした著作家たちとは誰であろうか。現代の文学史がこの「古典」という語に与えている意味、すなわち、ラテン文学の黄金時代の著作家たちという意味での古典作家たちだけではない。彼らに加えて、後世の著作家たちも含まれ、同じようにラテン語の権威と見なされたのである。ルカヌス、スタシウス、ペルシウスなどの世俗詩人たち、ユウェンクス、セドゥリウスなどのキリスト教詩人、さらにクインティリアヌス、ドナトゥスなどの文法家たちである。したがって「一二世紀の人文主義」と言うことはできるにしても、「一二世紀の古典主義」[7]については問題があると指摘せざるをえない。要するに、「学校の書物」(scholastici) とは、上手に考えるための第一歩として、上手に表現することのために役立つ、古典古代におけるすべての著作家たちの作品のことである。さらに、彼らに哲学者たちが加えられたが、それは、特に、修道院よりも、弁証論理学がはるかに重要な役割を演じた環境において顕著であった。さらに、セネカやキケロのように、幾人かの言葉の教師は、同時に、思索の教師でもあった。時代と環境によって、それぞれの学校教師の影響によって、どの著作家を選ぶかは異なっていた。一部の中世文学史家は、「オウィディウスの時代」(aetas ovidiana)、「ホラティウスの時代」(aetas horatiana)、「ウェルギリウスの時代」(aetas virgiliana)[8] というようなことを言ったが、決して単純化してはならない。現在は、このようなあまりにも安易な分類は放棄されている[9]。

将来、修道士となる者たちはすべて、古典古代の著作家たちに基づくこのような教育法の恩恵を受けていた。しかし、それぞれの生徒が受けていた恩恵には差があり、それぞれの教師が果たしていたことにも差があった。さらに「学校」という語が中世において帯びていた意味は、現在この語にしばしば与えられている意味よりも広かった。確かに、当時の学校は、あらゆる条件の若者に、初等教育を、次いで高等教育を授ける場所であった。「三学科」

(trivium) と「四学科」(quadrivium) のカリキュラムは、異なる一連の課程を含んでいた。すなわち初歩的な授業と講義である。しかし教師は、単に教授する者ではなかった。最も才能のある生徒たち、あるいは最も学問に熱心な生徒たちを見分け、特別に配慮して教育形成することができたのである。この選抜と特別な教育というシステムによって、幾人もの例外的な個性を持つ人々が頭角を現わすことができたが、今度は、その彼らが、自分たちの出てきた環境に対して、そして選んだ数人の弟子たちに対して、影響を及ぼし、豊かに育てていったのである。たとえば、アイモイヌス(九六〇頃―一〇八八年以降)が、このようにしてフルーリのアッボ(九四〇/四五―一〇〇四年)によって教育されたことを、われわれは知っている。同じように、一一世紀の後半になっても、モンテ=カッシーノのアルベリクス(一〇三〇頃―一一〇五年以降)は、彼の著書『文章論要説』(Breviarium de dictamine)の一部を、二人の弟子グンフリドゥスとグイドのために書いたが、彼らが初等教育を終えて、構文上の難しい点に取り組み、「構文と格闘するまで」(ad pugnam compositionum) 進歩することを望んでいた。事実、グイドはモンテ=カッシーノの年代記作者オスティアのレオ(一〇五〇頃―一一一五年)の後を承けて、年代記を書き続けることになる。(10)

「著作家への手引き」(accesus ad auctores)

では、彼らはどのように古典著作家たちを学び、いかなる方法が用いられたのであろうか。これらの著作家たちは、どのような経路で中世の修道士たちの心理に入っていったのであろうか。主に三つのもの、すなわち、古典著作家たちについての入門法、テキストの註解あるいは解説、そして書き写すことによってである。彼らが何らの準備もなく古典著作家たちに取り組むことはなかった。それぞれの著作家には、導入となる概要が前文として付せられており、それらは「著作家への手引き」（accesus ad auctores）と呼ばれていた。このジャンルのものとしては、一二世紀に著わされたいくつかのテキストが現存しているが、それらはさらに古い伝統に属している。「手引き」が提起する文学史、源泉、心理などに関する諸問題は研究されており、[11] また、最近それらの「手引き」のうち、二つのテキストが校訂、刊行された。第一のものは、名が記されていない集成であり、[12] 現存する三部の写本のうち、二つのものについては出自が判明しており、それらはベネディクト会のテゲルンゼー修道院に由来している。第二のものは、ヒルザウ修道院のコンラドゥスの作品であるが、この修道院は、院長グイレルムスのもとで、一〇七九年クリュニーに倣った改革を採用していた。[13] コンラドゥスはグイレルムスの弟子で、この修道院の教師をしており、教育目的のために、『古典著作家たちについての対話』を著わした。この書では、「手引き」となる概要が、師と弟子の対話という形式で示されている。「手引き」は文学史についての概要で、それぞれの著作家について、以下のような問いがなされる。著作家の生涯、著作名、作者の意図、本の主題、その内容の有用性、そして最後に、哲学のいかなる部分に関係づけなければならないか、を問うているのである。このプランは、ボエティウスを介して、アリストテレスの『範疇論』から借用されており、スコラ学においては、聖書にも同じように適用された。ペトルス・ロンバルドゥスがパウロ書簡に関する彼の註解の序において従ったプランは、これとほとんど異ならない。[14] しかし、これらのテキストに大きな影響を及ぼした深い意図は、教父に起源を有している。ヒエロニュムスは、聖書の諸書に関する彼の序文において、「手引き」というプランには従わなかったが、そのようなものを志向しており、このジャンルの著作の基礎にある二つの前提を表明し、適用している。すなわち、異教の著作家たちに対する楽観主義と、彼らを寓意的に解釈する必要性である。

楽観主義とは、真について、善について、あるいは単に美について語られたことは、それが、たとえ異教徒によるものであろうとも、キリスト者のものであると考えることである。この原則に従って、ヒエロニュムスは古典著作家たちを引用し、彼らの美点を称え、預言者たちの文彩をウェルギリウスの誇張法や頓呼法と比較し、ソロモンは哲学の研究を勧めたし、パウロはエピメニデス、メナンドロスやアラトスの詩句を引用していると満足げに指摘したのである。アウグスティヌスも、同じように、聖なる書物を記した人々も古典古代の世俗の著作家と同じ手法を用いたと指摘している。(15) 異教文学のすべての富は、教父や中世の著作家たちによって、エジプト人の富と比較されているが、それは、ヘブライ人が出エジプトの際に、彼らとともに持っていくことを許されたものであった。(16) 古典著作家たちに関する「手引き」と註解は、それゆえ、以下のような真の態度決定というものを表明しているのである。彼らは世俗の著作を「真の著作家たち」(auctores authentici) の中に位置づけたが、それらの著作家たちの特性は、誤りに陥ることがなく、矛盾したことを言わず、欺くことがないというものであった。それゆえ、人々はこれらの著作家の一人一人に、善良な意図を認めようと努めたのである。

この楽観的な予断は、結果として一つの古典の解釈法をもたらした。寓意的な解釈である。これらすべての著作家たちは善いことしか語っておらず、しかも善意によっているのであるから、彼らのテキストの中にそれらを見つけるために、テキストを無理してでも説明すればよいというものであった。これは「敬意をもって説明する」(exponere reverenter) あるいは単に「説明する」(exponere) と呼ばれるようになる。すなわち、人々は、古典著作家たちにも、旧約聖書に対するのと同じ寓意的な解釈法を適用し、世俗のテキストをキリスト教に転換することに没頭するようになるのである。

名が記されていない『著作家への手引き』(Accessus ad auctores) は、二九の段落からなっており、一九名の著作家たちを対象としている。そのうちの一〇段落、すなわち作品の三分の一以上が、オウィディウスのさまざまな作品に割かれ、常に彼は道徳を説く者として示されている。「彼は良俗の教師であり、悪行を根絶する者」(bonorum morum est instructor, malorum vero extirpator) だったのである。「彼の意図は、正当な愛と結婚を勧めること」[17]とされ、彼は貞潔と「正しい愛」[18]を教えたが、それゆえ彼は迫害を受けたとされた[19]。このような評価は彼を大いに驚かしたに違いない。しかし、彼はキリスト者として死んだと信じられていたのではなかろうか。彼に帰せられ、伝説によれば彼の墓で発見されたという『老人について』(De vetula) という論考のために、彼は晩年にキリスト者となり、主の神秘と聖母の生涯と被昇天を教えたと信じられていたのである[20]。また『農耕詩』第四歌のため、ウェルギリウスはキリストの到来の証人として引かれていた。ダラムのラウレンティウス（一一五四年歿）によると、彼は世の終わりにおける栄光に包まれた第二の来臨についても、受肉による第一の来臨についても、証人であった[21]。またホラティウスは、しばしばモラリスト (ethicus) として、また異教徒 (ethnicus) として示されていた[22]。一般的に、これらの著作家たちが異教徒であったことは認められていた。中世の修道士たちにとって重要であったことは、何よりも彼らをキリスト者として用いることだったのである。

ヒルザウのコンラドゥスは、文学ジャンルと「手引き」の目的を示した前文の後、ドナトゥス、次いでカトーについて語ることから始めている。彼はこの監察官を称えるのに何らの困難も覚えていない。ヒエロニュムスも彼を賞賛しているからである。キケロに達すると、彼は特に『友愛について』(De amicitia) に注意を向けている。彼はこの論考の道徳についての教えだけでなく、それを説明するために用いられた論拠を評価する。聖書において見られるものと近かったからである。つまり、友愛と、それを保証する諸徳は最高善へと導くという論拠である[23]。ボエティウスは「神の恩恵の喜びと、永遠の報いへの希望」を教えたとして、賞賛されている[24]。ルカヌスは、彼の私生活と同様に著作においても、徳の模範のみを示したとされている[25]。ホラティウスは、次のような原則について論じる機会を彼に与えている。すなわち、コンラドゥスは弟子に約束して、「私は君に説明しよう。詩人たちが、それで君を養った乳が、君にとって、固い食物（一コリ三・二）、すなわちより高度な読書となりうることを。知恵を求める者たちにとって、世俗の学知は、もしそこに共通の徳の助言が見出されるならば、より高度な知恵へと導いてくれる可能性があるのだから、それらを拒むべきではない、と見なさなければならない。精神は、探しているものをそこに見つけるべく励まされなければならないのである」[26]。またオウィディウスは神を知っていたが、神に仕えることはなかったとしている[27]。彼が善について述べたことは、あらゆる人間の創造主から受け取ったのである。それゆえ聖なる書物を記した人々は、異教徒たちを援用することを拒んではいない。パウロはメナンドロスの影響を強く受け、エピメニデスを引用しているし、ベネディクトゥスの『戒律』はテレンティウスから「何ごとも度が過ぎてはならない」(Ne quid nimis) という言葉を借用しているが（六四・一二）、これは「カリオペが劇場で歌ったとき、拍手喝采されたもの」であった。アウグスティヌスとヒエロニュムスは、異教徒たちの証言を広範に利用している[28]。特にヒエロニュムスは、教会博士たちのうちでも、世俗の文学から多くの引用をしたことで有名である。とりわけ、彼はホメロスを称えていた[29]。またペルシウスにはローマ人の悪徳を断罪したという大きな功績があった[30]。

その『対話』の最後の部分で、ヒルザウのコンラドゥスは、古典著作家たちに関して彼が与えた助言を次のように要約している。「現世において、神の言葉で自らを養うことほど幸いなことはない。信仰を守り、労苦の後の安息を希望する魂は、現世という自らの巡礼の途上においてすでに、自らのうちに神の言葉を『希望の預かりもの』として秘め、そのことによってすでに、天の祖国に近づいている。それゆえ、哲学的な諸学、すなわち、言葉だけではなく、現実に関わる諸学に専心しなければならないのである。これらの教えは、移ろうものへの軽蔑と、永遠への愛を確信させ、『霊のうちでの前進』を、肉の要求と闘うことを教えてくれる。神の愛を、見えざるものを崇めることを、現世を憎むことを、真なるものを弛まず愛することを、過ちを避けることを植えつけてくれるのである。パウロは『私たちは自由のうちに召された』（一コリ七・二二）と述べている。それゆえ、われわれは自由な学問研究によって、われわれの王に仕えようではないか[31]。学芸を神の学問へと方向づけるのは、われわれにかかっている[32]。現世の文学がわれわれの魂とわれわれの文体を飾ることができるのは、われわれがこれを神を崇めることへと方向づけることができる場合なのである[33]」。

この「手引き」という文学を評価することは難しい。われわれは次のように自問せざるをえないからである。これらの「手引き」を書いた人々はどの程度真剣だったのか、読者たちはどのぐらい騙されやすかったのだろうか、と。しかし、中世人たちは、このような疑問を自問したようには見えない。すべての善きものが神に由来すると認められたならば――この前提は子どもっぽい無邪気さではなく、ある厳密な神学的な見解に基づいているが――、その帰結は、通常、以下のようになったからである。彼らは、テキストの寓意的な解釈に専心することができたが、その条件は単なる文学史には決してならないということであった。今日行なわれている研究とは異なり、これらのテキストは、ただ過去の証人、死んだ記録として研究されたわけではない。実践的な目的に達することが求められたのである。若いキリスト者たち、将来修道士となる者たちを教育し、聖書に「導き入れ」、文法学という道を通じて天上へと方向づけることであった。最良の模範に触れさせることは、同時に美への彼らの感覚、文学的な感受性、道徳の意識を発展させることであったろう。これを達成するために用いられた手段は、実践的な性格のもので、学問的なものではなかった。彼らは解釈したのである。確かに、教父や中世の修道士たちの著作に、たとえば、オウィディウスのようなテキストの背徳性を断罪する表明が欠けることはない。彼が危険であることは分かっていた。

しかし、彼を研究しようと決めた以上は、受け入れられるものにしようと望んだのである。彼が正しいことを述べた部分に関しては、困難はなかった。残りの部分については、彼の威信と権威を守るために、聖書と一致させなければならなかったのである。

この教育法の結果は、異教著作家たちに対する教師と生徒たちの意識を解放し、すべての人々に強い熱狂と賞賛する自由を育てたことであった。これはまた、古代の文学との活きた接触を可能にすることでもあった。当時行なわれていた、言わば、この活きた利用については、もはやわれわれの理解をほとんど超えている。オウィディウス、ウェルギリウス、ホラティウスは、中世の人々にとって自分自身の財産に属していたのである。これらの人々は、参考にしたり、敬意をもって、また参考意見とともに引用する異国の財産ではなかった。これらの著作家たちを、活きた文化の習慣や真の必要に従わせる権利は認められていた。すべてのこれらの著作家たちは、自由に引用され、ある場合はおおまかに、ある場合は記憶に頼って、ある場合は何も参照せずに引用された。重要であったのは、彼らが言ったことでもなく、彼らが言わんとしたことでもなく、また当時の時代と環境において彼らが言うことができたことでもなかった。一〇世紀あるいは一二世紀のキリスト者が彼らのうちに見出したことが重要だったのである。これらの異教のテキストに、人々は、知恵を求め、それを発見した。なぜなら、人々はそれを自分自身のうちに所有し、例証していたからである。異教の著作家たちは、彼らの読者のうちに生き、知恵への希求を育み、道徳への願望を養い続けたのである。「手引き」という方法によって、古典古代の著作家たちは、当時の人々の手の届くところに置かれ、利用することができるようになった。これらの中世人は、著作家たちとはまったく異なった環境に生きていたが、書物による学識としての知識しかもたないことに甘んじてはいなかった。ラバヌス・マウルスの言葉を借りるならば、人々は古典著作家たちをキリスト教に真に「改宗」させたのである。

語釈（glossa）

古典への入門法のもう一つの要素は註解であった。現存しているこれらの古典古代のテキストの多くは、写本において、古註、欄外註、そして語や章句を説明する行間註で囲まれている。[34]「手引き」は、個々の著作家、個々の作品についての一般的なイントロダクションであったが、「語釈」(glossa) は、テキストの個々の語についての個別な解説である。ヒルザウのコンラドゥスは、イシドルスの『語源学』から取った表現によって、「語釈」とはある語を他の語によって明らかにする方法であると定義している。[35] このようにそれぞれの語について同意語を探し、見つけることは、表面的に読むことによって作品についての全般的な理解を得るだけでなく、あらゆる細部について細心で注意深い研究に専心することを必要とする。テキストに求められたこのより高度な慎重さは、文法学によって初めて得られるものであった。確かに、この方法はあらゆるところで、常に、同じ仕方で、同じ程度に行なわれたわけではないが、あらゆる時代の写本で確認されている。それゆえ、絶え間なく行なわれていたのである。

口頭による注釈

語釈、つまり、書き記された註釈には口頭の註釈が加えられ、教師からそれを聞いて、生徒は「読むこと」を学んでいた。すなわち、アルファベットを知るのではなく――これはすでに初等教育の対象であった――語を理解し、それらの語の運用を定めている諸規則を知り、章句の意味を把握することを学ぶのである。legere ab aliquo（他の人によって読む）という表現は、文法学の教師と「一緒に読む」ことであり、教師がテキストを読み、説明するのを聴き、「講読」を受けることであった。教師の口頭の説明は、書かれた語釈のように、語の意味だけでなく、それらの語の文法的な語形にも及んでいた。教師は declinatio（屈折させること）、すなわち、さまざまな格、数、法、時制によって異なる語尾変化をする個々の語の「派生した」語形を述べた。declinatioは、古代の人々が理解していたところでは、今日「語尾変化」と「動詞の活用」と呼ばれる両方を意味していたのである。(36)この方法がどのように用いられたかについて、われわれは非常に明確な証拠を有している。アンセルムスは、ベック修道院の副院長に在任中、当時カンタベリーに滞在していた彼の若い修道士の一人に、以下のように書き送っているのである。(37)

私は貴君がアルヌルフス師の講読を受けていることを知っている。そのとおりであるならば、私にとっては嬉しいことである。貴君も気づいていたであろうように、私は、貴君が上達するのを見ることをいつも望んでいた。そして今、私はかつてないほどそれを望んでいる。また私は、アルヌルフス師が「語の屈折」(文法)の教授に秀でていることを知っている。貴君も知っているように、子供たちと一緒に語を屈折させることは、私にとっては、いつも重荷であった。貴君が、この知識について、私と一緒では、当然達していなければならないほどには上達しなかったことを承知している。それゆえ、私は、最愛の息子に対するように、この助言を、この祈りを、そして命令を、貴君に書き送る。貴君が彼から手ほどきを受ける書物、あるいは他の仕方で読むことができる書物すべてについて、注意して屈折の復習に努めなさい。そして、このようにして学ぶことを恥じてはいけない。そうする必要はないと思っても、初心に返って始めなさい。なぜなら、彼と一緒ならば、彼が語を屈折させるのを聞いて、貴君がすでに知っていることを確実に自分のものにし、記憶に留めることができるからである。そして、彼の指導の下で、もし貴君が何らかの間違いをしたならば、それを正し、そして君が知らなかったことを学びなさい。

もし、アルヌルフス師が貴君に何も読んでくれず、それが貴君の怠慢のせいであるならば、私は残念に思う。私が貴君に望むことは、貴君にできる限りで、特にウェルギリウス、そして私が貴君と読むことができなかった他の古典著作家たちを――若干猥褻なところがある著作家は除いて――十分に読むことである。もし何らかの不都合から、彼の講読を受けることができないならば、貴君がこれまでに読んだことのある書物、また読むことのできる書物を取り出し、できる時に、私が言ったとおりに、最大限の注意を払って、最初から最後まですべての語の屈折の復習をするように努めなさい。また私の親しい者であるあの友に、この手紙を同じように見せてもらいたい。ここで私は、言葉はわずかであるが、貴君のすべての愛情をアルヌルフス師に示すように貴君に懇願する。同じく、私が彼の真の友愛を確信することができるように、彼がそれを示してくれることを、私は彼に願う。そして彼が貴君のためにしてくれるであろうことは、他ならぬ私の心のためにしてくれることなのである。私たちが、互いの友愛を確信してから長い時が経った。私はそれを決して忘れることはないであろう。彼もまた覚えていてくれることを願う。

貴君にできる限りの敬意を込めて、彼に私たちの挨拶を伝えてもらいたい。また院長に、ゴンドゥルフス師に、そして君のそばにいる他の兄弟たちにも挨拶を伝えてもらいたい。神のご加護のあらんことを。私の最愛なる息子よ。そして、父としての愛情によって君を愛する者の助言を軽んじないでほしい。

この几帳面な方法は、こうした教師たちの下で、こうした雰囲気の中で実践され、才能に恵まれた教え子たちのうちに驚くべき結果をもたらすことができた。この方法は、常に、生徒たちの記憶に、学んだテキストを一字一句刻み込み、美しい言葉遣いに熱心に触れるようにさせたのである。さらに、そのことを通じて、古代の人々の文章を読むことだけでなく、上手に書くことも学ばせた。このような諸条件において、サン＝ドニのシュジェ（一〇八一頃－一一五一年）の伝記作者が伝える証言の真実味も判断されるのである。「強靭な記憶力のために、彼は古代の詩人たちを忘れることができなかった。彼は、有益な内容を含むホラティウスの詩句を二〇行、しばしば三〇行を私たちに諳んじたほどであった。」(38)。ベルナルドゥスのような文章家でも、サン＝ヴォルル修道院のような無名の学校で学んでおり、われわれはこの学校についてまったく知らない。同じように、われわれは、フェカンのヨハネス、ペトルス・ウェネラビリス、そして他の偉大な著作家たちを育てた教師たちの名を知らない。少なくともわれわれが知っていることは、この方法が至るところで用いられ、その結果として、彼らがこの方法を実践したということである。これらの方法は、彼らの文体を部分的に説明し、彼らの心理を若干垣間見させてくれるのである。

写本室

最後に、テキストと語釈が存在するためには、教師と学生だけでなく、写本室（scriptoria）がなければならない。この語は、書物を製作するために働いた人々すべてを指している。すなわち、工房長、写字生、校正者、題字装飾者、画家、彩色装飾者、装丁者である。数多くの修道士たちが、一冊の書物を作るための役割を担っていた。書き写すことは、修徳修行の真の一形態であった。しばしば保存の悪い写本で、誤記の多い冗長なテキストを解読し、それを正確に転写することは、疑いなく高貴な、しかし過酷で賞賛に値する労苦であった。中世の写字生たちは、十分われわれにそのことを証明していた。全身を指の働きに集中させ、絶えず几帳面な注意が払われたに違いない。これは、手作業であると同時に、知的な作業でもあった。カリグラフィ（能書術）は難しい技芸であり、われわれもそのことは十分に知っている。しかし、重要なのは書き写すことだけではない。それぞれのテキストを転写するためには、再検討、訂正、照合、批判という綿密な作業を進めなければならなかった。最良の写本を探さなければならなかったし、そのためには、さまざまな修道院のあいだに、写本を相互に貸借する関係を築かなければならなかったのである。

フルーリのアッボが述べているように、一冊の本を口述筆記させることは、祈ることや断食することと同じように、悪しき情熱を正す一つの手段であった。ホラティウスやウェルギリウスが、またスマラグドゥスや教会法令集が、ベネディクトゥスのために書き写されたのである。書物が完成し、この本を神に捧げることは、しばしば一種の典礼であった。「受け取りたまえ、聖なる三位一体よ、この書物の捧げものを」(Suscipe, Sancta Trinitas, oblationem huius codicis)。一一世紀にスタヴェロ修道院で作製されたフラウィウス・ヨセフスの写本の冒頭にはこのように記されている。つづいて、祈りは、その修道院の守護聖人であるレマクルスに言及する。この聖人の栄誉のために、この書物は神に捧げられたのである。次いで、もちろん罪深い身でありながら、羊皮紙を用意して書き写した二人の修道士たちの名に、そして最後にこの書物を読むであろう者たち、あるいは保管にあたるであろう者たちのことに、祈りは触れている。あらゆる人にとって、これは神の憐れみの祝福を受け、永遠の命に達するための手段となるのである。(39)

この骨が折れる労働は高く評価されていたが、単に、あるいは主に修徳修行の実践と見なされたのでもない。なぜなら、写本の製作は、修道士にとって、教会における使徒的な活動を行なう手段だったからである。写字生への讃美、筆による使徒的な活動の賞賛は伝統的な文学テーマの一つをなしており、あらゆる時代に見られる。すでにカッシオドルスがこのテーマを展開していたし、(40)アルクイヌスはこのテーマを詩とし、それはフルダ修道院の写本室の入口に刻まれていた。(41)ペトルス・ウェネラビリスもこの伝統を心に留めており、修道生活の閑暇をこの仕事に捧げ、隠修士について次のように述べている。「彼が犂を操ることはないのだろうか。彼には筆を執らせればよい。そのほうが有益である。羊皮紙の上に彼がつけた畝に、彼は神の言葉の種を蒔くであろう。……彼は口を開かずに説教するであろう。沈黙を破ることなく、諸国の民の耳に主の教えを届かせるであろう。修道院を去ることなく、彼は大地と四方の海を駆け巡るであろう(42)」。一二世紀後半にアンシン修道院院長を務めた福者ゴスヴィヌス(一一六五年歿)は、この一節をすべて、彼の『修練士の教育について』にそのまま書き写した(43)。そして一四世紀においても、テル・ドエストのシトー会修道院の蔵書目録の冒頭に、同じようにこの伝統に影響された文章が見られる。「修道士たちは口で神の言葉を説くことができないのであるから、彼らの手でそれを行なうことができるように。われわれが書き写した書物は、真理を告げ知らせる者と同じなのである(44)」。

さて、このように評価された仕事は、写字生や校訂者たちの記憶に――子どもたちの記憶においてだけでなく――非常な細心さと忍耐をもって書き写されたテキストを、そしてそれらの語釈を、刻み込んだ。確かに、オウィディウスの『恋の手管』やテレンティウスの喜劇をゆっくりと書き写した修道士たちの想像の中で、何が起こったのかを問うことはできよう。「手引き」はこれについて部分的に回答しているが、それでも残る謎の部分についてほ、そのままにしておくほうがよいであろう。だが、少なくとも、この作業の全体が、多大な費用が費やされたこれらのテキストへの敬意を育むことに貢献したことは確かである。忘れてはならないことは、写本とは、この時代、一つの資本を意味していたことである。セネカやキケロを書き写させるのに必要な羊皮紙を用意するためには、羊の群れが必要であった。これらの書物の装丁に必要な大小の動物の皮革を手に入れるために、修道院は、鹿や獐《のろ》や猪などの野生動物に対する狩猟権や、それらが生息する森を所有していたのである(45)。このような代価を支払っても、他のテキストとともに、古典のテキストを獲得することを望んでいたのは、学ぶためである。それらが学ばれたのは、疑いなく、美しさのためであった。これらのテキストは、誰の目にも、ラテン語の最良の模範であった。キリスト教文学も存在していた。しかし、人々はそれだけでは満足しなかった。古典古代の文化の源泉に向かったのである。

古典に対する警戒と賞賛

このような古典教育は、数多くの結果をもたらした。この文化の起源は、修道士たちが古典作品をどのように判断し、どのようにこれらを利用していたのかを判断する助けとなろう。楽観主義的な先入観と寓意的な解釈という方法にもかかわらず、大多数の修道士たちは、成人すると、二つの感情のあいだで裂かれていたように見える。古典に対する警戒と真の賞賛である。警戒とは、これらの著作が、しばしば示す猥褻さや、異教の神話的な要素を伝えているためであった。賞賛とは、数多くの魅力に包まれているテキストに対するものであった。古代のすべてのものがもっている魅力であり、また、たとえ厳しい修練という代償を支払ったにしても、若い頃に見つけ、愛したテキストがもつ魅力だったのである。誘惑とは――この点にこそ、この分野での修徳修行は関わっていた――ウェルギリウスが、修道士の評価によると、その文体の完全さのために、聖書に優っているということであった。危険は、イメージ、発想そして人間的な感情の美や、それらが表現された言葉の美が、福音書のまったく内面的、超自然的、霊的な魅力よりも、輝かしく見えることであった。それゆえ、多くの著作家たちは、ヒエロニュムスやアウグスティヌスがすでに行なったように、聖書がこのように「つつましい」文体で書かれたことについて、弁明しなければならないと考えていたのである。聖書の美はまったく内面的な美なのである。修徳修行とは、文化の諸源泉のあいだに序列と均衡を創り出すことにあった。確かに、ここには、多くの人々にとって、良心の問題があった。

これは人によっても一定ではなく、解決は困難であった。たとえば、ある著作家たちに見られる古典についてのしばしば矛盾した告白が、ある程度このことを説明していよう。もはや愛読はしなくなっていたにしても、後々までそれを忘れず引用できるほどに若き日に吸収したのだから、それらについて、しばしば悪く言うことなどは、彼らにとっては造作のないことであったろう。クリュニーのベルナルドゥスの『慣習律』は、沈黙を重んじる修道院におけるさまざまな合図（手話）を規定し、書物を要求する際の合図にも触れている。異教の著作家によって書かれた教科書を取ってもらおうとする場合の合図については、書物一般を示す合図に加えて、犬が耳を掻く動作を連想させるよう、自分の耳を指で触るように指示している。なぜなら、異教徒を犬に喩えることは当然できるからである、とテキストは述べている(46)。しかし、同じクリュニー修道院においても、ある修道士は、四旬節の読書として、ティトゥス・リウィウスの作品を受け取ることができたし(47)、これと同じ合図が採用されていたヒルザウ修道院においても(48)、教師コンラドゥスはこれらの著作家たちを敬意をもって評価するよう弟子たちに教えていたのである。

　ポンポーザのヘンリクスは、古典著作家たちについて修道士の心を悩ましていた葛藤を、他の多くの修道士が行なったように、言い表わし解決しているように思われる。彼の院長であるヒエロニュムスによって蒐集された写本の長い一覧表を作成したあとで、彼は書物への欲求のうちに、自らの内面的な態度全体の象徴を見出した(49)。「神の驚くべき寛大さが、神の僕《しもべ》たちにあらんことを。神の寛大さは僕たちの信仰を熱烈にし、飢えた信仰は一心に食べるが、決して飽き足りることはなく、渇いた信仰は一心に飲むが、さらに渇きを覚える。同じように、書物を得ようとする願望はいかなる節制も認めない……」。そしてこの願望が異教の著作家たちにも及んでいたため、この目録作成者は、そのことで彼を非難するであろう者たちの反対を見越していた。なぜ「神の真理と聖書の章句に、つくり話と過ちに満ちた異教徒たちのテキストを混ぜ」ようとするのか。「使徒の言葉で答えなければならないであろう。『力ある者の家には金や銀の器だけでなく、壊れやすい器もある』[50]。このように、それぞれの者が、それぞれの熱意と功績に応じて、自分の喜びとなり、自らの才能を働かせることができるものをもつように、整えられたのである。真理が語っていないだろうか、『私の父の家には住むところがたくさんある』[51]と。それぞれの者が幸いとなるのは、その者が聖とされるに応じてである。同じように異教徒たちの著作も、清い意図をもって理解されたならば、徳をもたらすのである。これらはわれわれにまさにこのような教訓を与えないであろうか、現世の豪奢は虚しいと。また使徒はさらに言っているではないか、『神を愛する者たちには、すべてが彼らの益となるよう共に働くことを、私たちは知っています』[52]。

「考古学」への関心

彼らは古典作品をどのように用いていたのであろうか。修道院文化のあらゆる分野に、これらの影響が認められる。修道士たちの芸術作品に、彼らの著作に、そして彼らの人格そのもののうちにである。

「考古学」は、あらゆる教養人におけるのと同じ興味を修道士たちにも掻き立てた[53]。古典古代の文学テキストの文法的な分析に対するのと同じ細心さを、古典古代の美術的な建造物の研究にも向けたのである。古典古代の美術を知るための手段は、旅行、発掘、博物館など、今日のわれわれと同じである。その頃は消滅した傑作がまだ少なかったという点が違うだけである。廃墟を見学するために、長い移動を企てることもありえた。廃墟は人々の感嘆を呼び、その反響をわれわれに伝えた年代記記者は一人にとどまらない。それらの廃墟のいくつかは、彼らの証言によってしか、われわれには分からない。巡礼者や物見高い者たちは、今日と同じように、特にローマとイタリアに惹かれていた。しかしまた、プロヴァンスの諸都市や、ガロ・ローマ建築の名残が残っていたすべての都市にも魅せられていた。多くの人々がラヴェンナに行き、モザイクを眺めた。十字軍は、コンスタンティノポリスやラテン・シリアの建造物を見学し、それらについての見聞を聞く機会をもたらした。基礎を穿ち、あるいは敷石を剝がして、石棺や古代の作品など、彫刻を施された石が発見されると、人々はそれらを急いで掘り出し、碑文を解読した。「考古学者たち」はすべてを間近に調べようと駆けつけた。そして、博学な人々は発掘された骸骨を、それぞれの方法で、厭わずに検屍し、負傷の痕がウェルギリウスの語った英雄のものか否かを確認した。「宝物庫」の中には、ギリシアの壺、石碑、貨幣、象牙細工品、沈み彫り、浅浮き彫り、ブロンズ、テラコッタなどのコレクションが保管されていた。過去のギリシアやローマに遡るすべてのものは、名声を享受していたが、それは美しいゆえであり、また偉大であったことが知られていた文明の思い出と結びついていたからである。

人々はこれらの美術品をキリスト教のために用いることに、何らの躊躇も感じなかった。大グレゴリウスは宣教のためイングランドへ最初に派遣した修道士たちに、異教の神殿がもし立派に建築されていたならば、それを破壊せずに、真の神のために使うべく改宗させるように助言した。そして、人々はこれを実行し続けた。骨壺は聖遺物櫃に、石棺は祭壇に変えられ、皇帝像は聖人以外のものを表わすことはありえなかった。コンスル（執政官）たちは司教に、リウィアはシェバの女王になり、有翼の勝利の女神は天使と見なされた。キリスト教の動物誌――これは聖書に基づいていたのだが――によってもたらされた図像のテーマに、ケンタウロスやセイレンやサテュロスなどの不思議な動物を加えることを人々は恐れなかった。これらの動物は、古代の建造物に見られたが、今やフルーリやヴェズレーや他の多くの修道院の柱頭を飾るようになった。修道院の円柱に、古典古代の寓話や神話の光景が彫刻された。「異教の神々が、修道院の内部に、すなわち修道士たちの瞑想と最後の眠りのために用意された場所に、このように姿を現わしていることの奇妙さ、大胆さ」をある研究者は強調した。「一六世紀の人々でも敢えてそこまではしなかったのである」[54]。

ある修道院長、おそらくクリュニーのフーゴーに、ボーヴェのフルコは詩を送っているが、それはモーで古代の彫刻の頭部が発見されたときに、彼が書いたものであった[55]。このことについて、ある研究者は次のように述べている。「これらの教養人たちが古典古代の芸術品に示した関心と、彼らの賛嘆を引き起こした神殿や彫像の破壊に拍手喝采するキリスト教的な精神が対照的に存在していた。……美意識と宗教的な感情がしばしば彼らのうちで衝突せざるをえなかった。そして後者の勝利は、常に、葛藤なくして、実現したわけではない」[56]。

古典テキストの影響

書物に施された美術も、多くの点で古典テキストの影響を受けていた。オウィディウスの『変身物語』に影響されて、何冊もの写本が装飾された。他の写本においては、動物の表現は伝統的な動物誌や、『フィジオログス』(Physiologus) に多くを負っていた。後者の影響は非常に大きく、たとえば、シトー会画派においては、空想上のものであれ実在のものであれ、動物はそこで述べられているとおりに描かれた。ステファネス・ハーディングス(一〇五〇―一一三四年)の写本、すなわち、最初期であれ、またベルナルドゥスが晩年に装飾させたものであれ、後代の他の多くのものであれ、あらゆる時代に見られたのである[57]。

修道士たちの作品への、古典著作家たちの影響はさらに明白である。この領域においては、さまざまな可能性が実現された。まず意識的な模倣という場合がある。たとえば一〇世紀に修道女ロスヴィタ(九三五頃―一〇〇〇年以降)は、テレンティウス風の喜劇を書いたが、彼女の言うところでは、他の修道女たちに本物のテレンティウスをあまり読ませないようにするためだったという[58]。さらに、彼女がこの喜劇作者から借りた表現は――彼女もこのことに言及せざるをえなかったが――猥褻な文脈からも引かれており、彼女を赤面させたと告白している。[59] 一〇世紀になっても、ミキ修道院の修道士レタルドゥス（一〇一〇年頃歿）は、ウェルギリウス風の六脚韻詩で、魅力的な滑稽詩を書き、[60] さらに幾人もの年代記記者がサルスティウスを模倣しているのである。

同じように、古典テキストの意識的な引用、あるいは意識的な翻案があった。ベルナルドゥスなどの多くの著作家たちは、まれではあったが、古代のあれこれの詩句を名を挙げて引用していることもある。[61] しかし、古典著作家たちを広範に利用している人々もいた。サン＝ドニのグイレルムスは、『弁明のための対話』において、スエトニウスの『ローマ皇帝伝』や他の多くのテキストの影響を受けている。[62] ヴィルマールは、このグイレルムスの三〇頁余りの論考において、一二名の古典著作家たちの二五の相異なる作品から、七〇箇所以上借用されていることを指摘した。サン＝ティエリのギヨームは、必ずしも引用はしなかったが、彼が「われらがセネカ」（Seneca noster）と呼んでいる人物から多くを汲みだしていた。[63] リーヴォーのアエルレドゥス（一一一〇―六七年）は、キケロの『友愛について』（De amicitia）をキリスト教的に書き直している。[64] そして、ペルセーニュのトマスは彼の『雅歌註解』に、それぞれ数行の詩句からなる数多くの古典の引用を挿入することを恐れなかった。早くも序において、ペルトゥスについてなされたように、古典の無意識の借用についての、細心で、かつ適切な一覧表をつくる必要が彼はウェルギリウスを三回、オウィディウスを一回引用しているのである。[65] すべての著作家に関して、ドイツのルあろう。[66] そうして初めて、それぞれの著作家がどのように使用したかが理解できるであろう。なぜなら、この領域には、かなりの多様性があるからである。シュジェのような人々は楽々と引用しているように見え、オルデリクス・ウィタリスのような人々は、学校で習ったとおりに、不器用に挿入しているのである。[67]

最も多く見られる事例は、模倣するのでもなく、明示的に引用するのでもなく、古典著作家たちから表現や手法を借りてくる場合である。これは想起という現象のおかげであり、若き日に受けた教育がこれを可能にし、容易にしたのである。このような古典の記憶の量は、著作家によって差があるが、あらゆる人々において見られ、フェカンのヨハネスやベルナルドゥスのように最も高度な神秘家にも見出される。これらの暗示的で、疑いなく、しばしば無意識になされた借用には二種類ある。一つは、引喩、矛盾語法、韻律による結句などであり、それぞれの著作家に固有な文体のなかに自然に溶け込んでいるため、見分けることが容易ではない。自由自在に用いられ同化されているため、その典拠を同定することを困難にしているのである。もう一つは、これらの暗示的な借用が、文学的なテーマあるいは手法である場合である。こうした loci communes（論題）や colores rhethorici（修辞学的な彩）は、西洋においては、あらゆる時代の文学的な伝統に存在し[68]、あらゆる著作家においてしばしば出合う。中世の修道院著作家たちの著作を読む際にも、これは大いに考慮に入れておかなければならない。忘れてはならないことは、彼らの場合、ほとんどすべてのもの、たとえば、謙遜の表明も、文学の蔑視も、田園生活の賞賛も、文学的なテーマになりえたことである。

一般に、彼らの誠実さを疑ってはいけないであろう。しかし、彼らが公言していることで、自発的に表われてくるものと、程度の差はあれ、文体の規則や文学ジャンルによって強いられ、課せられたものを見分けることは、必ずしも容易なわけではない。彼らにとって、技法の規則に従うことは、忠誠の一つの形であり、その要求を受け入れることは、この技法に対する誠実のあり方の一つである。兄弟のサトリウスが亡くなったときのアンブロシウスの場合と同じように[69]、ベルナルドゥスにとって、兄弟のゲラルドゥスの弔辞に伝統的な頌徳の辞の形式を与えたという事実は、彼の誠実さと相容れないものではなかった[70]。いずれの場合でも、これらの真に苦しんだ感情は、それらがより強いだけに、いっそう、より文学的な表現を必要としたのである。ゲラルドゥスへの頌徳の辞は「雅歌」

についてのベルナルドゥスの説教であり、そのテキストの伝承に照らして、この説教が最も推敲されたものの一つであることを証明できる。クレルヴォーの院長が持てる限りの技巧を駆使したのは、彼のあらゆる愛情をここに注いだからであった。[71] 同じ愛情とともに、同じ文体によって、ホイランドのギルベルトゥス（一一七二年歿）はアエルレドゥスへの頌徳の辞を著わしている。[72] ベルナルドゥスの数少ない敵の一人であるペトルス・ベレンガリウスは、彼が兄弟の讃辞をつくるために古典古代の模範を模倣しようとしたと非難し、ソクラテス、プラトン、キケロ、ヒエロニュムス、アンブロシウスの名を挙げている。[73] 確かに、ベルナルドゥスはこれらの著作家たちを知らなかったわけではない。だが彼らの作品を扱うのに、ベルナルドゥスは天才的な自由闊達さを示しているのである。しかし、たとえ真実の悲しみ、彼だけの苦悩を表現するためであっても、彼は文学的な伝統というものから逸脱する権利を自分に認めることはなかった。この伝統もまた一つの現実だったのである。

技芸（τέχνη）とは、純粋に自発的に、自然なものではない手段や道具に頼ることを意味している。現代においては、この技巧の部分を隠そうと努め、ある種の誠実さを見せかけているが、これは、しばしば極端に作為的なものである。古典時代においては、誰も技巧が果たした部分を恥じることはなかったし、読者も著者も、そのことに騙されることはなかった。その結果として、確かに、古代の文学においては、現代において現われた「日記文学」は存在しなかった。この文学ジャンルは、もし読まれることがなかったならば、書かれなかったような内面の考えを、それ自体のために表現していると見なされ、当時ならば、誤った誠実さを好んでいると考えられたに違いない。逆に、文学的な虚構は真理を表現するための技法上の手段であった。虚構が真理をより表わすことができるのは、しばしば、もはやそのことを意識しなくなったときである。技巧は自発的なものとなったのである。確かに、これらの技巧は、若き日に文法学や古典著作家たちに触れることによって学ばれたものであった。そのとき以来、彼らは、こうした文法学などを使うことができ、それらの探究が行き過ぎと感じられるようなことにはならなかったのである。さらに、読者はみな、こうした事情を知っており、決して驚くことはなかった。古代の人々は、われわれよりも素直に、芸術作品の「構成」が、それがどんなものであろうとも、虚構の部分を含むことを認めていた。大グレゴリウスは、「本当と思わせること」(fingere) と「執筆する」(componere) は同義であると明言した。(74)

自然についての感情

修道士の著作も含め、中世の著作に見られる、この文学的で、前述のような意味での虚構という特徴は、「自然についての感情」の事例によっても、十分明らかになろう。今日われわれがこの表現によって意味しているものが、中世人には欠けているのである。いくつかの例外を除いて、彼らは、自然そのものを眺め、自然を自然として讃美することはない。彼らは、聖書や教父や古典著作家たちに負う文学的な記憶を通じて、自然を見ていたのである。フェカンのヨハネス、(75)ペトルス・ウェネラビリス、(76)ベルナルドゥス、(77)フライジングのオットー(78)などのテキストによって、そのことを証明することができるであろう。天上のエルサレムについての叙述も、そのことについての証明を提供しよう。(79)ベルナルドゥスは「自然という書物」(80)や「木陰で」学ぶすべてのことについて語っているが、その場合、彼は環境の美しさではなく、開墾による疲労、祈り、省察、農作業が促進する修徳修行などを考えていたのである。(81)

確かに、これらの人々は自然を称え、「その場所の美しさ」を誇り、しばしばそれを「楽しんでいる」と語る。修道院の創設者は、場所の選定を、その魅力 (loci iucunditatem) によって行なった。隠修士は、隠遁するために、「美しい森」を選んだ。しかし、彼らの讃美は、われわれとは異なり、絵のような美しさに向けられることはほとんどない。彼らが評価した魅力とは、物的なものよりも、道徳に関わるものであった。美しい森とは、何よりも隠修生活に適した場所であり、「美しい場所」とは、稔り豊かとなる場所だったのである。[82]そして、終末論は決してその権利を失わなかったので、霊的な喜びがある庭は楽園を想い起こさせた。楽園は木が生い茂ったイメージで描かれるが、それらは聖書において、「花嫁の庭」や、「人祖アダムの庭」を示している。[83]修道院は「真の楽園」であり、これをとりまく地は、その尊厳を分かちもっているのである。剝き出しで、労働や技術によって美しく整えられていない自然は、文学に通じた人々の心にある恐れを惹き起こした。われわれであれば、好んで眺めにゆく淵や頂は、彼らをたじろがせたのである。[84]祈りと修徳修行によって聖化されておらず、霊的な生活を囲む環境として何の役割も果たさない野生の地は、いわば原罪の状態にある。しかし、整地され稔り豊かになれば、もっとも高い意義を有するようになる。マームズベリーのヴィレルムス（一〇八〇頃－一一四二年頃）はトルニィの修道士たちによって開拓された地と、それをとりまく未耕の空間のコントラストについて、次のように言っている。

樹々が互いに絡み合って、解きほぐせないほど密生している野生の沼沢地の中にあって、青々とした草が茂る平地は、その豊饒さゆえに人々の目を惹きつける。いかなる障害も行く人の歩みを妨げることはない。一辺の土地も耕されないことはない。ここでは大地が果樹を茂らせ、あそこでは葡萄の樹が地を這い、あるいは高い葡萄棚をつたわっている。この地では、耕作が自然と競い合っている。自然が忘れたものを、耕作が姿を現わさせているのだ。建物の美しさについてはどういうべきであろうか、その揺るぎない土台は沼地に据えられたのである。このすばらしい孤住の地が修道士たちに許されたのは、彼らがより上なる現実に打ち込み、死すべき生の現実から離れるためである。……まさに、この島は貞潔の住まうところであり、美風が暮らすところであり、神の英知を愛する者たちの学校である。一言で言うならば、ここは楽園の似姿なのである。地上にいながらにして、天上を思わせるのである。[85]

動物やその習性の観察は、観察についてのある感覚をしばしば示していよう。[86] さらに動物誌の寓話が、しばしば実際に観察されたものの上に重ねられているのが見られる。自然においては、すべてが象徴的である。象徴は、ある場合には聖書と教父の伝統に、ある場合には古典の伝統に依拠している。しかし、あらゆるものが道徳を反映している。これは、シトー会修道院のすばらしい地名において特に顕著である。ほとんどすべての古い修道院の象徴的な名称は、明澄さ、平和、喜びを想い起こさせる。[87] それらの場所の名称は、当初は川や地主の名にすぎなかったが、霊的な現実を表わすように変えられた。たとえば「アンギル山」修道院（Angil）は「天使の山」（Mons angelorum）を示すエンゲルベルク修道院（Engelberg）となる。[88] また彼らは、月明かりの景色を称える代わりに、ここに最も高度な神秘の象徴を見出す。[89] 同じように、『悦楽の園』（Hortus deliciarum）や、それ以上に、修行中の修道士に宛てられた興味深い論考『若い修道士』（monachellus）のような著作においては、あらゆる徳が花を手がかりにして教えられている。それらの花々はまったく霊的な園を飾っているのである。[90] 花や果実の意味は、それらの美しさよりも、有機的な成分や特徴に依拠している。疑いなく、西洋の修道士の多くはマンドラゴラ、[91] ナルド[92]やザクロ[93]を見る機会はほとんどなかったであろう。しかし、彼らが見ることができた植物でさえも、彼らは著作家たちがそれらについて与えた記述を通じて見ていたのである。

文学的な誇張

中世の修道士たちが古典教育を受けたことによる他の結果は、文学的な誇張と呼びうるようなものである。それは、古代の著作において、重要な役割を占めている。誇張表現が彼らの書くものにおいて普通であったのは、これらの人々が、いわば「文学的な未開人」(primitif littrés)だったからである。未開人というのは——ここでは何らの軽蔑的なニュアンスはない——彼らが、一度に一つのことしか考えず、一度に一つの感情しか抱かないが、しかし、その際、彼らは激しく考え感じるからである。彼らは、心理的な反応の各々がすぐに影響し合い、その反応を和らげたり、変化させたりするような複雑な人間とは程遠かった。ベルナルドゥスやペトルス・ウェネラビリスのような聖人でさえも、数日の間隔を置いた書簡において、まったく異なった感情を示すこともありえる。最も強い愛情と、激しく荒々しいまでの怒りを表わすのである。その各々の場合に、彼らは、個々の問題において彼らが感じたことを真に表わしている。矛盾を感じることなく、同じ手紙の相手に対する普段の態度を変えずに、彼らはそうすることができるのである。しばしば指摘されてきたように、十字軍の際に、朝方に蛮行の爆発に我を忘れた人々が、夕方には聖体行列を行ない、真の悔悛と敬虔と神への熱烈な愛を表わしている。(94) このようなコントラストは、中世の俗人たちの生活すべてに現われている。(95) しかし同じことは、激しさは異なるにしても、聖職者や修道士たちの生活にもないことはない。(96) 彼らのうちで最も洗練され、最も成熟して自らの衝動を制御することができた人々においてさえ、この単純さは若干残存しており、彼らの内的な態度に、この直截的で断固とした性格を与えている。いかなる状況においても、彼らの魂は、ありのままに、全面的に表わされているのである。

さて、これらの人々は教養人であり、教養人として話す。単純な反応を表現するためでも、彼らはその才能を用い、その古典の教養すべてを駆使し、その聖書的な想像力に訴え、預言書と黙示録が彼らに与えた語彙をすべて使用する。このような備えをして、彼らは美しい一節を著わし、美しい表現をつくりあげるという喜びに逆らわない。そうして初めて、たとえば、ベルナルドゥスが従兄弟のロベルトゥスに宛てた有名な手紙の調子も説明がつく。したがって、その断言を文字どおりに受け取ってはいけない。いくつかの事例において、たとえばベルナルドゥスが説教や論考において高位聖職者の奢侈を痛罵したことに関しても、ベルナルドゥス自身の書簡に見られるもっと正確なデータと比較すると、彼の非難の激しさとその一般性が実態と一致していないことを確証できる。(97) それらの痛罵が表わしているものは、ベルナルドゥスの心を奪っている教会改革への激しい熱情であり、それ以上のものではない。この誇張を考慮することは、同様にペトルス・ダミアニを理解するためにも非常に重要である。最も聖なる人々は、最も誇張する人々であった。なぜなら、彼らこそは、その熱情が最も燃え上がる人々であり、敢えて言うならば、福音書において、暴力的な者たちが神の国を奪い取ろうとしている（マタ一一・一二）と語られる意味において、最も暴力的な人々だからである。

ベルナルドゥスの『弁明』において、クリュニー会士の食事は明らかな皮肉をこめて描かれている。彼らは、余りにも多くのさまざまな食事に囚われているので、それらに打ち勝つためには闘わなければならない。最後には闘う者がいなくなって、格闘は終わり、修道士は力尽きて、消化のために寝台に倒れ込むというのである。(98) これは、風刺というジャンルの真の傑作であり、ホラティウスの書簡を思わせるが、今度は、ボアロー（一六三六－一七一一年）がこれから影響を受けることになる。ペトルス・ウェネラビリスが、肉食を愛するクリュニー会士を描いた光景も、同じ系譜に属している。クリュニー修道院の支院長たちに宛てて、ペトルスは彼らに節制への愛を教え、修道士たちを、肉に襲いかかる猛禽や熊や狼に喩えている。(99) 文学的な誇張の場合、強烈なイメージが指摘された事実を例証し、虚構が正しい見解のために用いられている。かつての人々は、絵に描いたような、そして程度の差はあれ虚構が混じったこれらの細部を通じて、重要な見解を明らかにすることができたのである。たとえば、彼らの慣習をめぐる書簡の遣り取りにおいて、ベルナルドゥスとペトルス・ウェネラビリスが互いに応酬しているのは、事実についてであって、表現の細部についてではない。彼らは罵詈雑言だけでなく、讃美においても誇張していた。ペトルス・ウェネラビリスは、彼が呈する讃辞に行き過ぎがあることを、彼自身弁明している。それは、喜びを与え、彼の友愛の強さを示し、愛徳を行為に表わすという目的に適うものである。(100) それゆえ、誇張は一つの手段にすぎないが、正当な手段なのである。このような場合、誇張することは嘘をつくことではなかった。言いたいことをより明確にするために、修辞学の誇張表現を用いることだったのである。

しかし、修道院の著作家たちは、霊的な著作家であり、文学それ自体に執着がない以上、彼らにおいて、気取りは顕著ではない。究極的には、著作する霊的な方法とは、文法学をよく知り、その命じるところを受け入れ、それに従うことであるが、それを重視してはならず、要するに、自由であり続け、主体的であらねばならないということである。だが、これは最も偉大な霊的著作家たちの場合である。それゆえ、文学は軽視されてはならなかった。しかし、それが最終的な正当化ではない。こうした神の人において、痛罵の好みや、賞賛と情愛の宣言は熱烈であるが、それらは、罪に対する彼らの怒りや、神の業への彼らの歓喜に応じているのである。文法学よりも、神への希求の方が大きかったのである。

修道院的な人文主義

中世の修道士たちが、芸術的なテーマや、文学的な記憶や手順などの点において、彼らの古典教育に負っていたことを、おそらく、われわれは認めざるをえないであろう。しかし、これらすべては、イメージや引用の武器庫にすぎず、装飾や論拠や表現手段としての役を果たすことはできても、人々の魂に深く達することはなかったのではなかろうか。あるいは、古典作品を愛読することは、中世の修道士たちの深層心理や個性に影響を与えたのであろうか。これは修道士たちの人文主義（humanisme）という問題にほかならない。非常に微妙な問題である。まず適切に提起する必要があろう。問題となるのは、実際には、以下のようなことである。修道士たちは、古典の伝統に、固有の意味で人文主義的な諸価値を負っており、それらは、彼らの文体や知的な財産だけでなく、彼らの存在そのものを豊かにすることができたのであろうか。

これは区別して答えることができるように思われる。もし人文主義が古典そのものを研究し、古典古代の人間のあり方に好意を示し、その証言を伝えることであるならば、中世の修道士たちは人文主義者ではない。しかし、人文主義が読者自身の利益になるように古典著作を研究し、その個性を豊かにすることができるようにするというのであれば、彼らは十分に人文主義者である。彼らは、ある有益で価値のある目的を念頭においていた、と言われている。すなわち、彼らの教育である。では実際には、彼らは何を古典から受け取ったのだろうか。彼らは、これらの著作家たちが有していた最良のものを得たのである。それらに触れることによって、あらゆる時代において人文主義教育を受けた人々と同じように、彼らは自らの人間としての能力を発展させ、洗練させた。彼らは、まず美へのある好みを古典に負っていた。これは修道士たちが保存した古いテキストの選択に、そして彼らがこの学習の場で書き写したテキストの質に表われている。実際、蔵書における写本の比率は、いかなる基準によって彼らが著作家たちを判断し、いかなる理由によって彼らがこれらを読み、親しんだかを、われわれに示している。その基準とは、それらの美しさそのものである。美への好みを持っていたがゆえに、人々はウェルギリウスを好み、あるいは時代によって、オウィディウス、ホラティウス、キケロ、そしてマイナーな著作家たちを好んだ。中世の修道士たちは、好古家でも愛書家でもなく、蒐集家という心性もまったくもっていなかった。彼らは有用性を求めていたのである。彼らは衒学的でも、審美的でもなく、徹底的に生きていたのである。一方において、典礼が彼らの美への好みを発展させたが、他方において、修徳修行と修道院生活は、彼らに、粗野なものであれ洗練されたものであれ、感覚的な楽しみを禁じた。それゆえ彼らは美しい言葉と美しい詩句を愛した。彼らは、その美しさによって彼らを魅了しなかったようなテキストを確かに保存することはなかった。たとえば、彼らがオウィディウスを読み、書き写したのは、彼の詩句がすばらしいからである。彼らはこれらの著作家たちからしばしば道徳的な教訓を引き出した。しかし、幸いにも、彼らは強いられて、古典著作家たちにそれらを探し求めることはなかった。彼らは魂の喜びを欲しており、これらの著作で見つけた喜びもなおざりにはしなかった。彼らが古典のテキストを書き写したのは、単純に、彼らがそれらを愛していたからであった。彼らが過去の著作家たちを愛したのは、彼らが過去の人であったからではなく、それらが美しく、時代を超えた美しさをもっていたからである。彼らの文化は常に時を超えており、それゆえにこそ、彼らの文化は影響力をもったのである。

精選された模範をこのように愛読することは、修道士たちの心にある文学的な表現への強い必要を説明する。この必要は数多くの作品において表われている。確かに、これらのテキストの質は一様ではない。その数も考えられている以上に多く、多数のものがなお公刊されないままである。二流の著作家たちのうち、一部の者たちの名は知られているが、彼らについての他の点はまったく忘れ去られており、他の多くの著作はその著者の名さえも分かっていない。これらのテキストすべてが、教師たちと伝統、また、それらを評価できる教養ある読者を前提としており、彼らのためにテキストが書き写された。これらのテキストは、修道院という環境の平均的な文化水準を明らかにしているのである。

文学的な表現についてのこうした感覚は、韻を踏む、あるいは韻文で書くという必要を特に説明する。この必要は、あらゆる時代、あらゆる場所で認められる。九世紀に、パウルス・ディアコヌスは、「ムーサイの姉妹たちは、困難な生活を避ける。修道院の囲いに住むことを望まない」と抒情詩を自らに禁じていた(101)。しかし、人々は、常に、修道生活とキリスト教の神秘を詩句で称えることを好んでいた。クリュニーのオドは、修道生活の理想を勧めるために、五六〇〇行にも及ぶ長大なウェルギリウス風の六脚韻詩を著わしている(102)。イングランドのある無名著作家は、教師エタンプのテオバルドゥスの攻撃からベネディクトゥスの伝統を守るために、散文で書かれた自らの反論に、韻文で記した痛罵を加えている(103)。ある人々は聖書全体を(104)、他の人々はその一部の書を(105)、韻文に翻案している。彼らは、ある場合には、亡き同僚修道士の思い出を(106)、また他の場合には自らの人生のありふれた状況を詩文に歌った。たとえば、エノー地方のオーモン修道院において、写字生の各々は、写し終えたばかりの写本に、少なくとも一編の詩を書き加え、その中で自分の仕事の状況を明らかにしている(107)。これらの詩は、しばしば真の叙情を吹き込まれ、非常に美しい詩句を含むこともある。

他の修道院におけるように、シトー会でもこの韻を踏むという必要が現われている。一二世紀末に、ある修道院総会はこの誘惑に屈することを禁じた(108)。しかし、フロワモンのトマス（一一五〇頃－一二二五年以降）のような人物は、この後もエルサレムのマルゲリタの伝記を韻文で語ることになる。確かに、彼はその伝記の前に長い散文の序文を付し、なぜ序文だけが散文であるのかをそこで説明している(109)。また一三世紀初めには、シトー会士ヴァシィのイテルスは修道士の生活と、詩文の虚しさについて、次のような長い詩を書いている(110)。

韻律も詩句も魂に癒しをもたらすことはない。

真に癒しをもたらすものは、敬虔、涙、善行である。

修道士たちは詩編を唱える。詩は他の人々に紡がせよう。

修道士の心は神の讃美のためのもの。

彼は詩文を顧みず、キリストの栄光を瞑想する。

彼の言葉が、彼の行ないが、主を称えんことを。

饒舌によって天上の存在へと結びつけられることはない。

磨かれた言葉が幸いの極へと導くのではない。

功績ある行ないによって、そこに達するのである。

世俗の文学の花々と魅惑を投げ捨てなさい。

その恩恵は完徳を求める者を不快にすることしかできない。

もし役に立ちたいと望むなら、修道士たちによき模範を示しなさい。

そして文学の飾りで彼らを誘惑しないように。

信仰生活は文学よりも価値がある。

私自身も、もし真の修道士であったならば、私の罪のために涙を溢れさせたであろうに。

涙することこそが修道士にふさわしく、詩文をものすることではない。

修道士のユーモア

修道士たちが古典文学に負っているように思われる一つの心理的な特徴は、一種のユーモアの感覚である。彼らの文化の他の源泉は、重々しさに満ちており、それゆえ、彼らの深い真剣さを説明している。しかし、おそらく文学は、少なくとも部分的には、この文化が快活さ、そしてしばしば皮肉を有していたことを説明するであろう。これらを通じて修道士たちは、しばしば自らの考えを表わしていたのである。このユーモアはしばしば修道院美術に表われている。ここで一つだけ例を挙げるとすれば、シトー会美術からそれを取り上げることができよう。クリュニーや他のベネディクト会修道院の写本と同じように、シトー会の写本には、その始まりからすべての時代にわたって、奇妙なキマイラが見られる。この空想上の獣は、聖書や典礼書に必要なかっただけでなく、教化のための意味も、象徴性もまったくなかった。明らかに、彩色装飾者が楽しませようと望んで、これらの獣の一方が他方の尻尾を呑みこんでいる姿を描いたのである。また会憲は「虚栄を掻き立てる」鶴を所有するのを禁じていたので、[111]鶴はテキストの装飾頭文字に描かれた。[112]これらの無邪気な図柄は、修道生活における空想の一部であり、その厳格な生活も詩情や想像力の戯れを退けることはなかったのである。ユーモアとは霊的な人間の一つの特徴であり、これは離脱、軽妙さ——大グレゴリウス的な意味において——喜び、軽快な高揚を前提としていたのである。

この同じユーモアは多くの文学作品に表われている。九世紀のパウルス・ディアコヌスの「穏やかに風刺的な」詩は、修道院学校における気晴らしを大雑把に理解させてくれる。[113]一〇世紀のレタルドゥスは、「文人の酔狂」と呼ぶにふさわしい詩において、二流の人物たちに英雄的な感情を与えているが、それは古典から借用したまったくの戯れによってであった。特に借用されているのはウェルギリウスであったが、オウィディウス、ルカヌス、スタシウス、クラウディアヌスにも拠っている。[114]ベルナルドゥスは楽しませる術を知っていた。彼は、自分の修道士たちのための日々の説教において物語や寓話をこしらえ、[115]それらの一つでは修道士を商人に喩えている。聴衆たちは彼の言葉の快い性格を認めて、「なんと楽しいこと」(Quam jucunde!)[116]と言った。しかし、彼は公にされた作品においても、同じように皮肉を軽んじることはなかった。これは、たとえば、彼が晩年に教皇のために著した『熟慮について』のように、最も厳かなものにおいてさえも見出される。最も高位の聖職者たちについての彼の描写は、疑いなく、厳格というよりも愉快なものである。すでに、最初の論考である『謙遜の七つの段階について』において、後半部を占める一二の人物描写は、テオフラストス（前三七一頃−二八七年）風で、良識的でありつつ、身辺を注視する人にのみできる滑稽に満ちており、驚くような才気によって生命を吹き込まれている。リニーのガランドゥスは、ベルナルドゥスに、興味深い作品『箴言』(Libellus proverbiorum) と『寓話』(Parabolarium) を献呈したが、それらにおいて最も高度な教えが、しばしば辛辣な文体で率直に語られている。[117] またベルナルドゥスの友人であったバレルヌのブルカルドゥス（一一六三年歿）は、快く、教化的な調子で、長編の『鬚の擁護』(Apologia de barbaris) を著わしたが、そこで彼は聖書的な想像力を縦横に駆使している。彼の命名によるこの「鬚学」において、彼はよい笑い方を二度にわたって定義している。一つは「喜ばしい笑い」(cum jucunditate) で、知恵を称えるものである。なぜなら、この笑いは知恵が引き起こす歓喜から生まれるからであり、これは、愚かな言動しか生み出さない「虚しい笑い」(cum jocositate) とは異なっている。[118] 彼にとって、すべてのことは「喜ばしい熟慮」(jucunda consideratio) のきっかけなのである。たとえば「道徳的な意味で理解された剃刀と鬚抜きの違い」という章は、主と使徒たちが教えた放棄についてのユーモアに満ちた励ましである。すなわち、世俗から遠ざかり、霊と真理のうちに貧しく、あらゆる余計なものから離脱することである。[119] 数多くの無名の修道士や二流の著作家たちが、彼らの信仰生活の現実をこのように快活に扱ったが、これは彼らの生活と教えの真摯さを決して減じることはなかった。以下に挙げる無名エピグラムは、おそらくシトー会士の手になるものだが、このジャンルにおいて、簡潔さと陽気な厳粛さを備えた傑作である。五行に過ぎないが、夜の聖務で居眠りする修道士に関して、四人の登場人物の意見を十分に表現している。

修道院長　頭を屈めなさい、わが子よ、皆が「父に栄光を」(Gloria Patri) と言っているから。
悪魔　屈めることはないさ、その前に三つよりの糸（コヘ四・一二）を断たない限りね。
再び修道院長　主よ、この子羊を失わなくてもすむように、糸を、そして敵である悪魔を取り除いてください。
神の宣告　私は囚われの者を解放する。おまえはこの怠惰な者を懲らしめなさい。
修道士の結論　首をはねられてから、もう一度ゆっくり眠ることにしよう。(120)

知恵の源泉としての古典

中世の修道士たちは、古典の伝統に触れて、そこに蓄積された知恵と真理を利用しないではいられなかった。彼らは、そこに大量の詩句や警句を見つけ、それらから諺をつくった。古代の人々は人間としての経験をそこに凝縮しており、その一部は有益だったのである。(121) 中世人たちはそこに真の偉大さの模範を発見した。これらから影響されることを恐れず、自発的に、これらをキリスト教的な徳へと移し変えることを覚悟したのである。

あるクリュニー会士は、ベネディクトゥスによって輪郭が描かれた生活の理想を弁護するために、ファエドルス（前一〇頃–後五四年頃）、テレンティウス、プラウトゥス、スタティウス、ウェルギリウス、ユウェナリス、ペルシウス、キケロ、歴史家ヨセフスを引用している。これらの諷刺詩や喜劇から借りられてきた記憶は、彼の筆にかかると、彼の精神におけるのと同じように、砂漠の師父たち、バシレイオス、ヒエロニュムス、エフレム、大グレゴリウス、カッシアヌスに由来するものと渾然一体となる。(122) これは、彼が古典テキストの美しさを愛しただけでなく、その内容も高く評価していたことの証左ではないであろうか。

同じような態度の洗練されたもう一つの事例が、サン＝ドニのグイレルムスの『対話』に見られる。(123) サン＝ドニのシュジェは非常に際立った個性の人物であったので、その修道院の院長として彼に代わる人材を見つけることは困難で、単に彼の後を継ぐことすらも難しかった。彼が死ぬと、サン＝ドニの修道士たちは、ほぼ全員一致でドゥーユのオド（一一〇〇頃―六三年）を院長の座を占める者として選んだが、ほどなく、彼らはオドがシュジェほどの才覚を有していないことは明らかであると確信し、一部の者たちはそのことに不満をこぼしていた。修道士グイレルムスはシュジェの側近で秘書を勤めていた。彼は、シュジェの後継者が批判にさらされていることを知ると、彼を誹謗する者たちに対してその仇を討とうと企てた。彼はそれを対話の形式で、非常に巧妙に行なった。架空の人物であるジョフロワと彼自身のあいだに交わされた会話において、グイレルムスは告発者という嫌な役回りを引き受ける。このことによって、告発者は、謙遜に、間違いを認めることに納得し、意見を変える機会が与えられる。さらにこの手法は、修道院長の統治の誤りを告発するという好ましくない役割を他の者にさせることも回避している。グイレルムスがこれらの批判を彼自身の口から語る場合、それは非常に率直であると同時に、洗練された細やかさを駆使しており、彼の上長の名誉を回復させるために、古典古代の知恵と福音の精神のあらゆる源泉を利用したのである。

聖書やベネディクトゥスの『戒律』、典礼や教父からの引用と並んで、グイレルムスは古典著作家たちからも借用する。それらは、プラトン、ソクラテス、キケロ、特にセネカなどの哲学者たちであり、彼らの書簡やさまざまな論考が広範に用いられている。またウァレリウス・マキシムス、ユスティヌス、そしてスエトニウスなどの歴史家たち、特にスエトニウスによるアウグストゥス、ティベリウス、ドミティアヌス、ウェスパシアヌスの伝記は、統治の理念や、個人的な徳の模範を提供している。道徳に関するこの教訓は、詩人たちに訴えかけることによって絶えず魅力的なものとされている。ホラティウス、マクロビウス、テレンティウス、ルカヌス、そして特にオウィディウスである。衒学的な趣味は微塵もない。グイレルムスは、博識ではあったが、自らの学識を誇示することはない。そして同時代の他の多くの著作家たちと同じように、ほとんど出典を示すこともない。彼は、自分が知っているということを見せるために引用したのではない。彼が伝えていることが真であり、そのことが適切に言われていれば、彼にとって十分だったのである。古典古代の世俗の著作家たちに、彼は実践的な哲学を負っていた。それは良識に満ち、ストア派の影響を受け、中心となる教えは、富から離脱するという訓戒であった。『対話』の二人の修道士たちは、ギリシアやローマの数多くの賢人たちと同様に、「至福の生」を求めて語り合う。この「至福」は観想のうちに存在する。孤独と沈黙は、魂の平和と認識の喜びの条件として、セネカとキケロによって奨められていた。この発想は、修道院の伝統から受け継がれた修徳修行的な掟と、矛盾することなく結びつく。グイレルムスはここで、キケロとセネカから借りた表現を用いて、学究的な閑暇を称えているが、それらにはキリスト者としても、修道士としても、同意せざるをえなかったのである。至福は逆境と矛盾の中での不動心に対する褒賞でもある。ドゥーユのオドが苦しんでいた批判は、その点で、最高の価値を有しており、古典古代の偉人たちが数多くの模範を残したこの徳を実践する機会を提供しているのである。グイレルムスはカトーの堅忍不抜を、そしてカエサルの寛仁に言及している。アウグストゥス、神帝ティトゥスや他のローマ皇帝たちが、修道院長にとっての統治の模範として提示されている。古典古代は威信に包まれており、グイレルムスはそれを認めないではいられない。古典古代がもたらす模範は、彼が最も賛嘆するものであった。古典古代がわれわれに示す人間としての美点が、彼を感化している。彼が、どれほど自然本性的な徳を愛していることだろう。事実、彼はスエトニウスを読んで、感動せずにはいられなかった。この霊的な読書はつねに彼に益をもたらしているのである。ウェスパシアヌスの言行は特に讃美に値した。デメトリオス、カトー、ストア派のアッタルスは、優れた助言に溢れていた。セネカに同意し、ホラティウスに反対して、グイレルムスはエピクロスを弁護する。彼はしばしば言われるように、享楽的ではなかったと理解しているのである。またクセルクセスの戦争は、フランス王ルイ六世の戦争を理解する助けとなり、プリニウスが語るインドの王の選挙は、修道院長選挙の理想と思われたのである。

これらの文化がすべて、多くのことを要求する愛徳のために用いられている。グイレルムスは彼の院長を愛しており、オドの行ないと統治を皆に評価させるには、どのようにすべきかを理解している。説教を垂れるような態度ではなく、エスプリを利かせて、活き活きとして魅力的な仕方で説く。彼はオドの過ちを弁護するが、まず最初に、それらを列挙する。彼に対して皆が述べた不満を伝えることを恐れないのである。オド自身に宛てられたテキストにおいて、このようにすることは、書き手にも受取人にも、ある確固とした謙遜を前提としていることを、われわれは認めなければならないであろう。これらの有徳で洗練された人々の言葉は、このように自由であった。彼らは、品位を伴ってさえいれば、互いにすべてを言うことができるのである。重要なことは、相互の益となることを行なうことだけである。そしてそこに達するために、各人は、善いと判断したものを巧みに剽窃したのである。世俗の人々のうちに、グイレルムスは良き助言と、模倣すべき模範を見出し、彼はそれを読者に知らせる。だが、まったく逆に、彼はキリスト教の伝統の宝を退けることもない。聖書は彼にとって親しいものであった。そして、どれほど彼は聖書を知っていたことであろうか。彼が説く道徳は、ストア派の道徳よりもはるかに高いものである。逆境はキリスト者にとって、自らの個性を明確にし、報復の欲求を抑え、自分たちを批判する敵に優る者となる機会であるだけでなく、イエス・キリストを模倣し、迫害された聖人たちに従って、キリストの受難の功績を分かち合い、この世の救済に効果的に貢献する機会なのである。グイレルムスはここで、キリストが被った誹謗を、心を動かす表現で想い起こし、ベルナルドゥスやシュジェに最近帰せられた罪に言及している。オドが修道院長職に就いて以来、あらゆる企てにおいて彼とともにあった「幸運」についてグイレルムスが語る場合、彼は、その真の名前が「摂理」であることを知っており、また彼が称える院長の「至福」が、院長の宗教的な熱情と同じように、恩恵であり、神の保護の結果であることを、彼は知っていたのである。

グイレルムスが世俗の語彙を聖書の語句に同化させる一連の部分において、不自然さ、わざとらしさはまったくない。古典古代からのこれらの借用は、稚拙な遊びではない。これらは単なる記憶でも、表現法でもない。サン＝ドニのグイレルムスは古代の人々の考え方と生き方を称賛する。異教徒たちの徳をこのように模倣することほど、修道士が人文主義を押し進めることがありえたであろうか。

一六世紀ルネサンスの教養人たちは、多くの場合、彼らの模範に対するこのような形の忠誠を、同じ程度まで実践したであろうか。過去の人類における、すべての美しいもの、真なるもの、善なるものは、教会の成員の生活に役立てられねばならなかった。異教徒たちがこのようにわれわれの生活を美しくし、益をもたらしてくれることを認めることは、彼らに、キリストに照らされたわれわれのうちで生き続ける手段を与えることではなかったであろうか。

キリスト者にとって、完全な人文主義とは、唯一「完全な人間」である方、すなわちキリストであり、栄光のうちに再臨する神の御子の影響を、人間のうちに増大させることである。この終末論的な人文主義は、歴史的な人文主義、すなわち、過去の証言のうちに、調和ある人間の発展に貢献することのできる教訓を求める人文主義を排除するものではない。中世の修道士たちは、これらが両立しうることを証明したのである。(124)

修道士の文体

修道院文化の源泉についての以上のような考察を終えるにあたり、これらの考察は概要にすぎず、微妙なニュアンスに注意を換起することが重要であろう。中世の修道院文化に対する古典古代の伝統の影響を過小評価してもいけないし、誇張してもいけない。また単純化しても、一般化してもいけない。修道士たちは、八世紀から一二世紀のあらゆる時代において、教育を受けていたが、それは当時の学校で子どもたちに与えられていた教育であった。その教育がほとんどどこでも、ほとんどいつでも、大部分が古典文化に基づいていたことが分かっている。修道士たちはこの文化を退けることも、奨励することもしなかった。彼らはさまざまなかたちでこれを吸収同化したのである。しかし、あらゆる環境において、彼らはこの文化を快く迎え続けていた。確かに、クリュニーやフルーリなどのフランスの修道院の特徴とされる「典礼を中心とする修道制」(Kultmönchtum) を、帝国内の修道院の特徴とされる「文化を中心とする修道制」(Kulturmönchtum) と区別する見解がある。一一世紀以降クリュニーは、本院においてさえ、修道士のための学校しか設けていなかったという理由によってである。[125] だが、以上述べてきたことから明らかなように、これは歴史的な事実と矛盾するであろう。ここでは、このような真実に反する主張の薄弱さを強調する必要はなかろう。[126]

修道院文化の構成要素のうちで、古典という源泉の影響を過大評価せず、また過小評価しないようにするためには、この文化を育んだ全構成要素のうちにこれらを位置づけなければならないであろう。古典文化は唯一の要素でもなく、最も重要な要素でもない。しかし、真の構成要素の一つであり、他の諸要素と合わさって、均質的な文化の発展に貢献したのである。[127] その基礎はキリスト教的であり、聖書に基づいていたが、そのことは思考や想像力の分野において、そして言語的な表現にも表われていた。修道制の言語はまず聖書の言語であり、ウルガタ聖書によって形成されていた。修道院文化はまた教父に基づいていたが、そのことは省察の対象となる諸テーマ、聖書註解における寓意的な方法、語彙、そしてそれ以上に、文学作品の全体的「様式」に表われている。しかし、根本的にキリスト教的なこの文化は、表現の分野においても内的な生活の分野においても、古典古代における人間の経験から利益を受けている。ただし、それは、最も美しい経験からだけであり、このキリスト教的な文化が古典古代の経験をより美しくした場合にのみ、これらを受け入れていたのである。さまざま要素が混ざり合ったこの影響は、独創的な文化を生み出した。これは単に純粋に教父時代の文化ではなく、一五、一六世紀に、一部の人文主義者がもたらしたような、新古典主義の文化でもなかった。これらの要素の配分は、環境や個人によって異なっていた。しかし、全体として見るならば、これは修道院文化にその固有の特徴を与え、一二世紀に向かうにつれて、次第に特徴が際立っていったのである。古代の修道制がある語彙や言語を生み出したように[128]、中世の修道制も同じ事を行なった。中世の修道制は古代の修道制に忠実であったので、その言語を保存していた。しかし、古典の伝統に由来する諸要素でこれを豊かにしたのである。古典の伝統は、聖書と教父たちによって張られた緯糸にさらに絶えまなく入り込み、これらのすべての糸は密に織り合されて、中世の人々の新しい感性を生み出したのである。その結果、多様で絶えず成長していく図柄が織りなされていったが、それらは常に共通の基礎の上にあり、その微妙な色合いは修道制に固有のものであった。カロリング期は古代の源泉への、いわば書物の上での回帰であった。一一、一二世紀において、文化は次第に個性的なものになり、それ自体で独創的な作品を作り出すようになっていった。しかし、カロリング期の遺産が消え去ることはなかった。これも吸収同化されたのである。

この文化は、しかし、文学によってなお深く影響されていた。思弁的であるよりも、文学的であった。この特徴は修道院の人文主義を、他の人文主義、すなわち多くの点で異なってはいるが、同様に正当な、スコラ学的な人文主義から区別する。[129] スコラ学の学校においては、自由学芸の一つである弁証論理学が、他の学科に対して優位を占めるようになり、文法学や音楽や修辞学を凌いでいった。芸術的な表現よりも、明晰な思考への関心が増し、この関心が言語に反映された。それとの対照によって、スコラ的ではない言語、すなわち修道院の言語を評価することができよう。装飾を剝ぎ取られ、抽象的なスコラ学の言語は、厳密でありさえすれば、ある種の美的でない特殊な語を採用した。このような条件において、「雄弁家や詩人たちの言葉遣いは、形而上学者や論理学者の言葉遣いに道を譲った。……アベラルドゥスの書いたものは、ベルナルドゥスの熱烈で、しかし非常に細心に細工された迸りと対比するならば、われわれの時代における合理主義者の一人の自在な筆から生まれたように見える」[130]のである。修道士たちのように、伝統的な遺産を吸収同化し、自ら進んで過去へと向かうのではなく、学校においては、新しい問題とその解決を志向した。体験や神秘よりも、明晰さに関心を抱き、「区別」(distinctiones) によってそれを達成したのである。確かに、修道士たちが文法学を独占するわけではなく、同じようにスコラ学者たちが論理学を独占するわけではない。しかし、互いに異なった学問が強調されているのである。

また他方で、本来的な意味でキリスト教的な源泉、すなわち聖書や教父に負っている影響によって、修道院文化は、同じく同時代のもう一つの人文主義、つまり、教養人の人文主義とは異なっている。ヒルデベルトゥス、マルボドゥス(一〇三五頃―一一二三年)、ブロワのペトルス(一一三〇/三五頃―一二一一/一二年)、在俗聖職者たち、そして言うまでもなくゴリアルドたちの人文主義である。[131] これらの文章家たちは安易に凝るようになってしまった。しかし、彼らの技巧を凝らした言葉遣いは、多くの場合、霊的な使信やキリスト教の教えのために用いられなかった。しかし、彼らもまたしばしば傑作を作り出していた。この古典主義的な人文主義の中でも最良の代表者の一人は、ソールズベリのヨハネスであろう。彼はペトロニウスや他の世俗著作家たちに心酔し、特にホラティウスには「常に従っている」[132]のである。スコラ学にも修道制にも属していないこの傍観者は、両方の環境に友人を持ち、これら二つの違いをはっきりと理解して、そしてベルナルドゥスにも、ギルベルトゥス・ポレタヌスに対しても共感を保つことができた[133]。彼の書簡は、ほとんど流布せず、知られなかったし、写本は極めて少ない。しかし、それらは、同じジャンルの他の著作と同じように、非常に美しい[134]。

修道士たちの文体は、スコラ学の「問い」がもつ明晰ではあっても美を欠いた文体にも、これらの人文主義者たちの新古典主義的な文体にも、等しく距離をおいていた。ベルナルドゥスのような人物は、西洋の文化的な伝統によって伝えられたあらゆる要素の総合を完璧に実現することができたが、それはキリスト教によって与えられる諸条件に優位を認めての上であった[135]。同じような結論は、オルデリクス・ウィタリスの文体についての綿密な分析からも引き出される[136]。この意味において、修道院文化の最も典型的な代表者たち、フェカンのヨハネス、オルデリクス・ウィタリス、ベルナルドゥスなどの人物に関して、「修道士の文体」について正当に語ることができるのである。世俗的であれ教父的であれ、すべての古代から受け継がれた文学的な遺産がここに見出される。これは、もはや古代の著作家たちの模倣や想起というかたちではなく、むしろある種の木霊《こだま》であった。彼らと触れることによって、かつてはこれらの著作家たちのものであった文学的な手法に、修道士たちが習熟したことを示しているのである。古典の伝統の富の多くは教父の著作のうちに伝えられ、すでに吸収同化されていた。たとえば、アンブロシウスの『義務について』(De officiis)やヒエロニュムスの書簡がキケロに負っているものを思い浮かべればよかろう。それは思考の仕方であるとともに、自らを表現する方法でもあった。このように「聖なる読書」(lectio divina)は、学校で学んだ文法学を調和的に補完したのである。そして修道士たちが著作するとき、文学的な技巧はもはや教科書的な要素を留めていなかった。手法は自発的になり、そのために、しばしばほとんど見分けがつかなくなっていた。このような場合も、文法学は終末論的な希求を妨げるものではなかった。文学はもはや、魂と神のあいだの遮蔽物ではなく、架け橋となったのである。そのとき自由学芸の目的は達せられたのである。最も危険な著作家たちは「改宗させられ」、教養人の心の中にいた。これらの著作家たちは、一度は学ばれ、そして忘れ去られ、ときには否認されたが、魂の内奥に存在し続けた。修道院の人文主義者たちは、一六世紀のルネサンスの人文主義者たちとは異なり[137]、二つの文化に二分されてはいない。彼らは部分的にも異教徒ではない。彼らはただキリスト者であり、この意味において、彼らは「聖なる純朴」(sancta simplicitas) を有しているのである。

第三部　修道院文化の成果

第八章　文学ジャンル

文学ジャンル

中世の著作家は、古代と同様に、「構成」(composer) を抜きにして書くことはない。文体は特定の秩序に則って、整えられる。彼らは、書き方、構成のジャンルに従い、その各々には固有の決まりがある。確かに、「文学ジャンル」(genre littéraire) という概念は、理論的な形で定式化されることがまれであるため、明確に説明することが困難である。けれども、これらのジャンルが存在するということは事実である。書物の冒頭で、著者はしばしば、その書物がこれらのジャンル、たとえば、説教、書簡、小論、註解のいずれに属するのかを説明する。(1) いくつかのジャンルについては規則が定められている。特に説教の場合は、一二世紀後半から、修道院的な環境の外で登場した数々の『説教の技法』(Artes praedicandi) において、規則が作られる。ノジャンのグイベルトゥス（一〇五五頃―一一二五年頃）の著作である『説教の作り方』は、特に説教を論じるというより、聖書の説明の際に必ず語られねばならない道徳的な勧めの部分を論じている。(2) しかし、書簡については、すでに、『書簡執筆の技法』(Artes dictandi, dictamina) が諸規則を定めていた。ただし、修道士の書簡は、まれで簡潔である。こうした規則が作られる以前に、セビリャのイシドルスは、さまざまなジャンルを区別し、簡潔に定義したが、そこで使われた概念を、一二世紀にヒルザウのコンラドゥスも使用する。(3) 特に、いくつかの文学ジャンルは、古典古代と教父の伝統において明確に認められる。修道士たちが利用したのもそれらである。われわれは、まず一般的な特徴を提示し、ついで最も頻繁に利用された形式を取り扱わねばならない。

修道士が好んだのは、「具体的」と言うことができるようなジャンルである。スコラ学者たちの関心が、問題（quaestio）、討論（disputatio）、問題を設定するための手がかりとしての講読（lectio）に向けられたのに対し、修道士たちが愛好したのは、観念よりもむしろ出来事、体験が取り扱われる書物であり、またそれらは、教師が一般的で無名の読者に教えるというのではなく、特定の人々、著者によって定められた、知己の読者に向けられたものである。さらに、それらの書物がどのような形を取るにしろ、修道士の著作は、通常、冒頭に献辞が添えられ、論考それ自体も拡張された書簡のような外観を呈することが多い。修道士たちが意図的に育んだジャンルは、書簡、対話、歴史である。歴史の場合には、短い編年史や特定の出来事に関する物語から、長大な年代記に至るあらゆる形がある。(4)

第二に、修道院文学においては、司牧的な性格をもつジャンルが大きな場所を占めている。説教は非常に豊富で、註解そのものも、テキストの一貫した連続的な説明ではなく、また教化的な関心とはまったくかけ離れた探求に見られる非人称的な調子で書かれたものでもなく、説教の形式を取ることが多い。それらは、説明というより、むしろ勧めである。この実践的、道徳的な関心の結果、古典の伝統に広く見出されるジャンルが完璧に、あるいはほとんど締め出された。無用とされたのは、喜劇、小噺（fabliaux）、風刺詩である。(5)修道院文学の「教化的な」性格は、修道士の詩の大部分と存俗聖職者の書いた数多くの詩を対照することによっても明らかになる。後者は、気晴らしや娯楽への欲求から書かれ、そのために、かなりの犠牲が払われることもあった。修道院の著作はキリスト教的な生活の実践へと方向づけられているのである。

沈黙の文学

もう一つの特徴は、それらの著作が修道士、つまり、沈黙を主要な義務の一つとする人々の間で、かなり頻繁に交換されたということである。それらは、沈黙の学校において醸成される。それらは、沈黙のうちに語る教師(silentium loquendi magiser)[6]であり、沈黙を優先させるように定められている。それゆえ、この沈黙の文学の多くは、語りの文体ではなく、文章体である。このことからもまた、この文学はスコラ学の著作と異なっている。古代と中世の学校では、対話、つまり教師と生徒の間でなされる意見の交換、質疑応答がその決まりであった。学校では、多くのことが語られ、「討論」される。勉学は主として口頭でなされ「大部分は即興的」[7]である。執筆がなされるとしたら、通常は語られた後である。語られたこと、理解されたことが、記憶されたとおりに書き留められた。これと反対に、修道院では、語られないから執筆され、語ることを避けるために執筆される。したがって、文書の作成が、より手の込んだ、より文学的な性格を帯びることになる。わざわざ時間を割いて韻文で表現することもある。講話や説教が執筆される場合、それらは、しばしば「文書の修辞学」(rhêtorique écrite)による作品である。これらの説教は、実際に人前で語られたわけではなく、また語られることもないが、公の読書ないし個人的な読書の対象となるように意図され、いずれの場合でも声を出して読み上げられるようになっていた。古代の人々は、修辞学が公共の生活に及ぼす効果的な影響のゆえに、それを育んだ。古典の著作家たちは修辞学を、特に政治において活用し、キリスト教の雄弁家たちは――司教、ないしその代理として語っていた人々――信者を教化するためにそれを利用した。修道士たちは、沈黙の支配する環境の中で、修辞学が提供する文学的な表現の可能性のゆえに、引き続きこのジャンルを活用する。したがって、演説の技法が書簡や説教の執筆に利用される。それでも、これは真正な修辞学に属しており、古典の著作家たちが、ついで教父たちが教えたものである。そして、この教父たち自身も古代の影響を受けていた。[8] 確かに、修道士たちが修辞学を理論的に研究することはまれであった。アリストテレスの論理学の影響の下で、思弁的な文法学と同様に、思弁的な修辞学が取り扱われるようになったのは、[9] 何よりもスコラ学においてであった。この領域でも同じく、「聖なる読書」(lectio divina) が修道士の学校であった。

最後に、修道院文学のジャンルは一種の固定性によって特徴づけられる。八世紀から一二世紀に至るまで、これらのジャンルにはほとんど進展が見られなかった。この特徴からも、修道院の環境が保守的であり、古典と教父という古代の伝統に忠実であることが明らかとなる。学校においては、これらのジャンルは発展し、多様化し続ける。問題 (quaestio) は「討論問題」(quaestio disputata) を生み出し、さらに「小問題」(quaestiuncula)、「項目」(articulus)、「自由討論」(quodlibet) を生み出すことになろう。「講読」(lectio) は「筆記録」(reportatio) を伴うことになる。これらのジャンルの各々は、説教それ自体と同様に、しだいに精密化されていく構想に従い、ますます複雑化していく技法に従うことになるだろう。修道院文学は、変わることのない自由を常に保持し、そこに複雑さはない。その標語は、常に「聖なる純朴」(sancta simplicitas) である。

歴史への愛着

さて、つぎに、修道士が好んで育んだ文学ジャンルである歴史、説教、書簡、詞華集をより詳細に特徴づけることにしよう。

修道士は非常に歴史を好んだ。他の誰よりも歴史を記述し、またそうしたのは、ほとんど彼らだけであったとも言えよう。中世文学の専門家が確証するのも、まさしくこの事実であり、これによって、再度、修道院がスコラ学と区別される。「フランスにおいては、シャルトル、ポワティエ、トゥール、ランス、ランあるいはパリの学校の教師たちの誰一人として、その教育における名声にもかかわらず、歴史書には関心を抱かなかったのである」[10]。イングランドにおいても、歴史家のほとんどすべてが修道士であり、ベリーやセント・オーバンズのようないくつかの修道院は、継続的な世代交代の間に、歴史家たちのための正真正銘の学校を有していた。確かに、いくつかの聖人伝は、在俗の人々、自分たちの聖人を讃えようと望んだ教会の聖職者の一員によって書かれることもあった。それでも、たとえば、ル・マンの教会が聖ユリアヌス（四世紀頃）の伝記の作成を修道士レタルドゥス（一〇一〇年歿）に依頼したことなどは、意味深長である。この歴史への関心自体、修道士の熱情に比例するように思われる。クリュニーとその影響下の修道院においては、オドからフルーリとフラビニーの年代記記者を経て、ロドルフス・グラベールとオルデリクス・ウィタリスに至る一連の歴史家たちのまとまりが形成されている[11]。シトー会もこの点では優るとも劣らない。フライジングのオット、フロワモンのヘリナンドゥス（一一六〇－一二二九年以降）、ペリのグンテルス（一二七〇年歿）、コクスルのロドルフス（一二一八年以降歿）、トロワ＝フォンテーヌのアルベリクス（一一〇九年歿）などが、多くの無名の年代記作者たちと競い合っていた[12]。デンマークでは、一一六一年に、修道院が創設され、その任務の一つが王国の歴史を作成することであった[13]。歴史への関心は、修道士の著作だけでなく、彼らの読書にも現われる。ある年の四旬節におけるクリュニーの修道士の読書に関して、われわれの得ている情報によると、共同体の六四人のうち六人が歴史書を読書のために受け取った。そこには、ヨセフス、オロシウス、ベーダの年代記、そしてティトゥス・リウィウスすらも含まれていた[14]。

修道士が歴史に抱いていた関心は、どのように説明できるだろうか。二つの理由によって説明できよう。第一は、歴史のジャンルが古典古代から存在し、数々の模範を残したことである。修道士は、学校でそれらに親しみ、後に、そこから着想を得た。文法学は「詩人と歴史家を解釈する[15]」学芸であった。古代の年代記記者に加えて、ソゾメノスのような歴史家、イシドルスのような年代記記者、ヒエロニュムスやマルセイユのゲンナディウス（四九五／五〇五年歿）のような伝記作家が読まれた[16]。ドイツのルペルトゥスは、サルスティウスについて、「ウェルギリウスが最も偉大な詩人であり、キケロが最も偉大な演説家であるのと同様に、最も偉大な歴史家である[17]」と述べている。またポワティエのギヨームは、オルデリクス・ウィタリスが「サルスティウスを模倣したこと[18]」を賞賛している。ティトゥス・リウィウスを模倣する人々もいた[19]。

歴史への愛着のもう一つの動機は、修道制に本来的に備わっているとも言うべき、保守的な傾向である。そこには、伝統へと向かう傾向と、現在所有しているものを保持しようとする配慮があった。修道士の歴史家の多くが彼らの年代記の序文で告白することは、この過去への愛着であり、それが書き留められることを目にしたいという望みであるが、それは、過去が決して忘却されることなく、過去が未来のために残した教訓のすべてを引き出すことができるようにするためである。たとえば、オルデリクス・ウィタリスは、彼の同僚たちが「古人の活動を読むことに」どれほど喜びを覚えていたかを物語った。彼らはその物語を書き留めるように互いに勧めていた。しかしそれは「困難な仕事」（opus arduum）であり、誰一人あえてそれに着手しようとはしなかった[20]。ペトルス・ウェネラビリスは、誰よりも熱意をもって、歴史をほめそやし、歴史家を賞賛する。彼らは自分たちが証人となっている出来事を未来の世代に伝えるからである。

実際、おそらく多くの人が考える以上に、私が悲しみ、いや、怒りすら覚えていることは、多数の人々の怠惰である。彼らは、その知識、学問への愛と雄弁において秀でているにもかかわらず、全能者がご自身の教会を強めるために地上の各地で頻繁に実現する驚くべき業を、後代の人々のために書き留めようとはしない。良きにつけ悪しきにつけ、すべての出来事を記録することは、キリスト教信仰の最初の師父たちだけでなく、異教徒においても、古代からの習わしであった。ところが、われわれの同時代人たちは――わたしが言っているのはこの人たちのことだが――こうしたキリスト教徒や異教徒よりも熱意がなく、自分たちの時代に起きているすべての事柄の記憶、後世の人々に非常に有益となるはずのすべての事柄の記憶が失われてしまうことに無関心なのである。霊に促された詩編作者は、神に向かって「主よ、あなたのすべての業があなたをたたえます」（一四四〔一四五〕・一〇）と言う。つまり、神がその業によってたたえられるようにと言うのであるが、それらの業が知られずにいるなら、どうして神が讃えられようか。誰かがそれらの業を物語らないならば、それらを目撃しなかった人々にどうして知られようか。誰かがそれらを書き記さないならば、われわれから遠く離れた、後の時代の記憶にどうしてそれらが留まることができようか。神の意志ないし許可によってこの世界で起きるすべての業は、善であれ悪であれ、教会の栄光と建徳のために役立たねばならない。しかし、人々はそれらに無知である。どうして彼らが神の栄光と教会の建徳に寄与できよう。空しく沈黙するこの無気力の結果、四、五百年来、神の教会あるいはキリスト教徒の王国で起きたすべての事柄が、われわれにも、また他のすべての人々にも、ほとんど知られないままになっている。実際、われわれの時代と過ぎ去った時代とのあまりにも大きな違いを、われわれは知っている。すなわち、五百年ないし千年さかのぼった出来事はすべて完璧にわれわれに知られているが、他方で、われわれは、最近起きた事柄、今日起きた事柄すらも知らないのである。われわれは、古代の歴史書、教会の活動に関する報告、教父たちの指示と模範を含む偉大な教えに関する書物を数多く有している。けれども、われわれに近い時代に起こった出来事に関して、それを取り扱う書物を一冊でも所有しているなどと、私は断じて思わないだろう。古代の歴史家たちは、遠く離れた民族と外国語から、彼らが利用できることは何であれ、熱意に燃えて追求し、こうした人々と言葉が興味を呼び起こすにふさわしく、また人間性に益をもたらすようであるならば、何でも借用したのである。エジプト人は熱意をもってギリシア人の言葉と学問を習得することに専念し、ギリシア人はラテン人の言葉と学問に、ラテン人はギリシア人、ヘブライ人さらに他の人々の言語と学問に専念し、そして彼らがそこで非常に有益であると見なしたことを、さまざまな書物やあらゆる種類の翻訳によって普及させたのである。今日では、ラテン語を学ぶ人々は、まったく別の振舞いをする。彼らは、自分たちの母国とは無縁の事柄にはまったく関心を示さず、かといって、彼らの身近に起こったことでも、そこから学ぼうとする気はなく、書いたり語ったりすることによって、それらを公表する気もないのである。[21]

教化の目的

このテキストは、修道士が歴史について抱いている構想を非常に明確にし、またこの構想は、彼らが歴史を執筆する手法を説明する。彼らの著作は、彼らが一般的な歴史を語っているか、聖人の生涯を語っているかによって区別できる。この二つの文書のジャンルは共通の諸特徴を示している。とはいえ、この二つの部門、特に最初の方にはほとんど統一性が見られない。文体と方法については、詩人たちに多様性があり、神学者たちに相違があるのと同様に、歴史家同士のあいだにも多様性がある。けれども、この多様性それ自体の内側に、すべての歴史記述家における二つの特徴が現われている。第一の特徴は、この文学の教化的な性格と呼ぶことができるものである。したがって、これは司牧的なジャンルに結びつけられる。ここで「教化すること」(édifiant) が意味していることは、パウロが用いた意味に近い。つまり、キリストの体である教会を「建て上げること」である。この歴史記述は、その目的、その手続き、その対象それ自体の点から教化的である。その目的は、過去の認識それ自体が目標であるかのような、純粋に学問的ないし知的なものではない。その目的は実践的な特徴をもっている。すなわち、二通りの仕方で、善を行なうように教えることである。第一に、神を讃美することである。読者を主の讃美へと向かわせることを目的とし、神の栄光のために執筆されるのである。オルデリクス・ウィタリスは、躊躇することなく、しばしば次のように明言する。この世界を創造し、正義によって治めている方の栄誉のために、讃美歌を歌うように歴史を歌わなければならない、と。(22) さらに、彼らは、善いことであれば見習い、悪いことであれば避けるための模範を提示することを望んだ。オルデリクス・ウィタリスは、彼の読者が、いつの日か、彼らの同時代の人々にとって有益な教訓を見出すために、彼の著作を吟味するだろうと想定している。(23) 修道士たちが思弁的な思索の進展にほとんど関心を示さなかったとしても、だからといって、彼らが将来について無関心なわけではない。

歴史と典礼

目的は、事柄の表現の仕方を決定する。徳の実践と神の讃美へと励ますためには、出来事を確認した後、それらをある程度解釈しなければならない。何よりも、それらを広い文脈に置かなければならない。個々の歴史は常に救いの歴史に刻み込まれている。個々の出来事は、選ばれた者たちの救いを望む神によって導かれているのである。この確信は、修道士たちが教父の著作を読み、典礼を実践することが教会の発展につながるという理解によって支えられている。彼らは、普遍的な交わりに連なっていることを自覚している。彼らは聖人の崇敬を行なうが、その聖人たちは彼らにとって友人である。彼らは聖人たちに対して真の親密さを感じ、また聖人たちは彼らにとって生きた模範である。同じように、天使に関する考えも、彼らにとってはまったく自然なことである。典礼の諸テーマは、時代の中で起きる事柄に関する考え方全体に浸透する。それゆえ、フライジングのオットーの歴史記述は、広大な神学的見解によって支配されている。すなわち、キリストが大祭司また王として現われる顕現の神秘、終末論の意味、天上のエルサレムと最後の審判の描写。そこでは、殉教録のあらゆる語彙が頻繁に用いられている。[24] いずれにせよ、具体的な出来事が取り扱われる場合、重要なことは、教会に役立つこと、キリスト者の召命の神秘を深く究明すること、人類の救いが時の緯糸においてどのように実現されるのかを見定めることである。したがって、救済史、特に旧約聖書の物語と引き比べることが頻繁になされるし、それは当然のことである。historia という語は、何よりも、聖務日課、つまり祈りの雰囲気の中で朗読される聖書の章句を指すために用いられていたのではないか。[25] 物語全体は、多かれ少なかれ、範型に従って理解され、語彙においても観念においても、この聖書的、教父的、典礼的な刻印が現われていることから、われわれは、「修道院的な」歴史記述、すなわち、修道院的な歴史の書き方について語ることができるのである。[26] そのうえ、キケロのような古典の著作家たちは、「歴史の書き方について極めて自由な着想を抱いて[27]」おり、この点でも、中世の修道士たちは、この著作家たちを拒絶する必要がなかった。

最後に、宗教的な教えとして理解された歴史は、政治的な事実や経済的な事実よりも、宗教的な事柄を対象とする。経済的な諸現象——不作、飢饉、価格の高騰——は有徳の人々の慈善との関係で言及される。政治的な出来事は、それらの宗教的な意義、特に諸侯と教会の権威の関係という観点から考察される。これとは反対に、修道士たちは、典礼生活のさまざまな表出、つまり、聖遺物の行列や移動、教会堂の奉献、王や皇帝の戴冠式には多大の関心を払う。シュジェはサン＝ドニ教会の建築と奉献を物語るためにまるまる一冊の論考を起草しようとした。そして多くの著作家たちが、彼らの年代記において、こうした出来事に多くの部分を割いており、それらが、あたかも普遍史において影響を及ぼし、いつまでも記憶するに価するかのようである。修道士たちは儀式ほどには合戦について語らなかった。

批判的な感覚

このことは、彼らが教化に心を砕いたため、批判的な感覚を軽視せざるをえなかったということであろうか。決してそのようなことはなく、修道院的な歴史記述の第二の特徴は、まさしく、この学問的な性格を示している。確かに、この点で、中世の人々が今日の批判的な方法を使用するなどということを期待してはならない。また、時代と環境によって多様性があることも確かである。カロリング・ルネサンス以来、自由学芸は歴史記述にとって基礎であった。けれども、この歴史家たちと彼らの環境は、多かれ少なかれ、不可思議な事柄への信心に傾く可能性をもっていた。おそらく、信心の領域においてさえも感性が優勢になったためであろうが、軽薄な信心は一一世紀よりも一三世紀に増大する。[28] つまり、現代のように懐疑主義の方向に進むのではなく、軽薄な信心の方向に進んでいくのである。けれども、こうした時代でも、修道士の歴史家たちは、一貫して学問的な精神を発揮することができたのである。一〇世紀の中頃、ミキのレタルドゥスは、彼の言うところによると、「信仰心の益のために」、使徒と同時代人である聖ユリアヌスが、聖クレメンスによってガリアに派遣され、そこでル・マンの教会を創建したという伝説を打ち砕くのである。しかし、彼の論証は、以後の千年間、激しい抵抗に出会うことになる。[29] 彼はまた、事実の検証に関して卓越した原則を述べている。「私は、ありそうにないと思われることは省いた。他方で、幾人かの古人の真正な証言から私が知ったことについては、口を閉ざしておくべきであるとは思わなかった。たとえ今日では奇跡がまれだとしても、教会の中には多くのキリスト者がおり、彼らは、その生活の功徳によって、奇跡を行なう者に劣ることはないと確信したからである」[30]。さらに後に、ノジャンのグイベルトゥスは、『聖人と彼らの聖遺物について』[31]という論考において、奇跡を行なう人々、あるいはそのように見なされている者たちに、早まって崇敬が捧げられることに対して異議を唱えている[32]。また彼は、偽の聖遺物を崇敬する人々、とりわけ、主の歯を所有していると言い張っていたサン＝メダールの修道士たちに対して抗議している[33]。さらに、怪しげな奇跡に対しても警告を発している[34]。オルデリクス・ウィタリスも原資料の探索と解釈において厳格な方法を展開している。一連の資料を引用した後、彼は、「私は喜んでこれらの原典をここに挿入した。そうすれば、読者はこうした資料を貪るように探求することができよう。これらは偉大な知恵を含んでいるが、しかし、これらを見つけ出すのは困難だからである」[35]と明言する。また一二世紀に、サン＝ベルタンのゴスケリヌス（一〇三〇／四〇－一一〇七年以降）は、「新しい文体で」――またより批判的な精神で――アングロ・サクソンの聖人たちの生涯を書き直す[36]。彼が意図的に避けるのは、自分たちが語らなければならない人物についてまったく知らず、その人物に決まり文句をあてはめる――物語をそっくり捏造したのではないにしても――著作家たちの手口である[37]。この欠点を避けるために、彼は、古英語で書かれた古い年代記、誠実な証言に訴えるのである[38]。

たとえ、修道士が歴史をでっち上げる時でも、この批判的な感覚が失われることは決してない。彼らの文書には――これははっきりと言わねばならないし、率直なところ残念に思わねばならないが――まったく単純な創作物もあれば、偽造すらもある。その割合を誇張してはならない。修道院の歴史記述すべてが、偽りの記録を捏造することにあるわけでも、伝説を作り出すことにあるわけでもない。そのようなことはあるはずもない。にもかかわらず、次のような事例がある。サン＝ミランでは、すべての記録の年代が実際よりも古く設定される。モンテ＝カッシーノでは、ペトルス・ディアコヌスが彼一流の歴史を執筆する。リエージュのサン＝ローランでは、原典と事実が改変される。シトーでは、修道会の起源に関わる真正な物語に加筆がなされる。このような経過については、弁解がなされることもある。確かに、伝説ないし虚構の歴史を口実にして、物質的な利益を守るだけの場合もある。[39] 別の場合には、疑わしい聖遺物を信用させようとする試みもあった。[40] しかし、また民衆の教育という観点からそうしたことがなされたり、近隣の封建諸侯の侵略に対して修道院を守ろうとしてなされる場合も、しばしばあった。こうした掠奪欲の強い人々は、奇跡が起こったり聖人が訪れることによって聖化された場所を冒瀆することに関しては、臆病だったのである。アインジーデルンやサン＝ドニの教会堂がキリスト自身によって聖別されたと物語ることは、とりもなおさず、これらの教会とその財産に対する敬意を呼び起こすことであった。さらに、こうした場合、修道士たちは、批判を予想して、用心を重ね、事前に反論を用意していることもあった。これらのことは、たとえば、一一世紀のサン＝ドニで捏造された物語の場合に明らかである。[41] もし虚構があるとしても、それらは単に抜け目のない虚構ではない。したがって、虚実の入り交じる錯綜した糸を解きほぐすためには、しばしば、今日の碩学の鋭敏な眼力を待たねばならなかったのである。[42]

聖人伝とその諸テーマ

聖人伝はこうした歴史記述の一形態である。聖人伝は、この方法を特定の領域に適用する。聖人伝もまた、真の味覚、批判的な感覚を必要とする。しかし、ここでは教化の目的が、なおのこと直接的に目指される。それだけが目標となることすらある。聖人伝の目的は、われわれが勝手にそう信じているように、必ずしも彼の生涯の物語を語ることではない。取り扱われるのは、どんな人物――たとえば、政治的な生活においてある役割を演じた人物――でもよいわけではなく、聖性に到達したキリスト者の生活である。重要なことは、彼の生活の諸状況ではなく、そうした状況の下で発揮された彼の徳である。P・ドゥレエの指摘によると、何が聖人伝であるかを規定しているのは、それが聖人の生涯の物語だということではなく、その物語に与えられた教化の目的である。[43] 一般的には序文で明確に述べられるこの目的が、プラン、構成の方法——賞賛あるいは教理的な説明のための脱線も含め——また文体そのもの、テーマと想起される事柄を決定する。

聖人伝にはさまざまな種類がある。[44] 特にそれが「韻律」をもっている場合もあるが、これは学校の練習問題に過ぎない。[45] しかし、より頻繁に執筆されたのは、礼拝という目的、つまり、聖人への崇敬を促進するために、あるいは聖務日課において朗読されるべきテキスト(legenda)を提供するためであった。この朗読テキストである聖人伝は、「レゲンダリウム」(legendarium)と呼ばれる一巻の書物にまとめられている。[46] 典礼は、キリスト教的な生活の理論的な綱領を提示するものではない。それは、主の教えを模範によって例証するのであるが、それらの模範は、それぞれの世代の心理に訴えるものでなければならない。これらの朗読において、歴史を物語る二つの目的が、他の場合よりも一段と明確に現われる。つまり、キリスト者の偉大な行ないを想起させることによって教え、励ますだけでなく、このテキストを朗読する礼拝の行為それ自体において神を讃美するのである。そのために、ある聖人の生涯全体の中で、教化にふさわしい事柄、ないし聖務日課で朗読するに値する事柄だけが保存されることもあり、そうすることによって聖務日課を過度に延長しないように配慮された。[47] 神の聖人によって神を讃美することへの希求は誇張されていく。すべてが讃嘆となり、物語は聖人を讃える説教に変わる。そして教化の意欲は、聖人の行ないに関して、そこから意味を引き出すことになり、さらには、事実をねじまげて解釈することさえも辞さない。[48] 実在の人物と具体例に関して、さまざまな理念が提示されるからである。たとえば、司教の伝記では、司教の職務、教会と世上権との関係に関する特定の構想が好んで明らかにされる。司教は天上に君臨する王の王子である。彼の態度が、聖職者と帝国の係争に関わる人々に裁きを下す機会を提供する。[49] 修道院長の伝記では、修道生活と修道院長の威厳に関する見解が強調される。[50] 同じく、諸侯の伝記では、教化的な、「模倣に値する」事柄、あるいは神の力を示すような性質の事柄が好んで考察される。[51]

聖人伝は伝記と区別される。後者は、古典古代から文学ジャンルを構成していた。それゆえ、プルタルコスの作品において、それは、個人の――有徳であろうとなかろうと――有り様を語ることにあった。その生涯は、偶然的な出来事もひっくるめて、周囲の状況、環境、運命の結果である。[52] 聖人伝は道徳的な綱領、宗教的な理念を提示する。ありのままの個人、彼が過去に残し、歴史が記録することになる記憶に関心が払われることはない。彼が提供したさまざまな実例の中で、彼が明らかにした理想だけが保存される。聖人は、何よりもまずモデルとして、模倣されるべきキリスト教的な人物として見なされるのである。今日、われわれは、聖人伝が第一に伝記であってほしいと思う。中世は、われわれほどにこの要求を抱かない。中世の視点からすると、さして教化的ではない事実については、口を閉ざすべきか、あるいは、改変されるべきなのである。優れた模範を残さなかったか、それが少ない場合には、その伝記は書かれない方がましであった。中世の伝記が非常に少ないのは、明らかに、この理由からであった。

しかし、すべてが優れた実例であったとしたら、中世の著作家が捏造を企てることなどはないのではないか。彼らは、本当の奇跡、あるいはそう見なされる奇跡に、驚嘆すべき出来事を付け加えることに躊躇しないが、しかし、後者の真正性については、明らかに、同等の確信をもって保証を与えることはなかった。彼らは、聖人の執り成しに多大の信頼を抱き、またそのことを伝えようとした。そのため、十分には確かめられていない証言に基づいて、急速に治癒や幻を認めるようになった。人は金持ちにしか金を貸さないものである。なおのこと、聖人には信頼を寄せることができたのである。聖人たちの真正な奇跡は、さらに別の奇跡を想定することを正当化するように思われ、また後者を保証することにもなった。彼らが確実に行なった徳による行為は、別の行為をもできるだけ教化的に解釈することを許容していたし、それどころか、知られていないことでも、想像によって再構成することを許容していた。報告された内容と、実際の出来事とは必ずしも一致しなかった。けれども、それは常に、加護を求めるべき保護者、倣うべき模範をすべての人に提示する手段であった。その上、六世紀と七世紀に起きた出来事が、後に再び起きることになった。聖務日課のための朗読集を所有する必要性から、いくつかの地域で、聖人伝（Vita）が作られたのである。だが、その多くの要素は他のテキストから借用されたり、あるいは単に捏造されたものであった。(53)

人間の想像力の資源は限られているため、著作家たちは、聖人伝のさまざまなテーマに訴えた。そこでは、誕生の前兆と死後の出現を告げる前兆に挟まれて、一連の活動、言葉、奇跡が位置づけられ、それらは、ほとんど手を加えずに、聖人伝相互で交換が可能であった。伝統が多くのひな形を提供していたので、それらを見つけ出すことはさして困難ではなかった。『アントニオス伝』『ヒラリオン伝』『修道士の歴史』（Historia monachorum）、大グレゴリウスの『対話』、スルピキウス・セウェルス（三六三頃－四二〇年頃）の『聖マルティヌス伝』そしてトゥールのグレゴリウスの著作がそれである。アルクイヌスの『聖ウィリブロルド伝』もかなり普及し、模範を提供していた。(54)人々は学校で折にふれてこれらのテキストを読み、学んでいた。彼らは、このジャンルにおける執筆をしなければならない時に、進んでこれらを参照した。カロリング朝の復興期に、再生しつつあった修道院は、彼らの創設者の偉業を物語る必要に迫られた。けれども、それ以前の教養の低い時代においては、必要な証言が文書に書き記され、保存されることがなかった。昔の聖人の善い模範に向かって、同時代と後代の人々の競争心を駆り立てることが目的とされた以上、捏造、選択、偽造はやむをえないことであった。それゆえ、これらの著作家たちの真実性が疑われるとしても、それにもかかわらず、「各行に迸り出る敬虔」[55]、彼らの誠実さが疑われることはない。彼らの計画は、真の歴史を物語ることではなく、それ自体としては常に真理である道徳的な教えを提示することにあったからである。

確かに、聖人伝の諸テーマに疑いを抱く者たちもいた。サン＝ベルタンのゴスケリヌスがそう考えていたことはすでに見たとおりである。[56] レタルドゥスもそれらを告発する。「われわれの聖人である聖クレメンス、聖ディオニュシウス、聖フルセウスの言行録の中には、すでに語られている事柄の多くが、ほとんど同じ言い回しで、見出される」[57]と彼は明言する。「真理ご自身の前で朗読されることは、多大の崇敬と真剣さをもって執筆されねばならない。さもないと、神を喜ばせようとしながら、神を怒らせる危険を冒すことになる。真なることほど神の意に適うことはないからである。しかし、聖人たちを賞揚する望みを持ちながら、真理を侮辱する者もいる。それは、あたかも虚偽が聖人たちの栄光に寄与できるかのごときである。しかし、もし聖人たちが嘘をついたとしたら、彼らは聖性を獲得することはなかったであろう。真理そのものが成し遂げたことは、真実をもって語らなければならない。もし奇跡がわれわれの師父たちの一人に帰せられるとすれば、それを行なったのは人ではなく、神である。神は、その欲することを、人において、人を通して行なうのである[58]」。

すべての人がレタルドゥスと同じ懸念を抱いたわけではない。そして、この点で、中世の聖人伝は一種の単調さのゆえに非難されるかもしれない。けれども、これらのテーマは、必ずしも教化的な特徴だけを示すものではなかった。それらは、たとえば、人生を象徴する「ピュタゴラスの文字」[59] Υのように古典文学のテーマを想起している場合もありえたし、あるいは、「非類似の境地」(regio dissimilitudinis) のような神学的な定式の場合もありえた。

後者については、ベルナルドゥスがさまざまな機会に展開し、クレルヴォーではマグダラのマリアの伝記で用いられた。[60]

聖人伝の真理

さらに、このジャンルは時代の推移に従って展開した。聖遺物への信心の結果、奇跡は、長い間に、聖人の個人的な力の顕現と見なされるようになった。それらは徐々に、義人の名声を確固としたものにし、罪人を善へと立ち返らせることを目的とするようになっていった。[61]人々は、異常な現象に対する興味を常に持ち続けていたが、しかし、しだいに、聖性に関する規準、特に謙遜が強調されるようになった。この点では、聖人伝の物語は重要な、しかもあまり開拓されていない源泉である。たとえ、それらは、聖人に関する歴史的な事柄をわずかしかわれわれに示さないとしても――それらは、すでに見たとおり、著者の目的の一部分に過ぎない――それらが執筆された環境、その共同体が召命と聖性に関して抱いていた理念、そこで営まれた生活について、豊富な情報をわれわれに提供してくれるのである。

さまざまな種類の聖人伝は、多かれ少なかれ意識的に、列聖の準備を意図して執筆されていた。こうしたことは、とりわけ一二世紀後半から始まる。だが、それ以前の時代においては、聖人伝のいくつかが、すでに列聖がなされたものと想定していることもあるし、あるいは、それら自体が列聖と同等であることもある。後者の場合には、崇敬を承認し、あるいは崇敬を表明する。これに該当する例は、クリュニー修道院長フーゴーが、すでに他の伝記が普及しているにもかかわらず、ペトルス・ダミアニに執筆を委託したオディロ（九六二頃―一〇四八年）の伝記である。しかし、時として、物語は、司教による崇敬の承認、聖人の聖遺物の「奉挙」、あるいは教皇によるその聖性の宣言、つまり列聖を獲得する意図をもっている。この場合のテキストは、この種の調査において伝統的に必要とされる形式を踏んでいる。それは——今日もまた同じであるが——聖人の生活、徳、奇跡、彼が残した著作を示さなければならない。ベルナルドゥスの『第一伝記』や同じ類の他のテキストがそれである[62]。正確な記憶を保存するために、有徳の修道士の場合は、生前から、彼の周りにいた人々の証言が収集されることもあった。修道会でも教会においても重要な役割を果たさなかったシトー会士オーモンのクリスティアヌス（一一四五年頃歿）のように、純朴な俗人修道士にとっては、祭壇の栄誉が与えられることなどほとんど思いもつかなかったように思われる[63]。しかし、おそらく、修道士たちは、『シトー会大創立史』やハイステルバッハのカエサリウス（一一八〇頃－一二四〇年以降）の『奇跡の書』のような編纂に実現される、典礼暦別の聖人伝のためのデータを収集しようとしたのであろう。そこでは驚嘆すべき出来事が一段と大きな場所を占めている。一三世紀のシトー会の聖人伝においてもなお、それらは非常に重要であった[64]。往々にして魅力的なこれらの物語では、われわれが期待する以上に、一貫して想像力が自由に振る舞っており、それらを通してわれわれは、日常の細かな事柄を生き生きとした姿で知り、真の理念を洞察することができるのである。

したがって、中世の聖人伝の読み方を知らなければならないのである。それらの著者たちは、彼らが用いるテーマにだまされやすかったのだろうか。彼らはだまされていたのか、また、だまされることを望んでいたのか。彼らの中には、こうした作り話を控える方がよい、批判的でなければならず、軽信に陥ってはならない、ということを認識する人々もいたのだから、なぜ、すべての人たち、あるいは多数の人々が同様の懐疑主義を分かち合うことができなかったのだろうか。彼らには、錯覚ないし集団的な幻想があるのだろうか。あるいは、むしろこの場合、諸規則を知り理解しなければならない文学ジャンルは無関係なのだろうか。イシドルスは、物語のジャンルをhistoria と fabulae の二種類に区別した(65)。ところで、こうした文書集の多くでは、純粋に歴史的な年代記と明らかに伝説的な「幻」とが併置されていることが分かる。それゆえ、それぞれのテキストが別種のものであることは周知のことであったけれども、生き方を導くために有益であるという利点を共有していたために、ごちゃまぜにされたのである。物語的なものは、今日でもそうだが、われわれが使う意味での「歴史的」である必要はない。過去の物語においては、歴史学に属する事柄と、他者への勧めにしたいという願望から生じる事柄とを区別しなければならない。われわれより以前の昔の人々も、こうした区別を意識していた。しかし、教化のためであれば、今日のわれわれならむしろ避けるような手段を、利用する者たちもいたということなのである。われわれが、彼らの聖書註解に求めるのは、ラグランジェ（一八五五－一九三八年）による聖書学の著作と同じ種類の説明ではなく、それなりの価値を保持した別種の説明である。同様に、昔の聖人伝に、批判的な情報を探し求めるべきではない。それは、昨今の必要性からこの種の文書の規準となったものである。史料批判に基づいた『アナレクタ・ボランディアーナ』(Analecta Bollandiana) とウィタエ・サンクトールム (Vitae sanctorum 聖人伝) とはそれぞれ異なった文学ジャンルに属する。後者に求めるべきことは、事実よりもむしろ、修道生活と聖性に関する理念、非歴史的なテーマによって例証された理念である。それらに取り組む場合には、様式史 (Formgeschichte) と呼ばれる方法に従うべきである。これらのテキストは、そこで語られる人物たちの活動と同様に、これらを好んだ著者たちと読者に関する事柄、要するに、環境全体をわれわれに示してくれる。そしてさらに、われわれは、そこにいくつかの正確な年代学的史料も見つけるだろう。

どの価値が重視されるのかは、時代によって変化する。われわれがルネサンスの宮殿を賞賛する時、そこで営まれたであろう生活の不便さを非難することはない。われわれは、素晴らしい芸術作品を確認し、その時代の人々がわれわれとは別な仕方で日常生活を理解していたことを認めるだろう。同じように、中世の人々は、個々の事実や過去の出来事よりも、永続的で普遍の理念に一層の関心を払っていたのである。彼らを理解するためには、彼らの観点を採らなければならない。そうしてみると、彼らが認めていた意味で、聖人伝は歴史よりも真実なのである。それは、唯一の真理の異なる側面、束の間の実現よりも理念に属する事へと、われわれを導くのである。(66)

修道院の説教

説教は、修道院文学において、以下の理由から、潤沢なジャンルである。一方で、それは教父的であり、このことは、古代の説教術の伝統全体から明らかとなっている。他方で、それは修道院的であり、本質的に司牧的な性格をもっている。しかし、修道院の説教が、教父時代の説教とも、また中世の律修聖職者によって在俗聖職者の前で、あるいは、頻繁に見られるように律修聖職者の前で語られた説教とも異なる点は、説教が修道院の規律の一要素を成していることである。つまり、説教は遵守すべき規律の一つなのである。修道院に特有の説教の形態が存在したことは、古い慣習律が確証している。一日のうちで説教に割り当てられる時間がいつであれ、それを欠くことはなく、また、この慣習を採用していた大修道院と修道院において、この荘厳であると同時に親密な習慣がどのようになされたかを、われわれは知っている。これらの詳細は、霊的な講話が多くの場合に採用した文学ジャンル、つまり、註解というジャンルを説明してくれる。

クリュニー、ファルファ、また他の大修道院においても、「説教」は一日に二回、別々の場所で行なわれた。最初は朝、手仕事に就く前に修道院内でなされた。この説教は食堂で朗読された書物を取り上げることもあった。次は夕刻、仕事の終了後、作業をした場所で、たとえば、樹木の下あるいは上長を囲んで全員が座ることのできるような場所でなされた。この講話（collatio）では、しばしば、聖書ないし『戒律』さらに教父の書物からテーマが取られた。いずれにせよ、指定された朗読者——修道士もしくは子供——が、まず自分が朗読する一節を上長に示し、上長がその註解を準備することができるようにする。ついで、この朗読者は、上長が「さて、あなたは……」（Tu autem）という言葉でさえぎるまで、二、三行を朗読する。この後、上長ないし依頼された者が朗読箇所を説明するのである。(67)

したがって、説教は一つの制度であり、広範囲に実行されていた。説教を行なったのが修道院長であるかどうかは、必ずしもはっきりしない。少なくとも、大部分のテキストからは何も明らかにはならない。われわれは、ヴェズレーのユリアヌスやメルローのグイレルムスのような一介の修道士が、語った後に執筆した説教の例を知っている。後者は、彼の修道院の院長と思われる人物に自分の説教集を献呈した。(68) 慣習律がこうした場合を想定している以上、それは規則に則ったことに他ならない。

語られることのなかった説教

しかしながら、語られた説教がすべて文書化されたわけではなく、また執筆された説教がすべて語られたわけでもない。実際、われわれはさまざまな種類の説教を区別しなければならない。単独でわれわれに伝承された説教もあれば、説教集もある。前者はまれである。一つの説教しかわれわれの手に残されていないような著者は数少ない。大部分は、説教集の形でわれわれに伝えられており、それらは、著者自身あるいは聴講者や弟子によってまとめられたものである。ヴェズレーのユリアヌスは、彼の説教集を修道院長に献呈するにあたり、「私が修道士の集まりにおいて語り、また執筆した短い説教を、改訂した後に一冊の書物にまとめるようにと、あなたの愛徳が、多くの人々の要望に従って、私を強いています。だが、それらは私の手から奪い去られ、散逸した状態でした」[69]と記している。他の多くの場合と同様に、この場合、著者自身が、最初に執筆し、ついで改訂する。さらに、それらが広まることによって彼が管理できなくなり、散逸してしまったものを、彼自身が収集しているのである。他の場合には、聴講者が、時には説教者の知らぬ間に、あるいはその死後、説教を文書化することもある。モリモンのオド（一一六一年歿）の弟子によってなされた説教がそれである。[70]このことから、われわれは、修道院の説教について、次の主要な区別を設けなければならない。すなわち、語られた説教と語られなかった説教である。

実際、語られた説教の方が数の上でも極めて多かった。しかし、文献として残っているのは、明らかに、非常にまれである。速記法もなければ、語られたことを、聴くと同時に書き留める省略法もなかったからである。[71]しかし、われわれは、二種類のテキストに基づいて、口頭の説教がどのようであったかを垣間見ることができる。一つは筆記録である。それらは、編集の際にかなり展開され、またしばしば長くされることもある。こういうわけで、われわれは、ベルナルドゥスの説教のいくつかを、聴講者の「筆記録」(reportationes)によって所有している。[72]それらは非常に意味深いものである。ベルナルドゥスの心理状態のいくつかの側面――それも最も重要な側面――は、この種のテキストからしか知られない。同じく、一二世紀中頃のアドモンの修道院長の説教は、説教者自身が知らないうちに、修道女によって書き留められたが、この時代のものにしては、かなり正確である。[73]

「要録」(Sententiae)

しかし、語られた説教は「要録」(sententiae) の形式、写本では sententiolae としばしば呼ばれる形式で、われわれに伝えられる場合が非常に多い。これらは、要約ないし単なるプランを記す短いテキストであり、説教の前ないし後で著者自身によって執筆されることもあれば、説教中ないしその後で聴き手によって筆記されることもかなり多い。これらのテキストがexceptionesと呼ばれるものである。ただし、この語は、抜粋という意味ではなく、空中で「捕獲された」(excipere) テキストという意味であり、修道院的な語彙に固有の意味での「要録」(sententiae) を意味していることが多い。スコラ学においてsententia（命題集）は、討論されているテキストそのもの、あるいは「問題」(quaestio) ないし「討論」(disputatio) の結果、つまり教師の「解決」(determinatio) である。修道院の伝統においても、この語は、第一義的には、註解されるテキストを意味している。たとえば、シトー会の写本の中で、『戒律』が聖務日課における「詩編」の番号だけを列挙する箇所について、「この一節は説明されていない」(Haec sententia non exponitur) と記されている。[74] しかし、かなり早くから、またより一般的に受け入れられた意味で、sententiaは、要約的に記録された説明そのものを指している。これらの要約は、説教のプラン、声を出してなされる瞑想とも言うべき奨励のプランを取り扱うため、総じて明解である。その多くは、数で区切られた形式を取る。たとえば、「共同体には二つの壁がある。一つは内的な壁、一つは外的な壁である……。三つの善が一致を保つ。忍耐、謙遜、愛徳……。[75] 悔悛には三種類ある……。四つのことが真の謙遜を授ける……」。[76]

かくして、二つの待降節、二つの愛、二つの拍車、神の二本の足、従順の三段階、三種類の聖杯、馬、光、四匹の動物、四つのパン、告解のための四つの支障、等々がある。想像力はこの枠の中で規制されていた。以下にそのまま挙げる例は、ベルナルドゥスが『戒律』の註解に日々注いだ、機知、善良さ、観察力を示してくれるだろう。『戒律』の第一章に関して、彼は次のように語っている。

すべての修道院には、聖ベネディクトゥスが数え上げた四種類の修道士が見出される。第一に共住修道士であり、彼らは修道院の共同の戒律に従い、共同生活に従って服従の生活を営む。次に隠遁者。この者たちは、「ヨブ」記が「彼らは自らのために廃虚を建て直した」（三・一四）と語る人々であり、共同体の中で生活しつつも、誠実に、個々人の観想に専念する。次に霊的な放浪者。彼らの移り気は、読書から祈りへ、祈りから労働へと彼らを連れ回し、絶えず努力し敬虔の内に堅忍しようとする志が成果を得ることを妨げている。彼らは、霊的な倦怠（accedia）の虜になり、時にはこれをした方が良いと考え、時には別のことをした方が良いと考える。すべてに手をつけて、何も達成しない。最後に、独修者が見出される。彼らは、自分自身だけを愛し、自分の関心だけを追求しながら、二人、三人ないし四人で集まり、修道院の共同の戒律と対立する見解と規則をでっちあげ、党派と分裂を生み出し、頑なに我意と身勝手を守り、絶えず主の群れに騒動を引き起こすのである。(77)

説教のさまざまな「要点」に番号を付けるこの方法は、話そうとする当人にとっては、記憶を助ける。さらに、これらの要点があらかじめ書かれているなら、説教を書き留める聞き手のためであり、話された後に書かれるなら、それは、もっと後で改めてこの説教を考えようとする人々のためである。彼らはそこに「瞑想の要点」を見出すことになろう。

この種の「要録」の選集は数も多く、しばしば大部である。ひとまとまりの「要録」はしばしば同じ著者に由来する。たとえば、ベルナルドゥスのそれは、長い説教と一緒にされているか、(78)あるいは別々の続き物としてまとめられている。(79)さまざまな説教者の異なる「要録」が、同じ選集にまとめられることもしばしばある。さらに、これらの中には、オリゲネスの「要録」、カッシアヌスや師父たちのそれも見出される。すなわち、彼らの著作の中で、朗読に用いられた文章の要点を配列した要約である。こうした選集の多くは無名である。それらは、修道院的な知恵、いわば、平均的な修道士に共通する知恵を示している。そして、明らかにそれらは、無数の修道院で講話のさい、日々取り上げられた主題に関するありのままの見解を、われわれに提供してくれる。そうした修道院の院長は、筆記に値するような話しをする並外れた説教家ではなかった。[80] これらの「要録」すべての主要な特徴は、あまり思弁的ではないということである。それらは際立って実践的である。これらの中に、われわれは、修道院の自発的で、気取りのない良識を識別することができる。それが、最小限の文学的な形式によって伝達されているのである。この中世修道院の「要録」は、まさしく、古代の修道制の『長老たちの言葉』(Verba seniorum) を想起させる。つまり、「要録」は、それに類似し、実際、その継承である。

これらの説教は、書き方の規則にほとんど縛られず、少なくともわれわれに伝えられている形式では、前もって語られずに、執筆された説教と明確に区別される。ここでもまた、二つの種類が区別されねばならない。第一は、実際の説教とは無関係な説教である。それらは、書簡ないし書簡に挿入される形で送られるために執筆された。[81] たとえば、修道女たちに読んで聞かせる勧めを、修道士が女子修道院長に書き送る場合がそれである。あるいは、アンセルムスは、ある隠修士のために説教を執筆したが、これはこの隠修士に会うために訪れる信心深い人々の前でそれを朗読できるようにというものである。また、修道士たちの間では、互いに説教を要求し合うこともしばしばあり、その求めが拒まれることはない。書くことは、相手に喜びを与えることであると同時に、他の人々に説教をすることによって自分自身をも戒めることである。こうした種類の文書は、ある意味では、書簡のジャンルに結びつけられる。しかし、それでもやはり説教である。それらは、この文学ジャンルに一致し、第二の種類の説教とまったく同じである。こちらも書かれた説教だからである。それらは、実際の説教と関連することもありうるが、しかし、保存された形式からすると、文学的な説教である。

文学的な説教

八世紀から、共同体で朗読されるために文書化された説教の事例が認められる。だが、それらは、しばしば、より広範な読者に向けられる[82]。それらはかなりはっきりした教義的な特徴をもっている。「要録」においては、修道院長の日々の親密な教えが見出されるとするならば、文学的な説教に求められるべきは神学であり、そうした神学をもっていた人々のそれである。たとえば、ベルナルドゥスの場合、彼の教えの大部分が説教の形で明らかにされたという事実は、彼がそこで神学を提示したということを排除するわけではない。彼は、生徒の前で問題に解決を与える教師としてではなく、修道士に語りかける修道士の神学者として彼の思想を豊かに表現する。説教が「文書化された」ことの特徴は、一般的には、それらが集成になっているという事実に表われている。それらは時として典礼のための集成である。シュリのマウリティウスやその他の聖職者の場合、司祭が信者の前で読み上げることができるように説教を執筆したのと同様に、修道院では、個人的な読書、あるいは集会や食堂における公の朗読のための説教が書かれた。一例が、ベルナルドゥスの「遣わされた」(Missus est ルカ一・二六―二七) に関する四つの講話に見出される。これらはキリスト教的な雄弁の最高傑作であり、もしこれらが「信心が私に何かを書くことを命じ……」(Scribere me aliquid et devotio iubet...)[83] という非常に特徴的な言葉で始まっていなかったら、「キリスト教の説教」(chaire chrétienne) の最高傑作と呼びたい気にすらなるだろう。ちょうど、健康上の理由から、しばらく共同生活から引き離された機会に、彼は、この余暇を聖母について語る (loqui videlicet) ために役立てようと思う。そして、説教ができないので、文書で語ることになる。その結果、四つの説教から構成され、彼自身が「小品」(opusculum) と呼ぶものができあがる。これは、おそらく二つの版で順次公表されたと思われるが、第一の版は最初の三つの説教の部分しか収録していない。

説教の別の集成は、聖書の註解である。このことはベルナルドゥスの『雅歌講話』に何よりもあてはまる。[84] この長大な教義的著作は、修道士たちの前で語られたと思われる表現そのままで書かれてはいない。そのテーマは大部分が修道院的であるが、その内のいくつかは明らかに修道士に向けられたものではない。たとえば、野心に満ちた聖職者に対する悪口は修道士には無関係であった。これらの説教のうち二つは、教理に関する外部からの相談に対する明確な応答である。すなわち、ベルナルドゥスは、そこにおいて、シュタインフェルトのエーベルヴィンが彼に報告したラインラントの異端を逐一論駁する。[85] その頃、手近に、同じぐらい危険な異端がいるのだが、彼はそれについては語らない。ベルナルドゥスが「雅歌」についてまったく説教しなかったというのではない。彼は説教したし、実際、それはしばしばなされた。しかし、それがどのようであったかを、われわれが知るのは、『雅歌講話』でも『小註解』においてでもない。後者は、その文体からして実際の説教の要約であり、『雅歌講話』はこれを展開したものである。[86] 同じく、ホイランドのギルベルトゥスが「雅歌」に関するベルナルドゥスの未完の註解を継続しようと企てた時、彼は、かつて修道女のために起草した説教を再利用することで、それらを書き改め、ついで、実際になされた説教とは無関係に、その続きを新規に執筆したのである。[87] 口頭の説教とわれわれに伝えられている書かれた説教の刊本との間には、中間、つまり「書く行為」が存在する。さらに、それには二つの段階が存在することもある。説教は必ずしもその著者自身によって書かれるとは限らないからである。たとえば、ベルナルドゥスの場合、彼自身が全面的に書いたものと、多かれ少なかれ彼の検閲の下に、彼の「書記たち」によって書かれたものとを区別しなければならない。「ベルナルドゥスの説教」のいくつかのシリーズは、「ベルナルドゥス学派」と呼ぶことができるようなものに属している。つまり、ベルナルドゥスの生前ないし死後に彼の弟子たちが作り上げた作品である。これらのテキストは、真にベルナルドゥス的であるという意味で、彼の教えをわれわれに伝えてくれる。しかし、それらは彼の文体をある程度しか示していない。われわれがそこに見出すのは、彼の思想であって、表現の仕方ではない(88)。

さらに、ベルナルドゥスの書記たちの何人かは、綿密に彼を模倣したので、かなり早くから、彼らが書いたものとベルナルドゥスのそれとが混同された(89)。この書記たちの介入は、われわれの手元にあるいくつかの説教が二回ないし数回の異なった編集によるものであることを説明する(90)。このことを理解するためには、dictareという語の中世における意味を思い起こさなければならない。それは、今日この言葉に与えられるような意味、また教父の時代もそうであったような意味(91)、つまり「口述」を意味するのではない。それは、文学的な作品を組み立て、書き留め、作り上げることを意味している。彼らは、声を出して読んだように、声を出して書いていた。それゆえ、著者は、彼が書き記すことを自分自身に口述していた。その手で文字を書き記すとおりに、自分自身に語ったのである。アルクイヌスの表現を使うなら、舌が手に口述するのである(92)。このdictareは、また文書作成の連続的な段階を示していた(93)。まず、蠟板に文書の下書きを書き込む。ついで、読み直され、訂正され、その後で、決定稿が「書き留められる」。著者自身がこれを行なうこともあるが、清書したり口述筆記する専門の書記によってなされることも多かった。

それゆえ、dictareは著者自身の作業である。彼は、dictator、つまり創作者、詩人であり、ドイツ語のDichter（作家、詩人）という言葉はその名残りである(94)。またdictatorはしばしばversificator（詩作者）と同義語である(95)。他方、写字生は、「書き記す」者、つまり「書記」（notarius）である。彼は、著者の作品を文書化するのである(96)。

われわれは、dictamenという語が、一二世紀後半から、しだいに書簡執筆の技法を意味するようになり、さらに、何であれ文学的な作品の作成の技法に適用されたことを知っている。モンテ＝カッシーノのアルベリクス（一〇三〇頃－一一〇五年以降）の『文章論要説』(Breviarium de dictamen, Dictamen radii）には、『修辞学詞華集』(Flores rhethorici）という表題もある。それは、アウグスティヌス、ボエティウスから引用された範例、しかし、主に古典の著作家からの範例を用いて、proprietas, colores rhethoriciとも呼ばれる「言葉と文章の彩」(figurae verborum et sententiarum）を説明する。つまり、文章を「修飾する」ために役立つであろうすべての規則と手続きを説明するのである。[97] 説教も含め、すべての文学ジャンルに適用されるのが、これらの規則である。

修辞学と誠実さ

以上の事実確認は、修道院文学が提起する問題のうちでも最も重大な問題を提出する。もしこれらの説教がすべて書かれたものであるなら、それは規則に従ったものであり、もしすべてが文学であるとするなら、そこにはなお自発的で、生命力をもった、誠実さが残っているのだろうか。それらを読むことは拒絶すべきではないのか。決してそうではない。ただし、それらの読み方を知らなければならない。もし読者が、著者と同様に、修辞学の要求に同意するとしても、修辞学が付け加えるのは美だけである。そして、この美は、修道院の優れた説教家たちがさまざまな手続きを用いた、その見事な腕前そのものの中に、最高度の自由の中に、姿を現わすのである。彼らは修辞学の奴隷とはならず、そのことによって、彼らは、その時代を中世の最後の偉大な古典的時代にしたのである。修道院の世界の外では、またこれ以降、説教は、少なくとも修辞学と同様に弁証論理学によって規制されるようになる。説教は極端なまでに論理的に構成されるが、しかし、講話というよりも、むしろ討論における質疑に類似するようになる。それらの規則は「説教の技法」（ars praedicandi）に関する膨大な文献において体系化される。スコラ学において、説教の技法はしだいに緻密で複雑になる。たとえば、説教の技法に関するある手引き書は、「説教を長くする」ための手口を一八も教えている[98]。その結果、極めて明晰で論理的な説教になり、それらは教理的であり、また時として文体ないし神学的な質に欠けることもないだろうが、しかし、どれ一つとして、今日もなお読むに値するような卓抜した作品ではない[99]。碩学の一人は次のように述べている。「スコラ学者は教授である。彼らの説教もまた、トマス・アクィナスのそれのように、スコラ的となろう。そして教会は彼らのうちの最も偉大な人々を『教父』としてではなく、『博士』として遇することになるだろう[100]」。そこで、彼らが力量を発揮したのは、説教の領域ではなかったのである。

伝統的、修道院的な説教から技巧的な説教への移行は、一二世紀の後半に起こった。この時代の後でも、多くの修道士は説教の修道院的な流儀に忠実に留まっている。しかし、その時以降、二つの方法——説教に関する二つの異なる構想を示す——の対照性は、ガウフレドゥス・バビオン（一一五八年歿）のような修道士の説教家とペトルス・コメストル（一一〇〇頃–八七年）のようなスコラの説教家との比較から明確になる[101]。「一二世紀の終わり頃、寓意（アレゴリー）が終焉を迎えるにはまだ程遠いが、聖書の読解には、よりいっそう字義通りの解釈が用いられるようになっていた。さらに、同じ頃、寓意は、より直接的に諸感覚と想像力に訴えかけるために、純粋に神秘主義的な性格を喪失していった。そういうわけで、二つの傾向が登場してきた。一つは、民衆への説教の発展によるもので、もう一つは学校の飛躍的な発展によるものである。後者は説教に抽象的な性格を与え、それがあまりに抽象的であるため、霊的な事柄が思弁的な思索の背後に消えてしまうように思われることもあり、また、現実という陸地を離れることにより、説教者が空しい言葉遊びにふけることもある[102]」。

修道制においては、教会教父、とりわけアウグスティヌスの卓抜した模範に倣い、彼らの忠告、特にグレゴリウスが『司牧規則書』で、またアウグスティヌスが『キリスト教の教え』第四巻で示した忠告に従うことで満足する。技巧は最小限に留められる。それは、古典の修辞学が与えた役割以上のことは果たさず、雄弁が雄弁を嘲笑し、技法がインスピレーションに取って代わることはないのである。

修道院の説教は文書の修辞学による作品である。対象とされた読者が聴衆でもある。彼らのために、雄弁の本義、定義そのものである流暢な語り口が心がけられた。書き手は彼らを念頭におき、彼らは書き手にとって刺激剤である。そこで、この聴衆の要求を満足することが求められる。すなわち、アウグスティヌスがキケロに倣って勧めたように、彼らを教化し、勧告し、それでもなお彼らに気に入られるようにするために、彼らの好み、彼らの文学的な教育に適合させられたのである。[103] 修道院の著作家たちは、自発的に、自分たちの著作に演説の性格を与える。このことは、当然のことながら、彼らが用いるさまざまな手段を決定する。すなわち、韻、対句法、頓呼法、そして詩節すらもある。ベルナルドゥスは、普段は技巧的かつリズムのある散文を書くが、激しい昂揚に駆られると、力強い霊的な飛躍の中で、パウロの書簡やアウグスティヌスの『告白』に見出されるのと似た讃歌、栄唱を歌い出す。[104] 彼が書く場合——彼は本質的に著述家であり、この意味で文学者である——彼は、常に誰かのために書き、常に誰かを対象としており、あたかも語りかけているかのようである。彼の演説家としての才能が思う存分に発揮させられるのである。どのような文学的な著作においても、彼は、演説家、より正確に言うと、キリスト教的な演説家であり続ける。彼は、説教家であり、聴衆を必要とする。彼は、自分の内的な熱意を解き放つために、自らを表現することを必要とし、自分の愛情を伝えねばならず、それを表現することで、彼もまたより一層情熱的にそれを感知するのである。常に、だが、とりわけ説教を作成するとき、彼の文体は演説の文体である。ベルナルドゥスは、決して聴衆を抜きにして考えることはない。聴衆は、彼も承知しているように、非常に広範囲にわたり、クレルヴォー修道院の共同体だけに限定されることはない。しかし、ベルナルドゥスは、演説家であるがゆえに、普遍的な博士である。彼のメッセージは、すべての人々に向けられてはいるが、個人的な性格を保っている。彼は、思考し、祈り、苦悩し、希求し、そしてすべての人に対し、彼らもまたどのように神を愛すべきかを語ろうとする生身の心をもった人間である。彼の書簡、説教と論考において、書かれた文体は語られた文体のままである。ベルナルドゥスは、演説家であることをやめることができないからである。

彼は、他の多くの人々の心理を例証しているだけである。彼と同様にすべての人々にとって、技法と誠実さは調和する。技法の果たす役割は、適正で、必要不可欠ですらある技巧的な手段という点にあり、その完璧な模範を伝統が提供していた。これらはスコラ学においては常套的な手段となるだろうが、修道制においては、それらもまた、古典と教父たちから汲み取られた文化的な深みのゆえに、自発的である。古代の演説技法の模倣は、彼らの場合、聖書の模倣と同様に自発的である。この模倣が自発的であるがゆえに、それらは決して「研究」の対象ではなく、無視され放棄されることもありえた。これについては、すでに次のように言われている。「われわれは、この非常に教養のある教会人の人文主義を賞賛するが、しかし、それに劣らず注目すべきことは、彼らのうちのある者たちが自分たちの文体を、彼らの文化の中に受け継がれ、しばしば記憶に強く刻み込まれている借り物の美で飾ることを放棄できたということである。彼らの敬虔がその傲慢な性質を和らげるのである……」[105]。また、彼らの説教において、技法の役割が誠実さを脅かすことはない。誠実さの役割は、これらのテキストを極めて読みやすくし、受け入れやすくさせる純朴さである。われわれは、修道院の著作家たちが、スコラ的な説教を支配することになる定まった規則から自由であることを感じ取る。修道院の説教家の表現手段は、その本質的な点において、あらゆる時代の修辞学に妥当する表現手段である。それらは、ある特定の環境ないし時代における、洗練されているが、すぐに時代遅れとなるような修辞学の表現手段ではない。「現在的であろうとする心理的な諸要求、真理を獲得し、それを束の間の言語で表現したいと多くの人々が感じる必要性は、この世から退いた観想的な人々には影響を及ぼさない。それゆえ、教父の説教を動かしている霊性は、盛期中世の説教の霊性ほど、古びることはなかったのである」[106]。スコラ的な説教の技巧がすでに複雑化した時代においても、なお修道士は純朴なままである。彼らは統一されている。彼らが好んで語ったのは、修道士（monachus）という言葉が彼ら自身の中で実現している統一（monas）を表現しているということである[107]。魂のこの純朴は、神が彼らの文体に顕現することだけを希求する。彼らが、技法の追求と神を求めることの間に、修辞学と彼らの召命の本質である自己超克の要求との間に、文法学と終末論的な希求との間に、実際上の葛藤を感じることはない。修辞学は彼ら自身の一部になっているのである。そして、彼らは、二重人格に陥ることなく、十全な一人の修道士として留まりつつ、その誠実さを表現することができるのである。

修道士の書簡執筆

書簡もまた修道士に非常に愛された文学ジャンルの一つだった。この文書による交流の仕方は、規則に定められた沈黙、定住の義務、修道院禁域の生活と調和していた。さらに、それらもまた長い伝統に根ざしていた。ベネディクトゥスは『戒律』において、同じ修道院の修道士たちが互いに書簡を遣り取りし合うことを想定していたように思われる。ただし、彼が指示することは、それらの書簡が修道院長の許可を経て受取人に手渡されることだけである（五四・一）。古典作家たち、ついで教父たちがこのジャンルの模範を数多く残していた。前者の中ではキケロとセネカ、後者の中ではヒエロニュムスが、この技法の偉大な教師であった。ところで、修道士たちが書簡を送ることができたのは、とりわけ死亡の際に、修道院の間を連絡していた「郵便業務」のお陰である。そうした場合、「巻物」(rotuli) と呼ばれる死亡通知状が他の修道院に配送された。この「巻物の使者」(rolliger) は、運搬の際に、同時に口頭の消息と書簡も伝えた。(108) この通知状は細長い羊皮紙に書き写され、末尾は広い余白になっていた。全部が筒状に巻かれると、巻物は特別な使者に託される。彼は、祈りによって交流していた修道院のすべてに、それを回覧するために出発する。それらの修道院は、しばしばかなりの数に上った。この巻物の使者は、死亡通知の書簡を入れた木製ないし金属製の筒を腰に下げて出立した。彼は指定された宛先を順々に訪れていった。訪れる先では、彼の到着を知らせる鐘が鳴り響く。すると修道士たちは、修道院、あるいは集会室、多くの場合は教会に集合した。われわれは、いくつもの修道院における書簡の受け取りの儀式を知っている。まず、使者は祭壇の前に身をかがめ、共同体に挨拶をし、ついで内陣の中央に巻物を広げる。若い修道士がそれを取り上げ、朗読を担当する聖歌隊員に示す。そして、通知状で求められている祈りが始まるのである。

　使者を他の修道院に向かわせる前に、彼には食事と休息が与えられた。死亡通知の書簡の末尾にもうけられた余白には、受領書の代わりとして、弔辞ないしその修道院の消息が書き加えられた。羊皮紙がそうした文言で一杯になってしまうと、さらに追加の羊皮紙が縫い付けられた。この文書が回覧されるに従って、さらに別の羊皮紙が付け加えられていった。この旅行はかなり遠隔地に及ぶことがしばしばあったからである。ガンのサン＝ピエール大修道院の古い巻物は、長さ一九メートル三〇センチを下らない。そしてこの長さは踏破された道のりに応じている。使者が五二四もの修道院を訪れたからである。通知状に付加された受領書のために、二八の追加の羊皮紙が縫い付けられねばならなかった。使者は一六か月近くもの間、修道院を巡り歩いたのである。サン＝バヴォンの巻物は、三〇メートル二五センチの長さである。追加の羊皮紙は五〇、二〇か月の旅程である。中世のヨーロッパには、こうした無数の修道院の郵便物が縦横に往来していたことを想像しなければならない。

もし書簡の内容を理解しようとするならば、それらが、物理的な点から、どのようにできあがるのかということも思い起こさなければならない。[109] 書簡の執筆は、とりわけ、執筆者が専門的な写字生でもなく、また「書記」(notarius) もいない場合には、常に時間と努力を要した。書簡執筆という行為を示すために用いられる表現そのものが、このために勇気をふるって時間を割かねばならないことを物語っている。書簡は彫られる。あたかも羊皮紙を「打ち叩く」(cudere) ように、彫刻されるのである。また地面を耕し、「掘りかえす」(exarare) かのように、書簡が羊皮紙から掘り出されるのである。羊皮紙は、丹念に下ごしらえをした後でも、鵞ペン、葦ペンをはねつけようとするからである。個人的な書簡のために使用される「羊皮紙片」(schedulae) は、多くの場合、反古同然のものでなければならなかった。それらの品質は、写本室で作成される写本、証書や公文書のために、巧みに整えられ、保管された皮の品質と同等ではない。したがって、羊皮紙片の寸法が書簡それ自体の長さを決定することもあった。羊皮紙の尽きる所が、心情の吐露に終止符を打ったのである。書簡は冗長でも、短すぎてもいけない。けれども、「書簡のジャンル」(modus epistolaris) は、書物と異なり、簡潔さという特徴を保持していた。これは明らかに文学的な伝統の要求の一つであったが、実際的な必要性でもあった。使用する素材が稀少で高価であり、節約されていたからである。

書簡の執筆は、出費と労苦を同時に伴っていた。それは常に、ちょっとした事件であり、書簡を受け取ることも同じであった。書簡は、その価値が評価される贈答品の一つであった。どれだけの費用がそれにかかるかが分かっていたからである。したがって、個人的な書簡ですら、ほとんどの場合、一種の公的な性格を帯びていた。通常、書簡の内容は幾人もの目に触れ、耳に達し、そして受取人はそれを知らせる責任を負っていると見なされていた。このため、差出人は、両者の間では了解済みの事柄を、宛先人に語ることになる。彼が書いたことを他の人々が読むことを見越しているからである。修道院共同体の一員が友人から書簡を受け取ると、ただちに全員にそのことが知らされた。それは人から人へと渡り、あるいは共同体の中で朗読され、すべての人々から賞賛されることすらあった。書簡の執筆は、その結果が多かれ少なかれ複数の評価の目にさらされることが分かっているために、骨の折れる仕事であった。それゆえ、ほとんどの場合、差出人は公開されることを心積もりとしていた。こうしたことから、多くの書簡は、文学的な性格と実際的な性格を同時にもっているのである。最も通常の書簡を執筆する場合は、「書簡のジャンル」(modus epistolaris) が定める規則に従ってなされた(110)。それは、特定の構成を要求する。古典古代から受容された伝統に従って、書簡は以下の部分から成り立っている。「挨拶」(salutatio)「前置き」(exordium)「叙述」(narratio)「依頼」(petitio)、そして「結び」(conclusio) である。全体は修辞学的な文彩によって修飾され、多かれ少なかれリズムをもった文体で表現される。

一二世紀の後半から、書簡執筆の技法は、しだいに正確さを増し、体系的に規則化されることになる。この「書簡の技法」(artes dictandi) において、やがてこの技巧は「説教の技法」(artes praedicandi) のそれと同じく複雑化することになる。修道院においては、この点でもまた、修道士はなお一層の純朴を守っていた。彼らが古い伝統に依存しないことはまれであった。彼らは、伝統が描いた規範に従い、それが区別した書簡のさまざまな種類 (genera epistolarum) を尊重し、それが残した模範から着想を得ていた。「書簡の技法」(dictamen) は、数多くの厳密な規則よりも書式の範例から成っている。文学的な技巧には、それ自身の要求があるが、しかし、他の何にもまして、それは霊的な生活の自発性と調和していた。このことを確かめるには、彼らの書簡に親しむだけで十分である。修道士の書簡の多くは、無名の修道士や二流の執筆者によって書かれているが、シャルトルのイヴォ、ブロワのペトルス、ソールズベリのヨハネスなどの修道士ではない偉大な書簡執筆者たちのそれよりも、はるかに躍動感があり、内的な生命がある。修道士の書簡において、他の書簡とまったく同様に、技法、いや技巧を凝らしているとしても、それは虚構の書簡ではない。それらは、ただ美しい書簡であり、そこにおいては、文学が定める形式の中で自発的な感情が流れ出している。したがって、これらを読む場合には、常に、その文学的な面を考慮しなければならない。さらにまた、中世のテキストを真剣に取り上げることは、必ずしもその表現をすべて文字通りに捉えることを意味するのではないということを、ここで繰り返さなければならない。

もし書簡文学を考慮しなかったなら、われわれは、修道院の環境、その充実した生活、その心理を本当の意味で理解することはできないだろう。ベルナルドゥスは、彼の説教と同様に書簡においても、彼自身を明らかにしている。彼の書簡の数は非常に多く、また、「小品」と呼ぶことができるような作品であり、長い論考でも荘重な説教でもないが、しかし、われわれは、疑いなく、これらによって修道院の雰囲気の中に最もうまく入っていくことができるのである。確かに、多くの書簡が失われ、未刊行のものも多く、また最近出版されたばかりのものも多い。そして、われわれは、修道院の平均的な環境について熟知しているという幻想に対しては、用心しなければならない。それに関する証言の大部分は、われわれの手元にない。少なくとも、修道士の書簡ほど潤沢な文学ジャンルの場合——このことは、すべての修道会、少なくともシトー会の場合でも他の修道会と同程度に妥当する——われわれは、保存されたさまざまな書簡の事例が想像させるよりはるかに、このジャンルが活用されていたと推定することができるだろう。にもかかわらず、書簡は、修道生活のほとんどすべての側面を描き出すことを可能にしてくれるどころか、そのいくつかの側面は、書簡によってのみ、われわれに知られるのである。

書簡の種類

そこで次に、これらの書簡の主な種類を、簡単に特徴づけなければならない。それらは多様である。その第一は「召命の書簡」[111]である。修道士――しばしば若い修道士――が自分の新しい境遇に対する讃嘆の念に満たされて、昔の自分の学友たちをそこに誘うために、次のような書簡を送る。「私が修道院にどれほど満足しているかをあなたがたが知ったならば」、そしてここが要点だが、「あなたがたもすぐさま同じ生活を分かち合うだろう」と書き記す。ベルナルドゥスの時代にクレルヴォーの一修練士は、学校で知り合った聖職者に、彼らのかつての友情を思い起こさせ、「われわれが学生であったとき、貴兄は私のそばを離れなかった。貴兄はまだ同じ気持ちでいるだろうか」と述べる。そして、彼はこの短い手紙を「もし私がランスの大司教になっていたとしたら、貴兄はとっくに私に会いに来てくれていただろう。クレルヴォーの修練士を訪れることにどうして躊躇するのか」という言葉で締め括る。これらの文書のいくつかは、実際に語られなかった説教があるのと同じように、本当の書簡ではないかも知れないし、明らかに、発送されることのなかった書簡もある。しかし、そのようなものでも誠実な書簡である。それらは、自分の召命の動機を明確にし、思い起こすことを目的として、自分自身のために書かれ、書くことによってその動機を瞑想したものかも知れない。あるいはまた、学校ないし修練所の練習問題であるかも知れない。つまり、修練士の学校教師ないし指導者が、小論のテーマとして「友人を修道生活に導く書簡を書きなさい」と提示したかも知れない。こうしたすべての場合において、この文書のジャンルは、修道士が彼らの召命と生活そのものについてどのような理念をもっていたのかを、われわれに示してくれる。

奨励、慰めの書簡、今日のわれわれが言う「指導」の書簡。これらの多くは、エセルマー[112]、ベルナルドゥス、ペトルス・ウェネラビリス、ペルセーニュのアダム、その他大勢の修道院長の書簡集に見出される。

教義的な相談の手紙。オベリヴのギヨームとリュ・デュー修道院長との往復書簡のように、論争となっている問題に関する応答[113]。

業務上の書簡。フェカンの修道士がイングランドにおける彼らの所領の件を取り扱ったものがそれであるが、そこでは個人的な、それどころか、心に秘められた事柄に関する考察が経済的な利益の問題と混在している[114]。

推薦の書簡。これは、われわれが絵葉書や名刺に書きつける言葉のように、非常に短い。その短さは必ずしも魅力を欠いているということではない。これらのうちの多くは、それらが書き留められた紙片（chartula）が小さすぎたために、失われた。けれども、ベルナルドゥスによる、この種の見事な短信が発見されている。教皇エウゲニウス三世（在位一一四五―五三年）に宛てた一行の書簡である。そこでは、わずかな言葉で、候補者の若さ、道徳的な品行、知的な才能、良い評判のすべてが語られる。「閣下の下にお送りする若者は、人々が言うとおり、慎み深く、年のわりに教養があります。その他の点でも有望です」（Mittimus ad te iuvenem pudicum, ut aiunt, litteratum pro aetate. Cetera sunt in spe）[115]。愛徳に溢れる賛辞――そして、何という賢明さ。最後の言葉には信頼がにじみ出ている。

ついに天上のエルサレムへ赴こうとする幸福な修道士に対して、立派な死を迎えるよう励ましと祝福の辞を記す書簡。セルのペトルスが死の床にあるアンシン修道院長アルヴィススに送ったすばらしい書簡のおかげで、われわれは、この修道院長の最期の時に関して、彼の後継者が記した、美しさでは劣らない物語を手にしている[116]。

死亡通知の書簡。そこには修道士の死に関する教えのすべてが記されている[117]。

書簡における友愛

最後に、修道生活のすべての段階で、友愛の書簡は、潤沢であり、書簡を受け取る者に喜びを与えることだけを目的としている。これらは、すでに列挙した書簡の種類と一致することもあるが、しかし、多くは、特定の意図をまったくもたず、何らかの具体的な目標をもっていない。これらの書簡は、親戚、世俗で生活する友人に送られ、「書簡による訪問」と呼ばれた。書式に関しては、他の修道会と同様にシトー会でも、その見本が提供されている。(118) しかし、概して、これらの友愛の書簡は修道士のあいだで交わされる。(119) それらは、自分がいる修道院の同僚に宛てられることもあれば、遠隔の同僚の場合もある。また子供の頃の友人、かつての学友、生活の事情から離れて暮す親しい人々の場合もある。とりたてて書くことがないのに、書簡を書こうとする場合には、祈り、教化的な考察、論文を交わす。(120) ペトルス・ダミアニは、二回、モンテ・カッシーノの修道院長デジデリウスと修道士たちに書簡を送ろうとする。どういう話題にしようかと思いあぐねた末――最初の書簡で彼が認めているように――彼は、使徒たちの図像において、なぜペトロが左に、パウロが右に置かれているのか……を吟味することにする。(121) 二通目では、彼はさまざまな動物の象徴的な意味を修道士たちに適用する。(122) けれども、多くの場合、修道士たちは着想に困ることはない。同じ理想における一体感、神への同じ希求を表現する心情と高揚を、気兼ねなく吐露するのである。

確かに、愛情を表明する際には、修辞学も役割を演じる。それでも、修道院的な環境の外で執筆された友愛の書簡におけるよりも、一層利害を離れた友愛が修道士の書簡には認められる。もし同時代の書簡文学全体を考察するならば、対照性は明らかである。修道士の書簡において友愛がかなり広い場所を占めていることは、修道生活そのものの中で友愛に与えられた役割を明らかにしている。古代から中世にかけての友愛の歴史に、修道院的な友愛を位置づけることにより、その歴史を辿ることはここでは必要ない。(123) 民族大移動の後、文学からほとんど消え去ってしまった友愛の形態を再発見することに、最も貢献したのが修道士たちであることを指摘するだけで十分であろう。

純粋で利害を離れた友愛、それは奉仕を要求することにあるのではない。封建的な諸関係の発展は、法的なつながりでしかない友愛（amicita）の形態が出現することを促した。多くの書式集において、数多くの種類の友人が挙げられているが、それらは友人同士のあいだで要求できる奉仕の重要性に応じて異なっている。下心なく愛し合うこと、互いを喜ばせるために書簡を交わすこと、あるいは物質的な利益を要求することなく互いに益をもたらすことが学び直されねばならなかった。カロリング期以来、多くの修道士がそのことに卓越していた。一二世紀における修道院の偉大な飛躍の時に、ベネディクト会とシトー会の書簡執筆者に最も多く見出されるのがこうした友愛の書簡であるとすれば、それは神と隣人への愛が彼らの生活の中心だからではないのか。それはまた、アニアーヌのベネディクトゥス[124]からリーヴォーのアエルレドゥス[125]に至るまで、彼らの教えの心臓であり、彼らの最も示唆に富んだ論考の主題であった。それゆえ、文学は修道院的な魂の最も深いものを映し出すのである。

修道院の「詞華集」

最後に、修道制が発明したわけではないが、しかし、他のジャンルと同様に、特有の性格を与えたジャンルがある。「詞華集」（florilegium）である。修道士が発明したのではないというのは、このジャンルが、教育上の理由から、ギリシアおよびラテン古代においで、すでに用いられていたからである。[126] しかし、修道士たちは、多くの場合、学校の場合とは異なる用い方をしていた。修道院でも都市でも、文法学の学校には、著作家たちから採られた範例集があった。古典から、あるいはそれよりも多く、教父と公会議から取られた抜粋集、いうなれば「諸権威」（auctoritates）という武器庫に訴えたのは主に都市の学校であった。当時、彼らは、教理の研究のため、「問題」（quaestio）と「討論」（disputatio）に活用するために、緻密かつ正確で役に立つ抜粋を求めていた。このようにして、教師ないし生徒は、論証と証明の際にいつでも調法する土台を作り上げたのである。これらの集成は、今日のデンツィンガーやルェ・ド・ジュルネルのように、研究活動を容易にした。多くの写本を使いこなさねばならない手間を省いたのである。したがって、これらは何よりも知的な作業の道具であった。

他方、修道院の詞華集は霊的な読書の成果である。修道士は、自分たちが味読したテキストを、余暇に味わうため、そして新たに個人的な瞑想の対象とするために、書き写していた。したがって、この詞華集は、聖なる読書(lectio divina)から生じただけでなく、そのためのものでもあった。この観点からすると、選択されたテキストも学校で必要とされたものとは異なる。[127]われわれの手元には、こうした種類の集成が数多くの写本で残されている。七世紀のリギュジェのデフェンソルから一三世紀初頭のフロワモンのヘリナンドゥスに至るまで、多くの修道士が、個人的な使用のため、あるいは食堂や講話(collatio)での共同体の朗読のために、[128]これを編纂した。それらのうちのあるものは、広範囲に流布した。

これらの集成は、しばしばSententiae、あるいはまたExcerptiones、Excarpsaという表題をもち、さらには、ここから派生して、Scarapsusとも呼ばれた。しかし、「火花の書」(Liber scintillarum)あるいは「詞華集」(Flores)、「落花集」(Deflorationes, Defloratiunculae)といった、より詩的な名称で呼ばれることの方が多かった。選ばれた花々の色は良い品行を描く。[129]蜜蜂が蜜を漁るように、人々はそこから素晴らしい滋養を得る。[130]そして各々の著者は、独自に、この花の象徴を展開する。この花束はさまざまである。中世的なメタファーを使用するなら、この花束から嗅ぐことのできる芳香そして吸い取ることのできる蜜は、著者が摘み取り、集めてきた花壇によって異なる。詞華集はその構成、しかし何よりも、その源泉と対象によって区別される。源泉は単独の著作家の場合もあった。たとえば、大グレゴリウスの抜粋集はかなり多い、いや、疑いなく最も多い。グレゴリウスのテキストは、何にもまして観想的な祈りを促すからである。しかしまた、ヒエロニュムス、アントニオス、ネイロス（四三〇年頃歿）、イシドルスのテキストからの収集もなされた。何人もの著者たちから採った一連の抜粋が続くこともある。また、編纂者が、多かれ少なかれ自分の文章を加えることもある。つまり、自分自身の瞑想によって喚起された思い、願望を、読書の対象である教父たちのテキストに挿入するのである。構成は、瞑想と同様に自由である。体系性がないことを強調するために、まったくの便宜上、百といった章番号を採用した著者も一人だけではない。たとえば、証聖者マクシモスは『愛についての四百の断章』（Capita de caritate）、フォティケのディアドコス（四八六年以前歿）は『霊的な完成についての百章』（Capita centum de perfectione spirituali）を著わした。スマラグドゥスは彼の『修道士の冠』（Diadema monachorum）[131]において、あるいはウォルター・ダニエル（一二世紀）[132]も同様の数字を守っている。他の人々のテキストを選択する方法においてすらも、論理的な整合性とは相いれない自由な着想の要素をもっているのである。

読書と観想

修道士たちは、スコラ学に由来する「命題集」（sententia）を所有すること、書き写すことは拒まなかった。彼らは、そこに教父たちのテキストとそれらに関して教師たちが説明した教えを見出した。しかしこの点でもまた、いわば本能的に彼らが好んだのは、その教育法が非常に鮮明に伝統的な性格を示していた学校のそれである。一二世紀の修道院図書館に所蔵された最も代表的なスコラ学のテキストは、ランのアンセルムス、シャンポーのギヨームそしてサン＝ヴィクトルのフーゴーの著作である。[133]この教師たちは、律修参事会員であり、彼らの禁域での生活は修道士たちのそれと似ており、その教説も「厳密に教父的」である。これと対照的に、アベラルドゥス、ギルベルトゥス・ポレタヌス、そしてカンタベリーのアンセルムスさえも含む人々、要するに、その著作が弁証論理学による知的な探求への関心をかなり露わにするような人々に対して、修道士は「無言の抵抗」という姿勢をとる。彼らは決して闘争を挑むことはないが、それらを読むこと、書き写させることは控える。彼らの選択には深い意味合をもった傾向がある。彼らがランの学校の命題集を利用するにしても、ベネディクト会ないしシトー会の写字生がランの学校の命題集をサン＝ティエリのギヨームやベルナルドゥスの著作に混在させるにしても――彼らの著作からの抜粋は驚くほどランの命題集と類似することがしばしばある――それは、テキスト全体がやはり教父の源泉に依拠しているからである。

在俗聖職者の便宜のために心を砕いた修道士たちもいた。一二世紀に、ザンクト＝ブラージエンのヴェルネルス（一一七四年歿）は、言うなれば、典礼のための司牧的な説教に腐心し、教父のテキストと最近の著作家たちのテキストからの抜粋を、教区司祭の説教のために提供する。[134] しかし、大部分の時代、修道院の詞華集は、今日言われているように、修徳修行および神秘主義的な性格を帯びている。修徳修行に関わる詞華集は、その義務への自覚を呼び起こし、神秘主義的な詞華集は、祈りへと誘い、神の現存に集中するよう励まし、観想を豊かに育む。後者の部類に関しては、修道院的な中世が生み出した最も美しいテキストのいくつかをわれわれは所有している。フェカンのヨハネスの『小祈禱書』の場合、彼の言葉と教父の言葉とを見分けることは難しい。それどころか、彼の言葉のすべてが同時に教父の言葉なのである。彼自身も「私の言葉は、教父たちの言葉である」（Dicta mea, dicta Patrum）と明言している。しかし、われわれの手に渡る前に、これらの教父のテキストは、熱心で勤勉な読書、祈りともいえる読書において、すでに味読されていた。[135] 神への希求によって育まれ、「心の口蓋によって」（in palato cordis）賞味された「熱烈な読書」（lectionis igne）から出てきたこれらのテキストは、彫琢され、光沢を与えられ、さらに新たな甘美さを加えられて豊かにされるのである。それらはじかに消化吸収できるものである。それらは努力を要求せず、ただ同意することだけを求める。そして今度は、これらのテキストもまた、それらが生み出された時と同じように、愛の情熱によって頻繁に取り上げられ、繰り返し読まれる対象ともなりうるのである。アルクイヌスは「繰り返し読み直すこと」(Saepius relegere) を勧めた[136]。フェカンのヨハネスは「日々読み返し、読んだことを心の中で思い巡らしなさい」(Cotidie lectitare et lecta frequenter in corde revolvere) と助言する[137]。教会が倦むことなく同じ式文、一五〇編の詩編を繰り返す典礼による祈りの生活に育まれ、修道士は、惰性に流されることなく、聖書と教父のこの上なく美しい言葉を記した頁を読み返すのである。読書と祈りとが一つになった詞華集は、何にもまして修道士の心にふさわしい瞑想の型を提供する。これには方法などというものはない。それゆえ、さまざまな世代の観想者が、そこに彼らの糧を見出し、果てしなくそれらを書き写しながら、ほとんどの場合、その著者を知らないということも理解できる。もはや誰彼の言葉ということではない。名を秘した「教父たちの言葉」(dicta Patrum) になるのである。そして間もなく、とりわけシトー会の修道院において、こうした詞華集に「最後の教父」ベルナルドゥスからの抜粋が付け加えられた。これもまた「特に観想的な生活を愛する人々のために、聖書と教父の言葉を集めた小冊子[138]」というこの詞華集の表題と合致していたからである。

第九章　修道院神学

すべての修道士が書物を読む者であった。その中には著述する者もいた。後者の中で、何人かは教説を提示し、他の者たちがそれを受け入れた。今からわれわれが特徴づけを試みなければならないのはこの教説である。スコラ学者の場合と同様に、修道士たちの著作がすべて神学的な性格のものであったわけではない。また、執筆に携わった者たちであれ、彼らのテキストを読んだ者たちであれ、修道士たち全員が神学者だったということもない。しかし、すべての修道士が、彼らのうちの幾人かの作品の中に神学というものが出現することを可能にし、必要とするような環境を作り上げたのである。神学者たちの中にも彼らの著作の中にも、修道院の読み手を対象としたある神学が存在した。それはこの読み手のために構想され、執筆されたからである。この神学は彼らの必要に応じ、彼らの要求を満たすものであった。こうした理由から、この神学は「修道院神学」と呼ばれてきた。

修道院神学の存在

修道院神学の存在は、中世の人々によって認められており、また今日の歴史家によっても再確認され始めた事実である。(1) しかも、それは教父神学の延長であることが、次第に明らかになってきている。(2) すでに九世紀、アニアーヌのベネディクトゥスが、「信仰の定式化」を意図して、伝統的な証言を収集していた。(3) 八〇六年にはライヒナウのレギンベルトゥスが主の祈りと使徒信条の註解集をまとめ、同様に、「教義の手引き」「ライヒナウの神学教育の手引き」[4]と呼ぶことができるようなものを作り上げた。同じ時代のラバヌス・マウルス、プリュムのレギノ（八四〇頃―九一五年）、エーベルスベルグのヴィリラムス（一〇八五年歿）は、今日、「ベネディクト会の神学者」[5]と呼ばれるような人々である。この神学は、その後も展開した。その特徴はどのようなものであろうか。それは、修道院以外の環境における神学と区別されるのか、そしていかなる点で区別されるのか。

これらの問いは、この教理的な潮流のさまざまな典型に関する研究がなされた上で、はじめて、正確かつ批判に耐えうるような回答を得ることができるだろう。実際には、部分的で暫定的な回答をもたらすことしかできまい。それどころか、歴史的な眺望を歪曲する危険を犯すことなしに、したがって、研究それ自体の客観性を損なうことなしには、問いの提起すらも容易ではない。事実、われわれは、一一世紀とか一二世紀の神学といった特定の段階を、他の時代の神学、たとえば、一〇世紀とか一四世紀、もしくは、われわれの時代の神学と比較したり、後代の発展に基づいて古い時代を判断するという誘惑に常に駆られている。けれども、こうした方法では、神学の各時代を他の時代の準備として考察することになってしまう。しかし、教父時代、あるいは初期中世の著作家たちは、後の時代の神学を準備しようとして神学を営んだわけではない。彼らが行なったのは、彼らが生きた時代における、教会の生命、彼らの生活がそれを促したからであり、彼らが生み出した神学は、彼らが生み出さなければならなかった神学であり、生み出すことのできた神学であった。

さらに、とりあえずは、この修道士の神学が学的な性格をもっていたのかを問うこと、つまり、それは学であったのか、だとしたらいかなる意味でか、それとも知恵であったのか、を問うことは避けた方がよかろう。このような問題提起は、一三世紀の思想的な潮流の中でしか現われないからである。この問題は、一三世紀と一四世紀に、神学者たちを絶えず分裂させ[6]、今日でも一致を見たとは言うことができない。この議論は、かなり早くから、部分的には、言葉の争いになってしまい、その後、学に関する厳密なアリストテレス的な概念は特定の諸学に適用されなくなった。しかも、学は、その方法――それは各々の時代の可能性に従って異なる――によって、あるいは、その確実性の度合いによって定義される。しかし、学の理念もまた進歩してきた。そこで、この調査の出発点にあっては、他の時代の語彙から借用された概念よりも、むしろ、神学の極めて一般的な概念を提出する方がふさわしいだろう。ここでは次の概念を採用することにしよう。神学とは、「一つの学科であり、そこでは、啓示から出発し、啓示の光のもとで、キリスト教の諸真理が解釈され、展開され、そして教理の総体の中に秩序づけられる」[7]。ある神学について語ることができるためには、この一般的な概念の構成要素が実現されていることが必要十分条件である。ところで、これらの要素は、すべて修道院的な教説に見出される。そこで問題とされているのは、単に宗教的な経験主義、修道士の魂の段階、いわんや祈りの段階の素朴な記述だけではない。またそれは、修徳修行のための助言、生活態度に関する実践的な指示、「司牧的な教育[8]」、「真理の宣言[9]」だけに関わるのでもない。つまり、修道院の教説には、真に信仰の所与に関する省察があり、これらの所与の有機的な総体の探究が存在するのである。それゆえ、修道院的な教説は、まさしく神学の名に値するのである。そこで、規定しなければならないことは、特定の時代において、その神学が教会における他の神学と区別されるものかどうか、そしてそれはどの程度かということである。この明確な問いに答えようとする前に、まず、その意義が適切に強調されねばならない。

神学の統一性における修道院神学の位置

ある神学の性格を規定することは――この場合、修道院神学だが――特定の時代の教理的な潮流の全体からそれを孤立させることを意味するのではない。根本的には、一つの教会、一つの信仰、一つの聖書、一つの伝統、一つの教導権だけが存在するように、一つの神学だけが存在する。神学は環境の特殊な産物ではありえない。もしそうだとしたら、神学はその環境にいわば閉じ込められることになろう。偉大な人物であれ、文化であれ、さらに普遍的《カトリック》な信仰の省察であれ、これらのどれもがそうだが、神学も、本質的に普遍的であり、特殊化によるさまざまな限定の枠を越えているのである。さまざまな潮流を区別することは、教会の生命の中で受け継がれてきた偉大な文化的な構成要素の内部でのみ可能であり、それらを分離することはできないのである。

ところで、これらの区別は、多かれ少なかれ、時代によって特徴づけられる。つまり、文化の発展、豊かさ、多様性の程度に応じて特徴づけられるが、その統一性を損なうことはない。修道院神学が、その特徴的な性格をすべて備えて、明確に姿を現わしたのは一二世紀のことである。しかし、この区別化は、それに先立つ諸世紀にすでに萌芽的に存在していた。にもかかわらず、それを見分けることは簡単なことではない。六世紀から一一世紀まで、修道院が文化の唯一の中心であったわけではない。都市にも学校が存在したからである。とはいえ、実際のところ、民衆のための説教や教理教育を育む神学が開花したのは、どこよりも修道院の中であった。司教の多くは修道士出身であった。そして、全体としては、西欧の教会の霊性、その「敬虔」が現われた領域全体において、修道院の教説が浸透していたと言うことができよう。

この修道院の教説の内部においてすら、特にその最盛期、それが非修道院的な神学と最も異なった一二世紀において、ある種の内在的な多様性が存続していた。やがて分かることだが、修道院神学という「学派」を考えること自体が矛盾である。言うなれば、同じ時代に、さまざまに異なる複数の修道院神学が存在したからである。しかし、その著作家たちはみな、修道士であるという共通の特徴をもっている。それゆえ、彼らの神学がいかなる点で彼らに固有のものであるのかを見極めなければならない。

修道院学校と都市の学校

このためには、社会的な次元の現実を確認することが重要である。すなわち、中世においては、少なくとも異なる二つの環境が存在し、そこでキリスト教的な省察が営まれていたということである。それらは都市の学校と修道院学校である。[10] ところで、学校という概念についてはいかなる曖昧さも避ける必要がある。修道院学校の歴史を研究する場合、えてしてその重要性を誇張しがちである。修道院学校だけを研究するからである。けれども、学校を全体として研究する場合、そして修道院学校とそれらが前提としている構想を、修道院学校とは異なる諸学校およびそれらが主張する理念と比較するとき、はっきりと修道院学校のもっている限界が認められる。これらは最近の研究者の幾人かによって指摘されている。[11] 確かに、ことの単純化は禁物である。上述のように、修道制のなかにもある種の多様性が存在した。とりわけ、重要な点は、一方で、アングロ・サクソン系修道院、つまりイングランドの修道院とそこから西ローマ帝国の諸地域に創設された修道院、他方でフランス、イタリアおよびそれらの近隣諸国の修道院を区別することである。大陸においては、西欧修道院のこれら二つの雰囲気はゴルツェとクリュニーによって象徴されよう。[12] 最初のグループの修道院は、教会の位階制度にしかるべき位置を占めていた。特にイングランドでは、それらの多くは大聖堂付属の修道院であり、福音宣教の役割を担っていた。すべての教会が学校を所有していたので、それらが所有する学校は、時として、修道院禁域内の学校と世俗の学校とが同じであった。そこには神学者がおり、彼らは、修道院的な環境の外で研究された神学と同様の問題に取り組まなければならなかった。たとえば、一二世紀のウスターのセナトゥスがそれであった。[13] 彼に至っては、「畏敬の念を持たずに神について論じる」者に対抗し、「巧妙な反論によって」神性に関する語りえない秘密に打撃を加えることに対抗する。[14]だが、彼は神学的な運動の先頭に立つことはしない。彼はそうした事情に通じ、それに貢献することを拒みはしないが、しかし指導者にはなろうとしない。こうすることにおいて、彼は修道士として留まるのである。修道制が、最初の方向づけに忠実であり、またこの世から一定の距離をおき、神を求めることを目的とする状態に留まる限り、この世の学校に関わったり、たとえ神学的な諸問題がそこで取り扱われようとも、それらに関わる理由をあまりもっていない。こうした態度は、極端な論理をともなって、クリュニーによって採用され、次いでシトー会によっても採用されるが、後者は、他の多くの点と同様に、たとえ逆説的に見えようとも、クリュニーの論理に従ったのである。[15]

こうしたニュアンスを考慮に入れた上で、中世全般にわたり、二種類の学校を区別しなければならない。すなわち、修道士の学校と聖職者の学校である。修道士の学校は、「院内の」学校、すなわち、修道生活を始めようとする子供たちに開かれた学校であり、彼らのためだけの学校である。ただし、他の子供たちが入ることを許可する場合には、「院外の」学校もあった。この場合、その学校は時として修道院禁域の外に移された。たとえば、クリュニーは、修道院に隣接する大きな村に院外の学校を所有していた。このような院外の学校においては、多くの場所で、教育が世俗の聖職者たちに委ねられていた。実際、この学校は、しばしば、修道院の規則と両立させるには支障や難点が多いと考えられていた。それゆえ、徐々に、この学校の重要性を限定する試みがなされ、学校自体が廃止されることもあった。院内の学校においては、自由学芸が教育されたが、それは、将来の修道士を、典礼の枠内で、聖なる読書（lectio divina）のために養成することが目的であった。それによって若い修道士は、「観想的な」傾向をもち、個人的な利害を離れた教養を身につけたのである。これに対して、聖職者の学校は、都市の大聖堂の傍に建てられ、そこに足繁く通うのは、すでに教区学校ないし修道院の院外学校で自由学芸の教育を受けた者たちであった。[16] 彼らの場合は、その司牧的な活動、「活動的な生活」のための準備をすることが目的であった。スコラ神学が誕生し、展開したのは、この都市の学校の中である。在俗聖職者が、司牧職を遂行するために学び知らねばならないことに関するカリキュラムは、一二世紀、パリ司教のシュリのマウリティウスによって明確に述べられている。聖職者は、典礼を執行するために必要なこと一切を知らなければならない。つまり、秘跡を授けること、特に悔悛の秘跡、そして最後に説教をすることである。また彼は、自分自身の成聖のためではなく、自分に委ねられた信徒のためにこれを知らなければならないのである。ところで、シュリのマウリティウス自身が認めるとおり、彼はここで教会の伝統を繰り返し述べているだけである。[17] ベネディクトゥスと修道院の伝統が修道士たちを導いた読書と教育は、これとまったく異なる種類のものである。

交流と対立

この二種類の学校、そこで受ける教育の相違に関する証拠として、すでに九世紀から、何人かの修道院長が、一定期間、彼らの修道士たちの何人かを都市の学校で学ばせるために派遣する必要を感じていたということが挙げられる。[18] 学問的に異なる二つの環境の間には、交流関係があり、相互に閉ざされてはいなかったからである。時には、在俗聖職者たちが秀れた修道士のいる学校を訪れた。アンセルムス時代のベックの場合がそれであった。彼の師はランフランクス（一〇一〇頃－八九年）だったが、後者が教育を受けたのはシャルトルのフルベルトゥス（九七〇頃－一〇二八年）からであった。アンセルムスの時にもこの修道院には弟子たちがいた。その弟子たちの中で名前と著作が分かっている者の多くは、アングロ・ノルマンの修道士であるが、彼のもとでスコラ神学を学んだということはない。この事実から、どのような意味で「ベックの学校」について語ることができるかを理解できる。[19] さらに、アンセルムスの弟子のエアドメルス（一〇六〇頃－一一二八年以降）も、このことを正確に述べている。それは、聖人伝に特有の誇張はあるが、深い真実を明らかにしている。すなわち「すべての国々から、高貴な人々、学識ある聖職者、勇敢な騎士たちが続々と彼のもとにやって来た。彼らは、神への奉仕のために、この修道院に自分自身と財産とを奉献した。修道院は発展していった」[20]。つまり、ベックは、神への奉仕の学校である修道院として留まったのである。

場合によっては――そしてかなり頻繁に――修道士は学校の活動に関する情報に通じていた。彼らの中には、修道生活に入る以前は学校にいた者たちもいれば、その後でさえも、教育を完成するために学校に派遣される者もあった。他方、活動的な学校が所在する都市の近くにあった修道院はその機会を生かした。たとえば、ドイツのルペルトゥスは、リエージュのサン＝ローランで教育の年月を過ごした。要するに、多くの人々は、スコラ学の教師と良好な関係を維持していたのである。こうした接触はすべて、最近の幾人かの歴史家によって強調されてきたことである[21]。しかし、修道院学校は固有の性格も保っていた。それは、その環境に起因する傾向によって決定され、最近の分析によれば、修道生活の要求そのものによって決定されていた。スコラ神学と修道院神学との違いは二つの生活の状態の違いに対応する。世俗におけるキリスト教的な生活と宗教的な生活におけるキリスト教的な生活の違いである。ところで、後者は、一二世紀の終わりまで、当時の誰もが「観想的な生活」[22]と呼んだ状態である。この生活は、その組織とその方向性のゆえに観想的であり、たとえ、この生活を送っていた者たちの中に――時代と地域に応じて差はあっても――教会への奉仕の活動に従事する者たちがいたとしても、変わりはなかった。普通、修道士は、都市の学校の生活に入るために、彼らの生活状態を放棄することはなかったからである。

これと反対に、多くの学生、そして教師すらも、修道生活へと回心したことが分かっている。学生の中では、アベラルドゥスから教育を受けたアンシンのゴスヴィヌスを挙げることができよう。オーセールのガウフリドゥス（一一二〇－八八年）もアベラルドゥスの弟子であったが、ベルナルドゥスが『回心について』(Sermo de conversione ad clericos）という説教を送った多くの人々と同様、[23] このクレルヴォーの修道院長によって回心した。[24] オーストリアのオドと彼の仲間は、パリに遊学し、帰途、モリモンのシトー会修道院を通る。彼らは、そこに留まり、修道誓願を立て、やがてこのシトー会の生活を自分たちの故郷にもたらす。教師たちの中では、一二世紀の初頭、リェージュの聖堂参事会員であったアルゲルス（一一三一／三二年歿）、ヘゼロン、テゼリンの三人がそろって「謙遜の弟子」となるためにクリュニーに入る。[25] 著名な教師たちの一群がシトー会士となる。たとえば、ウルスカンのオド（一一七一年歿）は、後に枢機卿となるが、彼はこの昇進を過去の学業に対する懲罰と考えた。すなわち、「私は、神の禁止に背いて、善悪を知る樹から取って食べようとしたのである」[26] と、彼は述べている。もう一つの例は、シャルトルのティエリ（一一五六年以降歿）である。彼がその墓碑銘でわれわれに語ることは、宗教的な生活への愛（religionis amor）に動かされ、都市から退き（cedens urbe）、厳しい生活を送り、教師であったにもかかわらず、教えを受けるために、孤独に身を隠した（in latebris heremi）ということである。

> 彼は、「教師」と呼ばれていることを忘れ、教えられることを望んだ。
> (Dedidicit doctor dici voluitque doceri)[27]

他の多くの者たちも同様であった。ペルセーニュのアダム、シトーのゴーティエ、ウィルトンのセルロン（一一八一年歿）、イーペルのエヴラルドゥス、アラヌス・アブ・インスリス（一一一六頃－一二〇二／〇三年）は著作と名を残した。彼らによって、われわれは、すすんで無名のままに留まろうとした沢山の教師と学生のことを忘れることはできない。学校の教師の職を捨てた多くの者たちが修道院でも教育を任されたことを見て、多数の聖職者が学識をもち聖職者であったことを隠した、とハイステルバッハのカエサリウスは述べている。彼らは、謙遜のゆえに、書物を読み、他の人々に命じるよりは、俗人として過ごし、家畜の群れを世話することを好んだのである。[28]ところで、彼らのすべてにとって重要なことは、その生活状態のみならず霊的な方向づけにおける真の変化、要するに、ベネディクトゥスと同様の、真の回心である。したがって、福者ヒンメロートのダヴィデの伝記作者は、グレゴリウスの『対話』の中の二箇所を想起させる言葉で、次のように記すことができるのである。「彼〔ダヴィデ〕はイタリアからパリに遊学した。この地に滞在する間、彼は新たに創立された修道会であるシトー会のうわさを知った。ただちに、神の霊の息吹に促され、彼は足を踏み入れたばかりのこの世から踵を返した。始めたばかりの学業を放棄し、戒律の規則の中で訓練されることを選んだ。彼は、ある事柄に関しては、魂を危険にさらしてまでそれらを学ぶよりは、むしろ安心して無知でいることを望んだのである」[29]。ペトルス・ダミアニも同様に、一人の聖職者を修道生活に入るよう呼び掛けるに先立ち、ベネディクトゥスの回心に言及している。[30]

この回心は、時として苦痛をともない、また遅々としたものであった。学究的な聖職者の生活から修道士の生活へと移るために克服しなければならない誘惑の数々については、たとえば、アンシンのゴスヴィヌスのように、洞察に富んだ報告と分析がなされることもあった。[31]他の場合でも、明確さに相違があるが、それらが暗示された。[32]しかし、誰もが、スコラ的な環境と修道院の環境に、そして結果として各々の環境で獲得される宗教的な知の種類に深い相違があることを明瞭に意識していた。修道院的な知は修道生活の目的によって決定される。すなわち、神を求めることである。[33]確かに、修道士が、教会の必要のために、修道院的な生活形態には含まれないさまざまな仕事に応じることもありうるのと同様に、神を求めるためには必要とされない知的な探究に従事することもありうる。しかし、彼が修道士である限り、その神学はある種の修道院的な色調によって特徴づけられているのである。[34]

ここから生じる情熱的な調子、神秘主義的な語彙、自己超克への招き、これらはカンタベリーのアンセルムスのような、より思弁的な著作にすら見出されるが、スコラ学のそれには決して見出されない。この対照はさらに顕著な相違をもたらす。同時代の人々はこのことを認めていた。彼らのうちの多くは、その生活状態がどうであれ、修道院と学校を比較していた。そうした聖堂参事会員の一人ハルヴェンクトのフィリップス（一一八三年歿）は、次のように述べている。

修道院には、虚栄心の占める場所はほとんどない。聖性のみが求められる。そこでは、昼も夜も、義人は神の意志に従い、讃美、祈り、沈黙、涙、読書に専心する。さらに言うなら、そこでは、清浄な生活の誠実さが知性を清らかにする。そしてその時、知性は、より容易に、より有効に知識に達することができるのである。貴君の目からすると、いかなる学問も、世俗の学校の喧騒の中で育まれないのであれば、推奨に値しない。あたかも、長年にわたってそこで教育された者たちには、いかなる誤謬も異端も見出されないことが確かだ、と言っているかのようである。貴君がかつて修道院で聖なる書物を学んだ、と私が述べたことで、まるで私が貴君を侮辱したかのように、貴君は憤慨している。貴君は、自分がランの学校で、教師アンセルムスの名高い講筵に列したことを非常に誇りとしている。しかし、幸福なのは、教師アンセルムスの講義を聴いた者たちでもなく、彼の知識を求めてランやパリに遊学した者たちでもない。聖書は「いかに幸いなことでしょう、主よ、あなたに諭され、あなたの律法を教えていただく人は」（詩九三〔九四〕・一二）と語り、また「私の神、主が私のうちで語ってくださることに私は聞き従います」（詩八四〔八五〕・九）とも語っている。もし神の思し召しで、私も子供の頃から修道院において聖なる書物で教育されたなら、私の全生涯を聖なる学びに捧げたであろうに。サムエルのように子供の頃から主の家で育まれたなら、ダニエルに倣い、知を味わうことへの希求に燃えたであろうに。貴君が子供の頃から敬虔な生活の学校で育まれたことは、私にとっては誇るべきことに思われる。だから、貴君の知識を誉めて、世俗の学校ではなく修道院のことに触れたとき、貴君を侮辱するつもりではなかったのだ。(35)

修道院外の他の証言として、ペトルス・コメストルも同様に、この二種類のキリスト者の対照性を強調した。「読書より祈りに専念する人々がいる。修道院に住む人々である。またすべての時間を読書に過ごし、祈ることはまれな人々がいる。学生たちである」(36)。

とりわけ、「修道士たちにおいては、修道院と学校の対立」が文学的なテーマとなる。(37) ベルナルドゥスはヘンリクス・ムルダク(38)とアエルレドゥス宛ての書簡(39)において、ドイツのルペルトゥスは『戒律註解』において、(40) このテーマを展開した。セルのペトルスは何通もの書簡でこれを主題とした。(41) ペトルス・ダミアニもこれについて語っている。(42) 無名の著者たちもこれを強調する。(43) 誰もが一致する点は、ひとたび修道生活に献身したなら、修道院以外の場所で学ぶために、そこを去ろうとするべきではないということである。ペトルス・ダミアニは「文法学を学ぼうとする修道士に対し」声を大にして、すでに神によって召命された者たちが、修道院を離れ、学問を学ぶ者たちの騒がしい群れに混じろうとしている、と明言する。(44) また他の箇所、つまり彼の著作『聖なる純朴について』で、ペトルス・ダミアニは、自由学芸を学ぶことによってその優れた知性を鍛えたいという誘惑にさらされた隠修士に語りかける。[45] こうした禁止は、修道士たちが学校を断罪したということを意味してはいない。総じて、彼らはその有用性を認め、その教師たちを励まし、また時には学生たちを援助する。けれども、学校が誰にとっても危険に満ちているということは感じている。そこで営まれる生活が修道院の生活と相容れることはない。その霊的な方向性が異なるからである。

こういうわけで、修道士であると否とにかかわらず、中世の人々の証言によると、キリスト教の思想が開花する二つの環境は対照的である。修道院では、修道院的な体験、修道院における信仰の生活に応じた神学が営まれ、この生活において、宗教的な思考と霊的な生活、真理を求めることと完徳を求めることとが手をたずさえ、浸透し合う。修道院の生活に固有のこうした方向性は、キリスト教的な省察に用いられる方法の領域、またこの省察が向けられる対象の領域に影響を及ぼす。これら二点の各々をさらに詳しく検討しなければならない。

二つの神学的な言語

方法の領域において、表現の仕方と思考の手続きを考察すると、ただちに、修道院神学とスコラ神学の相違が明らかになる。表現の仕方については、すでに強調する機会があったが、それらは古典と教父の伝統に一致した文体と文学ジャンルに結びつけられている。ソールズベリのヨハネスは、プティ＝ポンのアダム（一一〇五頃－五九年以降）、ムランのロベルトゥス（一一〇〇頃－六七年）、ランスのアルベリクス（一一四一年歿）、アベラルドゥスのような教師たちを——いささか誇張もあり、したがって不当でもあるが、戯画化し——特徴づける。彼は、この教師たちを「最近の人々」(modernes) として、「古い人々」(veteres)、伝統を守る人々と対立させる。

かつては、古人の語ったことが大いに喜ばれ
今日では、新奇なことのみが喜ばれる。……
書物を繙き、学芸を学ぶ者は議論下手
古きを守る人は論理学者ではないから。……
アリストテレスのみを賞賛し、キケロを軽蔑し
敗北したギリシア人がローマ人に委ねたものをすべて軽蔑する。
法学は唾棄され、自然学は軽視され、文法学はことごとく無価値となり
ただ論理学のみが好まれる。(46)

「文法学は無価値となり、ただ論理学のみが好まれる」(Littera sordescit, logica sola placet)。新しい文体は、特定の学科に優位性が与えられた結果である。強調点は、もはや文法学(littera)に置かれず、論理学に置かれる。もはや人は、聖書と教父の権威に満足せず、哲学者の権威に訴えるのと同様に、すべての点で明晰性を求める。ここからスコラ学の文体と修道院の文体の根本的な相違が生じる。修道士は、聖書から取られたイメージと比喩によって語るが、それらは、表現されるべき神秘に固有の豊かさと難解さを同時に含んでいる。ベルナルドゥスはこの表現の仕方を見事に述べている。「われわれについては、聖なる神秘的な言葉を註解する場合、慎重かつ純朴に歩むことにしよう。聖書に従ってわれわれを形成することにしよう。聖書は、神秘のうちに隠された知恵を、われわれ自身の言葉によって伝える。聖書がわれわれに神を示すとき、われわれの感情を用いて神を示唆する。神の見えざる隠された諸現実、かくも偉大な価値を有するものを、いわば取るに足りない器である人間の精神に近づけるた

めに、聖書は、われわれが感覚によって熟知する諸現実から取られた比喩を用いる。われわれもまた、この貞潔な言語の使い方を受け入れることにしよう」[47]。ベルナルドゥスは、聖書の言語に、神の神秘に対する一種の慎み深さと敬意を見出す。彼は神が人間に語りかけたときの機知と分別に感嘆する。そして彼も同様に行なうべく、「われわれも聖書のとおりに行なうことにしよう」(Geramus morem Scripturae) と述べている。

スコラ学者は、明晰さを追求し、したがって、すすんで抽象的な用語を用いる。彼らは、新しい言葉を作り上げることも躊躇しない。他方、ベルナルドゥスはこの世俗の言葉の新奇さ (profanas vocum novitates) を避ける[48]。彼は、アリストテレスに起源をもち、ボエティウスを通して周知となった哲学的な術語の使用を拒絶するわけではない。時には、彼も「形相」(forma)「質料」(materia)「作用因」(causa efficiens)「質料的な存在」(esse materiale) などの用語を用いるであろう。また、「償罪」(satisfactio) などのように、学校で用いられていた概念も避けない。しかし、彼にとって、それらは予備的な語彙に過ぎず、聖書的な語彙に取って代わるものではない。彼が通常使用する語彙は、聖書のそれと同様に、本質的に詩的である。その言語は、学校のそれよりも文学的な言語であり続ける。サン=ヴィクトルのフーゴーがベルナルドゥスに提起した教義的な質問に答えるさい、彼は、同じ事柄を語るために、異なる用語を使用していることが指摘されている。つまり、ベルナルドゥスは、手紙の相手であるフーゴーが学校の言語で語ったことを、聖書的な言い方に移し変えるのである[49]。

ベルナルドゥス自身に、専門的な言語がなかったと言うのではない。彼の場合も、他の修道院著作家の場合も、教父たちと同様に、通常の言語では厳密に表現できない体験と現実を正確に表示するために術語を使用する[50]。けれども――これが修道院神学の難しさの一つだが――これらの術語は、必要に迫られて作り出された抽象的な言語から借用されるのではなく、通常の言語そのものから、そして万人に語られた書物、すなわち聖書から汲み取られた。

われわれは、専門的な言語が日常語から語彙を借用する例を知っている。たとえば、物理学者の言語は質量、速度、力などを使用している。ベルナルドゥスにもこれと同じような専門的な言語がある。それは「これほどまでに魅力的なイメージと描写をもつ部分」が人を欺くはずはない、と言われたものである。「このような教師たちの場合には、文学的な空想、文体上の技巧であるといった早まった結論を下すことは誤りである。彼らは高度な技巧、厳格な技巧によって語っており、この技巧は中世頽廃期の神秘主義的・抒情的な駄作とは無関係である」[51]。さらに、伝統的な専門語彙の使用において、ある多様性が存在する。各々の修道院著作家は、聖書と教父の中から特に気に入った術語を選択し、それらに自分の好みのニュアンスを与える。統一性の中にも、生きた文化に固有の多彩さが保たれているのである。[52]

修道士の言語が学校のそれと異なるのと同様に、思考の手続きもスコラ学のそれとは異なっている。相違は本質的ではないかもしれない。どちらも、人間の思考であり、人間の言語だからである。それゆえ、何がこの二つの省察の仕方を区別するのかを定式化することは困難である。最初に、繰り返して言わねばならないことは、修道士が、いわば本能的に、諸問題とその新しい解決を探求することよりも、むしろ伝統に方向づけられていたということであり、それは以下の二つの理由による。第一に、修道生活、その源泉、その戒律と模範の特徴が、古代的な性格をもっていることである。過去、教父と教会への愛着は――教父たちの多くは同時に修道制の父でもあった――修道士たちにおいて、いわば生来のものであった。さらに、彼らは教父たちに従うことに謙遜の一形態を見出し、この謙遜とは、ベネディクトゥスが従順の第一段階としたものである。また、自分は教父たちが教えたことに何事も付け加えようとは思わない、というベルナルドゥスの宣言もしばしば引用された[53]。他の人々も同じ意味のことを、やはり明確な定式で語った。イサアク・デ・ステラは、伝統を、そこから外に出ることが禁じられた修道院禁域のようなものと見なしている。(54) スコラ学者たちは、自分たちが古代の思想家に依存していることを表明するため、自らを巨人の肩に乗った小人に比較した。先人よりもはるかに小さいが、それにもかかわらず、遥か遠方を見渡すことができるというのである。ベルナルドゥスは、教父と教会に対するさらに謙虚な彼の態度を説明するために、「ルツ記」から着想を得た別のイメージを用いる。われわれは、この偉大な収穫者たちの後にやって来る貧しい落穂拾いに過ぎない。すべてを「キリスト者の教え」に捧げた者は、ボアズの畑である聖書の中に自分の穀物を探さなければならない。世俗の学問に浸って、異国の畑で刈り入れをしようとしてはならないのである。偉大な収穫者たちとはアウグスティヌス、ヒエロニュムス、大グレゴリウスである。彼らの後に来る者たちは、貧しい者、僕《しもべ》の身分に留まるべきである。教会においては、謙虚に、自分をより小さい者たちのうちの一人に数えなければならないのである。(55)

弁証論理学の必要性

けれども、すべての神学は、伝統の所与に関するある種の省察を伴う。修道士たちは、どのようにこの省察に従事したのだろうか。彼らが弁証論理学（dialectica）を使用することを拒絶しなかったことは明らかである。彼らはそれを拒絶することができなかった。神学における弁証論理学の使用は不可避のことであり、またすでに伝統となっていたからである。(56) そのうえ弁証論理学は、修道院の教育において、ふつう文法学を補足するものであった。たとえば、ポンポーザのヒエロニュムスについて、「彼は、子供のときに、修道院の規則に従って生活することを学び、ついで基礎的な知識として文法学を学習し、その後しばらく、弁証論理学によってその知性を鍛えた(57)」と伝えられている。

さらに、修道士は他の自由学芸に対しても敵対心を見せることはできなかった。アエルレドゥスは、おそらくボエティウスとシャルトルの学校の影響で、数学の図形を援用したが、そうしたのは彼ひとりではない。(58) オベリヴのギヨーム、オーセールのガウフリドゥス、モリモンのオド（一一六一年歿）などは、数の意味に関する論考を執筆している。(59) とはいえ、彼らは、彼らなりの仕方で執筆しているのであって、ラングルのテオバルドゥス（一二世紀後半）のようなスコラ学者とは異なっている。(60) 実際、彼らが原則としては弁証論理学に対立せず、あるいは対立することができないとしても、学校でしばしばそれが過度に使用されていることに関しては、いわば本能的に、一種の不信感をもっているのである。このことから、弁証論理学の問題に関して、しばしば同じ著者においてすら、ある種の矛盾する言明が見出されることになる。(61) 弁証論理学に対する不信感は——古典の著作に対するのと同じく——修道院の環境において、伝統的に受け継がれた文学的なテーマである。スコラ学に本質的な方法は一一世紀にすでに確定されていた。それは「討論」、すなわち、「問われる」(quaeritur)、「答えられなければならない」(respondendum est) という、教師と生徒の間で行なわれる対話にあった。そして自由学芸の特徴は、「自由に討論すること」(disputare liberaliter)「スコラ（学校）的に討論すること」(disputare scolastice) とされ、後者はときには最上級 (scolasticissime) で語られることすらあった。(62) 修道院の学校で討論が行なわれたとしても、ほとんど自由学芸の問題に関してなされるのが常であった。(63) しかし、都市の学校では、同じ方法が聖なる教え（神学）に適用されていた。そして、この領域での議論は、しばしば、ベルナルドゥスや他の著作家たちが、パウロの表現を用いて「言葉の争い」(pugnare verborum 一テモ六・四) と呼んだ状態に陥った。(64) 一二世紀スコラ学に関する最も優れた歴史家は、それについては「悩みの種」(Gequältes) となるようなことがあったこと、またそれがアベラルドゥスやギルベルトゥス・ポレタヌスのような危険な教説に導かざるをえないものだったことを認めている。(65) すでにグラープマンは、この時代「行き過ぎた弁証論理学」(Hyperdialektik) が聖なる教えに導入されていたことを認めている。ドイツのルペルトゥスによる「神秘主義的な」潮流が対抗したのは、こうしたスコラ学であり、こうしたスコラ学に対してだけである。[66]

神秘への崇敬

パウロの「言葉の争い」(et pugnas verborum) という言葉を註釈して、ペトルス・カントル(一一九七年歿)は、そこに彼の時代の神学者たちに対する非難を見出す。彼らは、討論を楽しむために討論するが、それは、真理を求め、真理が明らかにされたときにそれに同意するためではなく、互いに罠をしかけようとするためであった。彼らは、神の言葉にほとんど尊敬を払わず、それをあたかも自由学芸か機械的な技芸の一つであるかのように(ac si ars liberalis esset vel mecanica) 取り扱うのである。[67] この後者の語に込められた軽蔑的な意味を理解するためには、「機械的な」技芸が奴隷の仕事をすべて含んでいるということを思い起こさなければならない。「自由」学芸が自由人に固有のものであり、精神を物質から解放するものであった。これに対し、機械的な技芸は奴隷の仕事であった。サン=ヴィクトルのフーゴーは、これを「不貞によって」汚されたものと定義し、「もし精神がそれに専念すると、価値の劣った物質との不純な出会いによって自らを汚す」とした。[68] しかし聖なる教えは、自由学芸とは異なるもの、それ以上のものとして留まらなければならない。いわんや、それをただの職業に引き下げることなどはできない。けれども、ペトルス・カントルのようなスコラ学者の証言によると、神学が他の技術の中の一つの技術と見なされるようになっていたのである。そして、修道士たちが反発したのも、このように神の神秘を貶め、冒瀆することであった。彼らが恐れていたのは、討論の方法に没頭し、そのこと自体が関心となってしまう危険であった。そこでは、新しい論証を持ち出すことによって、各人がその個性を際立たせることができたからである。したがって、修道士たちは伝統に留まることをよしとしていた。それが本質的に宗教的だからである。彼らが感じていたことは、議論を用いた探求は、すべての宗教的な体験——個人的な体験であれ宗教的な真理の要請に応じた生活が営まれている環境の体験であれ——から独立して達成されうるということだった。修道院は、彼らにとって「愛徳の学校」、神への奉仕の学校であった。彼らは、この環境の外で、つまり、この環境が提供する誠実と謙虚という保証のないところで営まれる知的な探求に対して、ある種の留保を堅持していた。彼らが危惧したのは、いわば神秘の封印を破った上で、そこに不法侵入することにより、神の真理に対する尊敬を欠くのではないかということであった。ベルナルドゥスの言うように、「侵入者」(effractor)「威厳あるものの詮索者」(scrutator maiestatis)[69] であってはならないのである。また他の箇所で、彼は「この神秘は偉大であるから(エフェ五・三二)、崇めるべきであって、詮索してはならない[70]」とも記している。こうした形の「好奇心」に対し、ドイツのルペルトゥス[71]、フォードのバルドゥイヌス[72]、ジュミエージュのアレクサンデルは反対する。アレクサンデルに帰せられた論考の表題は『神の予知について、好奇の目を向ける者を駁す』(De praescientia Dei, contra curiosos)[73] と明確に記している。

哲学に対する修道士の態度は、弁証論理学の濫用に対する不信によって規定されている。彼らは、哲学それ自体に異議申し立てをしているのではない。彼らが要求するのは、他の古典古代の作家たちの場合になされたように、哲学をキリスト教の使信に適合させるということだけである。プラトンに負うところが大であったサン＝ティエリのギヨームでも、前もって不適切な箇所が削除されていない、いわば、洗礼が施されないままの哲学者——剃髪されていない、汚れた者たち(intonsos et illotos)[74]——に訴える人々を非としている。ランツベルクのヘラディスは、『悦楽の園』の中で、自由学芸の中央に二人の哲学者を描かせた。その銘は「哲学者たち、この世の賢者たちは、異教徒の聖職者であった」と謳っている。また哲学そのものは、「すべての知恵は、主なる神から来る」（シラ一・一）という聖書の言葉を手に持っている。さらに、ここで描かれている二人の賢者がソクラテスとプラトンであったことは注目すべきである。[75] 後者は、他の哲学者よりも、宗教的な人物と見なされていた。修道院の図書館には、わずかだが彼に関する書物が所蔵されており、また彼の影響を受けた人々もいた。[76] プラトンが――彼らの信じるところでは――神と善について語ったということに対して、ある種の密かな共感を抱いていた修道院著作家も一人ではなかった。[77] これに対して、アリストテレスは、論理学の著作だけが知られており、その濫用が危惧された弁証論理学の代表的な教師と見なされていた。[78]

聖なる純朴（Sancta simplicitas）

修道院と学校、どちらの側でも同様に、「信仰の理解」が求められている。しかし、それは、二つの環境において厳密には同じ意味ではなく、まったく同じ手段で獲得されたものではない。確かに、信仰に割り当てられた役割に差異はありえない。いずれの場合にも、重要なことは神学的な活動であり、理解の歩みが本質的に異なることもありえない。どちらの側でも、弁証論理学に助けを求める。しかし、心理的な文脈が異なっている。弁証論理学の濫用は、修道士たちが拒絶する好奇心の形態を生み出す。好奇心は彼らにとって、ベネディクトゥスが修道生活の基礎とした謙遜に対立するように思われるのである。修道士たちは、パウロの「知識は人を誇らせる」（Scientia inflat. 一コリ八・三）という言葉を好んで引用した。この空しい知識に、彼らは「純朴」（simplicitas）を対置させる。[79] だが後者の点について誤解があってはならない。まず、「純朴」は無知とか粗野ということではなく、またヒエロニュムスが文学的な伝統に導入した「聖なる無教養」(sancta rusticitas)[80]ですらない。「聖なる無教養は善いことだが、聖なる知識はそれに優る」[81]と述べたある無名の著者と同様に、誰もが知識は無知に優ることを認めている。またベルナルドゥスも、主の花嫁は決して愚かであってはならないと語った。[82]純朴は知識と歩みを共にするが、ある種の知識がもたらす高慢とは歩みを共にしない。この高慢はどのような点にあるのだろうか。それは心理的であると同時に倫理的であると言うことができよう。心理の領域においては、高慢とは、精神が種々雑多な対象に向けられるときの、精神の活動に固有な複雑さである。それは「観想的な安らぎ」、純粋な祈りにとってはあまり好ましくない一種の動揺を生み出す恐れがある。それは、ひたすらに神を求めることから精神をそらし、雑多で不必要な問題へと注意を分散させる恐れがある。質問、異議、論証は、たちまちのうちに錯綜した森、「アリストテレスの森」(nemus aristotelicum)に入り込むことになろう。そして人は、鹿のように、苦労してその森の中に道を切り開くのである。[83]これらの不都合を回避するためになすべきことは、精神を唯一の仕事に立ち戻らせ、それに専心させること、あらゆる問いを唯一の探求、唯一の懇願に置き換えること、つまり、神について論じるのではなく、神を求めることである。そして博捜や極めて精緻な討論、込み入った論証による内的な喧騒を避け、論争による外的な騒ぎを逃れ、無益な問いを除くこと、こうしたことが純朴の第一の役割である。[84]

心理の複雑さは、神への集中を妨げるのと同時に、謙遜を脅かす。精神を謙遜へ連れ戻すのが純朴の役割である。サン＝ティエリのギヨームは、他の人々と同じく、これについて以下のように述べる。

他方、〔魂が〕神へと向きを変えることによって、〔魂の動物的状態は〕聖なる純朴となる。これは、同一の対象を目指す常に変わることのない意志のことであり、「純朴で正しく、神を畏れた」(ヨブ一・一)ヨブのような人のことである。実際、純朴は、完全に神へと向きを変えた意志、一つのことを主に願い、それだけを求め（詩二六〔二七〕・四）、この世のことに気を散らすことを望まない意志にふさわしいものである。また純朴は、修道生活における真の謙遜である。すなわち、徳について、名声よりも良心の証言を重んじる。純朴な人は、神にあって知恵のある者となるために、この世では愚かな者と見なされることを（一コリ三・一八）避けようとはしないからである。(85)

シトー会の伝統の中で、イニーのグエリクスは、「キリスト教的な謙遜の純朴」を賞賛する。(86) 誰の目にも、「聖なる純朴」とは精神の統一性を守る謙遜であり、この統一性が神だけを求めさせるのである。知的な探求も含め、他のすべてのことは、神の探求に従属することに甘んじなければならない。何ごとも、修道士が神の前に立つこと、すなわち、ベネディクトゥスが理解したような謙遜を妨げることがあってはならないのである。このように謙遜を強調するのは、修道士の魂の自発的な反応である。それゆえ、謙遜は、ベネディクトゥスが「謙遜の諸段階について」述べる章で、(87) 詩編作者から取った言葉によって、頻繁に言い表わされた。すなわち、「わたしは、大き過ぎることを、わたしの及ばぬ驚くべきことを、追い求めない」（詩一三〇〔一三一〕・一）という言葉である。ベルナルドゥスは、このテキストを、神についての知識をもちながら、決して神に仕えず、神を愛さない人々にあてはめる。「彼らは、人を誇らせる知識に満足しているからである」。(88) また彼は同じことをアベラルドゥスにもあてはめる。すなわち、アベラルドゥスが純朴を欠き、論争における節度を欠いているとしたら、それは彼が自分の力量を超えようとするからであり、自分の姿が自分自身の目に偉大に見えるからなのである。(89)

行き過ぎた知識の原因となる高慢に対する懸念は、文学的テーマなのだろうか、それとも体験から得られた教訓なのだろうか。両者であることは明らかである。一方で、この懸念は、われわれにとってはいささか軽薄に思われるある種の文学的な展開のきっかけとなったが、しかし、それらの源と文脈から、われわれはこの懸念を真剣に考えざるをえない。スコラ学者の思い上がりを、かなり一般的な現実、実際的な危険として告発する証言には事欠かない。一二世紀の終わりに、トゥールネのステファヌスは、教皇に次のように書き送ることができた。「もはや学生たちは新奇なことしか好まない。他方、何よりも人気を大切にする教師たちは、毎日のように新しい大全と新しい神学的著作を書き上げる。彼らは、聴衆を楽しませ、また聖書を解説した教父たちの著作が不十分であるかのように、聴衆を欺くのである[90]」。

さらに時代を下って、一三世紀の中頃、ヴィレールの修道院長は、パリ大学の近くにシトー会学院を創設することに異を唱える。このようにしてスコラ的な研究の方向に刺激することは、彼が「謙遜」および「純粋性」と同一視する、修道会の「偉大な純朴」にとって妨げとなるのではないか、と懸念したからである。彼が言うところの危険は、まず、修道士たちが、学問研究にふけるあまり、自分たちの召命にふさわしい修道生活の実践を放棄することである。彼はここで「修道士の務めは泣くことであって、教えることではない[91]」というヒエロニュムスの言葉を引き合いに出す。彼はこれをベルナルドゥスの言葉としているが、実際にはベルナルドゥスが引用したものである。さらに、この修道院長が懸念するのは、パウロが「知識は人を誇らせる」と述べたように、修道会士が、学問研究のゆえに、以前より尊大になり、高慢になるのではないかということである[92]。この少し後で、ヴィレールのアルヌールの例が引かれる。「まだ若いとき、彼は遊学のためにパリに送られることを望まなかった。人を高ぶらせる知識よりも人をつくり上げる愛徳に憧れ、学校を放棄し、すべてを投げ打って修道生活に入った聖ベネディクトゥスに倣ったからである[93]」。

「学問」に対するこうした対立については、他の証人を挙げることもできよう。だが、彼らの証言は、必ずしも一様にもっともなわけではない。確かに、方法に対して真摯に異議を唱える者たちがいる。彼らにとって、その方法は、それが呼び起こし、助長する一種の好奇心のゆえに、高慢に思われるのも無理からぬことである。しかしまた、いかなる探求の努力をも精神の高慢とし、知性の怠慢を信仰の一つの形と見なそうとする傾向の人々もいる。こうした二つの態度が上り調子のスコラ学と対立する人々の中に明らかに見出された。とは言え、後になると、スコラ学者たちの間でも、因習から呼び覚まそうとする人々について、同様に、彼らの高慢を嘆く場合がしばしば見出されるのではなかろうか。しかし、ここで問題なのは、多かれ少なかれ無自覚な逸脱ではない。はっきりしていることは、明敏な精神の持主たちが、「学問」そのものではなく、観想的生活と両立し難いと見なされたある種の学問には反対する理由がある、と明確に感じていたことである。

学問と愛

想像するに、スコラ学の偉大な時代におけるシトー会士にとって、危険は学問研究がもたらす心理的、道徳的な結果からだけ生じているのではない。事実、大学での勉学を飾るのは学位と栄誉であり、それらは、さまざまな利益をもたらし、修道院の生活とは両立し難い職務への道を開くからである[94]。この危惧は決して根拠のないことではなかった。一四世紀に、リチャード・ロウル（一三〇〇頃－四九年）やファーンの修道士は、学校の過度の知性主義に対抗し続けた。その効果が、数々の特権や聖職録を与えられ、高位に就いた「学位を授与された修道士」の振舞いに表われていたからである。ファーンの無名の修道士は、彼自身スコラ的な教育を受けていた。彼は定義と区別を利用する。しかし、彼は、「知ある無知者、知恵のある無学者となった」ベネディクトゥスのように、学問に背を向ける。彼は、「込み入った論証で膨れ上がった学者たち」に対するリチャード・ロウルの抗議を繰り返す。そして、彼が勧める知識は、大グレゴリウスが「愛そのものが知識であり、愛すればそれだけ多く知る」と語ったように、愛である。[95]

したがって、学問と信仰の対立という古典的なテーマは、中世の修道士によって新たな状況に適用される。このテーマは、教父たちによって、キリスト教の信仰と異教的な知恵との対照を明確にするために案出されたものであった。「神は、人々の救いを弁証論理学に依拠させようとはしなかった」[96]とアンブロシウスは言う。さらに、「われわれが信じるのは哲学者でもなく、また弁証論理学でもない」[97]とも言う。一二世紀において、このテーマは、純朴な信仰ないし神秘的な体験と学校の煩瑣な議論とを区別する相違に適用された。この文学的なテーマは、当時の教理の動向において現実的な土台を欠いていたということはないだろうか。弁証論理学の濫用は、修道士たちの精神集中に危険をもたらしても、教理についてはそうではなかったのではないか。空疎な議論、言葉の争い、一種の高慢に帰着する可能性をもつ知的な無節操に対抗することによって、修道士たちは、神学の進歩に関心を向けることを怠っていたのではないか。そのようには見えない。むろん、彼らは、スコラ的な方法が濫用されることによって、教理そのものが不利益をこうむらざるをえないことを感知していた。神学的な探求は、信仰によって定められた限界から逃れようとする危険があった。神の神秘を理性に従属させようとして、その超越性を忘れ、一種の自然主義に屈するように誘われる可能性があった。[98]宗教の諸現実を説明しようとして、それらを、理性が理解できるところまで引き下げようとしなかっただろうか。リェージュのサン＝ジャックの修道士ギヨームがリェシーの修道士たちに語った時、「革新的な人々」に対する彼らの共通の理解は、この人々が「理性の尺度を信仰に適用し」、またアンセルムスの定式をさかさまにして、「信仰から理解を生じさせようとするよりも、理解から信仰を生じさせようとする」[99]ということである。アベラルドゥスに対するベルナルドゥスの異議は、この危険が絵空事ではないということを修道院の環境が感じ取った機会の一つであった。問題となっていたのは、単に方法ではなく、教理でもあった。サン＝ティエリのギヨームとベルナルドゥスは、弁証論理学の使用、およびその使用によってアベラルドゥスが導き出したいくつかの誤った危険な結論を同時に告発したのである。一九世紀のある歴史家によれば、「ベルナルドゥスのような人にとって、トマスの『神学大全』は、その異論と自由な議論と共に、人間の傲慢、知的な僭越の誇示であり、アベラルドゥスの『神学』と同様けしからぬものに思われたであろう」[100]。しかし、今日では、多くの歴史家が、ベルナルドゥスの洞察が正しかったことを認めている[101]。彼がアベラルドゥスに感知した逸脱は、一世紀後に、トマスが――アベラルドゥスの方法は受け継いだけれども――避けた逸脱だったからである。

上述のように、弁証論理学は次第に「万能薬」[102]として幅を利かせるようになった。弁証論理学に寄せられた過剰な信頼に対する修道士の反対は、ベルナルドゥスとアベラルドゥスの対立によって決定づけられたのではない。一一四〇年に彼らが対立したとき、修道院においては、すでに、ペトルス・ダミアニ、ドイツのルペルトゥスその他の人々がベルナルドゥスと同じ立場をとっていた[103]。ベルナルドゥスは伝統的な立場を擁護しているに過ぎないのだが、彼はそれを大胆に行なわなければならなかったのである。D・ノウルズはこのことを、次のように適切に述べている。「事が終わってみれば、われわれの目には、ベルナルドゥスが太い杖を持った侵略者のように映る。実際は、少なくとも二つの論争において、彼の姿は、むしろ少年ダビデのようであった。……彼がアベラルドゥスを攻撃したとき、彼は、その時代に最も崇められた輝かしい教師に、相手の土俵で挑戦しようとする人物として登場したのである。もっと後に、ベルナルドゥスが崇敬されるようになって、ポワティエ司教ギルベルトゥスと論争した際、彼の論敵は、知的には彼と肩を並べ、技術的には彼に勝り、劣っている点があったとしたら、それは、神学者としての深い霊的な資質であった」[104]。以上の言葉は、修道士たちがスコラ学に対してとった留保的な態度の意味を、極めて正確に引き出している。上述のような例外を除くと、彼らはスコラ学と対立していたわけではない。彼らはそれを評価し、その方法を用いた。しかし、彼らは、この技法があらゆる点で十分というのではなく、神学自体の益のためには、この技法を補完し、それを超えなければならないと考えており、また、時にはそれを示すこともできたのである。

伝統と教理の発展　エアドメルス

事実、伝統を守ろうとする彼らの用心、哲学の教説よりもむしろキリスト教的な源泉から汲み取ろうとする配慮は、逸脱を防ぐことを可能にしただけではない。それらは、啓示そのものの中に新しい宝を発見する助けを提供することができたのである。修道院神学がもたらすことのできた発展の輝かしい一例は、アンセルムスの弟子であったエアドメルスが聖母の懐胎について著した論考に見出される。この問題を扱ったドミニコ会の最近の歴史家は、このテーマに関する研究の表題において、エアドメルスを聖母の「無原罪の御やどりに関する最初の神学者」[105]と呼ぶことができたのである。ここで、彼がエアドメルスの姿勢を特徴づけている箇所を引用するべきだろう。

> 博学な神学者が、「古人の純朴さ」を「昨今の人々の優れた才知」と対置していることは、ささやかな皮肉に他ならない。彼らは「知識には満たされていても愛徳を欠いており、真の正しい基礎に堅く立つことよりも、むしろこの知識によって高慢になっている。彼らは身のほど知らずに自分の洞察力を誇っているのである。……彼らは鋭敏な才知を傾け、古人の純朴さと万物の女王への愛が定めたことを廃止しようとするのである」。

彼らは、「理性の論証」に基づいているように思われるが、しかし、それは「天的な観点」と正反対の「まったく人間的な理性」であり、この「天的な観点」からは別の結論が導き出されるのである。しかも、彼らはこの点をまったく理解しなかった。

それゆえ、エアドメルスはこうした人々に対して、「聖母マリアを擁護するために」また同じく「その神に対する純粋な敬虔が純朴さと謙虚さによって示される人々のために」執筆しようとしているのである。彼は、「聖書のいくつかの言葉に語らせる。そして神の言葉の権威が、彼の同時代の人々にとって、従うべきいっそう確かな道は何かを確証するであろう」。エアドメルスが求めるのは、「神の言葉に従う者たちと、身のほど知らずに自分の洞察力を誇る者たちとでは、いずれを信頼すべきか、怖れずに公平に判断する人々が、彼に告げてくれることである。彼は、あらかじめ神とマリアの判断に従う。彼は、普遍的教会《カトリック》の教えに反することはいかなることも決して肯定しようとはしない。しかし、自分の主張が突拍子もないことではなく、信仰に反するものでもないことを確信している。彼は不条理なことは何も提唱しようとはしていないからである。彼が語ろうとすることはすべて、清い純朴さ、そして神とその最も甘美な御母への愛の素朴な純粋さから、この神の聖母の御やどりに関して怖れずに抱く評価の果実となろう」。さらに彼は、「彼が敬虔な注意をもって考察しようとしている神秘を、決して洞察し尽くすことはできない」ということを認めざるをえない。にもかかわらず、「主の母ご自身を通して全被造物にもたらされた偉大な恩恵を最終的に所有することは、その恩恵を施した方の発端を、敬虔な心で考察するよう人間の精神に勧めているように思われる」。それゆえ、この教えを否定する者たちの巧妙な理屈に対して、敬虔な修道士は「より優れた諸根拠」から反論するであろう。彼は個人的な見解を押し付けようとするのではない。彼がひたすら求めるのは、彼が「神の観点から」明らかにするであろう教えに、注意が向けられることである。彼自身については、「私の女王の卓越性にふさわしいことを語ることができるよう神が私に示すまで、語ったことを繰り返し、すでに記したことを変えはしない。そして他のことについては、私と私の意図を、神の御子と私の女王、私の主の御母、私の心を照らす方の御母に委ねる」と述べる。そしてこの修道士は、「私自身は、マリアが無原罪で懐胎されたこと、いささかでも彼女を汚す罪の傷からはまったく無関係であることを信じ、告白する」と繰り返すのである。(106)

教理史家たちは、エアドメルスの時代のアングロ・ノルマン修道制の中に登場した他の神学者たちにも同様の姿勢が見られることを指摘している。その一人が偽アウグスティヌスで、彼の論考は、聖母の体の被昇天に関する教義の認知を決定的に進展させるものである。彼もその主張を「観想の果実」として提示する。彼の場合も、諸根拠は欠落していない。だが、それらは「敬虔と文学ジャンルによって包み隠されて」(107)いた。同じく、イサアク・デ・ステラに関する最近の研究の著者は、この「シトー会の神学者」が神学の進歩に貢献したことを強調する。(108)それゆえ、もし修道士の神学の方法に関して、弁証論理学の濫用に対する警告という点だけを指摘したとしたら、それを正当に評価したとは言えまい。それは建設的、構成的な要素を含み、それを以下で述べなければならない。

体験

ベルナルドゥスは、短い言葉で「われわれは、よりふさわしい仕方で探求し、討論よりも祈りによって（orando quam disputando）いっそう容易に見出す」と述べている。(109)修道士の神学を特徴づける、神の神秘に対する崇敬は、ベネディクトゥスが「祈りの崇敬」(110)と呼んだものに由来する。これが学問的な方法に付け加えられるのである。それは、すべての理解とすべての愛の源泉である。霊的な人間と知的な人間の著作を常に区別することになるのもこの点である。九世紀に、コルビーのラトラムヌス（八七〇年頃歿）は、聖餐に関する論考の中で、思弁を許容するが、[111]それは後代のスコラ学の思弁とは似ても似つかない。また一二世紀の末、フォードのバルドゥイヌスが祭壇の神秘について長々と語るとき、彼は「学問的な」問題に手間取ることはない。[112]その問題とは、ベレンガリウス論争によって、一世紀以上も、聖餐に関する学校の議論の主な対象となっていたこと、すなわち、実体と偶有性の分離、「量」の役割、実体的現存の多様化、それの場所との関係である。バルドゥイヌスの関心を引いたのは、何よりも、聖餐の神秘が実現されるその仕方ではなく、キリスト教の神秘の総体における、この神秘そのものであり、また他の神秘とこれとの連関である。人によっては、現状、つまり当時の学問への譲歩として、補遺にいくつかの思弁的な問題を付け加えた。修道士は、彼らに提示されていた問題や解決について通じていた。けれども、それらを、啓示それ自体と観想から汲み取った光に比べて二次的なものと見なしていたのである。同様に、キリスト論において、ベルナルドゥスとペトルス・ウェネラビリスは、位格的一致についてなされうるような思弁的な問題についてはあまりこだわらない。すなわち、「本性」と「位格」という概念、それらの関係、それらの一致がキリストの魂に及ぼす帰結といった問題である。そうではなく、彼らが提示するのは、贖罪の神秘の継続的な諸段階、すなわち、受肉、主の受洗、変容、受難、復活、昇天そして聖霊の降臨の関連である。[113]

確かに、思弁を愛の体験と一体化するのは彼らだけではない。スコラ的な環境と修道院的な環境の相違を誇張してはならない。後のトマスやボナヴェントゥラと同様に、一二世紀の偉大な教師たちも、ときに知恵ないし「哲学」という名称で、宗教的な体験、愛による認識に一定の役割を与えた。たとえば、シャルトルのティエリは、哲学とは「知恵への愛であり、また知恵とは真理の完全な把握である。愛がなければ真理に到達することはできないか、あるいは、かろうじて到達するだけである」[114]と記している。けれども、全体として、学校の神学と修道院の神学との大きな違いは、後者が神との一致の体験に与えた重要性にある。この体験は、修道院においては、探求の原理であると同時に目的でもある。ベルナルドゥスに関して、彼のモットーは「理解するために信じる」（Credo ut intelligam）ではなく、「体験するために信じる」（Credo ut experiar）であったということもできよう。[115]ただし、このように体験を強調するのはベルナルドゥスに限ったことではない。たとえば、ドイツのルペルトゥスの言葉と思想にも、それは見出される。「この知識は、いわば外国から来たような外的な文献から得られず、むしろ、内的で個人的な体験から得られる。自分たちの学問を誇る者たちは、彼らの知識を――少なくとも彼らはそれを知識と信じている――自分たちが望むとおりに、増やすことができるかもしれない。しかし、彼らは決してかの知識に到達することはないだろう」[116]。ここで彼が問題にしているのは、ベルナルドゥスが描写するのと同じく、主の「訪れ」を受け入れることである。ルペルトゥスは述べる。「主はすべての教師たちの中で最も有能な教師である。かつて学校の生徒であったとき、私自身にも多くの師がいた。だが、私は断言しなければならない。いと高き方の訪れはこうした類の教師たち十人よりもはるかに優っていると」[117]。「訪れ」という語は聖書の用語であり、修道士たちはこれに心理的なニュアンスを加えた。だが、聖書と同様に、彼らにおいても、この語は主の介入を意味している。

信仰の現実の一種の体験、一種の「体験された信仰」は、同時に修道院神学の条件であり、結果である。ところで、体験（expérience）という語は、このところ濫用されてきたために、曖昧になってしまったが、ここではいかなる秘教的な意味も含めてはならない。端的に言うと、探求と省察において重要なのは、オリゲネスとグレゴリウスが頻繁に言及した内的な光[118]、ベネディクトゥスが affectus と呼んだ内なる祈りの恩恵の働き[119]、教父の伝統において絶えず教えられてきた神的な現実の一種の味わい[120]、味見だということである。つまり、キリスト教的な思考は、常に信仰の内面性に留まり、決して信仰から離脱せず、決して信仰を見失うことなく、決して信仰の実践から遠ざかることなく、すべての段階において信仰の働きに留まるということである。こうした個人的な体験は、環境と結びつけられている。それは、修道院共同体の体験によって条件づけられ、育成され、そしてこの共通の熱意の中で開花する。すでに見たように、修道院的な思弁は、修道生活の実践、霊的な生活の営み、つまり聖書の瞑想から発展する。それは聖書の体験であり、典礼の体験と不可分である。それは教会の中で（in medio Ecclesiae）体験される。というのも、この体験を育むテキストが伝統から受容されているからである。教父たちは、彼ら自身が聖書を読んだように、修道士たちに聖書を読むことを教える。この体験が前提とするのは、神を求めることを本質的な目標とする共同体の中で営まれる霊的な生活への関心をおいて他にない。[121] ここで前提とされているのは、霊的な生活――今日言われるような霊性（spiritualité）――において自分の信仰を発展させようとする者に与えられる恩恵である。修道院長や霊的な生活を教えなければならない人々の場合、この体験は、言葉で言い表わすことのできない何かを伝達するための恩恵を前提とする。それはカリスマ的な性格をもっている。ベルナルドゥスやルペルトゥスなどは、彼らが与えなければならないことを、神から受け取ることができるように、自分たちのために祈って欲しいと要望している。[122] この体験が促すのは、思索的な教師よりも、教会における霊的な人間の存在であり、その歴史が示すように、彼らは信仰の擁護者になることもできるのである。アンセルムスやベルナルドゥスが当時の教会において果たした役割を思い起こそう。この博士たちは、修道院長であり、霊的な師父であり、この意味で、修道制のほとんどすべての著作家たちと同様に、司牧者であった。[123] 彼らは、自分たちの配慮に委ねられた修道士を世話したが、必要とあらば、同じ司牧的な配慮を神の教会全体に広げたのである。

この共通の息吹の中に、さまざまな――言葉の本来の意味では、類比的な――修道院的な知恵の表現が位置づけられる。たとえば、大グレゴリウス、ペトルス・ダミアニ、ルペルトゥスのような教え、カロリング期の神学者たちの教え、クリュニーとシトーの教えなどである。そしてシトー会の中にも、ベルナルドゥス、アエルレドゥス、サン＝ティエリのギヨーム、イサアク・デ・ステラ、イニーのグエリクス、その他の多くの人々の多様性がある。彼らがスコラ学の博士たち以上に強調することは、神学が理性によって到達可能な認識よりも高度な認識のあり方に基づいているということである。ここから、彼らは神学が他の学問と同じ理性的な学問の一つに引き下げられることがないように配慮する。ベルナルドゥスは、「人間の取るに足りない推理能力によって信仰の根拠を取り扱ってはならない」と述べている。(124)

キリスト教的なグノーシス

要するに、修道院的な神学の営み、修道士が到達しようと求める宗教的な認識の種類は、グノーシスという語を再活用することで特徴づけることができよう。もちろん、いかなる異端的な意味合いも含めないという条件をつけてのことだが。キリスト教的なグノーシス、「真のグノーシス」は、その第一義的、根本的、正統的な意味において、一種の高度な認識である。この認識は、信仰の完成、成熟であり、また祈りと観想において終了する。(125) 昨今、ジルソンは、アンセルムスの『プロスロギオン』の複雑性、豊かな含蓄を説明するために、アレクサンドリアのクレメンスのグノーシスを引き合いに出した。(126) この比較対照が、アンセルムスの知的な探求、弁証論理学の適用、神秘主義的な高揚を最も適切に説明することは明らかである。アンセルムスは、彼の著作の多くの面からすると、スコラ学者である。しかし同時に、彼には真正の修道院的な教説も見出される。同様に、ベルナルドゥスにおいても、学問と神秘主義、もっと正確に言うと、彼自身が「二つの学問」(127)と記していることとは調和し、この区別は、同時に、グノーシスを成立させる信仰の高度な段階を想起させる。この点に関して、クレルヴォーの修道院長の重要なテキストを引用しなければならない。「神を畏れること」は——旧約聖書においてこの表現が示す深い宗教的な意味で——「知恵の初め」と語られる「詩編」の一節（一一〇〔一一一〕・一〇）を解説して、ベルナルドゥスは、この箇所で畏れと知恵とは、いわば、思弁的な認識と接触（affectus）による認識を表わしていることを示す。

〔花婿キリストの第一の部屋で〕われわれは、知恵の教えに耳を傾け、〔第二の部屋では〕その知恵をわれわれの内に受け入れる。一方では教えられ、他方では触れられる。教えは学のある者をつくり、接触（affectio）は知者をつくる。太陽は、それが照らすものすべてを熱するわけではないのと同様に、知恵は何をなすべきかを多くの人に教えても、ひとしなみに彼らをその行為へと駆り立てるわけではない。多くの豊かな事柄を知ることと、それらを所有することとは別である。認識することが豊かにするのではなく、所有することが豊かにする。同様に、神を知ることと神を畏れることとは別である。知恵をもたらすのは、認識ではなく、われわれの心を動かす畏れである。自分の知識によって高ぶる人（一コリ八・一）を、あなたは知者と呼ぶだろうか。この上なく愚かでない限り、神を知りながらも、神としてあがめることも感謝することもしない人々を、知者と言うだろうか。私としては、「彼らの心の愚かさ」（ロマ一・二一）をはっきりと述べる使徒の言葉に同調する。確かに「神を畏れることは知恵の初め」（一一〇〔一一一〕・一〇）である。というのも、神が魂に神を知ることを教えるときではなく、神を畏れるように魂を動かすとき、初めて魂は神を味わうのである。あなたは、神の義を畏れ、神の権能を畏れるか。そうすれば、あなたは、義なる神、力ある神の味わいを楽しむ。畏れとは味わいだからである。さらに、知識が学識者をつくり、富が富者をつくるように、味覚は知者をつくる。最初に畏れが来る。畏れは知恵のための準備に過ぎない。あなたは、次の部屋で開始することができるように、最初の部屋で準備を整えるのである。準備とは認識である。実際、畏れが撃退しないと、高ぶりによる傲慢がたやすく生じる。したがって、愚かさという疫病に真っ先に抵抗する人は、まさしく知恵の初めをもつのである。それゆえ、まず知恵に接近し、次に知恵に入っていくのである。(128)

この箇所で、ベルナルドゥスは、他の人々がみな感じていたことに、卓抜な表現を与えたに過ぎない。神についての客観的な認識がある。だが、それは主観的、個人的な認識、われわれの言葉で言う「身を打ち込んだ」(engagée)認識のための準備に過ぎない。それらは、対立する二つの認識ではなく、神を求める二つの段階であり、一方で接近し、他方で入る(ibi accessus–hic ingressus)のである。修道院神学は告白(confessio)である。それは信仰の行為、再認識の行為である。要は、祈りと聖なる読書の際に、深く、体験的な仕方で、神秘を「再－認識すること」であるが、人はこれらの神秘を概念的には、おそらく明白に、しかし表面的に認識しているのである。「理解する」(comprendre)とは必ずしも原因による「説明」ではない。それは、全体の姿を捉えること、すなわち、「把握する」(comprehendere)という意味にもなりうる。したがって、それは「比較すること」(comparer)でもある。諸々の神秘を相互に近づけ、全体的な一貫性を捉え、総合的な姿を捉えるために、それらの神秘以外から汲み取られた観念に訴える必要はない。啓示と異なる源泉に訴えることは、確かに正当であり、しばしば有効であり、時には必要である。特に「異教徒に対抗する」論争の場合にはそうである。こうした手続きは、神の真理を擁護すること、この真理が人間の真理と両立することを示し、理性に満足を与えるように論理的にそれを説明することを可能にする。修道士たちはこの手続きを最小限に留めることを好んだが、それは彼らの権利であった。彼らが追求し、獲得したのは「信仰の理解」という神学の型であり、この場合、理解は信仰の所与からだけ栄養を摂取するのである。この神学は、神の神秘のある側面を把握するために、理性的な結論、論証的な諸根拠によって進めることをせず、キリスト教の諸源泉に啓示されている他のすべての側面を尋ね求める。エアドメルスの例は、この方法がどれほど豊かな実りをもたらすかを示した。[129] それは、今日の神学者の主張を十分に立証している。

神学は、この説明の仕事に、信仰によって照らされた理性の力と論理を携えてくる。観想は愛の大いなる侵入によってそれに貢献する。神学者は、推論し、演繹し、厳密な定式によって概念化する。観想者は、真理の生き生きとした深みを探索する。両者は同じ大義に仕える。けれども、われわれの見るところでは、神学者の理性は、獲得された陣地を組織化することに秀でているけれども、観想者の愛は、さらに侵入し、大胆にも前衛を偵察させる。……われわれは、教義の多くの部分、とりわけマリアの特権の明確な説明については、観想者に負っているのである。[130]

ベルナルドゥスは、他のすべての修道士と同様に、神認識が保持しなければならない本質的に「宗教的な」性格を強調する。つまり、神と結合し、神に依り頼む認識でなければならないのである。それは知性、弁証論理学、学問を利用するが、それらを無限に超え出ていく。神の神秘が自然本性を超越するように、それらを超越するのである。クレルヴォーのニコラウスは、「すべてのことに限界を設けるお方が、弁証論理学の限界に閉じ込められることは不可能である」[131] と述べている。神の神秘は「理解不可能」である。[132] それでも、この神秘は、ある程度は「理解され」、認識の視野の広がりによって把捉されうる。しかし、学問はこれには不十分である。再びベルナルドゥスの言葉を聴くことにしよう。「理解不可能なことを、何らかの仕方で、理解できるとするなら、それらを理解する人は、討論によるのではなく、聖性によるのである。それはどのようにしてか。もしあなたが聖なる人であるなら、すでに理解しているし、知っている。もし聖なる人ではないなら、聖なる人にならねばならない。そうすれば、あなた自身の体験によって知るだろう(133)」。

グノーシスについて語ること、また二つの知識、あるいは信仰の認識における二つの段階を区別することは、以下の対立を繰り返すことを決して意味しない。その対立とは、古代のグノーシス諸派ないし一二世紀の異端者たちが、「素朴な信者」(credentes)と別の教育を施された「完全者」との間に立てた対立である。この場合に重要なことは、隠された、秘教的な、そして秘密を伝授される者にだけ留保された教理である。これに対して、修道院の神学者は同一の神秘を認識する二つの異なった方法について語るだけである。繰り返すまでもなく、一つの神学しかない。それは、すべての人にとって、同一の教会における同一の真理に関わる同一の信仰である。けれども、誓願によって霊的な人、召命によって神を求めることだけに方向づけられた人々は、この信仰を修養し、同じく宗教的な省察を実践することによって、より高度な状態に到達することができるのである。ベルナルドゥスもまた、「雅歌」についての彼の説教を、次のような言葉で開始する。「兄弟たち、あなたがたには、他の人たち、世俗に属する人たちに語ることとは別のことが語られなければならない。あるいは、いずれにせよ、異なる仕方で語られなければならない(134)」。

フォードのバルドゥイヌスのような他のシトー会士も、同じ意味のことを語った。彼は、キリスト教社会において、二つの段階を区別する。それらの各々において、信仰のレベルは道徳的な完成度のそれに対応する。すなわち、信者の多くは「信仰の純朴さ」に甘んじる。彼らは「より劣った凡庸な生活」を営む。他の者たちは「神秘の深み」を探求し、「より完全な崇高な生活を営む」[135]のである。旧約の下で、「完全な者」はしるしの意味を認識したのに対し、「純朴な者」は「しるしを崇めること」に留まったのと同様、新約の下では、信者は素朴に教会の信仰を固持し、秘跡を受け、その「聖化の力」に与る。しかし、それらを教えなければならない人々、その生活がもっぱら観想に向けられる人々は、ある種の霊的な知性を必要とする。[136] バルドゥイヌスが執筆するのは、こうした人々のためである。

救済史

修道院の著作家は、彼らの信仰の認識がそこへと高められねばならない体験を強調するが、それが彼らの神学的な方法を特徴づける。上述のように、この方法はスコラ的な方法と区別されるとはいえ、本質的に相違するわけではない。また、修道院的な方法に光をあてることは、スコラ的な方法の信用を傷つけることではない。しかし、修道院の著作家たちが、ある時代と環境において、共通の、また明瞭に特徴づけられる傾向を共有する以上、彼らを理解するためには、同様の傾向をあまり明瞭に示さなかった同時代の人々と比較しなければならない。比較することは分離することではない。修道士とスコラ学者の相違は、教理的な領域よりも、むしろ心理的な領域に属している。それらは二つの異なる生活の結果であり、どちらも教会においてしかるべき場を占めているのである。

結局、修道院神学が意図的に選択した対象は、この神学の根本的な特徴によって決定される。祈りの生活の一部分であるこの神の知識は、宗教的な認識である以上、人間の神に対する関係が最も直接的に現われる二つの領域に、特に好んで努力が傾注された。一方は、救済それ自体の歴史、他方は、人間における神の現存と神に対する人間の現存、つまり、救いの神秘、神との一致の神秘である。この第一の領域は、いわば、人間の神に対する関係の客観的な側面を表わしている。すなわち、聖書によって語られ、典礼において体験される経綸（oikonomia）である。第二はより主観的な要素である。第一の領域は特に黒衣の修道士たちによって研究され、第二の領域はシトー会修道士によって研究された。だが、それも強調点の問題に過ぎないことは明らかである。同一のキリスト教的な生活の二つの側面は、各々が他を含んでおり、同時にこの二つのグループは互いに補完し合う。二つが互いの研究成果を前提とするのである。

二つの領域、つまり、彼らの神学がもつ二つの対象のあいだには、さらに関連がある。それらは、聖書の「理解」に関して、伝統的な区別によって図式化された二つの継続的な契機に対応する。「寓意的」ないし「神秘的」意味、つまり、神秘の実体、経綸の客観的な現実を提供するこうした意味に続いて、本来の霊的な意味が現われ、これが信者の魂の中に神秘の内面化をもたらす。それゆえ、二つの意味のうち最初の意味を強調したのがもっぱら黒衣の修道士であるとしてもまったく当然のことである。彼らのほうが時代的に先行するからである。その後、シトー会がこの遺産を継承することによって、修道制全体がこれをさらに豊かに所有し、次第に内的な生活に同化することができたのである。ここには一種の論理的な発展、同質的な進化があり、それが修道院の歴史そのものを貫いているのである。

大規模な総合を残した黒衣の修道士の一人がドイツのルペルトゥスである。彼は伝統的な修道院神学の卓越した証人である。彼の著作のほとんどは聖書註解からなっている。彼は、すべてが導き出されるような原理としての基本的な概念を探求することはない。神の観念ですら、キリストを抜きにして練り上げられることはありえない。ルペルトゥスは聖なる歴史の中で達成される神の啓示の秩序に従う。彼の『三位一体論』（De Trinitate）は思弁的、抽象的なプランではなく、歴史的な展開に沿って構成されている。もしルペルトゥスの教えをその基本線に還元したとすると、疑いなく、彼がありふれたことしか提示していないことが分かるだろう。実際、彼は、単に伝統的な教え、古典的なキリスト教を伝達するだけである。にもかかわらず、彼は、それを非常に深い宗教的な感覚と非常に豊かな詩的オーケストレーション（調和）をもって遂行しているため、彼自身にとっても決して古びることのない神秘に関する新たな諸見解を、彼の読者に喚起するのである。彼はこの神秘を賞賛して止まない。

神学と観想

このベネディクト会の神学のもう一人の証人はカンタベリーのエアドメルスである。このあまり知られることのないアンセルムスの弟子によってなされた、聖母の無原罪の御やどりに関する深い洞察は注目に値する。再度、彼に関する最近の歴史家の発言を聞くことにしよう。

彼はたびたび「上なる諸根拠」、つまり「天的な観点」に訴えるが、それはマリアに関する「神の観点」と異なるものではない。ところで、エアドメルスにとって、真に「神学的な」この観点は、マリアと神の子との親密な結びつきと神の傍での彼女の執り成しに関する教理に基礎づけられた、教会の古くからの典礼という教義的に堅固な土台をもっていた。エアドメルスはこの信仰の意味を探求した。事柄の性質上、神のみに知られる秘密に達することしかありえない、このはるか遠くの道程を歩む彼を導いたのは、アンセルムスが『プロスロギオン』で語った「理解を求める信仰」（fides quaerens intellectum）であった。彼はこの神秘の存在とその存在理由を垣間見、そしてほぼ理解した。いずれにせよ、彼は、この神秘がマリアに関する「神の観点」に含まれていると考えることが、信仰と矛盾するものではないことを論証したのである。

エアドメルスは、彼がどのように、なぜその仕事を企てたのかを、二度われわれに語っている。彼は、「発端とそのすべての特権」を高めることによって、聖母の卓越性を瞑想しようとした。そしてこのために「彼は聖書によって導かれた」。その観想において、彼は「高位の人々」(summi viri)、「哲学的な思索をする人々」(philosophantes) がするように、「人間の理性」によって引きずられるよりも、むしろ「神の観点」に身を置いたのである。神学において彼が優れた仕事を成し遂げるために取らなければならなかった方法がこれであった。しかし、原則と源泉はどのようなものか。

細部まで探求していくと、引用された聖書の多くのテキストは——著者が彼の個人的な語彙にしているほどに慣れ親しんだテキストも含め——ほとんどと言っていいほど、提示された教理とは厳密には無関係であるということを認めざるをえない。まったく逆に、いわゆる古典的な「マリア・テキスト」は、この小論では取り上げられていない。本書にとって聖書のテキストは、教説それ自体に影響を及ぼすというよりも、むしろ彼の探求と方法を方向づけ、その観想を育むために役立っているのである。せいぜい言うことができるとしたら、これらのテキストは、彼固有の神学的な思考を飾るため、ないし確認するために引用されるということである。また、彼の筆にかかると、これらのテキストがしばしば独特の仕方で解釈されることも真実である。したがって、彼の教説は他の源泉から汲み取られた、と結論づけなければならない。

教父の「権威」に関しては、上述のように、この著者がそれを明確な形で引用することはない。あれこれの引用が暗示するように、彼がラテン教父のテキストないし著作を読んだとしても、それは、彼の思想の適切な説明に役立てるためではないことは確かである。さらに、このイングランドの修道士は、何人かのラテン教父の中に、自説に有利なテキストと根拠を十分に見出すこともできたのではないか、という疑問も実際のところ生じる。彼がギリシア教父の参考資料を知っていたということは――彼が個人的にギリシアの地と接触があったという事実を考慮し、また、彼以前にすでに最初の宣教によってイングランドに現われ、後には、たとえば、一二世紀の小アンセルムスのような人々によって現われたギリシア・ビザンツの影響を考慮しても――われわれの論考の教理の明確さと確実性を説明するための適切な理由とはならないことも、やはり確かである。

われわれの修道士が疑いなく着想を得たと思われる、そして同時に彼がそれを擁護している第一級の歴史的・教理的な一つの源泉がある。すなわち、教会の典礼である。エアドメルスはこの典礼の儀式を省察し瞑想した。彼はそれを、彼の小論の至る所に見出すことができる「信仰の感覚」によって行なった。彼は、真の教義的な意味を捉えるために、この典礼の儀式の対象を観想した。確かに、エアドメルスの環境と時代において、御やどりを典礼で祝うことは、この御やどりが「無原罪」であったことを必ずしも意味してはいない。しかし、ギリシア・ビザンツ世界は――われわれは一二世紀のイングランドにその影響を確認するが――聖母マリアの御やどりを、それが「聖なる、罪のない」御やどりであったがゆえに崇敬していたことも真実である。それゆえ、教会の典礼と信仰の感覚もまた、エアドメルスの教説の二つの主要な源泉であった。典礼の教えを瞑想し観想した修道士は、そこで典礼が彼に示唆する意味を見出したのである。そして彼は、典礼において実現されている「神学」を明らかにしようと努めたのである。[137]

それゆえ、エアドメルスの努力は、ドゥンス・スコトゥスや盛期スコラ学の偉大な神学者たちの努力に先立つものであった。そして「一八五四年一二月八日、勝利を得たのはエアドメルスの教理である[138]」。

修道士たちは歴史に重要な意味を与えることから、終末論の考察にも相当の重きを置いている。というのも、旧約聖書に端を発し、新約聖書で実現された救いの業は、かの未来においてしか完成されないからである。キリスト者の認識は、この地上では、至福の生活の認識に向かう第一歩でしかない。この地上における神学の要求することは、われわれが、その神学自体から離脱させられ、それとは異なる何か、つまり、神学がその発端にすぎないものの成就へと常に方向づけられていることである。ここにもまた、修道士の知的な態度とスコラ学者のそれとを区別する相違点がある。アベラルドゥスの教説において終末論の占める場所が事実上ないという指摘はまったく正当である。(139)

キリスト教的な人間学

第二の教理的な潮流は、キリスト教的な人間学と呼ぶことができよう。これは、先行する潮流と分離されず、並行しているが、むしろそれ以上に、シトー会がこの人間学に打ち込んだ。ベルナルドゥスと彼の弟子たちにとっては、神の救いの計画に関する明確な認識を獲得することよりも、その計画に同意することが問題である。要するに、すべては内面性の問題に帰着する。重要なことは、救いの業が人間の内的な生活において獲得されるその仕方である。すべては、自己認識と神認識という、同一の宗教的な認識がもつ相関的な二つの側面に還元される。目標は、それ自体で考察された神認識にとどまらず、自己認識もそれ自体の価値をもつ。一方は他方を補完せねばならない。一方が他方へと導き、決して分離することはできない。「私はあなた（神）を知ろうとするが、それは私が自分を知ろうとすることである」(Noverim te—noverim me)。

ここにアウグスティヌスの顕著な影響の一つが認められる。受肉した言によってこの世界にもたらされた光を、われわれの内に延長するという彼の内的な照明という概念は、中世の修道制の霊的な教説を強力に方向づけた。この領域、つまり思弁の領域よりも神秘主義の領域において、修道士たちはアウグスティヌス主義者である。だが、このことは、神と人間の関係の認識ないし説明の仕方に関しては、あまり妥当しないこともある。ルペルトゥスやベルナルドゥスが恩恵に関して抱いた思想は、アウグスティヌスの神学的な総合にほとんど依拠していないように思われる。実際、彼らの神秘主義的な教説の方向性は、修道制が依存する伝統全体のそれである。オリゲネスはキリスト教的な生活の内面性を強調した。カッシアヌスは心の純粋性を主張した。大グレゴリウスは魂における神的な生命のすべての帰結と顕現を記述した。おそらくアウグスティヌスと同様に、これらの著作家たちは、セルのペトルス、ベルナルドゥス、サン＝ティエリのギヨームの思想において極めて重要な位置を占める「似姿」の教説を準備したと言えよう。サン＝ティエリのギヨームは、『信仰の謎』（Enigma fidei）、『信仰の鏡』（Speculum fidei）において、信仰の心理学と教義の展開の心理学全体を、明確に、ほぼ総合的に発展させた。他の著作家たちの心を占め、彼らがさまざまな著作を通して終始その考えを表明しているのは、こうした同じ問題である。

根本的には、彼らの関心は愛の神秘にあり、その現実が彼らの神学全体の統一性を保証している。「経綸」は、われわれに対する神の愛の現われであり、また「人間学」は、神の愛のわれわれにおける実現であり、われわれ各人への適用である。この点に関して、ベルナルドゥスは決定的な定式を残した。われわれに対する神の愛は、われわれが神に関してもつすべての認識の源泉であり、われわれの側では、愛なくして神に関する宗教的な認識はない。「父を完全に愛することがない者は、決して十全に父を知ることはない(140)」のである。救いの果実であれ、手段であれ、救いという点から神を認識することは、神を愛することである。すなわち、われわれの内でその神秘が実現されることを望むことである。その神秘に愛の口づけをするために必要な二つの唇は、理性と意志である(141)。一方は理解し、他方は同意するのである。

この愛の神秘それ自体が省察の対象となる。これをより深く遂行するためには、何が求められ、何が基礎であるかをよく把握しなければならない。そこで、われわれが考察すべきことは、われわれの内における恩恵の業の全体である。これは、われわれが神のために行なうべきことに関する領域、つまり道徳の領域全体についての展望を開く。『雅歌講話』の終わりで、ベルナルドゥスがキリスト者の品行（mores）を取り扱うと述べる時、彼は修徳修行に関する勧告を与えるだけにとどまらない。彼は、言との一致と、罪によってゆがめられたわれわれの内における神の似姿の回復に関する教説を入念に述べる。それゆえ、問題は、個々の罪ではなく端的な罪であり、個々の徳ではなく魂を神の花嫁とする根本的な態度である。(142)

教義神学においては、当時のスコラ学で多く議論された問題、たとえば結婚に関わるような問題があるけれども、修道士たちはそれらについてほとんど語らなかった。しかし、全般的には、彼らの神学の対象は神学全体の対象でもある。ただ、彼らの考察の観点だけは、彼らの修道生活の根底から生じる要求、つまり神を求めることにすべてを献げるという要求によって決定されていたのである。ボンヌヴァルのアルノルドゥス（一一五六年以降歿）、ペトルス・ウェネラビリス、サン＝ティエリのギヨーム、フォードのバルドゥイヌスなどが聖餐について語る場合、それを同時代のスコラ学者のような方法では決して扱わない。彼らの心を占めていたのは、これらの神秘がどのように実現され、どのようにわれわれに認識されるかということではなく、その目的、すなわち、地上の生と天上の生における主との愛情に満ちた一致である。

修道院神学の永続的な価値と諸限界

二つの神学、学校の神学と修道院のそれとの相違点を強調したからには、今度は、それらの統一性を想起しなければならない。教会の一致という点においては、一つの神学しか存在せず、また存在しえない。二つの神学と言っても、それは、キリスト教思想家たちの特定のグループが救いの独特な神秘の特定の側面、キリスト教的な省察の構成要素の一つにより重きを置いた事実を強調するにすぎない。この点からすると、これまで対照的に特徴づけられた二つの方法は、神学的な方法の補完的な側面に他ならない。修道士たちは、祈りと謙遜が体験された神学、生のための神学であろうとするすべての宗教的な認識の必要条件であることを明らかにした上で、他の人々と同様に、思弁に打ち込むことができるのである。彼らがそれを怠ることはなかった。確かに、彼らは大部の著作を数多く残したわけではない。しかし、ベルナルドゥス、サン＝ティエリのギヨームの賞賛すべき著作は、それらを要求し、それらを可能にし、それらによって生きた読者と環境を前提としている。同じく、スコラ学者においても、ギルベルトゥス・ポレタヌスやアベラルドゥス、そして他の人々にとっては、多くの学校人や下級の聖職者たちがおり、彼らもまた一つの環境を作り上げていたのである。これらの環境、並行する潮流がもつ各々の特徴を知りたいのであれば、それらを分離せずに研究しなければならない。

二つの神学は共に、キリスト教の源泉から汲み取り、理性に訴える。スコラ神学はより頻繁に哲学者に訴え、修道院神学は概して聖書および教父の権威に満足する。けれども、根本的な源泉は、どちらの側でも、同一である。神学とは、キリスト教の源泉が示す諸神秘に関する省察の一つの方法である。したがって、ここでの問題は、この省察を実行する多数の方法があるのか、またそれらの中で、修道士にとってより適切な省察の有り方があるのか、を知ることである。ところで、さまざまなテキストからわれわれが確認したことは、修道院的な思考を特徴づけるのが体験への一種の依存だということである。スコラ神学はそれを考慮に入れない。もちろん、後になって体験に立ち戻り、それが推論と一致することを認めることもあるだろうし、また体験から滋養を得ることすらあるだろう。

しかし、その省察は、決して体験から出発するのではなく、必ずしもそこに向けられているわけではない。そしてスコラ神学は、意図的に、形而上学の水準に位置づけられている。それは、非人称的、普遍的である。まさしくこの点にその難解さと偉大さとがある。スコラ神学は、世俗の学問と哲学の中に宗教的な諸現実を表現することのできる類比を探求する。その目的は、キリスト教的な知を組織化することであり、そこから主観に関わる要素を除くことによって、この知を純粋に学にしようとしたのである。

修道士たちに関して言うと、彼らは、あたかも自発的であるかのように、良心の証言、彼らの内面における神の神秘の現存に訴える。彼らの主要な目標は、神の神秘を説明し、明確に述べることでも、またそこから思弁的な結論を引き出すことでもなく、彼らの生活全体にその神秘を浸透させること、彼らの全存在を観想へと向けることである。当然、この霊的な体験が彼らの省察の方法に影響を及ぼし、またそれ自体がかなりの部分で省察の対象となる。宗教的な認識のこれら二つの方法は、言葉の本来の意味で、補完的である。修道院神学は、言わば、思弁的な神学を補完する霊的な神学である。それは思弁的な神学の完成であり、成熟である。霊的な神学はより高次なもの、上昇するもの（sursum）であり、そこにおいて思弁的な神学は、ベルナルドゥスが神の完全な認識（integre cognoscere）[143]と呼んだものになるために、自己自身を超越しようとするのである。

こうしたことが同時に、修道院神学に、その限界とその永続的な価値を与える。もし神学が、学的でありつつ、しかも純粋に抽象的になってしまうこと、敢えて言うなら神学が生命力を失ってしまうことを避けようとするならば、またペトルス・カントルが語ったように、機械を扱うごとくに聖なる教えが扱われることがないようにするためには、修道院神学の示す努力は常に必要なことである。スコラ的な探求は、かなりの程度、教会の活動の必要性によって喚起される。すなわち、論争、司牧的な実践、あるいは新たな問題の解決などである。修道院の思想はあまり現実的な関心によって左右されない。それは、神を求めるという恒常的な必要性によってのみ規定されている。このゆえに、それが前期スコラ学よりも今日的であり続けたことは疑いない。偉大なスコラ学の時代を準備するという点で、前期スコラ学は歴史的に重要な役割を演じた。しかし、修道院神学は、教父の時代とスコラ学の時代という二つの神学の時代の一種の橋渡しにすぎなかったわけでもない。修道院神学は教父の時代の延長であり、またスコラ学の時代において、修道院神学は信仰の生命の重要性を繰り返し喚起したのである。修道院神学は、教父神学と同様に、過去に属するのではない。それは、決して過ぎ去った一段階でもなく、その役割が終わったわけでもない。ある歴史家がこの点を、ジュミエージュのアレクサンデルとギヨームとの関連で、次のように指摘した。

この「修道院神学」の価値は、アレクサンデルの時代にすでに信奉者が見出された過激な進歩主義が、過去の廃物と見なすようになっていたものでは断じてない。それは、すべての隠棲修道会（Ordo monasticus）自体と同じく、教会と人間性において、永続的な価値を表明しているのである。

聖書というテキストの存在、無言の賛辞をともなった信仰それ自体の絶対的な価値。すなわち、ベルナルドゥスが、アベラルドゥスの節度を弁えない攻撃に対して、行き過ぎはあっても、正当に擁護した神秘への感覚。弁証論理学が自己満足に浸るとただちに、それが嘲笑されたこと。聖なる学すらも含むすべての学問に関わる理解と知識に対する知恵の超越性。ただの教授にすぎない「神学者」のつまらなさ。これらはすべて常に妥当することである。そしてこのために、「キリストの学校」（schola Christi）としての修道院は、無くてはならない永続的しるしなのである。

さらに、修道院においては人文的な文化が開花する。その信仰の健全さが、スコラ的な方法では残念なことに失われてしまった人文主義を成熟させるからである。ジュミエージュも、他の中心的な修道院と同様に、忠実に伝統に留まっている。そしてジュミエージュのギヨームの名を挙げるだけで、歴史の発展過程において、この修道院に栄誉の地位をもたらすのに十分である。すべてのスコラ学者たちが、やがて神秘の感覚とともに歴史の感覚をも失い、神の国の地上における経綸の感覚すらも失っていく有様に直面しても、なおこの修道院は、一二世紀の栄光の状態に留まり続けたのである。(144)

一六世紀と一七世紀の出版者たちは、偉大なキリスト教的人文主義者でもあり、彼らはどの著者の作品が出版に値するかをはっきりと見抜いていた。彼らが印刷に付したのは、一三世紀のスコラ学の教師たち、そしてそれ以前の世紀の修道士の神学者たちであった。しかし、彼らは一二世紀の前期スコラ学の写本を印刷しなかった。これらの学者たちの著作は、歴史の一時期には有用だったが、彼らの時代とともにその役割を終えたのである。確かに、今日の碩学たちが、これらのテキストの諸特徴を認知させ、教理史に関する彼らの著作の脚注にこれらのテキストの抜粋を付すのは当然である。しかし、過去を照らすこうした証言は、後の時代の宗教的な省察を準備することに貢献したけれども、それを豊かにすることはほとんどなかった。これに対して、ルペルトゥス、ベルナルドゥス、サン＝ティエリのギヨームなどの著作には、いつの時代でもそれらを繙く理由がある。霊的かつ知的な探求は、いつの時代でも、そこから滋養を得ることができるからである。

讃嘆の神学

これらの著作家たちは、みな修道士だったということ、すなわち、本質的に、神との一致に専念していた宗教的な人間だったということで共通する。これこそが、すでに見たとおり、彼らに共通する唯一の特徴である。彼らの教説に、恒久的であるだけでなく普遍的な価値を与えるのもこの点である。ベルナルドゥスがその教えを語ったのは、何よりも彼の修道院の修道士たち、彼の友人たち——その大部分が修道士——そして彼によって飛躍的に発展した修道会全体であった。彼の教説はシトー会の生活に深く結びつけられている。しかし、それは教会の生活の真正な一形態であり、またそれゆえに、この豊かさは教会の成員すべてのものである。ベルナルドゥスが、まったく修道院の教師でありながら——第一に彼はそうだったのだから——普遍的な教会の博士でもあるのは、このためである。彼が自分自身について語ったことは、彼が愛徳によってすべての修道会に所属しているということであった。すなわち、「働きにおいては一つの修道会に所属し、愛徳によって他の修道会にも所属する」(Unum opere teneo, ceteros caritate)[145]と述べるとおりである。このことは、彼の著作そして他の修道院の著作家たちに関しても真実である。彼らの役割は、神学という語がアベラルドゥスの時代まで帯びていた伝統的な意味をすっかり喪失したのではないということを、すべての人に思い起こさせることである。すなわち、伝統に従うと、テオロギア（*θεολογία*）とは神を讃嘆することであり[146]、またテオロゴス（*θεόλογος*）とは神に語りかける人のことである。エウアグリオスの次の言葉は、いつの時代でも、その価値をもっている。「もしあなたが神学者であるならば、真剣に祈りなさい。そして、もしあなたが真剣に祈るのであれば、あなたは神学者である」[147]。神学者とは、いわば、真理について祈る人であり、その祈りは真理によって織りなされている。彼は、神とその業の偉大さを賞賛するために、それらを考察する。ベルナルドゥスはこのことを明確に述べ[148]、またルペルトゥスの著作にちりばめられた讃嘆の叫びは、彼もまた祈りと讃嘆の状態の中にいることを証ししている。

　フォードのバルドゥイヌスは、聖体を前にした彼の態度を、「驚愕と讃嘆」(stupor et admiratio) という二つの語でしばしば表現する。[149] 彼は驚愕し、恍惚状態にあるかのように、驚きのあまり身動きのできない状態そして熱狂が呼び起こす高揚の状態に捉えられる。彼は自分の眼差しが向けられた至高の現実に慣れきってしまうことがない。彼は讃嘆して止まない。彼は啓示が観想に示す神秘を讃嘆する。また彼は人々が教会においてそれらを信じている事実を讃嘆する。信仰を讃嘆するのである。彼の讃嘆は彼の信仰に応じ、同時に、それを駆り立てる。このような魂の状態が相互に高まっていくのである。それらは、知性そして人間のすべての機能を目覚めさせる。省察と認識が讃嘆から益を得ると、今度は、愛徳と徳のすべてを育むことになる。神秘的な体験と修徳修行はそこから生じる。キリストを考えること、彼の言葉と業、彼の秘跡を考えることは、人間の内に二つの反応を生み出すことになろう。すなわち、われわれは真理を把握するか、あるいは、より高い恩恵の注入によって、何か甘美な体験を味わうのである。そして、どちらの場合でも、われわれは讃嘆しかつ驚愕する (admirantes et stupentes)。[150] 認識が進むにつれ、あるいはより高度な味覚により、われわれは神の甘美さの一端を感じ、そして、信仰と秘跡のベールに覆われた現実がすべて明らかにされることを喜びの内に希求し、われわれの真の祖国を喘ぎ求めるのである。

修道院神学は、讃嘆の神学であり、またそれゆえに、思弁神学を超えるものである。讃嘆 (admiratio)、思弁 (speculatio) という二つの語は、眼差しを意味する言葉である。しかし、讃嘆の眼差しは思弁の眼差しに何かを付加する。その眼差しは必ずしも遥かかなたを見やるわけではない。しかし、一瞥するだけでも観想的な人の存在全体を歓喜と感謝で満たすのに十分なのである。

ロ　づ　け

一七世紀のあるシトー会士が「思弁神学」の大全を出版したが、そこには二つの欄が設けられていた。一方の欄には抽象的な説明が記され、その内容はトマスから取られており、他方の欄にはベルナルドゥスのテキストが配置されている。彼が、これらの引用によって、トマスの教説を霊的に補完しようとしたとしても、彼は決してベルナルドゥスの教えの意味を歪曲したのではない[151]。しかし、このシトー会士が取り扱う哲学的な問題は、決してベルナルドゥスを熱中させたものではない[152]。「われわれは、論証という手段で、神の存在とその完全性の一つ一つを証明することができるのだろうか」。ベルナルドゥスは別の問いを提示する。彼は神について、別の事柄を、別の方法で知ろうとする。最後に示すテキストは、彼の神学の要求、すなわち、彼が得ようとするものすべて、彼の努力が求めるすべてを明らかにしてくれるだろう。神は自分自身のすべてを与える。それを獲得するために、キリスト者はその全生活を投げ打たなければならないのである。

聖霊をとおしてなされた啓示は、認識を照らすだけでなく、愛へと燃え上がらせる。使徒が「私たちに与えられた聖霊によって、神の愛が私たちの心に注がれているからである」（ロマ五・五）と語るとおりである。明らかにこの理由から、神を認識しながらも、神を神としてあがめなかった人々については（同一・二一）、彼らは聖霊の啓示によって認識した、と記されていないのである。彼らは認識したけれども、愛さなかったのである。確かに、「神はそれを啓示された」（同一・一九）と書かれているが、聖霊によって、という言葉は付け加えられていない。不敬虔な者たちの精神が花婿の口づけを獲得することはなかろう。彼らは、人を高ぶらせる知識に満足し、徳を建てあげる知識を知らなかったのである（一コリ八・一）。それゆえ、使徒自身が、「彼らは、被造物を通して、知性の熟慮によって知った」（ロマ一・二〇）と述べ、彼らが何によって認識したかを語っている。このことから、彼らが、愛さなかった方を、完全に認識しなかったことは明白である。というのも、もし彼らが完全に認識していたなら、彼らの贖いのために受肉し、死ぬことすらも望んだ神の慈しみに無知であったはずはない。神は彼らに何を啓示したのか。「神の永遠の力と神性」（同）と使徒は言う。見なさい、彼らは、神の霊ではなく、自分の霊に驕り高ぶり、神の崇高さと偉大さの充溢について思索したが、心の柔和と謙遜が何であるかは理解しなかったのである。驚くなかれ、彼らの首領は、へりくだることを知らぬベヘモット（ヨブ四〇・一五、二五）であり、これについては、「すべての驕り高ぶるものを見下す」（同四一・二六）と書かれている。これに対して、ダビデは、〔神の〕偉大さを探求することによって、その栄光に押しつぶされることがないように、大きすぎること、自分の及ばぬ、驚くべきことの中を歩まなかったのである（詩一三〇〔一三一〕・一）[153]。

あなたがたもまた隠された諸現実に用心深く足を踏み入れなさい。賢者の忠告を常に心に留めなさい。彼は「お前に勝ることを求めてはならず、お前の力に余ることを探求してはならない」（シラ三・二一）と述べている。この指示に従って、霊によって歩み（ガラ五・一六）、自分の感覚に頼ってはならない。聖霊の教えは、好奇心を増大させることはなく、愛徳を燃え上がらせる。それゆえ、花嫁は、魂が愛する方を探し求めるとき、自分の肉の感覚に信頼せず、人間的な好奇心の空しい推論に従わない。彼女は、口づけ、すなわち聖霊を呼び求め、それによって知恵の味わいと恩恵の香料を同時に受け取るのである。口づけによって与えられた知恵は、愛によって受け入れられる。口づけは愛のしるしだからである。それゆえ、高ぶらせる知識は、愛徳を欠いているので、口づけから生じることはない。しかし神への熱心を抱く者たちでも、それが知識に基づくものではないなら（ロマ一〇・二）、口づけを得ることはできない。口づけの恩恵は同時に二つの贈り物をもたらす。照明された認識、そして満ち溢れる敬虔である。もちろん、知恵と理解の霊（イザ一一・二）は、蠟と蜜をもたらす蜂のように、知識の光を点火し、恩恵の香気を注ぎ込む源に他ならない。それゆえ、真理を理解するけれども愛さない人、あるいは真理を愛するけれども理解しない人は、どちらかを所有していないのである。確かに、この口づけには誤謬と無気力の占める余地がないからである。それゆえ、この聖なる口づけの二重の恩恵を受けるために、花嫁はその二つの唇を正しく整えなければならない。それは、理解するための理性と知恵への意志である。そうすれば、この完璧な口づけによって、彼女は、「あなたの唇は優美に満ち、それゆえ、あなたはとこしえに神の祝福を受ける」（詩四四〔四五〕・三）という言葉にふさわしい者となるのである。[154]

ベルナルドゥスにとって、三位一体の完全な認識は、神の子とされるある種の経験に帰着しなければならない。このことを、彼は短い結論で述べるが、そこにおいて、彼がすでに詳しく述べた、完全な認識、超自然的な感覚、信仰における神との接触、信頼そして愛などの表現が総合されていることが分かる。

この口づけは、なんとすばらしいものか。それによって、神は、認識されるだけでなく、父として愛されるのである。この方は、完全に愛されるのでなければ、十全に認識されることは決してない。すでにあなたがたの中のある魂は、子の霊が「アッバ、父よ」（ガラ四・六）と叫ぶのを、意識の内奥で聞いたのである。子と同じ霊の息吹に触れられたことを感知する以上、この魂こそは、父の愛情によって愛されていることを疑うことなく信じることができるのである。信頼しなさい、あなたこそ、この魂なのだ。信頼しなさい、ためらってはならない（ヤコ一・六）。子の霊によって、あなたは父の娘であり、同時に子の花嫁であり姉妹であることを知りなさい。[155]

第一〇章　典礼の詩

主の威厳についての感覚は、修道士の宗教的な省察の主な特徴の一つであった。ところで、これは、彼らの神学的な著作よりも、むしろ典礼的な創出に表現されている。後者については考慮するに値し、しかも最後に考慮されねばならない。それが修道生活の他のあらゆる面に関連づけられるからである。まず修道生活の実践である。典礼は、修道士が遵守すべき主要な事柄の一つ、祭儀の執行として定められているからである。また修道院文化とも関連づけられる。典礼は、それを刺激すると同時に、その成果であった。確かに、典礼はこの文化の源泉の一つをなしている。修道士たちが聖書と教父に触れ、伝統的に重要な宗教的テーマを体得するのは、部分的には典礼によって、また典礼においてである。しかし、彼らの文化が、表現のための選り抜きの場所の一つを見出すのも同じく典礼の中であった。彼らは、典礼のために、典礼に関して、最も数多くのテキストを作成したのである。今日では、それらの大部分は、いくつかの主要な作品を除くと忘却されている。それらが修道院に起源をもつことはほとんど知られていない。それらが西欧における典礼の共通の宝になってしまったからである。むろん、この選択されたものは、かなり膨大な全体の一部である。そして、われわれは、この全体を知らなければ、修道院文学についての完璧な理解を得ることはなかろう。

修道院の典礼

ここでは、典礼（liturgie）という語は、祈りの営み全体を示すことができる広い意味で用いられる。ところで、中世において、典礼は、聖務日課の公的な執行の中で完璧に表現され、総合された。このことは、すべての時代にあてはまるわけではない。最初の世代の修道士は、個人ないし集団で、「詩編」を朗誦し、それがかなりの数に達することもあった。しかし、世俗から隠遁した生活において、彼らが教会の公的な礼拝に注意を払うことはほとんどなかった。[1] ベネディクトゥスは、この点に関しても他の点と同様に、中庸の立場をとった。すなわち、夜間には一二の「詩編」を唱え（一八・二二）、一週間で「詩編」全部を唱えるように定めたのである（同・二五）。またベネディクトゥスは、彼が「アンブロシオ賛歌」（Ambrosianum）と呼んだ賛歌のように（九・四など）、特定の教会の礼拝で使用されている聖書以外のテキストを取り入れることによって、修道院の聖務日課を豊かなものにした。彼はこの共同の祈りの高い価値を強調し、これについて、ほとんどすべてのことを詳細に規定した。しかし、彼の『戒律』において、最も時間を要する仕事は聖務日課ではない。ところが、彼が予想もできなかった状況の影響で、[2] 修道生活における典礼の役割は増大していった。そして、アニアーヌのベネディクトゥスはこの発展を承認した。したがって、修道士の生活は、この点で、大聖堂における礼拝を執り行なっていた聖堂参事会員の生活と非常に類似することになる。九世紀から一二世紀まで、修道院の典礼は、留まることなく豊かさを増し、場所によっては、それが一日の大部分を占めるまでに発展していった。この典礼の占める範囲に関しては、特に一〇世紀の中頃から、ゴルツェとクリュニーという名で象徴される修道生活についての二つの見解が支配した地域のあいだで、相違が生じ、それが解消されることはなかった。初期の段階では、聖務日課にそれほど時間が割かれることはなかった。しかし、修道生活が、いかなる場所でも、公的な礼拝を非常に高く評価することによって特徴づけられるという点では変わりがなかった。修道生活の全体は、典礼の合図、その時刻、季節、祝日のリズムの下に営まれた。それを支配していたのは、すべてにおいて、また何よりも神の神秘を祝うことにおいて、神に栄光を帰することに心を砕くことであった。

こうした関心の結果として生まれる文学的な作品は極めて多様だった。ここでは、主な三点に分けることができよう。まず、典礼について論じるもの。次に、礼拝そのものにおいて使用するためのテキストを確立するもの。そして最後に、修道士の宗教心に典礼が与えた性格を表現しているものである。

典礼に関して論じる著作

修道士たちが典礼について論じることは少なかった。典礼が重要であることは当然のことであり、常にその光輝を浴びて生活していた人々にとって、それが註解を必要とすることはほとんどなかった。むしろ、典礼が、聖書と教父に関する普通の標準的な註解を成立させたのである。このことは、特にクリュニーの例から実証されるが、ここでは典礼が非常に大きな場所を占めていた。オドは彼の『講話』(Collationes) と『オクパティオ』(Occupatio) の詩において、オディロはその説教において、ペトルス・ウェネラビリスは彼のさまざまな著作において、決して典礼について説明せず、語ることもまれである。明らかに、彼らが執筆したのは、クリュニーにおける朗読用のテキストであった。それらは、聖人伝、あるいはペトルス・ウェネラビリスが聖マルケルスや聖人たちの遺物について語った祝日の説教(3)、またベルナルドゥスが聖ウィクトルについて語った説教であった。さらに、彼らは暦算法に関して論じる論考を執筆し、そこでは移動祝日を算定するために算術と天文学の知的な資源が役立てられた(4)。また、彼らは、聖書の講解説教の場合でも、説教の諸テーマを典礼に求めた。たとえば、ベルナルドゥスの

「詩編」九〇〔九一〕についての説教『全能者の陰に宿る人よ』(Qui habitat) は、四句節を暗示させる語句に満ちているが、それは、この「詩編」の詩句が四句節の間にしばしば歌われるからである。したがって、われわれは典礼に関して論じる修道士の著作をあまり所有していないことになる。[5] それでも、無いわけではない。最も著名なものは出版されているが、他は未刊である。[6] 概して、そしてこの点でもまた修道院文化の不変の要素の一つが明らかになるが、儀礼の正当性を説明するのは歴史的な根拠である。たとえば、ヴァラフリド・ストラボ（八〇八／〇九–四九年）の『典礼の手引き』は、教会が遵守しなければならないいくつかの儀式の起源と発展を研究したものである。[7] けれども、こうした実践的ないし学問的な性格をもった論考は、決して聖務日課とその美、その教育的な価値を賞賛する著作ではない。また修道生活において典礼に優先的な役割を与えるように勧める著作でもない。こうしたジャンルの文学は、典礼の意義を再生させ、典礼を復興せねばならない時代においてのみ必要となるものである。修道士たち自身は、神の栄光を宣言する行為が極めて重要であることを確信していた。主の威厳に対する感情が、彼らの説明を方向づけ、支配している。たとえば、ドイツのルペルトゥスの『聖務日課について』(De divinis officiis) という論考は、その序言において、力を込めて次のように明言する。

> 一年の循環に従い、定められた秩序によって、聖務日課で行なわれる儀式は、……至高の諸現実のしるしであり、最も偉大な秘跡、天上の崇高な神秘のすべてを内包している。それらは、教会の頭《かしら》である主イエス・キリストの栄光のために、彼の受肉、降誕、受難、復活と昇天という崇高な神秘をあまねく理解した人々によって制定された。そして彼らは、語る言葉、書物、儀礼によってそれを公にすることができたのである。……しかし、これら〔秘跡〕を執り行ないながらも、理解しないということは、いわば異言を語るけれども、その解

釈を知らないようなものである。ところで、使徒パウロは、〔異言を〕語る賜物をもっている者に、自分が語ったことを解釈できるように祈ることを勧めている（一コリ一四・一三）。聖霊がその教会を豊かにするために与える霊的な賜物の中で、われわれが愛をもって養わねばならないのは、われわれが祈りと「詩編」の朗誦において語ることを、理解することのできる賜物である。これは、預言をするという仕方に劣るものではない（同一五）。(8)

典礼のテキスト

修道士によるすべての典礼文学は、このように「声と文字によって」儀礼の内容を註解することにある。彼らはこの註解を、儀礼について語る論考によるよりも、むしろ儀礼の執行に随伴し、その豊かさを展開するテキストにおいて、頻繁に行なった。

典礼のテキストは、祭儀のさまざまな行為において用いられる式文から成っている。それらを特徴づける前に、それらが絶えず作成されていたという事実を確認しておくことが肝心である。彼らは、典礼を、もはや何も付加することができない、閉じられ完成された総体とは見なさなかった。ベネディクトゥスは、この領域において、先駆者であった。修道院の典礼に「アンブロシオ賛歌」その他を導入したからである。神礼拝を新たなテキスト、とりわけ詩的なテキストで美しく飾る傾向は、留まることを知らず、至る所に現われた。まず、新たな祝日が教会暦に導入されると、新たな聖務日課が作成されねばならなかった。とりわけ、既存のテキストそのものがすぐさま拡張のための素材となった。この出来事の起源は、ザンクト＝ガレンのノートケルが、彼のセクエンツィア（続唱）集の序文で語った物語のおかげで、よく知られている。(9) 彼は、それらを正確に歌うために、アレルヤ唱（alleluia）

の最後の音（a）まで延びる「非常に長い旋律」を記憶することがどれほど困難であったかを語る。ところが、八六〇年頃のある日、ジュミエージュの修道士が、ノルマン人から逃れ、ザンクト＝ガレンにやってきた。彼が携えてきたアンティフォナーレ（聖歌集）では、一つの音符に一つの音節が対応していた。人々は、旋律を定着させるこの記憶術の方法に感嘆した。そして、そこには真の詩人、ノートケルがおり、さらに、彼のまわりに集まった弟子たちと後継者たちの学校が、挙げてジュミエージュから継承された方式を完成させたのである。これが「プローサ」（prosae 続唱）の起源であった。

これ以後、こうした創作は、留まることを知らずに増殖し、拡大し、多様化した。韻律、唱句（versus）、短句（versiculi）、トロープス（tropus）、セクエンツィア、プロースラエ（prosulae）、モテトゥス、オルガナ（organa）[10]、これらのジャンルはそれぞれに規則と歴史をもっていた。だが、時代の経過に従って、これらはみな変化し、衰退していった。対話的な要素をもったトロープスから演劇（ludi）が発生し、その大部分は典礼劇の起源となった[11]。ここでは、これらの異なる文学ジャンルを特徴づけ、それぞれの展開を語る必要はない。わずかな紙数で、主題が要求する正確さをもって、これを扱うことはできないであろう。われわれは、中世全体をとおし、西欧において、神への礼拝において歌われるための文学的なテキストの創作が続けられた、という事実を確認することで満足しよう。それらは、ユリス・シェヴァリエの『聖歌目録』（Repertorium hymnologicum）が示す四二〇〇〇編の唱句、ドレヴェスとブルーメによる五五巻の『聖歌選集』（Analecta hymnica）の大部分を占めている。今日、これらを読む機会はほとんどない。それらは、読まれるために書かれたのではなく、聖務日課で歌われるために書かれたものであった。しかし、これらの創作が修道士たちのスケジュールと彼らの関心の中で、どれだけの位置を占めていたかを見失うと、われわれは、彼らの文学的な活動と同様に、彼らが営んでいた生活についても正確な理解をもつことはないだろう。

彼らは、これらのテキストを愛していたからである。機会と才能に恵まれた者たちは、それを創作することを愛していた。そしてすべての修道士は、歌うことを愛した

えもいわれぬ美しいキリエを、
甘く麗しいセクエンツィアを、
声を張り上げ、澄んだ響きで。(12)

いくつかの修道院共同体では、美しい歌詞を歌い、朗読する喜びを得るために、祝日を制定したり、その荘厳さを高めるということもあった。「祝日のいくつかはまったく文学的な起源から制定された。ある聖人の祝日を祝うことが修道院で始められる場合、その図書館が、この聖人の地域的な名声を保証するような驚嘆すべき出来事を語る『伝記』を所有していたという可能性が高い(13)」ということが指摘されている。一一世紀のサン＝ベルタンでは、聖ウィンケンティウスの祝日が三つの朗読と三つの答唱（responsa）によって祝われていた。ところが、ある日、他所から来た修友が数多くの答唱をもたらした。それらが歌われると、修道士たち、とりわけ若い奉献修道士たちを大いに喜ばせた。そこで彼らはこれを採用することに決めた。このため、聖ウィンケンティウスの祝日は一二の朗読によって祝われることになったのである。そして年代記記者は「神とこの聖なる殉教者に対する修友たちの崇拝の念は日々増し加わっていった(14)」と付け加える。

確かに、これらの文学的、音楽的な創作のかなり多くは、もはやわれわれの感覚に合わない。それらの冗長さは、

われわれをうんざりさせるように思われる。しかし、それらを歌い、聴き、書き写した非常に多くの人々にとってもそうだったのだろうか。それらは、われわれの規準とは異なる感覚に属しており、別の時間の観念、異なる内的なリズムを前提にしているのではないか。これらの著作家たちにおいては、原初的、独創的、衝動的な精神の活力が、まったく常套的な技巧への奇妙な欲求としばしば結びつく。彼らは喜んで結句（clausulae）のとりこになり、指小辞、最上級、稀少な語、ギリシア語の表現を濫用する。神話的な暗示は、何人かの著者の衒学者ぶりと凝り性を暴露している。これらの欠点と並んで、この文学は「しばしばそれを高尚かつ堂々としたものにし、時にはロマネスク大聖堂の威厳すら備えたものにする[15]」と言われるような真の資質も表現している。この創作には、時おり考えられている以上に、数々の真実の詩がある。これは、文学史家たち——レオン・ゴーティエ、レミ・グルモン、W・フォン・デア・シュタイネン——がわれわれに示したとおりである。「アルマ・レデンプトーリス・マーテル」（Alma Redemptoris mater 救い主の御母）、「ウェニ・クレアトール」（Veni Creator 創り主よ来りませ）などは、われわれの現行の典礼の宝石であるが、これらは、中世の修道士が神をたたえる詩を作ろうとする激しい欲求から生まれたのである。

この創作活動のほとんどは、歴史家たちが認めるように[16]、修道院に起源をもっている。なるほど、これらのテキストが保存されている写本の一部は大聖堂に由来する。にもかかわらず、判明している限りの大部分の著者は修道士であった。彼らの詩は普遍的な典礼の共通の財産となっている。しかし、それらは修道院の環境から生じたものであり、至る所で修道士たちの熱意に応えたものである。ザンクト＝ガレン、フルーリ、モンテ＝カッシーノ、リモージュのサン＝マルシャルのおかげで、われわれはこれらの詩を手にしているが、ここでは最も著名な大修道院の名を挙げただけのことである。完全を期するならば、イングランド[17]、フランス、イタリアと同様に、帝国内のさまざまな地域における他の多くの修道院をも挙げねばならないだろう。他のテキストを「やたらと詰め込む」ようなことを目的とするようなテキストの増加は、むろん、危険をもたらし、行き過ぎとなった。シトー会士が、聖書の章句を主とした、純粋で素朴な典礼に回帰したとき、彼らは、ほとんど革命ともいえる反動の幕を切って落としたのである。それでも、彼らの中には、厳格な「詩編」の朗誦よりも荘厳ミサを優先させようとする者たちも少なくなかった。(18) こうして修道会全体としては、おくればせながらも、最終的には、他と同様に、聖母への随意聖務日課を採用することになった。ベルナルドゥスは、聖マラキアスの賛歌と——むろん、黒衣の修道士たちのために——聖ウィクトルの聖務日課を執筆することになった。

それゆえ、事実は以下のとおりである。ミサ典礼書および聖務日課それ自体の本質的な要素は、カロリング期の修道院の復興以前から確定されていたが、重要さの点で劣るテキストが確立するのは九世紀から一二世紀に至る修道院の偉大な世紀である。これは、たとえば、朗読のための祝福の式文、赦免式文、そして主要なテキストを豊かにする付随的なテキストのすべてである。

聖書の息吹

これらの創作は、どのような性格だったのだろうか。それらは、修道院文化に関するわれわれの知識のすべてが予想させるとおりのものである。実際、われわれはこの文化のすべての要素をそこに見出す。最も重要なことは、それらが著しく伝統的だということである。ただし、韻律だけは変化し、新たな方向へと進まざるをえなかった。

伝統的な財産は、まず聖書と教父であった。これらのすべての創作が本質的に詩的な性格を帯びているとするなら、それは、これらが聖書によって陶冶された精神に起因するからである。彼らの表現の仕方は具体的でイメージ豊かである。彼らの言葉は、彼らが語っていることよりも、彼らが語ろうとすることによって価値をもつ。彼らの言葉の喚起力は正確さに勝る。それらの一つ一つは、倍音を呼び起こす音符のようなものである。典礼詩の繊細な美は、聖書を自由で調和的に活用することから生じる。各々の聖句は、それらが本来置かれていた場所と固有の意味によって、正確な意味を表示するが、それらを組み合わせることで、より複雑でより新しい全体が生み出されるのである。彼らは、互いの意味を照らし出すような二つの聖句を思い切って並べ、それによって非常にくっきりとした対照性が生まれ、各々の聖句がもつ固有の光の輝きをさらに活性化することもある。たとえば、アンティフォナ（交唱）の間に「詩編」を挿入することによって、常に同じ聖句に多様な生彩を与える手法。事実から寓意へ、出来事から理念へと連続する節。それぞれが異なった現実を喚起する式文の規則的な交替。それらは、より大きな豊かさの全体の中で補完し合い、さながら、ダイヤモンドのそれぞれのカット面が絢爛たる輝きのすべてをわれわれに見させてくれるようなものである。この技法の全体――クローデル（一八六八―一九五五年）、ペギー（一八七三―一九一四年）のそれを想起させないだろうか――は、偉大な伝統的な典礼の技法である。とりわけ、答唱（responsoria）は、一般にこのスタイルに従って作られている。新たな聖務日課のために創作されるアンティフォナ、短句（versiculi）、古い定式に付加されるすべての種類の展開は、同じ着想から生じている。修道士たちは、偉大な創造的な時代の典礼がそうであったように、旧約聖書の用い方を心得ていた。彼らは、洗練された味覚で「雅歌」のイメージ全体を儀式に導入した。それが、教会、マリア、キリスト者の各々の魂の喜びを歌い上げるのにふさわしいからである。西欧中世の真っ只中で、彼らは祭儀において聖書的な息吹、そして東方の多彩な輝きを保持することができたのである。

トロープス（進句）

この聖書的な感覚は真正なものである。それは教父の伝統によって保証されていた。教父たちは、教会の偉大な教義に役立てるために、聖なる言葉を、同じ純粋さ、同じ自由によって輝かせることができたのである。教会の卓越した教師たちが、信仰の説明を追求し、その真理のために闘い、その結果として得られた各世紀の教理的な成果のすべては、古代の典礼に、またギリシア・ラテンの教父たちの著作に反映した。こうした教師たちと絶えず交流することによって、修道士たちは宗教的な価値の位階を守ることができたのである。彼らは、決して信心の業を信心（devotio）そのものに優先させることを許さなかった。[19] 救いの偉大な現実は、彼らの敬虔、彼らの思考、そして彼らのテキストの大部分の中心に座していた。彼らの礼拝が祝うのは、贖いの神秘、それを体験した聖人たち、聖母マリアであり、彼女においてその神秘が完全に成就したのである。勝ち誇り、熱狂に輝き、神の子らの充実した喜びと信頼に駆り立てられた敬虔。この熱意、この歓喜、神の内なる生の味わいは、気取った形容、ある種の凝ったイメージがしばしば使用される理由を、ある程度は説明し、またそれらを弁護する。神が人間のために行なった業のもたらす幸福を、歌い上げ、強調し、叫び、反復せざるをえなかったのである。レオン・ゴーティエは次のように語った。「この歓喜は、次の詩全体を『支配している』。Dominum veneremur, eia et eia, laudes persolvemus, canentes, eia（主を崇め奉ろう。いざ、いざ、賛美を捧げよう、賛美する者たちよ、いざ）このeia（いざ）という叫びは、われわれのトロープスのそれぞれに何遍も鳴り渡る。この叫びは、ある意味で、それらの要約であり、本質でもある」。[20] ところで、この贖罪への信仰、キリストの勝利への信頼は、教父の時代の信仰心とそれを表現する書物に固有の姿勢である。これらの源泉との接触が保持されている限り、旺盛な想像力が敬虔な気まぐれに迷い込むことが阻止されたのである。これらの詩で表現されている敬虔は、教理によって養われている。

レオン・ゴーティエはまた次のように述べている。「われわれの修道士たちは、神学者であり、彼らの熱狂は、稀有なことに、正確さを欠くことがない[21]」。また同じ歴史家は、彼らの詩から、彼が「カトリックの教理の説明[22]」と呼んだものを抽出することができたのである。それにしても、彼が提示したのは素描にすぎない。九世紀から一二世紀のトロープスとセクエンツィアは、多くの点で、教理的な発展を反映しており、それらの証言は収集に価するものであろう。

確かに、すべての行き過ぎが回避されたわけではない。われわれは、この膨大な創作の中に無邪気さ、趣味の悪さ、誇張を見出すこともできよう。しかし、それらはたいていの場合、細部の表現に関わるものである。宗教的な感覚は、全体として、正常さを保っていたと言うことができる。その上、それは、情熱的な感情よりも、正確な諸理念を重視する。感情は、諸理念を調和させるためにのみ介入し、決して詩がほとばしる源泉ではなかった。この宗教心は決して「内的な宗教心」に留まろうとはしなかった。それは、神について語り、また神に語りかけたいという抑え難い欲求を生み出した。人間とその悲惨よりも、神、神の偉大さと神秘が歌い上げられたからである。何よりも、イエス・キリストの王権をほめたたえることが愛された。「レグヌム」(Regnum) と呼ばれたトロープスの特殊なジャンルでは、受肉した言の王権の連禱において、グロリア(Gloria)という言葉が次のように註釈された。「というのも、イエス・キリストよ、あなたのみが聖なる方、あなたのみが主、あなたのみが至高の方だからである」(Quoniam tu solus Sanctus, tu solus Dominus, tu solus Altissimus, Iesu Christe.)[23]。これは、まず、密度が高く、響きのよい一〇の歓呼の形式で、簡潔になされた。ついで、このテーマが汲み尽くしえないものであることを知ると、彼らは、歌唱を引き伸ばそうとする一般的な傾向に抗うことができず、まさしく「内的ヴォカリーズ(母音唱法)の放埒」という代償を払うことにもなった。このトロープスは大抵の場合、Regnum tuum solidum…

（あなたの揺るぎない王国は……）という言葉で始まり――ここから「レグヌム」と呼ばれた――テーマが果てしなく多様化した。「このトロープスは」、とレオン・ゴーティエは確認する。「われわれのトロープス集を一杯にする。……一つのトロープス集に一七ものトロープスが収録されていることもある」[24]。トロープスは、使徒と教父の宗教心に全面的に養われた、修道院の宗教心の手本を示していると言うことができる。

文法学と典礼

この聖書と教父に感化され、彼らは文学的な文化の源泉をことごとく使用した。この文化がさまざまな才能を形成し、解き放つと、以後、彼らは十二分に力を発揮し、彼らの目指す最高の目的に到達することができたのである。すでにベネディクトゥスの時代、礼拝は文化の目的であった。「詩編」を理解し、歌い、聖務日課の朗読に参加するためには文学的な教養が必要とされた。カロリング期にも、文化は、さらに明確に神の礼拝へと方向づけられていた。学校教育の復興が目指したのは、修道士と聖職者に、正しい生活を営むことを教えるとともに、上手に祈るために、正確に語り、書くことを教えることであった。「多くの者たちは、神にふさわしい祈りを捧げることを熱望していたが、しかし、欠陥だらけの書物が原因で、貧弱に祈るしかなかった」[25]。そこで文法を教えるときには、典礼のテキストを忘れることがないように配慮された。フルーリのアッボは、『文法学の諸問題』（Questiones Grammaticales）[26]において、「テ・デウム」（Te Deum）と「アンブロシオ賛歌」から範例をとっている[27]。彼は、「アタナシオス」信経の一箇条を細かに説明し、教理的な厳密さにとって重要で正確な表現を説明する[28]。またヒルザウのコンラドゥスが世俗の文学を嘗めたのは、それが言葉と文章の美しさによって神礼拝の装飾となるからである。「あなたが、あなた自身とあなたのものを神に捧げるとき、教育によってあなたの内にあるものはすべて、あなたがそれを、しかるべく、神への礼拝に役立てるなら、正当なものである」[29]。新たな聖務日課の創作は――ジュミエージュの聖フィリベルトゥス（六一六／二〇頃―八四／八五年）と聖アイカルドゥスの聖務日課のように――念入りに仕上げられた芸術作品であった。そこでは、長編の詩の一種を書くことが求められ、その各々の部分は韻律の法則に従わせられた[30]。彼らが留意したことは、彼らの歌う神秘あるいは彼らのほめたたえる模範の美しさと真理に、表現が見劣りしないようにすることであった。それゆえ、ペトルス・ウェネラビリスは、ベネディクトゥスへの賛歌を全面的に書き直した。というのも、その時までクリュニーで歌われていたものが、彼にとっては韻律の法則に反し、さらに、空虚な文に満ちていると思われたからである。「調子はずれの響きのものを教会で歌うことが、どれほど私にとって不快であるか、響きのよいたわ言がどれだけ不愉快であるかを、あなた方は知っている」。この「響きのよいたわ言」(canorae nugae) という表現は、ホラティウスの言葉である[31]。しかし、才能が必ずしもこうした意図に及ばないこともあった。それでも修道士は、神の礼拝のために、彼らの文学的な知識を総動員することに常に努めたのである。

聖なる音楽

いかなるジャンルの文学的な創作であれ、文体をもっていさえすれば十分である。ところが、典礼のための創作がなされるときには、ほとんどの場合に新たな要素、つまり音楽が介入した。実際、それらのほとんどが聖務日課において歌われたからである。歌詞は一種のリズムの法則に従わねばならなかったが、その法則は、通常の散文、あるいは芸術的な散文の法則でもなく、朗読される詩のそれでもない。聖務日課がコンサートではなかった。それは美的な行為ではなかったし、また多くの修道士は、『処女の鏡』(Speculum virginum) を著した無名の著者の判断に同意していた。すなわち、しゃがれ声で歌うことの方が、合唱隊席でうんざりするよりも、はるかに優っているという判断である。[32] けれども、作者は、彼の歌詞がどのような仕方で、どのような典礼の機会に歌われるかを予想した場合、それにかなう文学的な形式を与えなければならなかった。こういうわけで、ベーダ・ウェネラビリスは、彼の韻律に関する論考で、二組の合唱隊によって交互に歌われる賛歌のために、特別な規則を述べているのである。[33] それゆえ、音楽の理論家は、韻律の理論家の著作を補完しなければならなかった。修道士たちは文学と歌を同時に学ばねばならず、クリュニーのオドもこうした修道士たちの一人に過ぎない。[34]

彼らは、こうしたことを修道士として行なった。また、彼らが算術と天文学をそれ自体のために研究することも決してなかった。次々とやって来る移動祝日の日付を、暦算法によって決定するために有益なこれらの教科は、典礼の補助的な学問であった。同じく、修道士は「思弁的な音楽」についても、それが修道生活に固有の目的に必要な限りで、関心を示した。こうした人々の中で最も偉大なグイード・ダレッツォ（九九一／九二頃―一〇三三年以降）は、彼の新しい記譜法を提示したとき、自分は「修道士として修道士のために」（me monachum monachis praestare）そうしようとしたことを明言した。[35] 彼を形容するために、中世の人々が好んだ言葉遊びの一つは、彼の二つの肩書を不可分に結びつけることだった。すなわち、「音楽家にして修道士」（musicus et monachus）である。[36] 彼と同様に、他の多くの人々も、修道士であり音楽家であった。彼らは、修道士であるがゆえに音楽家であった。音楽に関する彼らの著作においては、旋法（modi）ないし調（toni）についての理論だけでなく、典礼と修道生活の理念も研究されることは当然のことであろう。[37] われわれは、彼らの研究の原則に――そしてしばしば彼らの論考の序文においてすら――神の威厳に対する感情を確認することができる。[38] 彼らの目的は、修友たちが、秩序づけられ、心を一つにした歌唱によって、宇宙と天使が神に捧げる讃美に参加し、また天上で歌い続けるであろう歌を地上で先取りすることができるように、手助けを与えることである。[39] この終末論的な目的を達成するために用いられた手段は、キリスト教的な文法学の所産である。重要なことは、旋律によって、神の言葉を例証すること、たとえそれらが世俗の著作家の言葉と異なってはいても、伝統的な典礼と聖書が伝えたとおりに説明することである。[40] そこで、贖われた人間と神秘との一致、彼がほめたたえ、そこから彼が恵みを受け取った神秘との一致を表現する調べが見つけ出されねばならなかった。われわれが保存しているクリュニーの柱頭のいくつかが示しているのは、ベルナルドゥスの非難したキマエラではなく、個々の旋法のキリスト論的な象徴である。たとえば、第三旋法は、痛悔のごとくに深く魂を揺り動かし、あたかもキリストの復活を体験させるようなものである。[41] 修道士は、ベネディクトゥスの要望に応じ、[42] さらに効果的に、声による祈りを心の祈りにすることができたのではないだろうか。

シトー会士も、それ以前の伝統と同じ目的を念頭におき、同じ手段でそれを実現しようとしたことが、彼らの改訂した交唱聖歌集に付された長い解説の序文から明らかである。そこでは、音楽的な技巧に関する見解が霊的な熟考に適合していた。その一つが、ベルナルドゥスにとって親しみ深いテーマ「非類似の境地」(regio dissimilitudinis) によって示されている。この場合、「非類似の境地」とは、ばらばらな歌唱による混乱である。[43] 治療薬は聖書の中に含まれている。「詩編」の権威は、音階として十弦琴を示すことで(詩九一〔九二〕・四)各々の音に品位を回復しているのである。[44] 純粋な音楽学とは異質のこの聖書的な規範が、グイード・ダレッツォによって確立された規則[45]と結合することによって、すべての音楽家・修道士と同様にシトー会士も、彼らが追求していた目的を達成することができたのである。それは、聖なる福音の言葉に歌唱の光輝、色彩、美を添えることである。[46]

こうしたことは、作詩法の領域に、かなり込み入った影響を及ぼした。それらは文献学者によって詳細に分析されているので、本書では、これ以後二つの異なった技巧に従って詩が創作されたことを示せば十分である。その一つは、音節の長短（韻律）に基づいた、古典的な詩作の伝統に属する技巧である。この方法による作詩は存続した。たとえば、一二世紀、テーゲルンゼー修道院のメテルスは、聖クイリヌスを称える詩を、ホラティウス的な韻律で創作した。彼が『クイリヌス頌詩』（Odae Quirinales）を執筆するための着想を得たホラティウスの範例集が知られている。[47] しかし、典礼詩の大部分の創作は、別のスタイルをもった詩、つまり、一音節に一音階が与えられるシラビック・スタイルの詩（la poésie syllabique）であり、そこでは、リズムがアクセントの強弱によって決定された（強勢詩）。二つの技巧はそれぞれ独自の発展を遂げたが、部分的には、地域ごとに特有な発音にも影響された。そしてどちらも、逸脱を許さない、決定的に定められた一連の規則となることはなかった。詩の作者たちが、模作、つまり、時代遅れの音韻の要請に従って書かれた既存の詩句の技巧的な模倣を、余儀なくさせられることはなかった。彼らは、いやしくも詩人であれば、言葉の素材を取り扱うある種の自由を保持していたのである。中世の韻律は、常に生きた技法であり、生きた人々に活用された技法であった。

ここから、典礼詩の豊富さと多様性が、同時に生じてくることは疑いない。この点に関して何よりも示唆に富んでいるのが、一一および一二世紀のノナントゥラの「詩学派」の例である。[48] そこでは、一一世紀の中頃から徐々に、レオ風（leoninus）の行内押韻をもった六脚韻の様式が登場することが認められる。好んでこの技巧に従って執筆がなされるのである。けれども、同時に、さまざまな構造のリズムによる詩句も創作された。そしてそれぞれのジャンルにおいて、定型は少数に限定されるどころか、増加された。「聖母マリア」（De sancta Maria）の祝禱は二三、ペンテコステ（五旬節）のためには五五にも及ぶ祝禱がある。[49] だがこうした氾濫は、祝禱であれ聖務日課の別の部分であれ、他の多くの場合にも確認される。今日のローマ典礼は、これらの祝禱のうち一五しか保存していないが、各々はどれも小さな傑作である。それらを可能にするためには、溢れんばかりのインスピレーションが必要とされたし、それが無数のテキストに表現されているのである。それらの中にはあまりうまくいかなかったものもある。しかし、どれもが一致して証言していることは、それらを生み出した環境が満ち溢れる生命力によって沸き立っていたことである。

テキストの生命

修道院で執行される典礼において使用されたテキストに、個人的な瞑想を豊かにするテキストがそのまま付加されることもありえた。それらを前者から区別することは必ずしも容易ではない。というのも、それらはしばしば聖務日課ないし典礼の祈りの形式を装っているからである。[50] またその多くは、最終的に、公的な礼拝にその場を見出した。たとえば、「イエスの御名についての祈り」(Rythmus de nomine Jesu) などは、十分にその資格をもっていた。ジルソンは、この賞賛すべき詩をベルナルドゥスの説教に感化された傑作として認めようとしない人がいるならば、その人は「心の代わりに写本を」手にしなければならない、と述べている。[51] この詩が広範囲に流布したことは、それが非常に熱烈な魂の欲求に適ったことを証左している。彼らはそれを書き写し、歌い、改変することを止めなかった。[52] 中世において、こうしたテキストは生命をもっていたのである。それらは「改変されることがないように」(ne varietur) 完璧に確定された批判版の枠の中に閉じ込められることはない。ヴィルマールは、トマス・アクィナスに帰せられる「われ御身を礼拝し奉る」(Adoro te devote) が、同様の変転を味わったことを明らかにした。[53] ベルナルドゥスの熱烈な散文は、名も知らぬ才能に詩句を吹き込み、それらが、すべての人々の財産である以上、各人に帰属するものとなった。クレルヴォーの修道院長によって培われた敬虔の偉大な運動が、詩句に表現されることを自発的に目指し、それらの詩句が、いわば典礼の偉大な詩を仕上げ、取り囲んでいったということは、他にも多くの偽ベルナルドゥスの作品が存在するということが明らかに示すところである。

典礼の神秘

修道士たちによる典礼のテキスト以外のテキストは、礼拝のために書かれたものではなかった。しかし、もしそれらの著者たちが祭儀の光の中で生活していなかったとしたなら、あのようなものになっただろうか。それゆえ、ここで指摘しておかなければならないことは、修道院文学の全体が典礼に帰するということである。

まず、これらの文学が呼吸している全体的な雰囲気である。これは、キリスト教的な楽観主義と贖罪の信仰の雰囲気であり、この信仰は、キリストの勝利に個人の永続的な希望の根拠を見出すのである。各々の著作家、各々の読者、一言で言うなら、各々の修道士が、神のある種の体験に到達できると信じているとしたら、それは、彼と主との一致が何よりも祭儀の神秘において実現されることを彼が知っているからである。祭儀において実際的に救いに与ると、あとは、その恵みの心理的な効果を神学的な省察、神への愛着（affectus）においても、発揮させることが重要となる。それゆえ、修道士たちが好んで語るキリスト教的な諸現実の一つ、それとは主題を異にする書物においても語られる現実は、秘跡の世界である。他のすべての出会いの根源である神との最も確かな接触が達成されるのは、秘跡においてである。カロリング期の著作家たちが、どれほどしばしば洗礼に取り組んだかが指摘されている。彼らは聖体の秘跡についても多くを語った(54)。これは、修道院的な環境の中心的な関心事であり続けた。フエカンのヨハネスの著作には、それが繰り返し現われることが知られている(55)。一二世紀には、セルのペトルス(56)、ペトルス・ウェネラビリス[57]、ベルナルドゥス[58]、ウスターのセナトゥス[59]、またその他の多くの人々がこれについて繰り返し触れた[60]。ボンヌヴァルのアルノルドゥス[61]、サン＝ティエリのギヨーム、フォードのバルドゥイヌスは祭壇の秘跡に関する論考を著わした。けれども、彼らは、これらの問題を抽象的に取り扱う機会をそこに見出しているのでは決してない。彼らはそれを、教会が、その典礼において、聖書の言葉により、日毎に崇敬を捧げている一つの生きた現実として語っているのである。

修道院の著作家が赦免を伴う頻繁な告解を強調したことから、神の裁きを先取りする秘跡の力への絶対的な信仰が生じる[62]。シトー会士および他の著作家は、多くのテキストの中で告解を勧め、それに赦しが伴うための必要条件を定めるが、一般的には、古代の修道制に遡る伝統に従って修道士が霊的な師父に行なうような良心の率直な表白は行なわれない。そこで問題とされているのは、痛悔を実行するために地上の人間に与えられた確実な手段である。それは、この語の最も十全な意味では、人間が、自らを罪人と認めることによって、そして良心の赦しと浄化、最後の審判に汚れなく臨む準備のためにキリストが教会に与えた権能への信仰を告白することによってなされる。これらの態度のすべては、教会に関する生き生きとした概念においてのみ理解される。ドイツのルペルトゥスのように、何人かの著作家は、その著作において極めて豊かな教会論の諸要素を分類した。しかし、すべての著作家が、次のような共通の確信を抱いて生活し、執筆している。すなわち、すべての文学が、修道士と神との出会い、親密な一致を準備する使命を負っているけれども、それらは教会の懐において達成されるということである。教会の栄光の全体において現わされるだろう花婿、修道生活の目標である天上のエルサレムは、信仰において、この地上の人間にもすでに与えられている。教会と一致することにおいてのみ、われわれの一人一人が花婿の口づけを受ける。教会への献身は、天国への献身の別の側面、神への希求の一形態に他ならず、また典礼が祝い、秘跡が伝える神の神秘にすでに加わることなのである。したがって、教会論と終末論は、祭儀の雰囲気の中で生み出された文学の主要な二つのテーマとして結びつけられる。

典礼と修道院文化

典礼は、修道院文化全体にその刻印を残した。何よりも著作家たちの言葉がそうである。それは典礼の式文を想起させる言葉で満ち溢れている。すでに、この事実は、フェカンのヨハネスに関して認められたが、同様にベルナルドゥスに関しても認められよう。(63) 修道士たちの生活のリズムも典礼とその祝日によって刻印されている。また彼らの著作のいくつかは、新たな祝日を導入すること、新たに定められた祝日に光彩を添えることに貢献した。これについては、主の御変容の祝日の聖務日課とこの神秘を対象とした著作を考えてみればよい。ペトルス・ウェネラビリスは、この輝かしい祝日をクリュニーで採用した際に、それを執筆したのである。(64) あるいは、サン＝ジャックのギヨームが、彼の時代の幾人かの神学者たちの理性主義的な傾向に異を唱えるために執筆した著作もある。彼らに対抗して、ギヨームは、三位一体への教会の信仰を高らかに宣言する祝日が創設されることを要求した。(65) 修道院の経済的な活動全体は、神を讃美するために割かれる時間が一日の大部分を奪ってしまう生活に応じて組織されていた。(66) 結局、芸術は、修道士の全生活と彼らの日常の思考の反映であった。一三世紀の大聖堂が神学大全に比較されるように、ロマネスク時代の修道士の著作は、当時の大修道院の教会に比べられよう。つまり同一の純朴、安定性、聖書的な想像力の活発さを具えているのである。われわれは、ドイツのルペルトゥスの著作がライン地方のエナメル工芸に影響を与え、サン＝ドニを介して他の地域の工芸に影響を及ぼしたことを知っている。ケルンの大聖堂も、おそらくは、ルペルトゥスの著作に見出されるプランに従って構想されたのであろう。

サン＝ドニのシュジェほどに、修道院の芸術、典礼と霊性を結び付ける絆を見事に説明した者はいなかった。彼はそれを『サン＝ドニ教会の献堂について』(Libellus alter de consecratione ecclesiae Sancti Dionysii) という著作において行なった。そこでは、建築と奉献の物語が、平和への膨大な勧告の中に挿入され、全体は至聖の聖体拝領に触れることで頂点に達する。この神秘において、キリストは、この地上では、人間同士を和解させ、彼らを天使および神と和解させ、そして贖われたこの世を唯一の御国に集め、彼の再臨の時には、この御国を彼の父に差し出すであろう(67)(一コリ一五・二四)。シュジェが『大修道院の運営について』(Liber de rebus in administratione sua gestis) で記した報告は、彼がその教会堂を美しく飾るために行なったことを正当化する。彼が自分自身のために語る証言は、修道院文化を代表するすべての人々にあてはめることができる。シュジェが建築と芸術の領域で行なったことを、他の人々は文学の領域で達成したのである。誰もが、祈りと神の讃美において文化の諸資源を活用しようとしたのである。

告白するが――とシュジェは言う――私の見出した最も高価なもの、最も貴重なものをすべて至聖の聖体拝領の執行のために献げることは、私の最も喜びとすることである。預言者の口を通して語られた神の指示によって、黄金のカリス、黄金の器、黄金の盃(一マカ一・二二)が「雄山羊や子牛あるいは贖罪のための赤毛の雌牛の血を」(民一九・二、ヘブ九・一三)集めるために用いられたとすれば、なおのこと、イエス・キリストの御血を受け取るためには、絶えざる奉仕と満ち溢れる敬虔の中で、黄金の器、高価な宝石、全被造物のうちで最も高価なものが用いられるべきである。確かに、われわれもわれわれの所有物も、この極めて偉大な神秘のためには十分とはいえない。もし、新たな創造によって、われわれの実体が聖なるケルビムとセラフィムのそれに変えられたとしても、この言葉に言い表わし難いホスチア（聖体）に仕えるには、やはりふさわしくはないであろう。にもかかわらず、われわれは「われわれの罪を償ういけにえ」（一ヨハ四・一〇）を所有している。確かに、この儀式に必要なのは聖い精神、純粋な魂、信仰深い意図であると言ってわれわれに反対する人々もいるし、われわれもまたこうした姿勢が第一に必要であり、何にもまして大切であることは認める。だが、われわれは、聖なる犠牲のために使用される聖なる器の装飾においても、外的な威厳が内的な純粋さとできる限り等しくなければならないと主張する。われわれは、周到な備えをもってわれわれの贖い主に仕えなければならない。われわれはこの方から例外なくすべてを受け取り、またこの方は、驚嘆すべき一なる位格においてご自身の本性をわれわれの本性と結合し、われわれをご自身の右側に置かれ、われわれがその御国、世々にわたりすべてにおいて生きかつ支配されているわれわれの主を本当に所有するであろうことを約束されたからである。(68)

典礼は、文化の反映であると同時にその頂点である。聖体の秘跡の聖務日課――トマスは確かにその創作に貢献した――が、彼の教義的な著作の頂点を飾るように、修道士が書いた莫大な数の賛歌、セクエンツィア、詩は彼らの神学の頂点を飾っている。典礼は、カロリング期に修道院文化の革新の目標であった。そしてまた成果でもあった。その後の諸世紀において、祭儀の雰囲気の中で、そして、そのために創作された詩、賛歌と歌の中で（in hymnis et canticis)、すべての学芸、文学的な技法、宗教的な省察、そして聖書、教父、古典の情報のあらゆる源泉の総合が実現されたのであった。祭儀において、これらの資源は十全にその目的に到達した。それらが神に由来したことが再認識され、その事が賞賛されることによって、それらは神のもとへと回帰させられるのである。恩恵の働き、聖体拝領、神学、信仰告白（confessio fidei）、これらすべての言葉は、修道院の伝統においては、同一の現実のほとんど違いのない諸側面を表現しているのである。典礼において、文法学は終末論的な次元の一つの現実にまで高められた。文法学は、修道士が神に捧げる永遠の讃美に貢献する。彼らはこの讃美を、天使と共に、彼らの修道院の内陣で開始し、やがて、天上においても捧げることになろう。典礼において、学問への愛と神への希求は、完全に一致するのである。

エピローグ　文学と神秘的な生活

かつては、著作の冒頭で謙遜を表明し、末尾でその不完全さを詫びるというのが文学的なテーマであった。今日では、文学は別として、長期にわたる文化をテーマとする説明は、暫定的で不完全なものにならざるをえない。その欠陥が明白だからである。本書の場合も、ここまで収集されてきた諸事実が提示する二つの主要な問題を明確にすることで締め括ろうとするならば、「エセー（試み）」（essai）という性格を守ることになろう。一方は歴史に関わり、他方は霊性に関わる。前者は、修道院の伝統の、いわば客観的な側面に関係し、後者は、主観的な側面、さまざまなテキストが垣間見させてくれる個人的な神秘に関係する。一方は、中世の修道院文化を支配している諸特徴がどのようなものかということであり、他方は、神秘主義が文学的な諸形態とどのように両立するのかということである。

環境の文化

修道院文化は環境の文化である。それは幾人かの偉大な知性を持つ人々の特権に留まるものではない。環境は、それが生み出したエリートによって育まれる。だがこのエリートたちも環境なしには存在しえない。政治的な出来事の変遷が左右する諸状況の中にあっても、伝統の維持を可能にするのが環境である。中世の修道院の経済的な生活は、制度は同じままでも、窮乏と富裕の入れ替わりがあったことを示している。研究と規律遵守の領域においても、歴史家が最盛期、ついで衰退と凋落、最後に復興の時期と呼び慣わすような事態が現われる。彼らは、偉大な名声に基づいてそれらの年代を決定し、いくつかの例外的な証拠に照らして判断を下す。だが、実際には、大多数の修道士たちは平均的な徳をもっており、それによって、有為変転の中にあっても、修道院は、全体的に見るならば、宗教的な生活と影響力の中心として留まることができたのである。研究者たちは、時として、執筆者も分からないいくつかのテキストを通して、名も知らぬ真摯な修道士の存在を垣間見ることがある。年代記は彼らについて何も語らない。だが、彼らは、見えない柱のように、建物を支えていたのである。

修道院文化の影響力

他の環境では決して実現されることのなかった生活の形態、組織が存続していた限りで、中世の修道制は共通で均質な文化をもっていた。確かに、修道院が時々に及ぼす多大な影響のために、キリスト教的な社会全体の生活も多かれ少なかれその光輝に浴した。「われわれがキリスト教的と呼ぶものの多くは、ひとえに修道院的なものである」[1]というクルティウスの判断は、教父時代と同様に、中世にも妥当する。にもかかわらず、修道生活が最も十全に営まれたところでは、それが生み出した著作は、修道生活に固有の性格によって極めて明確に特徴づけられていた。すでに見たとおり、スコラ神学と修道院の神学との全体的な相違は、同じ宗教的な省察が、同一ならざる二つの場所、二つの環境において営まれたことから生じている。いずれの場合でも、個人的には何ら貢献することもできないような人々が、非常に恵まれた精神と交際することで、少なくとも自らを豊かにすることはできた。学校において、彼らが獲得したのは、知的な探求を好むこと、思弁に熟練すること、司牧的な生活に有益となる教義的な基礎知識であった。修道院において、彼らが参与したのは、霊的な関心が大きな場所を占め、利害を離れた文化がより自由に発展する雰囲気であった。アンセルムスの学校に入るためにやって来た兵士たち、一二世紀のクリュニーやシトー会修道院に大人になってから入会した人々は、明らかに、古典的な教育を受けてはいなかった。しかし、彼らは、文学的で霊的な文化が豊かに育んだ環境のもたらすあらゆる恩恵に浴したのである。この観点からすると、本書で試みられたスケッチにおいて、シトー会と、修道院の伝統の全体とのあいだには本質的な相違が成り立たないということはもっともであろう。諸傾向は、どこをとっても、根本的には同じである。外観の相違はニュアンスの相違でしかない。白衣の修道士たちの文化的な貢献と、「黒衣」、というより「灰衣」と呼ばれる修道士たちの文化的な貢献とは、実際のところ、生きた統一性の中に位置づけられ、その一貫性は、非修道院的な総体との対照によって明確になるのである。

全体として、中世において修道士が担っていた役割は、他の人々が担うことのできない、少なくとも同程度には果たすことができないものであった。彼らは、二つの文化的な時代、教父と「近代の人々」との絆であった。彼らは、保存する喜びのためにテキストを保存したのではなく、それらを生きるために、また、彼らの宗教的な生活に益となるよう、礼拝と文化を統一するために保存した。そしてこのために、彼らは、古代の諸世紀を通して蓄積された美の宝物を保存し、伝達したのである。修道院のロマネスク芸術は、ゴシックの開花に先立ち、それを準備した。同じく、修道院文化は、スコラ学の黄金時代の必要条件であり、後にルネサンスと呼ばれる短い時代の必要条件でもあった。最も偉大な文化的諸時代が、文学的な創作に関する限り、最も生産的な時代であるわけではない。活動が絶えず分散するからである。しかし、人々が最も激しく活動した時代である。たとえば、一三世紀は、最も数多くの作品を生み出した世紀であり、この点で、中世の偉大な世紀である。しかし、精神は、総体的には、先行の諸世紀におけるほどに陶冶されることはなかった。これらの世紀は、作品を生み出す必要を感じることのないほど極めて幸福な時代であった。生きることで十分だったのだ。

けれども、古典的な時代、つまり一三世紀ないし一七世紀の開花を可能にしたのは、先立つ時代に、文化の宝物が安定して保持されていたからである。偉大な生産の時代には、技法が自発性を凌ぐ傾向にある。例えば、ラ・ブリュイエール（一六四五―九六年）とモンテーニュ（一五三三―九二年）との間には何と隔たりがあるだろう。同じ隔たりは、スコラ学の教師たちと、過去の諸世紀のヒューマニズムを具体化した修道士たちとの間にもある。それゆえ、修道士たちがキリスト教の文化のために行なったことは、彼らが生み出したものだけではなく、その後の非修道院的な時代が生み出したものによっても測られなければならない。後者は、テキストの伝承だけでなく、より重要なこととして、霊的な伝統、霊的な生活そのものを修道士たちに負っているからである。

神へのオマージュとしての美しい文体

環境全体が生み出したこの修道院文化は、いくつかの不変的な性格を呈していた。ここではそれらを想起するだけで十分であろう。第一に、それは文学的であると同時に伝統的であり、より正確に言うと、伝統的であるがゆえに文学的である。そこには古代の文学的な伝統が深く刻まれていた。この伝統は、何よりもローマにおける、エリートの所産であった。彼らが文書で用いたのは、日常の言語ではなく、話し言葉（elocutio vulgaris）とはおよそ異なる言語であった。すべての著作が芸術的、「技巧的」であり、技巧を欠くこと（ἄτεχνον）は決してなかった。(2) キリスト教の著作家たちも、神の言葉を語った者たち自身がこれを採用した以上、この表現方法を拒否するわけにはいかなかった。神の言葉である聖書は技巧を用いて記された書物である。霊感を受けた著者たちは、たとえ新約聖書の著者たちが「共通語」で書いたとしても、文学的なジャンル、修辞学の手法を尊重し、活用している。預言者たちは詩人であり、キリストを証言する者たちは、各々が受け取った使信に彼らなりの雄弁の彩りを添えた。福音書記者が記録する主の語った言葉にも修辞が含まれ、パウロの書簡も同様である。それゆえ、教父たちは、この姿勢そのものを放棄するわけにはいかなかった。彼らは、雄弁は手段に過ぎず、雄弁それ自体を目的として追い求めてはならないと主張した。こうした留保にもかかわらず、彼らはそれに訴えざるをえなかった。彼らの証言が神の言葉にふさわしいものであるためには、それと同様の文学的な性格を守らなければならなかった。彼らにとって、「優美な文体」は神への一つのオマージュと見なされたのである。(3)

ヒエロニュムスのような修行者が、職業的な著作家でもある。彼は、自分の教えの効果が部分的にはその言葉の質に左右されることを知っている。したがって、彼は、その文体だけでなく、評判にも配慮する。彼の著作それぞれの序章は、そこで採用された文学ジャンルに関して、読者がそれを無視しないように、との断り書きで詰まっている。(4) そこには伝統的な前置きの「トピカ」(類型表現)がすべて見出される。すなわち、書くことが苦手であること、止むを得ず執筆することの言い訳、簡潔を心がけたこと、要するに、同様の場合に、誰もが言わねばならないことがことごとく述べられているのである。(5) そうだとすると、ヒエロニュムスが文中で彼自身の言葉を語るのは、文学的な拘束からいくらか解放されたときだけだ、という印象を与えることになる。だが実際には、この拘束に完璧に従った序章においても終章においても、それらは彼自身の言葉である。というのも、彼は教養人であり、彼の文化が彼自身の一部となっているため、意識的にそれに訴えることなしには自分自身を表現することができないからである。彼が望むことは、書物となった言の弟子として彼が尊重されることである。言は、受肉することによって、その永遠の真理をさまざまな器の中に置いた。それらの器とは、歴史が、各時代に、人々のために造り上げるものであり、彼らは、永遠の真理を心の中に保持し、さらに、彼らが彼ら自身の文化から習得した言葉によってそれを伝えなければならないのである。

グレゴリウスのような神秘家も、教養人のもつ関心、著者としての心情を漏らしている。かつて彼がケリウスの修道士たちに与えた聖書の註解を、彼らの中の一人が自己流に書き改めたことが判明したとき、グレゴリウスは、それらを朗読させ、自分の語ったことが「甚だ稚拙に」改変されていることを発見する。それゆえ、彼はこの仕業を責め、講話の際に書き留められたノートを探し出し、自分に返却するようきつく要求する。(6) だが、編集者の「手許に講話の速記録があった」以上、編集の不正確さは「かなり限られたこと」であった。それでも、グレゴリウスは、教えと同じく表現にも心を砕いていたのである。(7)

ラテン世界における古代の修道院的な環境は、キリスト教的な社会がもつ文学的な雰囲気を共有していた。おそらく、修道士たちは、東方の修道士たち以上に、位階制度および文化的なエリートと緊密な関係をもっていただろう。いずれにせよ、「西方における修道生活は、その起源から、文学的な性格をもっている」(8) と言うことができよう。ベネディクトゥスもカロリング期の改革者たちも、こうした伝統を断ち切ることはできなかった。反対に、彼らはそれを強固にしたのである。彼らは、修道士が文学的な教養を備えることを要求しただけでない。学校を建て、その組織を整えることによって、それを実現する方策を与えたのである。学習の義務とともに、彼らは学習への愛を教え込んだ。この学習がもたらす悦びは多くの詩において明らかである。

「子よ、聞きなさい、文学がどれほど甘美であるかを……」(Audite, pueri, quam sunt dulces litterae...)

そして、返しでは、こだまのように、それを肯定し、付け加える。

「そして、文学を学ぶ私たちは幸せです」(Et nos felices, qui studemus litteras.)(9)

一〇世紀から一二世紀まで、西方においては、この修道院文学が成熟していった。その諸形態は古典的な伝統から生じたが、発想はキリスト教独特のものであった。恩恵が魂を高め、神的なものを受け入れる諸能力によって魂を豊かにする。他方、文化は、魂を洗練し、美しくし、そうすることで、神の賜物を受け入れ、語るためにより適した魂にするのである。ベルナルドゥスは、わずかな言葉で、その役割を非常に正確に定式化した。「文学の知識、それは魂を飾るものである」(scientia litterarum, quae ornat animam.)(10)。

「私の文法はキリスト」(Mea grammatica Christus)

それにもかかわらず、修道院文化は単に教養のあるキリスト者の文化に留まらない。キリスト者たち、また教養人たちの中にあって、修道士は、独特な何か、神秘的と呼ぶことのできるある方向性をもっている。他の誰よりも、彼らは、諸現実の二つの領域のあいだに存在する大きな相違を感じ、表現する。神自身がそれらを分離しなかったことから、彼らが進んで統一しようとする二つの領域とは、キリスト教的な生活と文化である。他のキリスト者や教養人の誰にもまして、修道士は、霊的な領域の優越性を守るために、彼ら自身の中で文芸を超克する必要性を常に感じているのである。ベルナルドゥスは、ユダヤ人について、彼らは、乾いたパンの皮のように聖書の文字をかじっているがゆえに、「文士」であると述べている(11)。しかし修道院の著作家たちは皆、同様の評価を、文学だけから滋養を調達しようとする人々に下した。もし文法学（grammatica）が、彼らの心の中で、キリストの座すべき場所を占めるようになったとしたら、彼らはそれを放棄したであろう。実際、しばしばそのように思われるのは、彼らが唯一の無くてはならぬものにあまりにも強くとり憑かれていたからである。ペトルス・ダミアニは愛に猛り「私の文法学はキリストである」（Mea grammatica Christus est）と断言する。[12]

幸いなことに、神の人、神の言葉に憑かれた人は、選り好みしてはならないことを知っている。彼らは、人間だけに由来するものをことごとく放棄し、神が与えるもの、美に装われた神の真理をすべて受け入れることができる。真理が、彼らの研ぎ澄まされた魂の目に現われるにつれて、その光彩はますますそこに侵入する。天上において、彼らはこの光にまったく浸透されるだろう。地上において見分けることのできる反射光は、互いに知覚を妨害し合い、見分けがつかなくなることもあろう。神の言葉と文化は、永遠において満たされるであろう至福を精神に求めさせる。信仰と文学は、キリスト者を満足させる代わりに、神への渇き、終末論的な希求を刺激する。文法学の役割は、彼のうちに完璧な美への要求を創り出すことである。そして終末論の役割は、彼が満足を得るために凝視すべき方向を指し示すことである。修道士の各々の心には、神の指が記す書物があり、それは他の何物にも代え難いものである。いかなる文学であれ、たとえ聖なる文学であっても、自分の内なる神の言葉に傾聴しようとする人に不可欠の潜心を免除することはできない。「われわれは、今日、体験という書物を読んでいる」[13]とベルナルドゥスは語った。また彼の弟子の一人は、さらに正確に、「兄弟たち、あなたがたは、あなたがたの体験という書物を読んできたが、それは写本よりもむしろあなたがたの心の中にあるのだと私は考える（et in corde magis quam in omni codice）」[14]と述べた。

知識と良心

文学を補完するものは神の体験と天の崇敬であり、これらはベネディクトゥスとグレゴリウスが修道士に切に説き勧めたものである。修道院神学と典礼の詩はそこから収穫を得た。伝統的な修徳修行はすべて、霊的な生活と文化の諸価値が和解するための道を整えた。セルのペトルスや他の人々は、「知識」(science) と「良心」(con-science) との間に生じる葛藤について語ったが、しかし、同時に彼らは、それが解決されうることを、彼らの模範によって明らかにした。根気強く獲得された文化と熱烈な愛の力に捕えられた純朴さを結合すること、知的な生活がもたらすさまざまな魅力の中にあっても魂を純一に保つこと、このために良心に基づき、そこに留まること、この良心の水準まで知識を高め、決して貶めないこと。文化的に洗練された修道士はこのように行なったのである。彼は知識もあり、教養もあるが、しかし、単なる学識者、教養人、知識人ではなく、霊的な者である。

修道院的な環境の文化は、その最も偉大な代表者たちにおいて、キリスト教的な体験の最も高度な形態、神秘的な生活に固有の形態に到達する。最高の例だが、ベルナルドゥスの場合、神の働きのもとで、文学と神秘的な生活とが不可分に統一されていることは、賞賛の的となりうるだろう。

ベルナルドゥスは優れた文学的な教養人である。彼はそれを決して隠そうとはしない。彼の場合も、その序文が著者としての彼の心情を明らかにしている。彼は、批判を封じるために、慣例どおり用心するだけでなく、自分が批判をひどく恐れていることを告白する。[15] 著作の中でも、彼は文学ジャンルを尊重することに心を砕く。[16] 彼が自分の著作のいくつかに加えた継続的な編集作業を比較してみると、彼が微に入り細をうがって文体に手を加えていたことが明らかになる。[17] 修辞学の彩は、彼の説教と同様に論考にも溢れている。例えば『弁明』では、「省略」と言っておきながら、実際には、彼がクリュニー修道院の悪弊として告発しようとする事実を長々と列挙する。[18] これは、キケロが「省略」(praetermissio)と呼んだものに他ならない。[19] 他の箇所では、彼は、同時代人の一人が修辞学者の「巧みな取り入り」(insinuatio)とみなした技巧を用いる。[20] こうした事実から、ベルナルドゥスは、聖性の域に到達してもなお、文学好きの青年時代と変わらず、弁論術に対する無邪気な譲歩を許容しているのではないか、という疑問が生じるかもしれない。[21] ところが、晩年のベルナルドゥスの著作である『熟慮について』、最後の『雅歌講話』においても、修辞学は尊重されている。[22] この点について、第二の回心にあたるような変化は、彼の生涯にわたって起きなかったように思われる。彼の場合、神への回心は、すべての文学的な創作活動に先立つことであった。後者は、この回心を表現するものにすぎないのである。クレルヴォー到着から、天国に入るまで、真のベルナルドゥスは、ただ一人であり、文学的な教養人であると同時に神の人、思想家であると同時に聖人、人文主義者であると同時に神秘家であり、それらは分かつことができなかった。

いかなる純化作用によって彼がこうした総合を達成することができたのかを知ることができるならば、素晴らしいことだろう。彼の著作において文学が相当に重要な場を占めているとするなら、どの部分が自発的な飛躍であり、実際に体験されたことなのか、要するに、どれだけ誠実なのだろうか。微妙な問題である。現代の心理学者の分析がこの問題の解明に役立つことはほとんどない。彼らの現象学は、「コンプレックスをもった」人格、ニューマン(一八〇一—九〇年)の言う「分裂した」人格に関して練り上げられているからである。[23] だが、中世の神秘家は、彼らの同時代人と同様に、単純であり、すでに本書で明記した意味において「未開人」であった。[24] さらに、ベルナルドゥスにとっても、他の人にとっても、また彼が偉大なだけになおさら、神秘を消し去るような解決は受け入れ難いのである。われわれは、彼の魂の内における神の働きの秘密を尊重すべきである。われわれにとって重要なことは、何よりも、彼がわれわれに残した著作である。[25] それらがわれわれに語っていることは、神への愛のゆえに、彼が自分自身の内で文学に対しておさめた勝利ではないだろうか。

純粋な文学、つまり、文学それ自体を目的として追求する文学——いわゆる芸術のための芸術——と霊的な文学とを区別する基準というものがあるだろうか。文学者であり、それ以外ではない人、あるいは、程度の差こそあれ、とにかく文学者以外の何者でもない人と、文学者ではなく霊的な人であり、それ以外ではない人、あるいは、いずれにしても第一に霊的な人とではいかなる相違があるのだろうか。「霊的なものは霊的なものに比肩する」(Spiritualibus spiritualia comparans) という言葉を、ベルナルドゥスは、彼が執筆した説教で扱う教えに関して、好んで繰り返している。この基準は、執筆者が彼自身の内でそして彼の著作において感じる自己満足である。彼が自分の著作に満足できるのは、彼がその中で自己自身を表現し、自分自身を生かしているからである。また彼が自己自身に満足することができ、このために執筆することができるのは、彼が愛するこの「私」、他人を感嘆させることを、程度の差はあれ意識的に望んでいるこの「私」を伝え、生かすためである。彼は「興味を抱かせること」つまり、他の人が興味を抱くようにさせることを望んでいるのである。

だが、この自己満足は自己への回帰、エゴイズムになる。それゆえ、これは、神への純粋な献身、自己の忘却、謙遜、神のみに同意すること、一言でいえば、愛という霊的な体験に対立する。彼が自分自身について抱く関心と、彼が神について抱く関心ないし神に関する著述について抱く関心とは、相互に排他的である。人は二兎を追うことはできない。風刺をまじえて言われているように「われわれが鏡の中に自分自身を見つめることに断固として執着するならば、祈禱台で跪くことはまったく無益なことなのである(26)」。

離脱

真の神秘家の基準、たとえ彼が文学者であっても、彼が霊感されているという証拠は、その離脱（détachement）である。神秘家が自分自身を離脱しているなら、彼は自分の書いた物に満足を抱くこともない。しかし、もし、上手に書こうとする欲求が彼のうちで勝っている、とわれわれが感じるなら、また彼の文体に芸術家の凝り方を、われわれが認めるなら、彼は文学者にすぎない。ある種の芸術的な凝り方が神秘家の著作にあることは当然である。しかし、それは決して賞賛を求めるものであってはならない。もし誰かが自分の言葉に悦に入っているなら、もし、彼が自分の語る内容ではなく、語り方に注意を傾けているならば、彼の自我《エゴ》がわれわれを不快にする。彼はその自我を真理とわれわれとの間に割り込ませたからである。このような著作家には純朴が欠けている。彼には二心がある。たとえ彼が霊的な生活の諸現実に関する文学に携わっているとしても、彼は文学者であると同時に別の何かである。霊的な著作をまさにそれたらしめている特徴は純朴である。魂の純朴、それが芸術的な技法のある種の純朴さに反映する。この自発的な技法は、もしその時代の文化的な形態全体が要求し、提供するような装飾ならば、必ずしも排除する必要はなかろう。さらに、それが、磨きをかけられ、かなりの文学的な努力から生み出されることもありうる。けれども、芸術的な語り方への配慮よりも、語られる内容への配慮のほうが常に勝っているのである。人が明白な真理や経験に捕らえられたとき、まず心を奪われることは、それを表現することであって、その表現の仕方ではない。体験が真に霊的ならば、表現は高度で美しくなり、その書き出しからおのずと芸術的になるだろう。文学的な編集は、それを完成することはあっても、決して体験を引き起こすことはできない。芸術的な技法は霊的な体験の結果でしかありえず、著者と読者にそれを引き起こす手段とはなりえない。もし技法がそれ自身のために追求されるなら、著者とわれわれとの間にスクリーンが置かれることになる。書き手は耽美主義者であり、われわれは観客であり、もはやそこに真理への愛における交わりはない。

ベルナルドゥスは、しばしば「御言葉の奉仕」(ministerium verbi) について語る。いかなる思想が彼に思い浮かんだとしても、それは神への奉仕に向けられている。もし彼がその思想を彼自身のために保持しようとするならば、それはすべての価値を失うだろう。それは聖霊に属し、聖霊の特性は自らを伝達することにある。この思想を表明することによって、ベルナルドゥスは、ある意味で、言の受肉を延長する。キリストが、自らをすべての人にとって近づきやすい者とするために、へり下り、柔和であったように、彼がキリストについて語ることは、すべての人に益となりうるものであり、またすべての人にとって魅力的でなければならない。神の言葉から、人は自分に都合のよい言葉、個人的な目的のための言葉を作り出してはならない。神の言葉を裏切りたくないのであれば、人間の言葉は、手段に留まるべきである。文学は、愛徳による奉仕のための手段であって、その障害や妨害になってはならない。それは目的、いや二次的な目的とすらなりえない。文学は、神のみに仕えるべきであって、著者の名声に仕えてはならないのである。

しかし、問題は単純ではない。著者の名声は、それ自体が神に栄光を帰する手段だからである。もし著者が神のために働いているのなら、神の栄光は、ある程度、著者の個人的な栄光に依存する。もし彼が自分の務めを十分に果たさないのなら、自分の名声を危うくし、同時に、彼が奉仕している理由、彼が明らかにすべき真理、彼が栄誉を帰する教会をも巻き添えにすることになる。したがって、神の栄光が彼に依存する限り、著者が自分の名声を気遣うことは当然であり、正当でもある。著者の名声が他の人々次第である以上、彼は、それを神に委ね、批判を受け入れなければならない。批判はつきものである。書くからには、彼はいかなる名声をも断念すべきである。著作家は誰でも無数の評価に身をさらすが、それらが必ずしも非常に有能な批評家による評価であるとは限らない。たとえば、ペトルス・ベレンガリウスはベルナルドゥスを批判し[27]、それらの非難が反響を呼び起こすことはなかった。しかし、ベルナルドゥスはそれに傷ついたようである。著者の名声が彼の作品に対する誠実さに関わる以上、彼はそれを気遣わなければならない。彼は、失敗を招くようなことをしてはならず、稚拙に書くことに甘んじることはできない。もし何らかの企てにおいて、彼自身の預かり知らぬことから失敗が降りかかってきても、彼にできることはそれを引き受けることしかない。そうすることで、彼はキリストに真に倣うことになろう。それゆえ、第二回十字軍が失敗したとき、ベルナルドゥスは「神の栄光が汚されないのであれば、私は不名誉をいとわない[28]」と宣言することができたのである。しかし、彼が執筆し、そのメッセージが失敗に終わっても、それを彼の責任にすることはできない。彼が努力すべきことは、そのメッセージの内容にふさわしい表現を与えることである。彼は、神の栄光を表わすことだけが満足に価することを終始自覚しつつ、作品をより優れたものにしなければならない。したがって、ベルナルドゥスの場合、何らかの自己満足があったとすれば、その分、彼は神秘家である以上に文学者だったことになる。だが、このことは神のみが知ることである。慣用的な文学形式に従うベルナルドゥスの序文において、われわれに確認できることは、彼が、神に仕え、神に栄光を帰するためになさねばならない限りで、自分の名声を気遣っているに過ぎないということである。われわれには、彼の誠実さを疑う理由があるだろうか。これらの序文に始まる諸著作において、われわれは、彼の言うことを確かめることができるだろうか。そこで、われわれは、上述の霊的な諸原則が、文学の領域で、いかなる帰結をもたらすのかを見ることにしよう。

霊的な体験と神秘的な文学

神学において弁証論理学が使用されるが、しかし、啓示がなければ、弁証論理学は宗教的な省察を基礎づけるためには無力であるように、霊的な人間は、彼の体験を表現するために文学を用いるだろう。しかし、ここで次の重要な二点を確認する必要がある。一つは、文学が体験を喚起するには能力不足だということに関わり、もう一つは、体験が文学の領域に及ぼす影響に関わっている。

「霊的な体験なくして、霊的な文学はない」。すなわち、体験が文学を呼び起こすのであって、その逆ではない。ベルナルドゥスは、文学的な才能だけでは、彼が営んだ霊的な生活について語ることができなかった。また、彼は、それらを体験しなければ、その現実について記述することはできなかった。霊的な体験だけが、文学を越えることを可能にし、それを利用しつつも、むろん、決してその奴隷とならないことを可能にしたのである。彼は、終始自由で、分裂することなく、純朴であることができたし、また、まるで書くことを意識していないかのように書くことができたのである。ただの文学者と文学者かつ聖人である者との相違は、ベルナルドゥスとクレルヴォーのニコラウスを対照することによって明らかになる。この有能な書記は、才能には恵まれているが個性を欠き、「持っているもの」は豊富だが、「存在感」が希薄である。彼は、書記としての働きは巧みにこなすが、その著作は、決して彼の個人的な体験を伝えることはない。完璧な模倣者である彼は、ベルナルドゥスが大まかに指示した事柄を書簡として仕上げる。にもかかわらず、彼は、『雅歌講話』の一編すら書くことができなかった。ベルナルドゥスの口述がなく、自分自身で書かざるをえないと、大袈裟な修辞になってしまい、どの文章を見ても、そのぎこちなさがわれわれを不快にさせる。われわれは、その過程における彼の自己満足と彼が犠牲を払った努力を感知する。しかも、彼は自分自身とその文体について語るのにやぶさかではない(29)。

対照的に、ベルナルドゥスは、彼が証言せねばならない真理を前にすると、控えめになる。彼は文体について語らず、自分が書いているということすらも忘却しているように思われる。神の体験に没入し、そこから尽きることのない自発性、「創意」を受け入れる。彼は「詩人」であり創造者である。彼独特の言語が、われわれに彼の内なる霊的な宇宙を現出させる。彼の思考に応じて、彼は言語、言葉を創出する。さらに、彼における内面性、体験の緊張と省察が増すと、文体も高揚する。彼は、言語を自在に操り、まったく自由に手を加え、それをしなやかで使いやすい道具にする。天才あるいは聖人、さらにベルナルドゥスのように両者であるような人の場合、技巧的なもの、人為的なもの、要するに技法は、天性のものとなり、あるいはむしろ、この天性が、いかなる拘束も受けずに技法とその規則に順応する。そして、これらは忘却され、さらに、雄弁が雄弁を無視する。神秘家の著作は、その表現手段が極端なまでに単純化される。彼は、技法によって定められた限界内で、技巧的なわざとらしさを粉砕し、取り除き、あるいはほとんど見分けがつかないまでにするのである。

「したがって、体験は文学を変容させる」。一二世紀の教養人の多くは、文学作品を生み出す能力を具えた人々であった。しかし、ベルナルドゥスの場合、彼の語ったことが彼にとって現実ではなかったとしたなら、われわれが彼に負っている傑作を、どうして書くことができただろうか。仮に、彼の著作を構成する文学的な作品が他の人、あるいは書記たちによって書かれたと想定してみよう。すると、彼らがベルナルドゥスの才能、その聖性、したがって文体の完璧さを具えていたと想定せざるをえないのである。文学的な資質を欠いた神秘家、体験をもたない教養人は、二人で協力したとしても、偉大な霊的文学を書き上げることはないだろう。聖性を欠いた文学的な才能、文学的な才能を欠いた聖性では、神から与えられた二つの賜物が出会った結果としての作品を十分に説明することができない。文学だけでは、これらのテキストに宗教的な緊張を与え、確信と誠実を強調することができない。また聖性だけでは、これらのテキストがもつ永続的な価値の根拠の一つである美を賦与するには不十分である。けれども、聖性と文学的な才能との出会いは決して特異なことではない。神が特権的な魂を選び、形成し、豊かにするとき、神は、人間の資質を、神が与える高い恩恵の水準に一致させるのである。ベルナルドゥスと同じく、ルースブルーク（一二九三－一三八一年）、十字架のヨハネ、アビラのテレサ、フランソワ・ド・サル（一五六七－一六二二年）や他の優れた著作家たちを、彼らの時代と彼らの母国の古典的な文学者にしたものは、書くための賜物、文体のカリスマである。神秘家の言語は、才能と体験の同盟から生じる。確かに、浩瀚な著作の個々の部分をとってみると、この二つの要素のどちらか一方が、多少とも目立つように思われるかもしれないが、しかし、全体としては両者が至る所に姿を現わしているのである。

霊的な生活が向上するにつれて、文体も高度になる。修徳修行や祈りの場合と同じく、神の賜物は、文学の領域においても人間の努力を排除しない。神秘的な著作家は、彼らの文体がすでに高度な域に達していても、彼らの魂の中で神の賜物を育んでいくに従って、さらに文体に磨きをかける。より正確に言うと、神が彼らに働きかけ、彼らの才能と表現の手段を成長させるのである。けれども、彼らがこの巧みに書くカリスマを所有しているのは、神について語るときだけである。このカリスマだけが、彼らをただのもの書きとは異なる者にするのである。イエスのテレサは、神以外の事柄についても書簡を書いた。たとえば、彼女が、庭の花々を語り、セビリャのサロンにおける人々の談話について語ったとしても、その場合、彼女は書簡作家のセヴィニェ侯爵夫人（一六二六－九六年）と何ら変わるところはない。だが、彼女が神について語るとき、神への愛を彼女に与え、神について美しく彼女に語らせるのは神であった。トマス・アクィナスが、死を前にして、次のように尋ねる主の言葉を耳にした、と報告されている。「お前は私に関してよく語った。その報酬としてお前は何を望むか」。彼は答えた。「主よ、あなただけを」。トマスがこのように答えることができたのは、彼が、その死すべき命の中で、神について語り、また神について記すとき、すでに、彼は神以外の何ものも望んではいなかったからである。そして、彼が神についてよく語ったのは、まさにこのためである。

文学から体験が生まれることは決してない。体験は、文学を必要とすることもなければ、必ずしも文学を生じさせるわけでもない。体験は書物によっては表現されえない。しかし、もし体験が書き留められねばならないときには、美への内的な欲求が手段を提供する。体験は、それが必要とする文学を、体験それ自身の水準にまで高めるのである。したがって、神秘家の著作においては、芸術的な手段、修辞学の技巧が用いられる中で、誠実さのより高度な形態が現われる。彼において、修辞学と誠実さとは、互いを排除せず、互いに呼応し合い、影響を及ぼし合うのである。この修辞学と誠実さとは、各時代に固有の形態を示すため、われわれを当惑させることもある。われわれは、今日の観念に従って古いものを判定しようとする傾向が強い。ある歴史家は次のように認めている。「修辞学に対しては偏見がある。修辞学が登場すると、しばしば、それは、誠実さを欠いているかのように、考慮に価しないものと判断される。しかし、それは、詩とまったく同様に、芸術である。さらに言うならば、それは、まさしく一種の詩である。そして古代においては、『真実の』感情は、自分を裏切ることなく、この道具をかなり巧みに使用することができたのである」[30]。

われわれの場合の修辞学が異なった外観を呈するために、われわれはだまされることになる。われわれは、誠実さだけが残され、修辞学は消滅したと思っている。実際、今日書かれているのは誠実さの文学である。人々は、文体はそっちのけで、日記や胸中の思いを書きつける。かつては、上手に書くために注がれる配慮を隠そうなどということはなかった。だがこれらの二つの手順は、著作家の誠実という誠実さの型と両立しうるものである。著者の非の打ち所がない、根っからの誠実さは、彼が用いる文体の手法ではなく、彼の魂から判断すべきである。表現方法ではなく、彼の語っていることに拠るべきである。つまり、彼はそれを体験しているのか、それとも、彼は体験せずにそれを語ることができたのか、ということである。誠実な文学には、少なくとも二つのタイプがある。現代のある著作家は、自分が文学をしていない振りをすることに誠実である。他方、ベルナルドゥスならば、自分が文学をしているということを誠実に認めるだろう。両者の場合、彼らの確信するメッセージが真実で、益となりうるがゆえに書こうとする、自分自身を表現しようとするという同じ欲求が認められる。どちらの場合も、著者は読み手を必要とし、また神について読み手に語る場合、彼らに対して誠実である。したがって、語り方だけが異なっている。しかし、ベルナルドゥスの場合、根っからの誠実さのおかげで、修辞学が支配する時代に、内的な離脱を映し出すような、完璧なまでの文学的な簡潔さに達する。神秘家としての彼の文体は、彼の純朴、心の純粋さにふさわしく、純粋さと緊張を達成しているのである。

自由、放棄、内的な沈黙

それゆえ、彼は、彼自身の能力を越えさせる自発的な飛躍によって、修辞学の諸規則に従うことができると同時に、それらから自由になることもできるのである。文学は大部分が模倣である。それは、手本が示した規則を課す。しかし、神秘思想は創造であり、革新である。文学は書かれた作品に美を与える。神秘思想はそれを崇高なものにする。文学の果たす役割とは、採用された文学ジャンルと文体である。誠実さは、これらの技巧によって表現される体験に関わる。それは技巧を必要とするが、技巧が誠実さを損なうことはない。文学ジャンルと技巧を用いても、神秘家の場合は、彼が用いる手法の極端な簡潔さによって見分けられる。彼の文体は、彼の魂が純粋であるのと同様に透明になる。彼の語ることが高尚になれば、それだけその表現手段は技巧に乏しくなる。『謙遜の段階について』『弁明』あるいは『熟慮について』などの論考のどの頁をとっても、つまり、ベルナルドゥスの生涯のどの段階でも、彼がこうした手法を用いていることは明白である。したがって、彼は、他の人々でも同じように語ることができたであろうことを語っているのである。けれども、彼が最も完璧に彼自身であるとき、すなわち、神に十全に満たされている場合、たとえば、『雅歌講話』の多くの文章において、彼は極めて純朴であり、技巧的ではない。技法は文章のリズムの中にしか存在せず、しかもそれは神を所有することから生じる内的なリズムに同調する。発話された言葉が思考内容に添えるのは音声のみであり、思考された言葉に欠落していた響きだけである。表現の誠実さが強まると、それだけ伝えたいことが理解されやすくなる。そして修辞学の全体はこのことに帰着するのである。

精神の自由だけが、神秘的な著作家に、彼の文学的な賜物をかくも自由に使いこなせるようにさせるのである。この自由と欠如は、極限に達すると、沈黙に帰着することになろう。この体験は、神と魂との間で交わされる親密な愛の形だからである。この体験が個人的で、伝達しえないという点で、それは沈黙へと向かっている。しかし、まさしくこの愛徳が、神秘家のみならず、彼の隣人に関わっているという点で、それは別の側面を帯びている。神秘家が魂の牧者であり、教会の博士、著作家であるとしたら、彼は、自分の知っていることを他の者たちに伝えなければならない。しかも、彼はそれを上手に語らなければならない。だが、彼の語ろうとすることは、常に不完全なままである。ベルナルドゥスは、天使たちが彼を助けてくれるだろうと考えている。彼らもまた言に仕える者なのである。(31) 彼らは、美しい思想とそれらを感覚で捉えることができるようにするイメージを、精神に「授けてくれる」。しかしイメージは、神を表現すると同時に、神を覆い隠しもする。神秘家が表現しようとするすべてが根本的に不完全だということが、ついには、彼をその文学活動から離脱させ、自分の著作に抱く自己満足をまったく奪ってしまうのである。文学は、その形式、不可欠の規則すべてを含めて、ありのままのわれわれがもつ無力、限界のしるしであり、また、われわれが語ることとわれわれが生きる根拠との齟齬のしるしであることを、彼は知っている。この欠陥と挫折の自覚が、彼自身のうちで、永遠において神を十全に所有することへの希求を強めるのである。

それゆえ、文学の究極的な境において、語りえないものの領域が開ける。この極限において、言葉は、神の自由と恩恵によって与えられた、言語を絶する賜物の前に屈服せざるをえないのである。ベルナルドゥスは、「雅歌」についてなされた説教を終えるにあたり、彼の文学的な遺言ともいうべきテキストの中で、このことを次のように書き残した。

さて、人は私に「御言葉を享受するとはどのようなことか」と尋ねるかもしれない。そこで私は彼に「むしろ、それを体験した人を探し出し、彼に尋ねなさい」と答えるだろう。というのも、もし、私のような者にそれを体験することが許されたとしても、語りえないことを語ることが私にできる、とあなたがたは思うだろうか。この体験をもった使徒パウロの言葉を聞きなさい。彼は言う。「もしわたしたちが正気でないとするならば、それは神のためであったし、正気であるなら、それはあなたがたのためである」（二コリ五・一三）。これは、別言すると、次のようなことである。「私がまったく一人で神と共にいるときと、あなたがたと共にいるときとは別である。私と神との間に起こったことを、私は体験できるが、それを表現することはできない。だが、あなたがたと共にいるときには、私は、あなたがたが理解することができるように語ろうと努めるのである」。御言葉を享受することがいかなることかを知ろうとするあなたは、何と好奇心が強いことか。耳ではなく、精神を整えなさい。それを教えるのは恩恵であって、言葉ではない。それは、知恵のある者や賢い者には隠されており、幼子のような者に示されているからである（ルカ一〇・二一）。兄弟たち、謙遜とは何と偉大な、崇高な徳だろうか。それは、語りえない現実を獲得し、それのみが教えられえないことを教える。それのみが、言葉では説明できないことを、言から受け取り、言によって理解するに価する徳なのである。なぜそうなのか。その功績によるのではなく、言、魂の花婿、主イエス・キリストの父である御方が、それを望まれるからである。そして、この方は、万物の上におられる永遠にほめたたえられる神である。アーメン（ロマ九・五）[32]。

訳者あとがき

本書は、クレルヴォーのベルナルドゥスをはじめとし中世の修道院文化・霊性の研究において、最も偉大な功績を残した、ジャン・ルクレール（Jean Leclercq O. S. B.）の古典的な名著 L'amour des lettres et le désir de dieu: Initiation aux auteurs monastiques du moyen âge, édition corrigée, Paris: Les éditions du Cerf, 1957. の全訳である。

ルクレールは、一九一一年一月三一日、中世の面影を残す北フランスの町アヴーヌ（Avesnes）で、富裕な商人の次男として生まれた。一九一四年、第一次世界大戦が始まり、一九一六―一八年、彼の家族は、戦火を避けて各地を転々とする。この時の窮乏生活が、幼いルクレールの成長を妨げ、晩年まで健康に不安を抱えることになる。

一九二〇―二八年、彼は、シメー（Chimay）から一五キロほどの所にある学校サン＝ピエール・ド・フルミ（College de St-Pierre de Fourmies）で中等教育を受ける。在学中に、修道士となることを決意し、二八年、ルクセンブルクのクレルヴォーにあるベネディクト会サン＝モーリス修道院（St-Maurice）に入る。誓願式（三〇年六月二四日）の後、彼は、二年間にわたり、後に聖アンセルモ（San Anselmo）大学の教授となるジャン・ミューラー（Jean Müller）などから徹底した哲学の教育を受ける。

一年間の兵役の後、三三年から三七年にかけ、ローマの聖アンセルモ大学で神学を学ぶことになる。彼は、ここでアンゼルム・シュトルツ（Anselm Stolz 一九〇〇―四二年）の強い影響を受ける。彼が学位論文のテーマとして取り上げたのは、一三世紀のドミニコ会神学者パリのヨハネス（一三〇六年歿）の教会論であり、最初に発表した論文も、このヨハネスに関するものである（"Jean de Paris. Le Christ médicin", La vie spirituelle, 59 (1938–39), pp. 293–300）。

一九三七年、彼は、学位論文執筆のための最後の年を、ローマではなくパリのカトリック研究所（Institute Catholique）で過ごす。この地で彼はジルソン（É. Gilson 一八八四－一九七八年）を始めとする多くの優れた研究者と出会うことになる。一九三九年、第二次世界大戦が始まると、再び兵役に服するが、四〇年、パリのカトリック大学においてヨハネスの教会論に関する研究で学位論文を完成する。これは、Jean de Paris et l'ecclésiologie du XIIIe siècle, Paris 1942 として出版される。

一九四一年、中世の霊性史研究に偉大な足跡を残したベネディクト会士ヴィルマール（A. Wilmart 一九四一年歿）の後を承けて、パリの国立図書館（Bibliothêque Nationale）の写本室で中世写本の目録作成に従事する。その間、彼は、やはりベネディクト会士で、教父時代の典礼研究の大家であるカペル（Bernard Capelle 一八八四－一九六一年）からは典礼学の研究に、またスコラ学の倫理学に関して多くの業績を残したロッタン（Odon Lottin 一八八〇－一九六五年）からはスコラ学の研究に進むように勧められる。しかし、彼は、スコラ学の思想家ではなく、修道院の著作家の研究へと方向転換をする。そのきっかけとなったのが、ジルソンの示唆であった。その時のことを、彼は、ジルソンのベルナルドゥス研究の英訳に寄せた序文で次のように述べている。「未公刊の写本の圧倒的な数を前にして、私は苦悩の選択を迫られた。私の精力を、一三・一四世紀のスコラ学者および一五世紀の教会論に費やすべきか、それとも、いかにも魅力的な、一一・一二世紀の修道制の研究に費やすべきか、と。激しい挫折感と困惑に襲われたある日、私はジルソンに電話をした。『来て下さい、会いましょう』と彼は言った。午後いっぱいをかけて、彼が語ってくれた修道院文化の全体がもつ諸問題は私に満足を与えた。結局、彼の努力が効を奏したのである」(É. Gilson, The Mystical Theology of St. Bernard, tr. A. H. C. Downes, Kalamazoo 1990, p. xvii.)。

こうして、彼は、それまで顧みられることの少なかった修道院の著作家の研究に精力を傾注することになる。とりわけ、本訳書でもたびたび言及される、一二世紀の修道院著作家セルのペトルス、クリュニー修道院長ペトルス・ウェネラビリスに関する研究、そしてボネ（J. P. Bonnes）の協力を得てなされた、一一世紀ノルマンディのフェカン修道院長ヨハネスの著作校訂版および研究は、一九四六年、以下の三冊の書物として出版される。

Jean Leclercq

La spiritualité de Pierre de Celle (1115-1183), Paris 1946.

Pierre le Vénérable, Saint-Wandrille 1946.

Un maître de la vie spirituelle au XIe siècle: Jean de Fécamp, Paris 1946.

一九四五－四六年の冬、彼はスイスのエンゲルベルク修道院で冬を過ごす。彼は、そこで、クレルヴォーのベルナルドゥスのそれまで知られていなかった写本を発見する。この発見は、"Inédits bernardins dans un manuscrit d'Engelberg", Revue Mabillon 37 (1947), pp. 1-16 として発表される。さらに翌年には、ベルナルドゥスに関する大著 Saint Bernard mystique, Bruges et Paris 1948 を出版する。そして、同年、彼はシトー会の委託を受けてベルナルドゥスの新しい校訂テキストの出版に着手する。この準備として、彼はヨーロッパ中のベルナルドゥスの写本を調査するために、ロシェ（H. M. Rochais）とともに、一〇年を費やし、ヨーロッパ各地を旅行する。こうして『ベルナルドゥス全集』（Sancti Bernardi Opera, ed. J. Leclercq; C. H. Talbot; H. M. Rochais, Roma: Editiones Cistercienses）の第一巻が一九五七年に出版されるが、最後の第八巻が出版され、完結するのは、二〇年後の七七年である。

この『ベルナルドゥス全集』の第一巻が出版される直前、彼は、聖アンセルモ大学において、五五—五六年の冬学期に、修道院文化に関する一連の講義を行なう。そしてこの講義が、翌五七年に L'amour des lettres et le désir de dieu: Initiation aux auteurs monastiques du moyen âge, Paris 1957（『文学への愛と神への希求——中世の修道院著作家への入門』）と題して出版されると、当然のことながら、ただちに高い評価を受け、中世修道院の研究者だけでなく、様々な分野の中世研究者にとって必読書となる。

本書において、ルクレールは、六世紀のヌルシアのベネディクトゥスの『戒律』に従い、「神を求めること」に専心する修道生活から生み出され、一二世紀に頂点に達する西欧中世の修道院文化に固有の性格を明らかにする。構成としては、第一部　修道院文化の形成、第二部　修道院文化の源泉、第三部　修道院文化の成果というように、歴史的な展開の枠組みが設定されるが、取り上げられる各々のテーマは、あらゆる時代の修道院文化に適用することのできるものである。

こうしたテーマの中でも、ルクレールが特に詳しく取り扱うのは、修道院の学問である。彼は、修道院とその学校という環境から生み出されたテキストおよび神学が、都市の大聖堂付属学校、大学で発展するスコラ学のテキストおよび神学とは、方法と内容において明確に区別されることを明らかにする。つまり、彼は、中世において、スコラ学と並ぶもう一つの学問の伝統が存在することを示したのである。そしてこの神学を、彼は「修道院神学」(théologie monastique) と名づける。この語そのものは、すでに一九四六年、ペトルス・ウェネラビリスの研究の中で使用され（前掲書 pp. 366-367）、五三年にベルナルドゥスの歿後八〇〇年を記念してディジョンで開かれた学会においても提案されたが（cf. "S. Bernard et la théologie monastique du XIIe siècle", Analecta Sacri Ordinis Cisterciensis 9/3-4 (1953), pp. 7-23）、本書においては、より成熟した概念として提示される。出版後、この概念はさまざまな議論を呼び起こすが、今日では、中世研究者の間で市民権を得たといってよかろう（cf. J. Leclercq, "Naming the Theologies of the Early Twelfth Century", Mediaeval Studies 53 (1991), pp. 327-328）。

この後も彼の研究活動は留まることを知らず、一一世紀の修道院著作家で教会改革者ペトルス・ダミアニに関する研究、S. Pierre Damien ermite et homme d'Église, Roma 1960 また本訳書の第六章でも言及される修道院著作家に特有の語彙に関するより包括的な研究、Études sur le vocabulaire monastique du moyen âge, Paris 1961、またブイエ（L. Bouyer）、ヴァンダンブルーク（F. Vandenbroucke）らと協力し、Histoire de la spiritualité chrétienne, t. 1-3, Paris 1960-65（邦訳『キリスト教神秘思想史』）などを出版する。

第二ヴァティカン公会議（一九六二―六五年）以後は、中世修道院文化の研究者としてだけでなく、現代におけるキリスト教修道制の刷新のためにも世界各地を旅行し、とりわけ、南米、アフリカ、アジアにおける修道制、さらにはヒンドゥー教、仏教など他宗教の霊性との交流にも強い関心を示す。この点に関して彼が発表した論文などは、Aspects du monachisme hier et aujourd'hui, Paris 1968 および Vie religieuse et vie contemplative, Gembloux-Paris 1969 に収録されている。

晩年になっても彼の執筆活動は衰えず、数々の論文を発表すると共に、現代の深層心理学の方法を援用したベルナルドゥスの研究 Nouveau visage de Bernard de Clairvaux. Approches psycho-historiques, Paris 1976、ベルナルドゥスの女性論、La femme et les femmes dans l'œuvre de saint Bernard, Paris 1983、また一二世紀の修道院における愛というテーマを論じた Monks and Love in Twelfth Century France: Psycho-historical Essays, Oxford 1979 などを出版する。

そして、九三年一〇月二七日、ルクレールは、クレルヴォーのサン＝モーリス修道院で八二年の生涯を終えた。ルクレールが晩年に至るまで発表し続けたベルナルドゥスに関する論文の数々は、Recueil d'études sur S. Bernard et ses écrits, I (1962), II (1966), III (1969), IV (1987), V (1992) Roma に収録されている。また小著ではあるが、S. Bernard et l'esprit cistercien, Paris 1966 および晩年の Bernard de Clairvaux. Bibliothèque d'histoire du christianisme, 19, Paris 1989 は、ベルナルドゥスに関する第一級の入門書として各国語に翻訳されている。

さらに、彼が出版したベルナルドゥス全集のテキストをもとに、ラテン語―イタリア語の対訳版 Opere di San Bernardo, ed. Galtadelli, F., Milano 1984-. ラテン語―ドイツ語の対訳版 Bernhard von Clairvaux, Sämtliche Werke, 1-10, Tyrolia 1990-1999 が刊行され、またラテン語―フランス語の対訳版が Sources chrétiennes, Paris から刊行中である。

各国語に翻訳されたものも含め、その数が千点にも上る彼の全著作の目録は、E. Rozanne Elder (ed.), The Joy of Learning and the Love of God. Studies in Honor of Jean Leclercq, Kalamazoo-Spencer 1995, pp. 415-498 にある。そして、この目録に、新たに本訳書が付け加えられることになる。

本訳書のフランス語の原題は、上述のように『文学への愛と神への希求——中世の修道院著作家への入門』であるが、日本の読者のことを考え『修道院文化入門——学問への愛と神への希求』とした。また、第二版への序文および第三版への序文を、一九九〇年の第三版から掲載し、初版および第二版の訂正に関しても、この第三版に拠った。本文中の小見出し、（ ）内に記した人物の生歿年代などは、訳者によるものである。原註においては、雑誌の略号を除いて、原則として原書の表記に従った。また、人名の表記については、原則として『中世思想原典集成 別巻』編訳・監修 上智大学中世思想研究所（平凡社 二〇〇二年）に従った。翻訳に際しては、英訳、独訳、伊訳も適宜参照した。

修道院文化の生み出した思想を歴史的に知りたい読者は、『キリスト教神秘思想史2 中世の霊性』翻訳・監修＝上智大学中世思想研究所（平凡社 一九九七年）を参照されたい。その第一部「大グレゴリウスからベルナルドゥスへ［六－十二世紀］」は、ルクレールが執筆している。また修道院著作家の作品の一部は、『中世思想原典集成10 修道院神学』編訳・監修 矢内義顕（平凡社 一九九七年）に、翻訳が収録されている。ここに収録されていない作品については、前掲『中世思想原典集成 別巻』の「Ⅵ 邦訳書名一覧」（二三九－六八頁）を参照されたい。

本書が出版されてから、すでに半世紀近くが過ぎた。にもかかわらず、本書の学問的な価値と書物としての魅力は失われていない。それは、ルクレールが修道院文化の研究者として卓越していたというだけではないだろう。著者の修道士としての「最も真なる自己、彼がそうあろうとする自己、彼において最良のもの」が、本書に表現されているからではないだろうか。そして、この点で、本書自体が、修道院文化の伝統から生み出された作品と言うことができよう。

最後になるが、本書の意義に着目し、出版をお引き受け下さった知泉書館の小山光夫社長、また編集の髙野文子氏には心より御礼を申し上げる。

二〇〇四年八月二五日

神崎　忠昭
矢内　義顕

谷隆一郎・岩倉さやか訳

砂漠の師父の言葉　ミーニュ・ギリシア教父全集より

キリスト教的霊性の伝統にあって大きな源泉となり後の歴史に影響を及ぼした，素朴な語りのうちに深い知恵を湛えた珠玉の作品。聖にして至福なる師父たちの有徳な修行と驚くべき生活，熱心さと訓育と主への模倣の姿を明示し，透徹した言葉を記す　ISBN4-901654-28-4　**四六判440頁・4500円**

ピエール・リシェ著／岩村清太訳

ヨーロッパ成立期の学校教育と教養

古代末期から11世紀中葉にかけて西欧全体に及ぶ教養の形成と普及の実態，修道院を中心に展開する学校制度の変遷を膨大な史料を駆使して跡づけ，ヨーロッパ連合（EU）の原型となる西欧中世の学問と教養の源泉に迫った記念碑的著作　ISBN4-901654-03-9　**A5判608頁・9000円**

エウジェニオ・ガレン著／近藤恒一訳

ルネサンスの教育　人間と学芸との革新

ルネサンス研究の第一人者が，中世思想を背景に14世紀中葉から18世紀にいたるルネサンス・ヒューマニズムの発生・確立・発展とその変貌の全過程をとおし，新しい人間形成と学術文化の誕生を教育思想の観点から明らかにした名著の決定訳　ISBN4-901654-08-X　**A5判414頁・5600円**

伊吹　雄著

ヨハネ福音書注解

冒頭句「はじめにロゴスがあった」に関する従来の通説を批判，「聖霊によるアナムネーシス（想起）」であるとの観点を確立し，独自の解釈を提示。誤解に陥りやすく難解と思われがちなヨハネ福音書の構造が徹底した考察で浮かび上がる　ISBN4-901654-29-2　**菊判288頁・5000円**

米田彰男著

神と人との記憶　ミサの根源

イエスとは誰か，キリスト教とは，神とは何か。世界的に受容されてきた聖書と共にキリスト教理解に不可欠な，宗教儀式としてのエウカリスチア（ミサ）をヘブライ語で〈記憶・想起・記念〉を意味する Zikkaron という言葉を通して解明した初の本格的業績　ISBN4-901654-20-9　**菊判216頁・6000円**

（税抜価格）

神崎 忠昭（かんざき・ただあき）

1957年，横浜生まれ．慶應義塾大学大学院文学研究科史学専攻博士課程単位取得満期退学．専門，ヨーロッパ中世史．現在，慶應義塾大学文学部助教授．
〔業績〕「ヴェッティヌスの幻視 Visio Wettini について－中世ヨーロッパにおける夢の役割」(『慶應義塾大学言語文化研究所紀要』26，1994)，「千年目の年に－ロドルフス・グラベルの『歴史五巻』に見る終末思想」(歴史学研究会編『再生する終末思想』青木書店，2000)，トゥルネのギルベルトゥス「平和について」(上智大学中世思想研究所/坂口昂吉編訳・監修『フランシスコ会学派』中世思想原典集成 12，平凡社，2001) 他．

矢内 義顕（やうち・よしあき）

1957年，東京都生まれ．早稲田大学大学院博士課程後期修了．神田外語大学助教授を経て現在，早稲田大学教授．
〔業績〕「Studium sacrae scripturae－アンセルムスと聖書」(『中世思想研究』41，1999)，監修『修道院神学』(中世思想原典集成 10，平凡社，1997)，八巻・矢内編『境界に立つクザーヌス』(知泉書館，2002)，L. ハーゲマン『キリスト教とイスラーム－対話への歩み』(共訳，知泉書館，2003) 他．

〔修道院文化入門〕　　ISBN4-901654-41-1

2004年10月20日　第1刷印刷
2004年10月25日　第1刷発行

訳　者　神　崎　忠　昭
　　　　矢　内　義　顕

発行者　小　山　光　夫

印刷者　藤　原　良　成

発行所　〒113-0033 東京都文京区本郷1-13-2
電話(3814)6161 振替00120-6-117170
http://www.chisen.co.jp
株式会社 知泉書館

Printed in Japan　　印刷・製本／藤原印刷

人 名 索 引

ア 行

聖アイカルドゥス Aychardus Gemeticensis ……312
アイモイヌス Aimoinus Floriacensis ……152
アウグスティヌス Aurelius Augustinus Hipponensis ……16, 22, 35, 37, 39, 53, 65, 73, 82, 98, 100, 107, 130f., 154, 156, 165, 226ff., 259, 286f.
アウグスティヌス，カンタベリーの Augustinus Cantuariensis ……52
偽アウグスティヌス Pseudo-Augustinus ……272
アウグストゥス Augustus (Gaius Iulius Caesar Octavanus) ……67, 186f.
アエルフリクス Aelfricus Grammaticus ……52
アエルレドゥス，リーヴォーの Aelredus Rievallensis ……170, 172, 238, 254, 260, 276
アタナシオス Athanasios ……120
アダマンティオス Adamantios ……121
アダム Adam ……57, 174
アダム，プティ＝ポンの Adam Parvipontanus ……255
アダムス，ペルセーニュの Adamus Perseniae ……136, 236, 251
アダラルドゥス，コルビーの Adalhardus Corbeiensis ……58
アダルベルトゥス，フェラーラの Adalbertus Ferrariensis ……58
アッタルス，ストア派の Attalus ……188
アッボ，フルーリの Abbo Floriacensis ……152, 163, 311
アブラハム Abraham ……57, 87, 89
アベラルドゥス Petrus Abaelardus ……4, 33, 135, 192, 241, 251, 255, 260, 265, 269, 286, 289, 291-93
アマラリウス Symphosius Amalarius Metensis ……58
アラトス Aratos ……154
アラヌス・アブ・インスリス Alanus ab Insulis ……251
アリストテレス Aristotelis ……4, 30, 37, 153, 245, 263f.
アリストファネス Aristophanes ……73
アルヴィスス，アンシンの Alvisus de Aquicincto ……236
アルクイヌス Alcuinus ……31, 57-62, 82, 113, 120, 132, 148, 163, 212, 242
アルゲルス，リエージュの Algerus Leodiensis ……251
アルドヘルム Aldhelmus Schireburnensis ……52
アルヌール，ヴィレールの Arnaldus ……266
アルノルドゥス，ボンヌヴァルの Arnoldus Bonaevallis ……288, 318
アルベリクス，トロワフォンテーヌの Albericus Trium Fontium ……201
アルベリクス，モンテ・カッシーノの Albricus Casinensis ……152, 226
アルベリクス，ランスの Albericus Remensis ……255
アレクサンデル，ジュミエージュの Alexander Gemeticensis ……262, 291
アンギルベルトゥス，サン・リエキの Angilbertus Centulensis ……58

アンセルムス，カンタベリーの Anselmus Cantuariensis ……4,37,82,93,160,222,241,249,253,268,270,275f.,283,325
アンセルムス，ランの Anselmus Laudunensis ……240
聖アントニオス Antonios ……31,119,131-33,143,212,240
アンブロシウス Ambrosius Mediolanensis ……82,123,127,130,171f.,193,268
アンブロシウス・アウトペルトゥス Ambrosius Autpertus ……36,57,132
アンモニオス，アレクサンドリアの Ammonios ……29,59
イヴォ，シャルトルの Ivo Carnotensis ……233
イエス Iesus ……57,74,100,188,302,310,316,320,339
イサアク・デ・ステラ Isaac de Stella ……123,258,272,276
イシドルス，セビリャの Isidorus Hispalensis ……36,65,104,159,197,202,215,240
イテルス，ヴァシィの Yterus de Wasscheio ……181
ウァレリウス・マキシムス Valerius Maximus ……186
ヴァラフリド・ストラボ Walafridus Srabo ……302
ウァロ Marcus Terentius Varro ……26
聖ウィクトル Victor ……301,307
ウィリブロルド Willibrorus Traiectensis ……212
ヴィリラムス，エーベルスベルクの Williramus Babinbergensis ……244
ヴィルマール André Wilmart ……170,316
ヴィレルムス，マームズベリーの Willelmus Malmesburiensis ……174
聖ウィンケンティウス Vincentius ……305
ウェスパシアヌス Titus Flavius Vespasianus ……186,188
ウェルギリウス Publius Vergilius Maro ……30,62,64,113,148,151,154f.,158,161,163,165,168,170,177,179,183,185,202
ヴェルネルス，ザンクト・ブラージエンの Wernerus Sancti Blasii ……241
ウォルター・ダニエル Walter Daniel ……240
ヴォルフ Christian Wolff ……48
エアドメルス，カンタベリーの Eadmerus Cantuariensis ……250,270ff.,279,283ff.
エイレナイオス Eirenaios ……250
エウアグリオス Euagrios Pontikos ……120,122,123ff.,131,293
教皇エウゲニウス3世 Papa Eugenius Tertius ……236
エウセビオス Eusebios ……121
エヴラルドゥス，イーペルの Evrardus Iprensis ……251
エーベルヴィン，シュタインフェルトの Evervinus Steinfeldensis ……224
エクベルト，シェーナウの Eckbertus Schonaugiensis ……127
エセルマー Ethelmaer Cantuariensis ……235
エピクロス Epikouros ……188
エピメニデス Epimenides ……154,156
エフラエム Ephraem Syrus ……121f.,185
エリウゲナ，ヨハネス・スコトゥス Johannes Scotus Eriugena ……122
エリーザベト，シェーナウの Elisabeth Schonaugiensis ……127
オウィディウス Publius Ovidius Naso ……52,151,154,156-58,164,169,170,179,180,183,187,185

オットー，フライジングの Otto Frinsingensis ……173，201，206
オディロ，クリュニーの Odilo Cluniacensis ……214，301
オド，ウスカムの Odo Suessionensis ……251
オド，クリュニーの Odo Cluniacensis ……181，201，301，313
オド，ドゥーユの Odo de Diogilo ……186-88
オド，モリモンの Odo Morimundensis ……215，219，260
オリゲネス Origenes ……10，31，35，39，43，59，78，106f.，113，115，121，123，125-30，139f.，221，274
オルデリクス・ウィタリス Ordericus Vitalis ……119，170，193，201，202，205，208
オルフェウス Orpheus ……57
オロシウス Paulus Orosius ……201

カ　行

ガウフリドゥス，オーセールの Gaufridus Autessiodurensis ……251，260
ガウフレドゥス・パピオン Gaufredus de Laureolo ……227
カエサリウス，アルルの Caesarius Arelatensis ……17
カエサリウス，ハイステルバッハの Caesarius Heisterbacensis ……215
カエサル Gaius Iulius Caesar ……187
カッシアヌス Joannes Cassianus ……31，39，82，118，123，132，134，139，185，221，287
カッシオドルス Flavius Magnus Aurelius Cassiodorus ……19，28-32，113，163
カトー Marcus Porcius Cato ……155，187，188
ガランドゥス，リニーの Gallandus Regniacensis ……184
カリシウス Flavius Sosipater Charisius ……57
ガレノス Galenos ……30
キケロ Marcus Tullius Cicero 151，155，164，172，179，185-87，193，202，206，228，230，332
ギヨーム，オベリヴの Guillelmus Albaeripae ……236，260
ギヨーム，サン＝ジャックの Guillelmus Sancti Jacobi Leodiensis ……319
ギヨーム，サン＝ティエリの Guillelmus a Santo Theodorico ……92，99，123，170，241，262，269，276，287-89，291，292，318
ギヨーム，シャンポーの Guillelmus de Campellis ……240
ギヨーム，ジュミエージュの Guillelmus Calculus ……291-292
ギヨーム，ポワティエの Guillelmus Pictavensis ……202
ギルベルトゥス，ホイランドの Gilbertus de Hoilandia ……172，224
ギルベルトゥス・ポレタヌス Gilbertus Porretanus ……7，10，193，241，260，269，289
グイード・ダレッツオ Guido Aretinus ……313，314
グイベルトゥス，ノジャンの Guibertus de Novigento ……197，208
聖クイリヌス Quirinus ……315
グイレルムス，サン＝ドニの Guillelmus S. Dionysii ……153，170，186-89
グイレルムス，メルローの Guillelmus de Merula ……218
クインティリアヌス Marcus Fabius Quintilianus ……21，25，151
グエリクス，イニーの Guerricus Igniacensis ……137，265，276
クセルクセス Xerxes ……188

グラープマン Martin Grabmann ……3,4,261
クラウディアヌス Claudius Claudianus ……183
クリスティアヌス，オーモンの Christianus de Eleemosyna ……215
グルモン Remy de Gourmont ……306
大グレゴリウス Papa Gregorius Primus ……10,15,16,35,36-48,51ff.,59,64,66,71,78f.,83,98,107,115,118,131f.,168,173,183,212,228,240,252,259,268,274,276,287,328,331
グレゴリウス，トゥールの Gregorius Turonensis ……212
グレゴリオス，ニュッサの Gregorios ……80,127
クレメンス，アレクサンドリアの Titus Flavius Clemens ……123,139,276
聖クレメンス Clemens ……207,213
クローデル Paul Claudel ……308
グンテルス，ペリの Guntherus Cisterciensis ……201
ケルバヌス Cerbanus ……129
ゲルホー，ライヒェルスペルクの Gerhohus Reicherspergensis ……129
ゲンナディウス，マルセイユの Gennadius Massiliensis ……202
ゴーティエ，シトーの Gautherius Cisterciensis ……251
ゴーティエ Leon Gautier ……306,309-11
ゴスヴィヌス，アンシンの Goswinus de Aquicincto ……251,252
福者ゴスヴィヌス Goswinus de Bullencuria ……164
ゴスケリヌス，サン＝ベルタンの Goscelinus Cantuariensis ……208,213
ゴドフロウ，サン＝ヴィクトルの Goderidus S. Victoris ……6
コンラドゥス，ヒルザウの Conradus Hirsaugiensis ……153,155f.,159,166,197,311

サ　行

サムエル Samuel ……254
サルスティウス Gaius Sallustius Crispus ……170,202
ジェルソン Johannes Gerson ……37
ジークムント Frankel Siegmund ……120
シゲルス，ブラバンの Sigerus de Brabantia ……4
シホン，アモリ人の王 Sehon ……138
シモン，トゥールネの Simon Tornacensis ……6
シャルル・マーニュ Carolus Magnus ……55-57
シュヴァリェ，ユリス Ulysse Chevalier ……304
シュジェ，サン＝ドニの Sugerius S. Dionysii ……162,170,186,189,206,320
シュタイネン，W. フォン・デア W. von der Steinen ……306
ジルソン，Etienne Gilson ……3,149,276,316
スエトニウス Gaius Suetonius Tranquillus ……170,186f.
スタティウス Publius Papinius Statius ……52,64,151,183,185
ステファネス，トゥールネの Stephanus Tornacensis ……266
ステファネス・ハーディングス Stephanus Hardingus ……169
スマラグドゥス，サン＝ミイェルの Smaragdus S. Michaelis ……61-64,66,79,96,140,

163, 240
スルピキウス・セウェルス Sulpicius Severus ……212
セヴィニェ侯爵夫人 Marie de Rabutin-Chantal Sévigné, marquise de ……339
セドゥリウス Sedulius ……53, 151
セナトゥス，ウスターの Senatus Vigorniensis ……247, 318
セネカ Lucius Annaeus Seneca ……92, 151, 164, 186-88, 230
セルロ，ウィルトンの Serlo Wiltoniensis ……251
ソクラテス Socrates ……172, 186, 263
ソゾメノス Sozomenos ……121, 202
ソロモン Solomon ……154

タ　行

ダヴィデ，パンノンハルマの David S. Martini in Monte Pannoniae ……129
ダヴィデ，ヒンメロートの David Hemmenrodensis ……75, 252
ダニエル Daniel ……254
ダビデ David ……57, 296
ディアドコス，フォティケの Diadochos ……240
ティエリ，シャルトルの Theodoricus Carnotensis ……251, 273
聖ディオニュシウス Dionysius ……213
偽ディオニュシオス・アレオパギテス Dionysios Areopagites ……122
ディオメデス Diomedes ……57
ティトゥス Titus Flavius Sabinus Vespasianus ……187
ティベリウス Tiberius Claudius Nero ……186
ティモテオス，アレクサンドレイアの Timotheos ……121
テオバルドゥス，エタンプの Theobaldus Stampensis ……181
テオバルドゥス，ランスの Theobaldus Remensis ……260
テオフラストス Theophrastos ……184
デカルト René Descartes ……24
デジデリウス，モンテ・カッシーノの Desiderius Casinensis ……237
デフェンソル，リギュジェの Defensor Locogiacensis ……36, 239
デメトリオス Demetorios ……188
テルトゥリアヌス Septimius Florens Tertullianus ……130
テレーズ　幼子イエスの Thérèse de l'Enfant-Jésus et la sainte-Face ……78
テレサ，アビラの Teresa de Avila ……37, 339
テレンティウス Publius Terentius Afer ……156, 164, 169, 185, 187
デンツィンガー Heirich Joseph Denzinger ……239
ド・ヴュルフ Maurice de Wulf ……4
ド・ゲランク Joseph de Ghellinck ……3
ドゥ・カンジュ Charles du Fresne du Cange ……136
ドゥレエ Philippe Delhaye ……210
ドゥンス・スコトゥス Johannes Duns Scotus ……285
ドナトゥス Donatus ……21, 57, 62, 66, 151, 155

ドレヴェス Dreves ……304
トマス，フロワモンの Thomas Frigidi Montis ……181
トマス，ペルセーニュの Thomas de Perseniae ……170
トマス・アクィナス Thomas Aquinas ……37,227,269,273,295,316,321,339
ドミティアヌス Titus Flavius Domitianus ……18

ナ　行

ニコラウス，クレルヴォーの Nicolaus Claraevallensis ……22,279,337
ニコラウス・マニアコリア，シトー会士 Nicolaus Maniacoria ……106
ニコル Pierre Nicole ……37
ニューマン John Henry Newman ……332
ネイロス Neilos ……240
ノウルズ David Knowles ……269
ノートケル，ザンクト・ガレンの Notkerus III Teutonicus ……60,303f.

ハ　行

ハイモ，オーセールの Haimo Altissiodorensis ……7,10
パウルス・ディアコヌス Paulus Diaconus ……57,181,183
パウロ Paulus ……8,54,76,156f.,228,237,260,263
聖パコミオス Pachomios ……119,122
バシレイオス，カイサレイアの Basileios ……19,118,120-23,129,185
ハリトガリウス Halitgarius Cameracensis ……132
バルドゥイヌス，シトー会士フォードの Balduinus de Forda ……110f.,262,273,280f.,288,293,318
パンフィロス Pamphilos ……126
教皇ピウス12世 Papa Pius XII ……144
ピュタゴラス Pythagoras ……213
ヒエロニュムス Eusebius Hieronymus ……7,31,59,97,104,118,127,130,153,155f.,165f.,172,185,193,202,230,240,259,264,266,327
ヒエロニュムス，ポンポーザ修道院長 Hieronymus de Pomposa ……130,259
ヒポクラテス Hippokrates ……30
ヒラリオン Hilarion ……212
ヒルデベルトゥス Hildebertus Cenomanensis ……192
ピンダロス Pindaros ……73
ファエドルス Caius Julius Phaedrus ……185
フィリップス，ハルヴェンクトの Philippus de Harveng ……253
聖フィリベルトゥス，ジュミエージュの Philibertus Gemeticensis ……312
フィルマトゥス Guillelmus Firmatus ……107
フィロン Philon ……123,130,139
フーゴー，クリュニーの Hugo Cluniacensis ……96,169,214
フーゴー，サン＝ヴィクトルの Hugo de Sancto Victore ……122,240,257,261

フェヌロン François de Salignac de la Mothe Fenellon ……37
プラウトゥス Titus Maccius Plautus ……185
プラトン Platon ……48f., 108, 172, 186, 262f.
フランソワ・ド・サル François de Sales ……339
プリスキアヌス Priscillianus Abilensis ……21
プリニウス Caius Plinius Caecilius Secundus ……52, 92, 105, 188
ブルカルドゥス，バレルヌの Burchardus de Belerna ……184
フルコイウス，ボーヴェの Fulcoius Bellovacensis ……169
聖フルカエウス Furcaeus ……213
プルタルコス Ploutarchos ……211
フルベルトゥス，シャルトルの Fulbertus Carnotensis ……249
ブルーメ Clemens Blume ……304
ペギー Charles Péguy ……49, 308
ベーダ Beda Venerabilis ……36, 52, 58, 62, 66, 76, 104f., 131, 201, 313
ヘシュキオス Hesychios ……121
ペトルス，セルの Petrus Cellensis ……251, 254, 287, 317, 331
ペトルス，ブロワの Petrus Blesensis ……192, 234
ペトルス・ウェネラビリス Petrus Venerabilis ……22, 31, 77, 98, 113ff., 143, 162f., 173, 176-78, 202, 236, 273, 288, 301, 312, 318f.
ペトルス・カントル Petrus Cantor ……261, 290
ペトルス・コメストル Petrus Comestor ……227, 254
ペトルス・ダミアニ Petrus Damiani ……78, 80, 143, 177, 214, 237, 252, 254, 269, 276, 330
ペトルス・ディアコヌス Petrus Diaconus ……208
ペトルス・ベレンガリウス Petrus Berengarius Scholasticus ……126, 172, 336
ペトルス・ロンバルドゥス Petrus Lombardus ……6-11, 129, 153
ペトロ Petrus ……237
ペトロニウス Caius Petronius Arbiter ……192
ベネディクトゥス，ヌルシアの Benedictus de Nursia ……11, 15-18, 20-22, 25-32, 35, 39, 51, 63, 64, 71, 96f., 102, 113, 116ff., 123, 137, 139f., 156, 163, 185, 186, 220, 230, 249, 252, 258, 263-67, 272, 274, 01, 303, 311-314, 328, 331
ベネディクトゥス，アニアーヌの Benedictus Anianensis ……59, 118, 122, 126, 238, 243, 300
ペラギウス Pelagius ……7, 10
ヘラディス，ランツベルクの Herradis Hohenburgensis ……134, 262
ヘリナンドゥス，フロワモンの Helinandus Frigidi Montis ……201, 239
ヘルヴェウス，プール・デュウの Hervaeus Borgidolensis ……106
ペルシウス Aulus Persius Flaccus ……148, 151, 156, 185
偽ベルナルドゥス Pseudo-Bernardus ……317
ベルナルドゥス，クリュニーの Bernardus Cluniacensis ……166
ベルナルドゥス，クレルヴォーの Bernardus Claraevallensis ……6, 8-11, 15, 33, 37, 74ff., 82, 92, 95, 100, 105, 107, 113ff., 122, 126f., 133, 136f., 140, 144-149, 162, 169-73, 176ff., 183f., 189, 192f., 214f., 219ff., 223ff, 228f., 234ff., 241f., 251, 254, 256-60, 262, 265f., 269, 272-80, 286-93, 295ff., 301, 307, 314, 316, 318f., 329-33, 335-39, 341f.

ヘンリクス，パンポーザの Henricus de Pomposa ……166
ヘンリクス・ムルダク Henricus Murdach ……254
ボアロー Nicolas Boileau ……177
ボイムカー Clemens Baeumker ……3
ボエティウス Anicius Manlius Severinus Boetius ……4, 153ff., 226, 257, 260
ボッシュエ Jacques Bénigne Bossuet ……37
ボナヴェントゥラ Bonaventura ……273
ボニファティウス Bonifatius ……53, 54, 62
ポメリウス Julianus Pomerius ……17
ホメロス Homeros ……156
ホラティウス Quintus Horatius Flaccus ……67, 151, 155, 158, 162f., 177ff., 187f., 192, 312, 315

マ　行

マウリティウス，シュリの Mauricius de Sulliaco ……223, 249
聖マカリオス Makarios ……119
マクシモス，証聖者 Maximos Homologetes ……129, 240
マクロビウス Ambrosius Theodosius Macrobius ……187
マタエウス，アルバーノの Matthaeus Albanensis ……133
マティルデ，トスカーナ女伯の Contessa Matilde di Toscana ……116
マビヨン Jean Mabillon ……33
マリア，マグダラの Maria Magdalena ……214
聖母マリア Maria ……136, 271, 272, 279, 283, 285, 308
マリウス・ウィクトリヌス Caius Marius Victorinus ……26
マルー Henri-Iréne Marrou ……26, 35
マルゲリタ，エルサレムの Margareta ……181
マルティヌス Martinus Turonensis ……212
マルボドゥス Marbodus Redonensis ……192
メテルス，テーゲルンゼー修道院の Metellus Tegrinensis ……315
メナンドロス Menandros ……154, 156
メルキゼデク Melchisedech ……111
モラン Germain Morin ……145
モンテーニュ Michel Eyquem de Montaigne ……326

ヤ　行

ユウェナリス Decimus Junius Juvenalis ……185
ユウェンクス Gaius Vettius Aquillinus Juvencus ……57, 151
ユスティヌス Justinos ……186
ユリアヌス，ヴェズレーの Julianus Vizeliacensis ……218
ユリアヌス，トレドの Julianus Toletanus ……52
聖ユリアヌス Julianus ……201, 207

ヨアンネス・クリマクス Ioannes Klimax ……37
ヨアンネス・クリュソストモス Ioannnes Chrysostomos ……120–22
ヨセフス Flavius Josephus ……121,163,185,201
ヨハネ，十字架の Juan de la Cruz ……37,115,339
ヨハネス，ゴルツェの Johannes Gorziensis ……98
ヨハネス，ソールズベリの Johannes Saresberiensis ……192,234,255
ヨハネス，フェカンの Johannes Fiscannensis ……37,79,82f.,98,131f.,135,162,171,173,193,241f.,317,319
ヨハネス，文法学者の Johannes Grammaticus de Mantua ……116
ヨブ Iob ……110

ラ 行

ラウレンティウス，ダラムの Laurentius Dunelmensis ……155
ラグランジェ Albert Lagrange ……216
ラトラムヌス，コルビーの Ratramnus Corbeiensis ……273
ラバヌス・マウルス Hrabanus Maurus ……58,66f.,139,158,244
ラ・ブリュイエール Jean de la Bruyère ……326
ランセ Armand Jean Le Bouthillier de Rancé ……33
ラントグラフ Artur Michael Landgraf ……3
ランフランクス Lanfrancus Cantuariensis ……249
リウィウス Titus Livius ……53,166,201,202
ルェ・ド・ジュルネル M. J. Rouet de Journel ……239
ルカヌス Marcus Annaeus Lucanus ……52,151,155,183,187
ルクレティウス Titus Lucretius Carus ……52
ルースブルーク Jan van Ruusbroec ……339
ルソー Jean-Jacques Rousseau ……145
ルフィヌス Tyrannius Rufius ……39
ルペルトゥス，ドイツの Rupertus Tuitiensis ……110,122f.,170,202,250,254,261f.,269,274ff.,282,287,292f.,302,318f.
レオ，モンテ・カッシーノの年代記記者オスティアの Leo Ostiensis ……152
レギンベルトゥス，ライヒナウの Regimbertus de Augia Dives ……244
レタルドゥス，ミキの Letardus Miciacensis ……170,183,201,207,213
レマクルス Remaclus ……163
ロウル Richard Rolle ……267f.
ロスヴィタ Hrothsuita Gandersheimensis ……169
ロッタン Odon Lottin ……3
ロドルフス，コクスルの Rodulfus de Cogeshala ……201
ロドルフス・グラベール Rodulfus Glaber ……201
ロベルトゥス，ムランの Robertus Melodunensis ……255
ロベルトゥス，モレームの Robertus Molismensis ……119

事　項　索　引

あ　行

か　行

さ 行

た・な 行

は　行

ま～わ　行

原　註

第三版への序文

1) P. Th. Camelot, o.p., Théologie monastique et théologie scolastique, dans RSPT., 42, janvier 1958, p. 240-253.

2) 「書簡1957年9月26日付ルーアン」

3) P. Vilanova, o. s. b., Historia de la teologia cristiana, Barcelona 1987, 第1巻の冒頭（p.19-21）に収録されているヴィラノヴァ宛ての M.-D. シュニュの書簡（1984年10月26日付）。[なお本書には，次のフランス語訳がある。E. Vilanova, Histoire des théologies chrétiennes I-III, Paris, 1997]。

第二版への序文

1) さまざまな方面からの要望に応えるために，本書で取り上げられる諸問題に関し，すでに筆者自身が論じたことがあるものについては，それらの研究文献を本書の巻末に註として記した。著者名がなく，表題のみが記された論文，書物がそれである。したがって，筆者がそこで研究したテキスト，諸問題については，本書では簡単な説明ないし示唆に留めることにする。これらの出版物に，各々で取り扱われた主題に関する文献表が付せられている。

序論　文法学と終末論

1) 彼の Histoire de la philosophie médiévale の第6版では，もはやこのようには述べていない。

2) Geschichte der scholastischen Methode, Freiburg im Breisgau, 1911.

3) 本書257頁以下を参照。

4) L. 3, ch. 189, éd. Ph. Delhaye, Lille, 1951, p. 210.

5) Les deux rédactions du prologue de Pierre Lombard sur les épîtres de S. Paul, dans Miscellanea lombardiana, Novare 所収。

6) P. L., 191, 1297.

第1章　ベネディクトゥスの回心

1) Éd. U. Moricca, Roma, 1924, pp. 71-72.

2) Cf. H. I. Marrou, Histoire de l'éducation dans l'antiquité, Paris, 1948, p. 456.

3) この問題について，もっとも精緻な研究は，S. Brechter, Benedikt und die Antike, dans Benedictus der Vater des Abendländes, München, 1947, p. 141 のものである。6世紀のローマにおける諸学校については，F. Ermini, La scuola in Roma nel secolo VI, dans MEL, Modena, 1938, pp. 54-64.

4) この事実は，Dom J. Winandy, Benoît, l'homme de Dieu. Considérations sur l'hagiographie ancienne et moderne, dans, VS., mars 1952, pp. 279-286 によって強調

されている。

5) Vita, 9, ed. G. Morin, S. Caesarii Arelatensis opera, II, Maredsous, 1942, pp. 299-300.

6) この点については，M. van Aasche, Divina vacare lectioni, dans SE., I (1948), pp. 13-14 という示唆に富んだ研究を参照。ベネディクトゥスに関するテキストが集成され，同時代の証拠によって解明されている。

7) A. Mundo, «Bibliotheca». Bible et lecture de carême d'après S. Benoît, dans RBen., 1950, pp. 65-92.

8) Regula c. 32, 35.

9) Regula c. 32, 58.

10) Regula c. 33.

11) Regula c. 55.

12) Regula c. 57.

13) Regula c. 58.

14) F. di Capua, Osservazioni sulla lettura e sulla preghiera ad alta voce presso i antichi, dans Rendiconti della Accademia di archeologia, lettere e belle arti di Napoli, nov. ser. 28 (1953), Napoli, 1954, pp. 59-62.

15) H. J. Chaytor, The medieval reader and textural criticism, dans Bulletin of John Rylands Library, 1941, p. 49.

16) J. Balogh, Voces paginarum. Beiträge zur Geschichte des lauten Lesens und Schreibens, dans Philologus, 1927, pp. 83, 202.

17) Ch. 48.

18) Pierre le Vénérable, Saint-Wandrille, 1946, p. 27.

19) PL., 202, 491. La spiritualité de Pierre de Celle (1115-1183), Paris, 1946, pp. 21-22.

20) Thesaurus linguae latinae の当該項目におけるテキスト参照。また本書98-99頁参照。

21) E. von Severus, Das «Meditari» im Sprachgebrauch der Heiligen Schrift, dans GeL, 1953, p. 365. Das Wesen der Meditation und der Mensch der Gegenwart, ibid., 1956, pp. 109-113. H. Bacht, Meditation in den ältesten Mönchsquellen, ibid., 1955, pp. 360-373.

22) これらの箇所は，Thesaurus linguae latinae の当該項目から引用している。

23) Op. cit., p. 372.

24) P. Riché, Le Psautier, livre de lecture élémentaire, d'après les Vies des saints mérovingiens, dans ÉtMérov, Paris, 1953, pp. 253-256. 聖書の教育法については，B. Bischoff, Elementarunterricht und probationes pennae in der ersten Hälfte des Mitteralters, dans Classical and mediaeval studies in hon. of E. K. Rand, New York, 1938, pp. 9-20.

25) この点については，H. Dedler, Vom Sinn der Arbeit nach der Regel des Heilgen Benedikt, dans Benedictus der Vater des Abendländes, loc. cit., pp. 103-118 の精緻な研究を参照。

26) このことはまったく的確に，M. Cappuyns, art. «Cassiodore», dans DHGE., XI (1949), col. 1359-1360 によって強調される.

27) Éd. R. A. B. Mynors, Cassiodori Senatoris Institutiones, Oxford, 1937.

28) P. Courcelle, Les letters grecques en Occident de Macrobe à Cassiodore, Paris, 1943, p. 340 et p. 326.

29) M. Cappuyns, loc. cit., 1404.

30) I, xvi, 3: «Curiosa vobis intentione meditanti sunt», éd. Mynors, p. 53. 学校での訓練としての meditatio については，ibid., I, praef., 7, ed. cit., p. 7 を参照。

31) A. Marsili, Alcuini de orthographia, Pisa, 1952. pp. 14-77.

32) 本書163頁参照。Cf. Cassiodore, Instit., I, 30, ed. Mynors, pp. 75-76.

33) 似たような結論が D. ノウルズによって表明されている。「ベネディクトゥスは彼の修道士たちが労働することを欲した。それは，普通の人間が常に読書しているか，あるいは祈っていることは必ずしもできないと，彼が知っていたからである。しかし，自らが設立したものを，経済的に，あるいは社会的に，あるいは知的に，あるいは司牧的にさえ，大きな力として使おうとする目的を，ベネディクトゥスに帰することは，霊的にも，歴史的にも正しくない」。D. Knowles, The Benedictines, New York, 1930, p. 13, cité par Sr. L. Megher, dans The Benedictine Review, 1956, p. 29.

第2章　大グレゴリウス　希求の博士

1) S. Grégoire le Grand, dans VS., 1943, p. 442. カペル（B. Capelle）は，RBen., 1929, p. 210 において，大グレゴリウスを「観想の博士」と呼んでいる。

2) Dom H. Rochais, Contribution à l'histoire des florilèges ascétiques du haut moyen âge latin, dans RBen., 1953, p. 256.

3) Un centon de Fleury sur les devoirs des moins, dans AnaMo., I, Roma, 1948, pp. 75-89.

4) Pierre le Vénérable, Contra Petrobusianos, P. L., 189, 839. Pierre le Vénérable, Saint-Wandrille, 1946, p. 261. Dom J. Laporte, S. Odon disciple de S. Grégoire le Grand, dans A Cluny. Congrès scientifique, Dijon, 1950, pp. 138-143.

5) Dom E. Bertaud, Une traduction en vers latins des Dialogues de S. Grégoire, dans Jumièges. Congrès scientifique du XIIIe centenaire, Rouen, 1955, pp. 625-635.

6) 彼は大グレゴリウスを三百回も引用している。Cf. Dom H. Rochais, Pour une nouvelle édition du «Liber scintillarum», dans ÉtMérov., Paris, 1953, p. 260.

7) I. Hausherr, Penthos, Rome, 1944, p. 23. F. Halkin, Le pape Grégoire le Grand dans l'hagiographie Byzantine, dans Miscellanea Georg Hofmann, S. J., Orientalia christiana periodica, 1955, pp. 109-114.

8) Indices in Summa theologica et Summa contra gentiles, Roma, 1948, pp. 213-215.

9) F. Bouchage, Paris, 1930.

10) Dom Jean Lefebvre, Prière pure et pureté de cœur. Textes de S. Grégoire le Grand et de Jean de la Croix, Paris, 1953. ルフェーヴルは，十字架のヨハネのテキストのうちで，大グレゴリウスのものと類似性があり，それらが直接彼から影響を受けたと考えられる箇所を，私に好意的に示唆してくれた。たとえば，『ヨブ記についての道徳論』V，56と『夜』1，II，ch. 13，『ヨブ記についての道徳論』XXX，39と『カルメル山登攀』I，10，また『エゼキエル書講話』I，ii，9と『詩編註解』str. 27のあいだにある類縁関係についてである。最後の事例においては，これらの註解はともに，Surge（Aquilo）という語を「来る」ではなく，「発つ」と訳することを前提としている。

11) P. L., 75-77.

12) この点については，ジレ（R. Gillet）のすばらしいイントロダクションを参照されたい。Cf. Morales sur Job, Paris (Sources chrétiennes), 1950, pp. 81-109. だが，この巻で刊行された『ヨブ記についての道徳論』の部分，すなわち最初の部分は，大グレゴリウスが神秘的博士として，そのすべての力量を発揮した部分ではおそらくないであろう。ここでは他の箇所よりも，まず「ヨブ記」のテキストの文献的な解説に終止している。

13) O. Porcel, La doctrina monastica de S. Gregorio Magno y la Regula monasteriorum, Madrid, 1950, pp. 129-155.

14) Epist., XI, 30. 以下に挙げるいくつかのテキストは，一例に過ぎない。

15) たとえば『ヨブ記についての道徳論』，8，8-9；8，53-54。

16) Corruptionis gravitas..., mutabilitatis pondus... In Ezech., II, i, 17; Mor., 8, 19, 53; II, 68; 12, 17.

17) Thesaurus lingae latinae の当該項目参照。

18) Mor., 32, 1.

19) Mor., 6, 40-43; 27, 42.

20) Mor., 2, 79.

21) Mor., 2, 70, 83; 9, 20.

22) Mor., 33, 25; 22, 31-34.

23) Mor., 27, 40-41.

24) Mor., 6, 40-46.

25) Un maître de la vie spirituelle au XIe siècle, Jean de Fécamp, Paris, 1946, p. 99. のテキスト参照。「心の耳」（aurum cordis）という表現は，ベネディクトゥスの『戒律』の冒頭に見られる。

26) Mor., 30, 20; 27, 42; 5, 52.

27) Dial., III, 34; In Ezech., II, 10, 20-21; Epist., VII, 26.

28) Termes de S. Grégoire exprimant le désir céleste, dans AnaMo., I, p. 90.
29) Un maître de la vie spirituelle., p. 90, n. 4 に示された「霊的な翼，…鷲の羽」というテキスト参照。
30) Mor., 5, 2; 7, 49.
31) Mor., 26, 34.
32) Mor., 10, 13; 22, 48-51; In Ezech., II, 1, 18.
33) In Ev., 30, 1.
34) In Ev., 25, 1-2.
35) In Ezech., II, 7, 5.
36) Mor., 6, 58.
37) Mor., 18, 45.
38) In Ev., 25, 2, 10.
39) In Ev., 30, 5; Mor., 10, 48; 12, 44.
40) Mor., 9, 64, 80.
41) Mor., 4, 71; In Ezech., I, 4, 13.
42) Mor., 33, 63; 4, 58.
43) Mor., 2, 28-29.
44) Mor., 18, 70.
45) In Ezech., II, 2, 8-15; II, 3, 8-13.
46) Mor., 10, 13.
47) Mor., 8, 49-50; In Ev., I, 1.
48) In Ezech., I, 10, 26. Le doigt de Dieu, dans VS., mai, 1948, pp. 492-507.
49) Mor., 10, 13; 31, 101.
50) Mor., 23, 43; 28, 1-9; In Ezech., II, 6, 1-2; II, 3, 14.
51) In Ev., 14, 4.
52) In Ev., 27, 4.
53) Mor., 23, 10-12. 他のテキストが R. Gillet, op. cit., pp. 50-54 によって，提示され研究されている。
54) In Ezech., I, 8, ii, 17-18; II, i, 18; II, 2, 1.
55) In Ev., 28, 3.

第3章　礼拝と文化

1) この表現は，デュボワ（M. M. Dubois）の研究の示唆に富んだタイトル Aelfric, sermonnaire et grammairien, Paris, 1942 の中にある。
2) W. Levison, England and the Continent in the Eighth Century, Oxford, 1946, p. 148.
3) 「しかし詩人は，不可分の聖三位一体の栄光を声高らかに歌うために，文法が定めた規則を無視した」(Sed poeta, ut gloriam sanctae in individuae Trinitatis clara

voce decantaret, neglexit regulam grammaticae dispositionis), éd, Keil, Grammatici latini, VII, 1, 1878, p. 252.

4) 「主の言葉の真理をより明らかに勧めるために，世俗の学の規則を軽視した」 (Ut veritatem dominici sermonis apertius commendaret, postposuit ordinem disciplinae saecularis), ibid.

5) P. Lehmann, The Benedictine Order and the Transmission of the Literature of the Ancient Rome in the Middle Ages, dans Downside Review, 1953, p. 408. 彼はまた同書408頁において，アイルランドとその宣教師たちの影響は，この分野においてはアングロ・サクソン修道士のよりも大きくなかったことを示している。

6) Éd. A. Mai, Auctores classici, Roma, 1828-1838, VII, 475.

7) この序は献呈の書簡のかたちをとっている。その冒頭部分は，無名で，M. G. H., Epist., IV, 564-565 において刊行されており，その最後の断片はレーマン（P. Lehmann）によって発見され，Historische Vierteljahrschrift, 1931, p. 754 において公刊されている。レヴィソン（Levison, op. cit., pp. 70 et 145）が挙げているさまざまな研究論文は，この序がボニファティウスのものであることを証明している。

8) 「確かに古人たちの慣習は，表現について，最近の優美な言葉遣いが規範的だと認めることとは異なる多くのことを尊重しているのが認められる。若干，側面から，私はこう論じたことがある。現在用いられている規則とは一致しないこのようなものに書物で出会った場合は常に，なぜ君はそう感じるのか，あるいはどうして反対するのか知らなければならないのである。……しかし，私はおのおのの規則において，あることを前もって選び，できるだけ従おうと試みてきた。その跡がもっとも聖なる論考において教会の教師たちによって非常にしばしば通われ，毎日の朗読のためにしばしば使われているのが見られるものに従おうとしたのである」(Priscorum quippe consuetudines, qui multa aliter in eloquentia observasse dinoscuntur quam moderna urbanitas canonicum esse adprobat, ex latere quodammodo tangebam, ut, quandocumque tale aliquid in tramite scripturarum moderni usus refragans regulis nanciscaris, scias quo pacto percipias, vel quo ritu recuses... Verum in unaquaque regula illum praeeligens maxime sequi nisus sum, cuius vestigia ab ecclesiasticis dogmatistis frequentissime trita in sacrosanctis tractatibus et cotidianae lectionis intentione usitata repperi), éd. P. Lehmann, loc. cit., p. 754, et M. G. H., loc. cit., pp. 564-565.『言葉の切れ目について』（De caesuris verborum）『韻律について』（De metris）という題目の他の二つの著作（ms. Palat. 1719, f. 114-115）において，ボニファティウスはこのように書いている。「ヒエロニュムスが述べていることによれば，申命記の韻文は六歩韻詩の詩句によって書かれているが，それをモーゼがはるか以前につくりだし，ホメロスが歌ったのはひじょうに確かなことである。それゆえ，ユダヤ人においては，異教徒におけるよりもはるかに古い詩歌の研究があったように思われる。ダビデの詩編も，三歩格詩と六脚韻詩の詩句によって書かれているのである」(Refert hieronimus canticum deuteronomii exametro versu esse conscriptum,

quem moises longe ante ferecidem et homerum cecinisse certissimum est. Unde et apparet apud hebraeos antiquissimum fuisse studium carminum quam apud gentiles. Psalmi quoque david trimetro et exametro scripti sunt versu...). このテキストをボニファティウスに帰することについては，cf. A. Wilmann, Der Katalog der Lorscher Klosterbibliothek aus dem zehnten Jahrhundert, dans Rheinisches Museum für Philologie, 1868, pp. 403-404.

9) 「文法学に熟達することは，もっとも聖なる探求に労苦を重ねている者たちにとって，聖書にしばしば挿入されている微妙な点を理解するためには，ひじょうに有益であると認められる。なぜなら，この学問に精通した読者は，聖書の多くの箇所において，理解できず，知らなかったと認める箇所を使うことができるからである」(Quia peritia grammaticae artis in sacrosancto scrutinio laborantibus ad subtiliorem intellectum, qui frequenter in sacris litteris inseritur, valde utilis esse dinoscitur, eo quod lector huius exspers artis in multis scripturarum locis usurpare sibi illa quae non habet et ignotus sibi ipsi esse conprobatur), ibid.

10) 「だが，この作品の冒頭に四角形の内接する輪を置き，その中にイエス・キリストの御名を含み表わす聖なる十字架の像を私は置いた。……さて，図において，新旧約聖書の全体は，いわば不十分で不完全なものとして，この輪を目指しており，律法の成就，すなわち十字架のキリストを目指している。……そしてキリストの恩恵を通じて受け取られた罪の赦しによって，万物は，完全な姿へと新たにされ，完成される。さらに，輪によって私がこのことをなしたのは，心の中に深く入る人々に，次のように私が切願し懇願するためである。ひじょうに広い側面を通じて書物の耕地を探し読み上げ調べて，何かを見つけたならば，文法学であれ，韻文であれ，永遠の歴史あるいは異教徒の歴史であれ，あるいは新旧約聖書の言葉であれ，つねに使徒の〈すべてを吟味しなさい。そして良いものを大事にしなさい〉という見解を忘れてはいけない。普遍的信仰のもっとも安全な桎梏へと，たとえ文字が反対しようとも，君の意識を向けなさい。そして，この輪の囲いの外へと，精神の不安定さによって，敢えて彷徨ってはいけない。……そして，新旧約聖書の個々の命令を自分が教会の教えと一致して理解したと君が知るとき，中央に，悪しき欲望の建物を破壊し，よき希求の神殿を建設する十字架上のキリストを，君は霊の目をもって観想し，見ることができるであろう」(Interea circulum quadrangulum in fronte huius laboris apposui, in medio figuram sanctae crucis continentem Ihs xrs et exprimentem... Hunc autem circulum in scemate novi ac vetris testamenti universa quasi semiplena et imperfecta tendebunt (sic) ad plenitudinem legis, id est christum crucifixum..., et per gratiam christi accepta remissione peccatorum ad integrum omnia renovata et perfecta sunt. Porro hoc est quod per circulum ago intimis precordiorum penetralibus inplorans obsecro, ut quicquid per lata spatiosissimarum scripturarum arva scrutando, lectitando, lustrando inveneris, sive in arte grammatica, sive in metrica, in historiis aeternorum vel gentilium sive in sacri eloquio novi vel vetris

testamenti, semper memor santentiae apostli: «Omnia probate, quod bonum est tenete», ad tutissimum catholicae fidei vinculum sensus tui, litteris occurentibus, dirigas et extra moenia huius circuli mentis inconstantia vagare non praesumas... et singula quaeque veteris ac novi testamenti decreta tunc te canonice intellexisse scias, cum in meditullio Christum crucifixum destruentem malignae cupiditatis aedificium et construentem benignae caritatis templum spiritualibus oculis contemplando contueri potueris) éd. P. Lehmann, Hist. Viert., p. 755.

11) 「真にキリストによって幸いあれ
とこしえに君に生あらんことを
聖なる母の懐のうちに
聖なる徳をめざした
エルサレムの農夫よ
死ののちには天の住人となり
高き御座にあって
天使たちの軍とともに
諸々の天で，キリストを称える
世々にわたり」。
(Vale Christo veraciter,
ut et vivas pereniter,
sanctae matris in sinibus
sacris nitens virtutibus,
Hierusalem agricola,
post et mortem caelicula,
et supernis in sedibus
angelorum cum milibus
Christum laudes per ethera
saeculorum in saecula), ibid.

12) J. Calmette, Le monde féodal, Paris, 1934, p. 349.

13) カロリング期に「ルネサンス」という語を適用することについては，有益な研究がP. Lehmann, A. Monteverdi, C. G. Morや他の研究者によって，I problemi della civiltà carolingia, Spoleto, 1954, pp. 309-382において示されている。またカロリング期の著作家たちが用いた「ルネサンス」のテキストは，F. Herr, Die «Renaissance»－Ideologie im frühen Mittelalter, dans Mitt. des Inst. f. oesterr. Geschichtsforsch., 1949, pp. 30-40. において，集められている。

14) Admonitio generalis de 789; M. G. H., Capit., I, 61-62; Epist. de litteris colendis, ibid., p. 79; Epistola generalis, ibid., p. 80.

15) Dom. J. Winandy, Ambroise Autpert moine et théologien, Paris, 1953.

16) Éd. A. Amelli, Monte-Cassino, 1899.

17) «Ihesus quoque nomen nobis venerabile nostri Redemptoris, quod ad latinitatem placet inflectere», ibid., p. 10, 8.

18) Levison, op. cit., p. 153. アルクイヌスについては，R. R. Bolgar, The classical heritage and its beneficiaries, Cambridge, 1954, pp. 110-117 の示唆に富んだ研究を参照。

19) Éd. M. G. H. Epist., IV, 106.

20) Éd. A. Marsili, Pisa, 1952. マルシリは，イントロダクションにおいて，アルクイヌスとカロリング期の学者たちの文化が本質的に宗教的な性格を有していたことを指摘している。実際，アルクイヌスが引用した典拠と範例（ibid., pp. 83-85）において，異教著作家たちとキリスト教著作家たちの比率はほとんど同じである。ウェルギリウスが，彼の「牧歌」第四においてキリストの到来を告げたと信じられていたために，キリスト教徒であるとみなされていたことを想い起こすならば，アルクイヌスは異教徒よりもキリスト教徒をより引用していると認められるであろう。

21) Statuta Murbacensia, éd. B. Albers, Consuetudines monasticae, III, Monte-Cassino, 1907, p. 93.

22) Les Munimenta fidei de S. Benoît d'Aniane, dans AnaMo., I, pp. 1-74.

23) Ibid., pp. 62, 10-20.

24) Ibid., pp. 63, 33-34.

25) Ibid., pp. 64, 75-76.

26) M. G. H., Poetae latini aevi Karolini, 4 vol.; G. M. Dreves et C. Blume, Analecta hymnica medii aevi, 55 vol., Leipzig, 1886-1922, passim. 他のテキストがさらにビショッフ（B. Bischoff）などによって公刊されている。たとえば，Cf. Studien zur lateinischen Dichtung des Mittelalters, Ehrengabe K. von der Strecker, Dresden, 1931, passim.

27) W. von der Steinen, Notker der Dichter und seine geistige Welt, Bern, 1948, pp. 78, 80 et passim. R. R. Bolgar, The classical heritage..., p. 103.

28) 「選ばれた者たちは，ラテン語文化の知識により三位一体を知ることにもっとも達する。これを導き手として王の道を進んで，より高きへと急ぎ，至福の祖国へ赴くためには，ラテン語文化の言葉が満ちている必要がある」(Quia enim per notitiam latinitatis maxime ad cognitionem electi veniunt Trinitatis, et ea duce regia gradientes itinera festinant ad supernam tenduntque beatitudinis patriam, necesse fuit ut tota latinitatis compleretur oratio), éd. Smaragde et la grammaire chrétienne, dans RMAL., 1948, p. 16.

29) この序は，M. G. H., Poet. Lat., I, 607 に公刊されている。

30) Smaragde et la grammaire chrétienne, pp. 15-21.

31) Ibid., p. 22, n. 36. ラテン語テキストの行間にこのように加えられた註釈は，特に8世紀から10世紀にかけて高地ドイツ語の地域で愛読された。この註釈の写本リストについては，cf. W. Stach, Mitteilungen zur mittelalterlichen Glossographie, dans

Liber Floridus, Festschrift P. Lehmann, St. Ottilien, 1950, pp. 12-16.

30) Bénédictions pour les lectures de l'office de Noël, dans Miscellanea G. Mercati, Cité de Vatican, 1946, II, 477.

31) Smaragde et son œuvre. Introduction à la voie royale. La diadème des moines, La Pierre-qui-Vire, s. d., pp. 3-23.

32) P. L., 102, 689-932.

33) «Eius (regulae) tenentes rectitudinem, aeterna sperant perfrui beatitudine», ibid., 691.

34) Ibid., 694.

35) Capitula Aquisgranensia, I, éd. B. Albers, Consuetudines monasticae, III, Monte-Cassino, 1907, p. 116.

36) P. Lehmann, The Benedictine Order..., loc. cit., pp. 420-421.

37) Item, 141, 42.

38) S. Bonaventure, cité par E. Gilson, L'esprit de la philosophie médiévale, Paris, 1932, II, p. 194.

39) Préface aux Morales sur Job, M. G. H. Epist., I, 1, p. 357.

40) XXI, 10-13.

41) De clericorum institutione, III, 18, P. L., 107, 396. このテーマの典拠については，以下の研究を参照されたい。J. de Ghellink, Le mouvement théologique au XIIe siècle, Bruges, 1948, p. 94.

42) R. de Gourmont, Le latin mystique, Paris, 1892, p. 15.

第4章　天の崇敬

1) «Theoretica, ad quam iste liber tendit, est contemplative, quae solis caelestibus facit inhiare, sicut sancti monachi faciunt et heremitae», ms. Paris, B. N. lat. 568, f. 2, recension A du commentaire d'Anselme de Laon. Le commentaire du Cantique des cantiques attribué à Anselme de Laon dans RTAM., 1949, pp. 29-39.

2) Visions monastiques d'outre-tombe, dans AnaMo., V.

3) Smaragde, Diadema monachorum, c. 25, P. L., 102, 620.

4) Ps.-Alcuin, De psalmorum usu, I, 5, P. L., 101, 474. またエンモ（Emmo）によってジェロンヌ（Gellone）修道院長グイレルムス（812年歿）のために書かれたDe veritate librorum sive de amore caelestis patriae, P. L., 118, 875-958.

5) Eadmer, S. Anselmi liber de similitudinibus, c. 44, P. L., 159, 624.

6) Eadmer, P. L., 159, 587-606. 他の題目と書物は，本書の以下の部分において示されるであろう。またS. A. Hurlbut, The picture of the heavenly Jerusalem in the writing of Johannes of Fécamp De contemplativa vita and in the Elizabethan Hymns, Washington, 1943 においては，天上のエルサレムを表わした中世の非常に美しいテキストと絵の集成が見出されよう。

7) Sup. Cant., 55, 2, P. L., 183, 1045.

8) Phil., III, 20.

9) Epist., 64, P. L., 182, 169.

10) A. Schneider, Vita B. Davidis monachi Hemmerodensis, dans ASOC., 1955, 35. Cf. Constable dans RBen., 1956, p. 106.

11) La spiritualité de Pierre de Celle, Paris, 1946, pp. 33-36.

12) Le mystère de l'Ascension dans sermons de S. Bernard, dans COCR., 1953, pp. 81-88.

13) Pierre le Vénérable, Saint-Wandrille, 1946, pp. 326-332: La lumière du Thabor, pp. 379-390: L'office de la Transfiguration.

14) La vie parfaite. Points de vue sur l'essence de la vie religieuse, Paris-Turnhout, 1948, pp. 19-56: ch. 1. La vie angelique.

15) ルカによる福音書 20: 30, マタイによる福音書 22: 30.

16) J. C. Didier, Angélisme ou perspectives eschatologiques? dans MSR., 1954, pp. 31-48.

17) Technique et redémption. La mystique du vol, dans La Revue nouvelle, pp. 162-164.

18) M. Walther, Pondus, dispensatio, dispositio. Werthistorische Untersuchungen zur Frömmigkeit Papst Gregors des Grossen, Lucerne, 1941.

19) «Concupiscentia vero spiritus mentem lassam, ne deficiat, spe futurae gloriae corroborat», Diadema monachorum, c. 94, P. L., 102, 684. Smaragde et son œuvre, loc. cit., p. 22.

20) Un maître de la vie spirituelle au XIe siècle, Jean de Fécamp, pp. 89-93: Suavité de Dieu. Les larmes, et passim.

21) Écrits spirituels de l'école de Jean de Fécamp. II. Une «aspiration» inédite, dans AnaMo, I, pp. 108-114 (liste de mss. et édition d'un spécimen).

22) Rythmus de gloria paradisi, P. L., 145, 980.

23) Loc. cit., 982.

24) Éd. G. M. Dreves, Analecta hymnica medii aevi, 50 (1907), pp. 499-506.

25) Un maître de la vie spirituelle, p. 142.

26) Une élevation sur les glories de Jérusalem, dans Mélanges J. Lebreton (Rech. de sc. Relig., 1952), pp. 326-334.

27) La spiritualité de Pierre de Celle, pp. 75-81: La prélibation du ciel. —Un maître de la vie spirituelle, pp. 83 et passim.

28) Jours d'ivresse, dans VS., avril 1947, pp. 576-591.

29) La vie parfaite, pp. 161-169: Le paradis.

30) La spiritualité de Pierre de Celle, pp. 82-90: Otium quietis. —Les deux compilations de Thomas de Perseigne, dans MS, 1948, pp. 206-207. Dom J. Winandy,

Ambroise Autpert, moine et théologien, pp. 71-82: Vacatio sabbati.

31) J-M. Déchanet, Guillaume de Saint-Thierry, L'homme et son œuvre, Bruges, 1942, pp. 58-65: Pingue otium. セネカによる出典は以下の研究によって示されている。Dom Déchanet, Guillaume de Saint-Thierry, Lettre d'or, Paris, 1956, p. 168.「肥沃な」(pingue) という語は, 同様にプリニウスにおいても「閑暇」(otium)「隠棲」(secessus) という語と関係づけられて,「快適な」閑暇を示すために用いられている。ギョームにおいては, 霊操と観想によって「豊饒でよく充実した安息」が重要なのである。Cf. ibid., p. 35.

32) シラ書38：25〔24〕, ウルガタ聖書は otii の代わりに, vacuitatis を用いる。

33) Cant., I, 15. Thomas de Perseigne, P. L., 206, 157, 325, 361.

34) Sermon ancien sur la persévérance des moines, dans AnaMo., II, pp. 25, 135-138, et p. 20, n. 3. S. Bernard, Sup. Cant., 42, b. Geffroy d'Auxerre, Le témoignage de Geoffroy d'Auxerre sur la vie cistercienne, dans AnaMo., II, p. 178. Cf. aussi ASOC., 1949, pp. 117-118.

35) たとえば, ベルナルドゥス Sup. Cant., 52.

36) Contemplation et vie contemplative du VIe et XIIe siècle, dans DS., t. II (1953), col. 1946-1948.

37) A. Schneider, Vita B. Davidis monachi Hemmerodensis, dans ASOC., 1955, p. 39. Pierre de Celle, Épist., 46, P. L., 202, 468.

38)「花婿の魂が安らぐのは, その希求によって燃え上がり, 天上への熱意を燃やせば, それだけ楽しみを享受し, 欲求の力が増せば, それだけ至福の実りの豊かさに満たされるときである」(Repausat anima sponsi, sui desiderio inflammata, tot deliciis fruens, quot caelestibus studiis studens, tanta beati fructus ubertate se satiens, quanta fuerit appetitu facultas), Speculum virginum (12世紀の無名の修道士による), ed. M. Bernards, Speculum virginum. Geistigkeit und Seelenleben der Frau im Hochmittelalter, Köln-Graz, 1955, p. 193.

39)「神の不変で不可測な一性を希求によって観想し, 理解を超えた神性の三一性そのものを信仰の理解によって把握しなければならない。この愛へと向かって, 段階的に, 事物のあらゆる喧騒と欲望の要求から離れ, この世に対して死んだ者たちに可能である限りにおいて, 神を観ることができるようにしなければならない。誰であれ, 神を観るのは, この世に対して死ぬ限りにおいてである。私は言いたい, 多少とも, より確実に神を観る者は, その者に神の光の形相がより喜ばしく現われ始めるからなのである」(Contempletur ex desiderio incommutabilem et immensam unitatem Dei, eamdemque Trinitatem Deitatis incapabilem fidei intellectu comprehendat. Ob cuius amorem expletis gradibus ab omni strepitu rerum et appetitu concupiscentiarum alienum se faciat, quoad possit videre Deum, quantum potest ab his qui huic saeculo moriuntur. Hunc itaque tantum quisque videt inquantum saeculo moritur. Videt, inquam, quodammodo, certior quia iucundior ei species lucis

incipit apparere), Pascase Radbert, In Math., III, 5, P. L., 120, 223. Contemplation et vie contemplative, col. 1938-1939 et passim.

40) Proslogion, c. 25-26, éd. F. S. Schmitt, S. Anselmi opera, I (1938), pp. 118-122.

41) Epist., 112, éd. citée, III (1946), p. 246. 冒頭において，この手紙に含まれた勧め全体の目的が示されている。「天上の祖国への愛へと，彼らが自らに火を点けるためにである」(unde se ad patriae caelestis amorem accenderent)。

42) «Ad promerendum aeternitatis solium, solum quaerit Christus ab homine sanctum desiderium, id est: si laborare pro aeternis digne non possumus, saltem per desiderium aeternorum iacentes curramus. Equidem iuxta famis mensuram cibus quaeritur, iuxta lassitudinem requies; sic ex qualitate sancti desiderii Christus colitur et quaeritur et Christus amatur», Speculum virginum, éd. M. Bernards, op. cit., p. 193, n. 220. 類似した表現が，S. Bernard, Sermo de S. Andrea, II, 5, P. L., 183, 511 に見られる. Cf. J. Nicolas, S. Bernardo e il desiderio di Dio, dans Camaldoli, 1953, pp. 119-127.

第5章　聖なる書物

1) 「私たちは12世紀の修道院の聖書註釈者たちについての全般的な研究が必要である」，B. Smalley, The Study of the Bible in the Middle Ages, Oxford, 1952, p. 72.

2) F. Stegmüller, Repertorium biblicum, t. 2-5, Auctores, Madrid, 1950-1955. 筆者自身は，その A で始まる項目についてチェックした。

3) Écrits monastiques sur la Bible aux XIe-XIIIe siècles, dans MS., 1953, pp. 95-106.

4) 「この文法学という都市で前もって味わい，そこから聖書の神々しき高みへと導かれることになった」(Praelibata in hac urbe grammatica, qua introduceretur ad divinam altitudinem Scripturarum)，ル・マンのヒルデベルトゥス（Hildebert du Mans）による『クリュニーの聖フーゴー』，I, 2, P. L., 159, 861. 聖書についてはまたリーヴォーのマタイス（Mathieu de Rievaulx）が記していることが当てはまろう。

　「知恵ある文法学は少年たちにまず英雄たちを教え込む。
　ここに，聖書を知ろうと望む者への道がある」
　(Grammatica pueros sapiens prius imbuit heros:
　Hac iter est menti scripturas scire volenti)

éd. A. Wilmart, Les mélanges de Mathieu, préchantre de Rievaulx au début du XIIIe siècle, dans RBben., 1940, p. 59.

5) «Os sine requie sacra verba ruminans», De miraculis, I, 20, P. L., 189, 887.

6) «Et in morem apis Psalmos tacito murmure continuo revolvens», Jean de Saint-Arnoul, Vie de Jean de Gorze (976年歿), n. 80, P. L., 137, 280.

7) Un maître de la vie spirituelle au XIe siècle, Jean de Fécamp, p. 99, n. 3.

8) Lecture et oraison, dans VS, mai 1944, p. 392-402. La lecture divine, dans La

Maison-Dieu, n. 5 (1946), pp. 21-33. Lecture spirituelle et vie mystique, dans Un maître de la vie spirituelle, pp. 97-103. De la lecture à la contemplation, dans la spiritualité de Pierre de Celle, pp. 99-107. Bernard homme de prière, dans Études sur S. Bernard et le texte de ses écrits, Rome (ASOC., IX, i-ii), 1953, pp. 180-182.「瞑想」(meditatio) という語は，ある場合には読書と，ある場合には研究と，ある場合には私的な詩編読誦と，ある場合には観想と同義であるが，これについては以下にテキストが集められている。Cf. Martène, dans P. L., 66, 413-414. 同書に引かれた古いイントロダクションは，meditari を「詩編を言う」(dire Psautier) と訳している。また本書21頁以下参照

9) Écrits monastiques sur la Bible, loc. cit., p. 104.

10) H.-I, Marrou, S. Augustin et la fin de la culture antique, Paris, 1938, p. 47.

11) Sup. Cant., Serm., 12-17.

12) La spiritualité de Pierre de Celle, pp. 52-58: Le language mystique; pp. 59-69: La poésie biblique.

13) Smaragde et son œuvre, loc. cit., pp. 14-16: Vertus bibliques.

14) ある人々の見解に反対して，このことはベルナルドゥスについて，たとえばE. Kleinedam, Wissen, Wisssenschaft, Theologie bei Bernhard von Clairvaux, Leipzig, 1955, 44, n. 129 によって強く主張された。

15) ヴィルマールによって校訂されたもの (A. Wilmart, Un répertoire d'exégèse composé en Angleterre ver le début du XIIIe siècle, dans Memorial Lagrange, Paris, 1940, pp. 307-335) と同じ種類のものが，修道院で作られたことは確である。しかし，これはこの種のものとしては遅く作られたものである。ハント (R. W. Hunt, Notes on the Distinctiones monasticae et morales, dans Liber Floridus, Festschrift P. Lehmann, 1955, pp. 355-362) によれば，これはおそらくシトー会士の手になるものである。すでに知られている他のコンコーダンスは，早くとも，12世紀末のものである。そしてA.ヴィルマールは，ある論文 (Note sur les plus anciens recueils de distinctions bibliques, ibid., pp. 335-346) の末尾に，「これらのアルファベット順の一覧表は，研究のために作られ，あるいは司牧活動のために有益に応用されたが，13世紀において支配的な影響力を及ぼし，続く2世紀のあいだに，大部分は，絶えず書き写され続けた」と書くことができたのである。

16) Éd. P. de Lagarde, Onomastica sacra, Göttingen, 1870.

17) バロン (R. Baron, Hugonis de Sancto Victore epitome Dindimi in Philosophiam, dans Traditio, 1955, p. 136) は，このことに関して正当な見解を示しており，いくつかの事例を示している。

18) Études sur S. Bernard, loc. cit., p. 118, n. 1. この研究で引用した証拠に，以下のものをつけ加えることができよう。『マグダラの聖マリア伝』(Vita Beatae Mariae Magdalenae, XVII, P. L., 112, 1456C) を著わしたクレルヴォーの無名の修道士のもの (彼については，以下を参照されたい。V. Saxer, dans Melanges S. Bernard,

Dijon, 1953, pp. 408-421）や，フィロワのフーゴのもの（Hugues de Fouilloy, De bestiis et aliis rebus, IV, 12, P. L., 117, 153）などである。

19）「主の仰せは，清い仰せ。火で練り清められた銀。」(Eloquia Domini, eloquia casta: argentum igne examinatum...)

20）この事実は，セルのペトルスの『モーセの幕屋について』(éd. La spiritualité de Pierre de Celle, pp. 147-167）を分析し，その典拠と他の著作家たちにおける類似した言及を考えることによって例証されよう。たとえばボンヌヴァルのアルノルドゥスの『主の七つの御言葉』(Arnaud de Bonneval, De VII verbis Domoni, P. L., 189, 1719, 1724）や，セルのペトルスの『モーセの幕屋について』(Pierre de Celle, De tabernaculo Moysi, P. L., 202, 1050A; De tabernaculo, éd. J. Leclercq, La spiritualité de Pierre de Celle, p. 163, 9suiv.）を，オリゲネスの『出エジプト記講話』(Origene, In Exod., IX, 3, ed. Baehrens p. 240)，イシドルスの『語源』(Isidore, Etym., 18, 41, 1927）および『民数記講話』(Quest. in Num, P. L., 83, 349, 25)，ベーダの『幕屋と祭司の衣について』(Bede, De tabernaculo., I, 3, P. L., 91, 399D; II, 2, 425-428）および『出エジプト記講話』(In Exod., XXVII, P. L., 91, 324B）と比較してみればよいであろう。

21）G. Morin, Un critique en liturgie au XIIe siècle. Le traité inédit d'Hervé du Bourg-Dieu «De correctione quorumdam lectionum», dans RBen., 1907, pp. 36-61. Dom R. Weber, Deux préfaces au Psautier dues à Nicolas Mariacoria, ibid., 1953, pp. 3-17.

22）聖書に対する修道院文学とスコラ学文学の違いについて，私は以下の研究に関連して指摘したことがある。C. Spicq, Esquisse d'une histoire de l'exégèse latine au moyen âge, dans Bulletin thomiste, 1942-1945, pp. 59-67.

23）De afflictione et lectione, éd. dans La spiritualité de Pierre de Celle, pp. 231-239.

24）Exhortatio ad amorem claustri et desiderium lectionis divinae, éd. dans AnaMo., II, pp. 28-44.

25）これはグイレルムス・フィルマの『勧告』(Exhortatio, loc. cit., p. 32）の見出しである。

26）Un maître de la vie spirituelle au XIe siècle, Jean de Fécamp, pp. 55-60: La Bible, miroir de l'âme. La spiritualité de Pierre de Celle, p. 67. この問題についての他のテキストが，ブラッドリー（R. Bradley, Backgrounds of the title Speculum in medieval literature, dans Speculum, 1954, pp. 100-115.）によって集められている。

27）L'exégèse médiévale de l'Ancien Testament, dans L'Ancien Testament et les chrétiens, Paris (Rencontres, 36), 1951, pp. 168-182.

28）P. L., 204, 641-774. Sources chrétiennes に刊行予定のフォードのバルドゥイヌスの『祭壇の秘跡について』(De sacramento altaris）の仏訳に付せられた序を参照。

29) L'exégèse médiévale de l'Ancien Testament, loc. cit., p. 179: E. Kleinedam, op. cit., pp. 44-45.

30) S. Bernard mystique, 1948, pp. 140-141.

31) L. Delisle, Inventaire des manuscrits de la bibliothèque nationale. Fonds de Cluny, Paris, 1884, pp. 340-364.

32) AnaMo., I, p. 208.

33) P. Courcelle, Les lettres grecques en Occident de Macrobe à Cassiodore, Paris, 1943, pp. 364-367.

34) 「この歌〔雅歌〕はあなたに永遠の生のための真の掟を歌う。

彼〔ウェルギリウス〕はあなたの耳に，誤った軽薄な掟を悪しく奏でるであろう。」

(Haec tibi vera canunt vitae praecepta perennis;

Auribus ille (Virgilius) tuis male frivola falsa canabit.)

M. G. H., Poet. Lat. Aevi. Karol., I, 239.

35) Le genre littéraire des Sermones in Cantica, dans Études sur S. Bernard, pp. 121-122. Recherches sur les Sermons sur les cantiques de S. Bernard, I, La littérature provoquée par les Sermons sur les Cantiques, dans RBen., 1954, pp. 208-222. Poèmes sur le Cantique des cantiques, ibid., 1952, pp. 290-291.

36) Le commentaire du Cantique des cantiques attribués à Anselme de Laon, dans RTAM., 1949, pp. 29-39.

37) Le commmentaire de Gilbert de Stanford sur le Cantique des cantiques. I, Le genre, dans AnaMo., I, pp. 205-209. Écrits monastiques sur la Bible..., loc. cit., pp. 98-100: II. Commentaires du Cantique des cantiques.

38) Mor., 5, 6, P. L., 75, 783. また大グレゴリウスの『雅歌講話』の冒頭部分（P. L., 79, 478）を参照。

39) たとえば Sup. Cat., 74, 2-4, P. L., 183, 1139-1141 を参照。

40) 「雅歌」に対するマリア論的解釈については，確かに典礼の影響によって，説教においてほのめかされているのが見られるとしても，しかし修道制においては，ドイツのルペルトゥスのものは例外であるが，一貫した註釈というかたちでなされるのはまれであり，特にシトー会士たちの註釈には見られない。Cf. J. Beumer, Die Marianische Deutung des Hohen Liedes in der Frühscholastik, dans ZkT, 1954, pp. 419-425.

41) Éd. B. Bischoff, Der Canticumkommentar des Johannes von Mantua, dans Lebenskräfte in der abenländlische Geistesgeschichte (Festgabe W. Gœtz), Marburg, 1948, p. 37.

42) 「雅歌は観想の教えである。……天上の生をすでに分かち合う者とされているのは，観想の甘美によって捕らえられ，そのもっと甘美なる味わいによって養われている者である。」(Cantica canticorum, qui est doctrina contemplationis... Iam vitae

caelestis particeps efficitur, qui contemplationis dulcedine capitur et eius suavissimo gustu saginatur), ibid.

43) B. Smalley, Some thirteenth-century commentaries on the Sapiential Books, dans Dominican Studies, 1950, p. 264.

44) 本書付録Ⅰ ベネディクトゥスの『戒律』と「雅歌」参照。

第6章　古代への熱情

1) 本書第9章参照。

2) ヴィナンディによる堅実で明確な解説（Dom. J. Winandy, La spiritualité bénédictine, dans SpC., publ. sous la dir. de J. Gautier, Paris, 1953, pp. 14–18）を参照。

3) Ibid., p. 18.

4) Cf. S. Antoine dans la tradition monastique médiévale, dans Antonius Magnus eremita, Roma (Studia Anselmiana, 38), 1956, p. 246.

5) たとえばドイツのルペルトゥスは「東方諸教会の，あの松明であるヒエロニュムス」（Illam orientalium ecclesiarum lampadem Hieronymum）Epist. ad Liezelinum, P. L., 188, 667）と述べている。

6) Hist. eccles., III, viii, P. L., 188, 656.

7) «Orientale lumen et antiquum illum in religione Aegyptium fervorem tenebris occiduis et gallicanis frigoribus inferendis», P. L., 184, 309.

8) B. Bischoff, Das griechische Element in der abendländischen Bildung des Mittelalters, dans BZ., 1951, pp. 27–55.

9) «Illic invenies veterum vestigia patrum,
Quidquid habet pro se Latio Romanus in orbe
Graecia vel quidquid transmisit clara Latinis...»

M. G. H., Poet. lat. aevi Karol., I, 203–204: 最初の数語は，オウィディウス（«Illic invenies quod ames...», Art. am., I, 91）を本歌としている。

10) A. Siegmund, Die Ueberlieferung der griechischen christlichen Literatur in der lateinischen Kirche bis zum zwölften Jahrhundert, München, 1949.

11) B. Altaner, Der Stand der patrologischen Wissenschaft, dans Miscellanea G. Mercati, 1946, I, 519.

12) A. Siegmund, op. cit., p. 278.

13) Dom P. Chevallier, art. «Denys l'Aréopagite», dans DSp., III (1954), col. 320.

14) Dom O. Rousseau, La Bible et les Pères, dans Bible et vie chrétienne, 14 (1956), pp. 19–22 は，西欧中世がとりわけ教父たちを聖書註解者とみなしていたことを証明した。

15) J. Beumer, Rupert von Deutz und seine Vermittlungstheologie, dans MTZ., 1953, p. 267, n. 60.

16) Dom E. Boissard, La doctrine des anges chez S. Bernard, dans S. Bernard théologien, Roma (ASOC., IX, iii-iv), 1953, pp. 115-134.

17) A. Fracheboud, art. «Denys l'Aréopagite», dans DSp., loc. cit., col. 330.

18) A. Siegmund, op. cit., p. 169.

19) G. Nortier-Marchand, La bibliothèque de Jumièges au moyen âge, dans Jumièges. Congrès scientifique du XIIIe centenaire, Rouen, 1955, p. 601.

20) Ibid., p. 611.

21) A. Siegmund, op. cit., p. 280.

22) J. Beumer, loc. cit., pp. 263-264; E. Mersch, Le corps mystique du Christ, Études de théologie historique, Louvain, 1933, II, p. 146.

23) M. Olphe-Gaillard, dans RAM., 1935, pp. 273-278, 289-298. しかし，ベーダの著作（Bede, Hom. 3, éd. Corp. christianorum, 1955, pp. 15, 17-19）におけるエイレナイオスへの言及は，固有の意味での，テキストのいかなる無意識の借用によっても説明されない。

24) L'ancienne version latine des sentences d'Evagre pour les moines, dans Scriptorium, 1951, pp. 195-213.

25) M. Mühmolt, Zu der neuen Uebersetzung des Mönchsspiegels des Evagrius, dans Vigiliae christianae, 1954, pp. 101-103.

26) Origène au XIIe siècle, dans Irénikon, 1951, pp. 425-439. Nouveaux témoins sur Origène au XIIe siècle, dans MS., 1953, pp. 104-106. 9世紀については，ここで挙げた二つの研究のうち前者で引用されている証拠に，ラントグラフが指摘しているもの（Mgr. A. Landgraf, dans TRev., 1955, pp. 348-349）を付け加えることができよう。

27) A. Wilmart, L'ancienne bibliothèque de Clairvaux, dans COCR., 1949, pp. 117-118.

28) Ms. Charleville 107.

29) Catal. gén. des mss. des bibl. publ. de France, série in-4°, I, Paris, 1849, pp. 707-708.

30) L. Delisle, Inventaires des manuscripts de la Bibliothèque nationale, Fonds de Cluny, Paris, 1884, pp. 349-351.

31) J. Daniélou, S. Bernard et les Pères grecs, dans S. Bernard théologien, loc. cit., pp. 45-51; Ph. Delhaye, La conscience morale dans la doctrine de S. Bernard, ibid., pp. 219-222; et ibid., passim (cf. l'index, p. 320).

32) Apologeticus pro Abaelardo, P. L., 178, 1863.

33) J. Daniélou, Eucharistie et Cantique des canthiques, dans Irénikon, 1950, pp. 257-277.

34) これらのテキストのいくつかは以下に刊行されている。Cf. Origène en XIIe siècle, loc. cit., pp. 433-436.

35) ラテン語テキストは以下のもののうちに見られる。Cf. F. W. E. Roth, Die

Visionen der Hl. Elisabeth und die Schriften der Aebten Ekbert und Emecho von Schönau, Brünn, 1884, pp. 62-63. ケスター（K. Köster, Das Visionäre Werk Elisabeths von Schönau, dans AMrhKG., 1952, p. 106）によれば，この話はエリーザベトの幻視の写本伝承において，確かに証明されるという。

36) セストンの研究（W. Seston, Remarques sur le rôle de la pensée d'Origène dans les origines du monachisme, dans RHR., 1933, pp. 197-213）は東方修道制，それも初期しか扱っていないが，その201頁において，東方の修道院文学の主要な諸テーマは，すでにオリゲネスにおいて展開されていたと記している。これを経由してもまた，西洋中世の修道制は古代の東方へと通じることができたのである。

37) Origène en XIIe siècle, loc. cit.

38) 修道院文化のこの伝統的性格が有していたエキュメニカルな影響については，以下を参照。Cf. Médiévisme et unionisme, dans Irénikon, 1946, pp. 6-23.

39) S. Jérôme docteur de l'ascèse, dans Mélanges M. Viller, RAM., 1949, pp. 143-145. 中世におけるヒエロニュムスについては，以下の研究における文献目録を参照。Cf. M. Bernards, Speculum virginum, 1955, pp. 24-25.

40) G. Mercati, Opere minori, Cité du Vatican, 1937, I, p. 373.

41) L. W. Jones, The Library of St. Aubin's at Angers in the XIIth cent., dans Classical and medieval studies in honor of E. K. Rand, New York, 1938, pp. 143-161.

42) J. Ruysschaert, Les manuscripts de l'abbaye de Nonantola, Cité du Vatican, 1956, pp. 20-23.

43) J. de Ghellink, Une édition ou une collection médiévale des opera omnia de S. Augustin, dans Liber Floridus, Festschrift P. Lehmann, 1950, p. 72. クレルヴォー修道院およびリエシィ修道院におけるアウグスティヌスについては，cf. Scriptorium, 1952, p. 52.

44) M. L. W. Laistner, The Library of the Venerable Bede, dans Bede. His life, times and writings, ed. by A. Hamilton Thomson, Oxford, 1935, p. 263.

45) Un maître de la vie spirituelle au XIIe siècle, p. 63-68: S. Augustin et S. Grégoire.

46) La prière au sujet des vices et virtus, dans AnaMo., II, pp. 3-17.

47) S. Antoine dans la tradition monastique médiévale, dans Antonius Magnus eremita, Roma (Studia Anselmiana, 38), 1956, pp. 229-247.

48) De miraculis, II, 8, P. L., 189.

49) L. Gougaud, La theoria dans la spiritualité médiévale, dans RAM., 1922, pp. 381-394.

50) グゴー（L. Gougaud, loc. cit., p. 390）の引用に拠る。

51) Statuta, 53, P. L., 189, 1040.

52) クリュニーのベルナルドゥス（Bernard de Cluny, éd. M. Herrgott, Vetus disci-

plina monastica, Paris, 1726, I, p. 264）は，「祭壇の前でメタノエイスをした」(Facit ante altare metanoeam）と述べている。

53） ペトルス・ヴェネラビリス（Pierre le Vénérable, Statuta, 4, P. L., 189, 1027）は，「メタノエイスは集会室で日々行われており，俗語では〈ヴェニア〉と言われる」(Metanoeis quae quotidiano usu in capitulo fiunt et quae vulgo veniae nominantur）と記している。他の用例については，ドゥ・カンジュの辞典の同項目を参照。

54） たとえば，Orderic Vital, Hist. eccles., ed. A. Le Prévost, Paris, 1838-1855, II, 420.

55） Un maître de la vie spirituelle au XIe siècle, Jean de Fecamp, pp. 76-78.

56） Pour l'histoire de l'expression «philosophie chrétienne», dans MSR., 1952, pp. 221-226.

57） Dom H. Rochais, Ipsa philosophia Christus, dans MS., 1951, pp. 244-247.

58） Maria christianorum philosophia, dans MSR., 1956, pp. 103-106.

59） Bruno de Querfurt, Vita S. Adalberti, 27, M. G. H., 55, IV, 609; Pierre de Celle, Epist., 75, P. L., 202, 522.

60） Exord. magn. Cist., P. L., 185, 437.

61） Epist., 6, P. L., 211, 598.

62） «Disciplina», dans DSp., fasc. 22-23, 1956, coll. 1291-1302.

63） Regula, c. 3.

64） Regula, Prol. -C. Mohrmann, La langue de S. Benoît, en tête de l'éd. P. Schmitz, de la Règle Maredsous, 1955, pp. 28-33. B. Steidle, Dominici schola servitii, dans BenMo., 1952, pp. 397-406.

65） P. L., 202, 1097-1146.

66） Sup. Cant., 27, 7.

67） Sermo in fest. S. Bened., 4, P. L., 185, 101.

68） Epist., 20, P. L., 211, 652-653.

69） M.-D. Chenu, Notes sur lexicographie médiévale. Disciplina, dans RSPT., 1936, pp. 686-692.

70） La voie royale, dans Supplément de la vie spirituelle, novembre 1948, pp. 339-352.

71） In Num., éd. Baehrens, p. 106.

72） Conlat., XXIV, c. 24-26, éd. Petschenig, CSEL, XIII, pp. 700-704.

73） Sermon ancien sur la persévérance des moines, dans AnaMo., II, pp. 24, pp. 119-123.

74） II, P. L., 102, 730.

75） たとえば，la Vie de S. Anségise, abbé de Fontenelle au IXe siècle, c. 5, P. L., 105, 737.

76)　De dilig. Deo, 21.

77)　シュマイトラー（B. Schmeidler, Vom patristischen Stil in der Literatur, besonders in der Geschichtschreibung des Mittelalters, dans Geschichtlichen Studien, Albert Hauch Festschrift, 1916, pp. 25-33）は，教父的なテーマ，「定型句」（loci）を特に強調した。彼はこの観点から中世の文献が研究されることを望んだが，彼の訴えは，ほとんど理解されなかった。

78)　Médiévisme et unionisme, dans Irénikon, 1946, pp. 6-23.

79)　S. Bernard et la dévotion médiévale envers Marie, dans RAM., 1954, p. 375.

80)　C. Mohrmann, Le style de S. Bernard, dans San Bernardo, Milano, 1954, p. 170.

81)　Dom O. Rousseau, S. Bernard le dernier des Pères, dans S. Bernard théologien, pp. 300-308. そこで挙げられているテキストに，以下に収録されているものをつけ加えることができる。Recherches sur les Sermons sur les Canthiques de S. Bernard, dans RBen., 1954, p. 222, n. 1.

82)　Le sermon attribué à «l'abbé de Clairvaux», dans RBen., 1927, p. 305. この説教についてはcf. RBen., 1955, p. 308.

83)　Dom O. Rousseau, loc. cit., pp. 305-306.

第7章　自由学芸の研究

1)　数多くの事実がシュミッツによって集められおり，豊かな文献目録が付せられている。Cf. Dom P. Schmitz, Histoire de l'Ordre de S. Benoît, t. II, Maredsous, 1942, pp. 52-203. デ・ブリュイネの研究（E. de Bruyne, Études d'esthétique médiévale, 3 vol. Bruges, 1946）も同様に，本章で取り組むことになる問題のいくつかについて豊かなアイディアを有している。

2)　M. G. H., Epist., VI, 39. これは Aen., IV, 657 を引用している。アルクイヌスの詩と書簡についての M. G. H. の校訂本に付せられた考証資料は，彼がどれほど頻繁にウェルギリウスを無意識に借用しているかを明らかにしている。

3)　Sup. Cant., 36, 3, P. L., 183, 968, これは Perse, Sat., I, 27 を引用している。

4)　Dom J. Perez de Urbel, Historia de la Orden benedictina, Madrid, 1941, p. 145.

5)　La théologie mystique de S. Bernard, Paris, 1934, pp. 81-82.

6)　「文字を学ぶ年少者たちについて。いかなる年少者も，修道院の内部あるいは修道院に属する場所において文字を学んではいけない。しかし修道士あるいは修練期に受け入れられた志願者はこの限りではない。彼らは読書の時間に学んでもよい。そして注意しなければならないのは，15歳をこえたいかなる者も，われわれに，修練士として託することはできないということである。」(De pueris litteras discendibus. Nullus puerum doceatur litteras intra monasterium vel in locis monasterii, nisi sit monachus vel receptus in probatione novitius, quibus tempore lectionis discere licet. Et notandum quia nullum nisi post quintum decimum aetatis suae annum in probatione nobis ponere licet), Super instituta generalis capituli apud Cistercium,

XLI, éd. C. Noschitzka, dans ASOC., 1950, p. 37.

7) E. Curtius, Europäische Literatur und lateinisches Mittelalter, Bern, 1954, p. 63.

8) L. Traube, Vorlesungen und Abhandlungen, II, München, 1911, p. 113.

9) P. Renucci, L'aventure de l'humanisme européen au moyen âge (IVe-XIVe s.), Clermont-Ferrand, 1953, p. 114, n. 147.

10) M. Inguanez-H. M. Willard, Alberici Casinensis Flores Rhethorici, Monte-Cassino, 1938, p. 14.

11) A. Quain, The mediaeval accesus ad auctores, dans Trad., 1945, pp. 215-264.

12) R. B. C. Huyghens, Accesus ad auctores, 1954.

13) R. B. C. Huyghens, Conrad de Hirsau, Dialogus super auctores, 1955.

14) 本書12頁参照。

15) E. R. Curtius, op. cit., p. 50.

16) 「エジプト人からの掠奪品」(sporatio Aegyptiorum) というテーマとその源泉については, cf. A. Quain, loc. cit., pp. 223-224. 同じ意味で用いられた他のテーマは「異教徒の捕虜」(captiva gentiles) (本書66-67頁参照) である。それぞれのテーマの源泉については, cf. J. de Ghellinck, Le mouvement théologique au XIIe siècle, 2e éd., 1948, pp. 94-95.

17) Éd. Huyghens, p. 25.

18) Ibid., p. 27.

19) Ibid., p. 29. アンジェルの研究 (J. Engels, Études sur l'Ovide moralisé, Gröningen, 1956) は13世紀から14世紀にかけてのテキストを研究しているが, 65-81頁において, 中世におけるオウィディウスについての広範な文献目録を付している。

20) 「最後になって彼は信仰を表明し, イエス・キリストの受肉, 受難, 復活, 昇天についてまた聖母マリアの生涯と被昇天について, 極めてすばらしく論じた」(Ad ultimum ponit fidem suam, tractans egregissime de incarnatione Iesu Christi, et de passione, de resurrectione, de ascensione, et de vita B. Mariae Virginis et de assumptione eius)。これはクエイン (Quain, loc. cit., pp. 222-223) によって引用されている中世の序である。偽オウィディウスの『老いについて』(De vetula) に関しては, cf. P. Lehmann, Pseudo-antike Literatur des Mittelalters, Berlin-Leipzig, 1927, pp. 13 et suiv.

21) これは, 他の事例とともに, 以下の研究に引かれているものである。Cf. F. J. E. Raby, Some notes on Virgil, mainly in English authors, in the Middle Ages, dans SM., 1932, pp. 368 et suiv.

22) Cf. M.-D. Chenu, Horace chez les théologiens, dans RSPT., 1935, pp. 462-465, et H. Silvester, Les citations et réminiscences classiques dans l'œuvre de Rupert de Deutz, dans RHE., 1950, pp. 172-173.

23) Dialogus super auctores, éd. Huyghens, p. 39.

24) Ibid., p. 45.

25) p. 47.
26) p. 49.
27) p. 51.
28) p. 53.
29) p. 54.
30) p. 55
31) p. 58.
32) p. 59.
33) p. 65.
34) これらの語註については，10世紀から12世紀にかけてのウェルギリウスの写本における事例から若干理解できよう。これらの写本は，ロウ（E. A. Lowe, Virgil in South Italy, Facsimiles of eight manuscripts of Virgil in Beneventan Script, dans SM., 1932, pp. 43-51）が転載している。
35)「ギリシア語で glosa，ラテン語で lingua と言われるのは，ある語の内容を他の語で明らかにすることである」(Glosa graece, latine lingua dicitur, cum unius verbi rem uno verbo manifestamus), éd. Huyghens, p. 19。この定義は他のところにおいて展開され，諸事例によって解説されている。Cf. Le «De grammatica» de Hugues de Saint-Victor, dans AHDLMA., XIV (1943-1945), p. 299.
36) Thes. ling. lat. sub voce «Declinare». H.-I. Marrou, Histoire de l'éducation dans l'antiquité, 1948, pp. 372-379.
37) Epist. 64, éd. F. S. Schmitt, S. Anselmi opera, III, 1946, pp. 180-181.
38) Vie de Suger par Guillaume de Saint-Denis, P. L., 136, 1194. Suger, Comment fut construit Saint-Denis, Paris, 1945.
39) Cf. C. Gaspar-F. Lyna, Les principaux mss. à peinture de la bibliothèque royale de Belgique, I, Paris, 1937, p. 67.
40) Instit., I, 30, éd. Mynors, p. 75.
41)「ブドウ畑の畝を掘るよりも，本を書くほうがよい」(Fodere quam vites melius est scribere libros), M. G. H., Poet. lat. aev. Kar., I, 320; cf. F. Milkau, Handb. der Bibliothekswiss., III, i, Wiesbaden, 1955, p. 355.
42) このテーマは以下において展開されている。Cf. Epist., I, 20, P. L., 189, 98. またこのテキストは以下において全文が引用されている。Cf. Pierre le Vénérable, p. 268.
43) Deux traités sur la formation des jeunes moines, dans RAM.
44) Éd. A. de Poorter, dans Catal. des mss. de la Bibl. publ. de la Ville de Bruges, Gembloux-Paris, 1934, p. 10. シャルトルーズのグイゴによるテキストが同じように以下に引用されている。Cf. L. Gougaud, Muta praedicatio, dans RBen., 1930, p. 170. Cf. aussi Mathieu de Rievaulx, dans RBen., 1940, p. 78.
45) B. van Regemorter, La reliure des manuscrits à Clairmarais aux XIIe et XIIIe s., dans Scriptorium, 1951, pp. 99-100.

46) 「異教徒が著わした教科書を示す合図として，本一般の合図を先にしなさい。それから耳を指で触れなさい。足で掻くのがつねである犬のようにである。なぜなら異教徒をこの動物に喩えるのは不当ではないからである」(Pro signo libri scholaris, quem aliquis paganus composuit, praemisso signo generali libri, adde ut aurem cum digito tangas, sicut canis cum pede pruriens solet, quia non immerito infidelis tali animanti comparatur), Ordo Cluniacensis per Bernardum, I, 17, éd. Herrgott, Vetus disciplina monastica, Paris, 1726, p. 172.

47) A. Wilmart, Le couvent et la bibliothèque de Cluny vers milieu du XIe s., dans RM., 1921, p. 94, n. 54.

48) 「世俗の本を示す合図として，(……，上述のように) これに喩えられる。これは犬を示す合図である」(Pro signo libri saecularis, quem (etc... ut supra) comparatur; quod etiam est signum canis), S. Wilhelmi Constitutiones Hirsaugiensis, I, 21, éd. Herrgott, ibid., p. 397. Cf. G. van Rijnberk, Le language par signes chez les moines, Amsterdam, 1954, p. 84. その詩において，ひじょうに広範に異教詩人たちを利用しているペトルス・ディアコヌスでさえ，異教詩人たちについて以下のように記している。

「むしろ私はこれらの者たちを犬に喩えることにしよう」

(Potius sed istos comparabo canibus), Versus Pauli, M. G. H., Poet. lat., I, 49.

49) Éd. G. Mercati, Opere minori, I, p. 388.

50) テモテへの手紙二 2: 20。

51) ヨハネによる福音書 14: 2。

52) ローマの信徒への手紙 8: 28。

53) 多くの事実がアデマール (J. Adhémar, Les influences antiques dans l'art du moyen âge français, London, 1937) によって集められている。ロス (J. B. Ross, A study of Twelfth-Century interest in the antiquities of Rome, dans Mediaeval and historiographical Essays in honor of J. W. Thomson, Chicago, 1938, pp. 302-321) は，遺跡に寄せられた関心が，テキストへの関心と結びついていたことを指摘した。

54) J. Adhémar, op. cit., p. 265.

55) A. Boutemy et F. Vercauteren, Foulcoie de Beauvais et l'intérêt pour l'archélogie antique au XIe et XIIe siècle, dans Latomus. REL,, 1937, pp. 173-186.

56) Ibid., p. 186, n. 3.

57) Les peintures de la Bible de Morimondo, dans Scriptorium, 1956, pp. 123-321. J. Morson, The English Cistercians and the Bestiary, dans Bulletin of the John Rylands Library, 1956, pp. 146-170.

58) Hrostuitae in sex comoedias suas praefatio, P. L., 137, 971-972; cf. E. Franceschini, Rostvita di Gandersheim, Milano, 1944.

59) Ibid. Cf. E. Franceschini, Il teatro post carolingio, dans I problemi comuni dell' Europa post-carolingia, Spoleto, 1955, p. 306.

60) J. P. Bonnes, Un lettré du Xe siècle. Introduction au poème de Létald, dans RM., 1943, pp. 23-47.

61) ベルナルドゥスによる古典の引用や無意識の借用についての全体的な研究が行なわれるのが待たれるが，フランチェスキーニが «Bernard de Clairvaux» (Paris 1953) に対して行なった適切な批評（E. Franceschini, dans Aevum, 1954, pp. 572-573）を参照することができる。

62) A. Wilmart, Le Dialogue apologétique du moine Guillaume, biographe de Suger, dans RM., 1942, pp. 80-118.

63) J. M. Déchanet, Seneca noster. Des lettres à Lucilius à la Lettre aux frères du Mont-Dieu, dans Mélanges J. de Ghellink, 1951, pp. 753-767.

64) Ph. Delhaye, Deux adaptations du De amicitia de Cicéron au XIIe siècle, dans RTAM., 1948, pp. 304-331.

65) P. L., 206, 17. 真正性については以下を参照。Cf. Les deux compilations de Thomas de Perseigne, dans MS., 1948, pp. 204-209. 最も引用された詩人は前掲206頁に示されているが，ルカヌス，ホメロス，ユウェナリスである。典拠については，cf. B. Griesser, Dichterzitaten des Thomas Cisterciensis Kommentar zum Hohenlied, dans CistC., 1938, pp. 11-14, 118-122; 1939, pp. 73-80.

66) H. Silvestre, Les citations et réminiscences classiques dans l'œuvre de Rupert de Deutz, dans RHE., 1950, pp. 140-174. この碩学は，サン・ロランのレニエによる『エラクリウス伝』(Vita Eracli) に関しても，類似した調査を行なっている。Cf. ibid., 1949, pp. 65-86.

67) H. Wolter, Ordericus Vitalis. Ein Beitrag zur Kluniazensischen Geschichtschreibung, 1953, p. 225.

68) E. Curtius, op. cit. L. Arbusow, Colores rhethorici, Göttingen 1948.

69) De excessu fratris sui Satyri, 1, I, P. L., 16, 1289-1316.

70) Sup. Cant., 26.

71) Recherches sur les Sermons sur les Cantiques de S. Bernard, dans RBen., 1955, p. 80.

72) Serm., 41, 4-7, P. L., 184, 216-218.

73) Apologeticus pro Petro Abaelardo, P. L., 178, 1806.

74) 「確かに私たちは〈かたちを与える〉(fingere) を〈創作する〉と言う。それゆえ陶土を創作する者を〈かたちを与える者〉，すなわち〈陶工〉(figulus) というのである」(Fingere namque componere dicimus; unde et compositores luti figulos vocamus), In Evang., 23, 1, P. L., 76, 1282; cf. Thes. ling. lat. sub voce «fingo».

75) Un maître de la vie spirituelle, au XIe siècle, pp. 47-49.

76) Pierre le Vénérable, pp. 23-24.

77) P. Zinc, Die Naturbetrachtung des Hl. Bernhard, dans Anima, 1953, I, pp. 30-51.

78) L. Arbusow, Liturgie und Geschichtschreibung, 1951, pp. 32-33.

79) 本書第4章を参照。さらに他のテキストについては，cf. E. Faye Wilson, Pastoral and Epithalamium in Latin Literature, dans Speculum, 1948, pp. 35-57.

80) Études sur S. Bernard, P. 184, n. 2.

81) É. Gilson, Sub umbris arborum, dans MS., 1952, pp. 149-151. シトー会士たちの住む穏やかで好ましい「木陰の谷」と，都市のコントラストは，名の記されていない詩『マウルスとゾイルス』(De Maulo et Zoilo, éd. T. Wright, The latin poems commonly attributed to Walter Map, London, 1841, p. 245) 第73行－86行における，手仕事と「伊達男たちの学校」(scurrarum scholis) の違いを象徴している。また以下の研究の305頁に複製された図像および第3図を参照。Cf. Une peinture des origines cisterciennes, dans ASOC., 1956. また本書付録IVを参照。

82) Cf. L. Zoepf, Das Heiligen-Leben im 10. Jahrhundert, Leipzig, 1908, pp. 219-228.

83) Cf. La vie parfaite, pp. 166-168; La paradis.

84) Pierre le Vénérable, p. 23.

85) De gestis pontificium Angliae, IV, P. L., 179, 1612-1613.

86) ファラル (E. Faral, Les conditions générales de la production littéraire en Europe occidentale pendant les IXe et Xe s., dans I problemi comuni dell'Europa post carolingia, Spoleto, 1955, pp. 288-289) が注意を促したところによると，フィジオログスの影響に加えてパイドラの影響が見られるが，また「有名なルナール物語の原型」である『捕らわれ人の逃走』(Ecbasis captivi) は10世紀にロレーヌ地方のサン・テヴル修道院に現われたという。

87) A. Dimier, Clarté, paix, joie. Les beaux noms des monastères de Cîteaux en France, 1944.

88) La vie parfaite., pp. 46-47.

89) Symbolique chrétienne de la lune, dans Lunaires, Carte du ciel. Cahiers de poésie, Paris, 1947, pp. 133-148.

90) Deux opuscules sur la formation des jeunes moines, dans RAM.

91) たとえば，Thomas de Perseigne, In Cant., VI, P. L., 206, 759. プリニウスと教父における典拠については cf. Hieronymus Lauretus, Silva allegoriarum, éd. Lyon, 1622, sub voce. マンドラゴラの象徴的意味については，cf. H. Rahner, Die sehlenheilende Blume, II, Mandragore, die ewige Menschenwurzel, dans Eranos Jahrbuch, 1945, 202-239.

92) 本書104頁参照

93) この象徴的意味については，cf. Les deux compilations de Thomas de Perseigne, loc. cit., p. 207.

94) P. Grousset, L'épopée des croisades, Paris, 1939, p. 45.

95) Pierre le Vénérable, pp. 31-37: Le vrai moyen âge.

96) Ibid., pp. 37-40: Contrastes monastiques.

97) E. Vacandard, Vie de S. Bernard, Paris, 1895, I, 210-211. A. Flich, Hist. gén. de l'Église, IX, Paris, 1948, pp. 142-143.「教会改革のレトリック」（Reformrhetorik）において誇張が，ある役割を果たしており，それについての既知の事実は，当時の人々がそのことについて騙されてはいなかったと考えさせるということを以下の研究が指摘している。Cf. J. Stiennon, Cluny et Saint-Trond au XIIe siècle, dans Anciens pays et assemblées d'états, VIII, Louvain, 1955, p. 65.

98) Apologia, 20-22, P. L., 182, 910-911.

99) Epist., VI, P. L., 189, 422.

100) Carmina, P. L., 189, 1005.

101) コルビーのアダルベルトゥス宛ての詩,

«Angustae vitae fugiunt consortia Musae,
Claustrorum septis nec habitare volunt»,

M. G. H., Poet. lat. kar., I, 43.

102) Éd. Swobada, 1900. 抜粋が以下の論文に掲載されている。L'idéal monastique de S. Odon d'après ses œuvres, dans A Cluny. Congrès scientifique, Dijon, 1950, pp. 227-230. ペトルス・ウェネラビリスの時代になってもなお，クリュニーではロドゥルフス・トスタリウスは彼の数多い詩の一つをクリュニー讃美のためにささげていた。Éd. M, B, Doyle et D. M. Schullian, Rodulfi Tostarii carmina, Roma, 1933, pp. 448-453. 他のクリュニー修道士詩人ポワティエのペトルスについては，cf. Pierre le Vénérable, p. 276 et passim.

103) Un débat sur le sacerdoce des moines au XIIe siècle, dans AnaMo., IV (en collabolation avec Mlle R. Forville).

104) たとえばダラムのラウレンティウスの『ヒュポグノスティコン』（Hypognosticon）であるが，その抜粋が以下の研究において公けにされている。J. Raine, Dialogi Laurentii Dunelmensis, Durham, 1880, pp. 62-71.

105) A. Boutemy, Fragments d'une œuvre perdue de Sigebert de Gembloux, dans Latomus, 1938, pp. 196-220. ジゲベルトゥスはこの詩において，オウィディウスの『変身物語』における世界創造の描写を翻案している。Ibid., p. 203.

106) Documents sur la mort des moines. IV. Épitaphes et poèmes divers, dans RM., 1956, pp. 70-81.

107) Les manuscrits de l'abbaye d'Haumont, dans Scriptorium, 1953, pp. 59-67. Un nouveau manuscrit d'Hautmont, ibid., pp. 107-109.

108)「韻文をものす修道士たちは他の修道院に送られなければならず，修道院総会の許可を得なければ，帰ることはできない」(Monachi qui rythmos fecerint ad domos alias mittantur, non redituri nisi per generale Capitulum), éd. J. M. Canivez, Statuta Capit. gen. Ord. Cist., I, 1933, p. 232, ad ann, 1199, n. 1.

109) Manuscrits cisterciens à la Bibliothèque Vaticane, dans ASOC. シトー会の他の事例については以下を参照。J. H. Mozley, The collection of mediaeval latin

verses in Ms. Cotton Titus D. XXIV, dans Medium Aevum, 1942, pp. 1-45（12世紀のラフォード修道院の一修道士による詩），A. Wilmart, Les Mélanges de Mathieu préchantre de Rievaulx au début du XIIIe siècle, dans RBen., 1940, pp. 15-84. ヴァシィのイティエルと異なって，リーヴォーのマテウスは自らの詩に対する軽蔑を誇示していない（ibid., p. 68, 15）：

「これらの韻律よ，わが子のごときおまえよ，自らを価値なきものと思うなかれ」（Haec metra, mi filii, tu noli pendere vili）

110） Les divertissements poétiques d'Itier de Vassy, dans ASOC., 1956, pp. 296-304. 一部だけを以下において抜粋して翻訳した。

111） 「軽薄という悪徳をもたらす動物は飼ってはならない」(Quod animalia vitium levitatis ministrantia non nutrientur), Super instituta generalis capituli apud Cistercium, XXII, ed. Noschitzka, dans ASOC., 1950, p. 26; cf. ibid., c. 5, pp. 23-24. リーヴォーのアエルレドゥス（Speculum caritatis, II, 24, P. L., 195, 572）も，同じ動物に反対している。

112） Les peintures de la Bible de Morimondo, dans Scriptorium, 1956, pp. 289-310.

113） F. Ermini, La poesia enigmistica e faceta di Paolo Diacono, dans MEL., Modena, 1938, pp. 137-140.

114） J. P. Bonnes, Un lettré du Xe siècle, dans RM., 1943, pp. 23-48.

115） Études sur S. Bernard, pp. 143-147, 79-80, et passim.

116） S. Bernard et la dévotion joyeuse, dans S. Bernard homme d'Église, La Pierre-qui-Vire, 1953, pp. 237-247. Bernhard von Clairvaux, Die Botschaft der Freude, 2e éd., Einsiedeln, 1954, pp. 30-33.

117） Les Paraboles de Galland de Rigny, dans AnaMo.,, I, pp. 167-180. J. Chatillon, Galland de Rigny, Libellus Proverbiorum, dans RMAL., 1953, pp. 1-152.

118） E. Ph. Goldschmidt, Burchardus de Bellevaux. Apologia de barbis, Cambridge, 1955, serm. III, c. 8 et 39, pp. 38 et 77.

119） Ibid., serm. III, c. 47, p. 85. このシトー会のユーモアについては，将来優れた研究がなされる必要があるが，これを示すものとしては，私がかつて紹介した『対話』（Textes sur S. Bernard et Gilbert de la Porrée, dans MS., 1952, pp. 111-128）をなお挙げることができよう。この『対話』はその後イープルのエヴラルドゥスの著作であることが同定された。Cf. N. M. Haring, ibid., 1955, pp. 143-172.

120） 本書付録 II 参照。

121） 諺の多くが古典に起源を有することは以下の研究によって指摘された。Cf. W. Heraeus, Zur Werners Sammlung lateinischen Sprichwörter des Mittelalters, dans Studien zur lateinischen Dichtung des Mittelalters, Ehrengabe K. Strecker, Dresden, 1931, pp. 84-86.

122） A. Wilmart, Une riposte de l'ancien monachisme au manifeste de S. Bernard, dans RBen., 1934, 296-344.

123） A. Wilmart, Le dialogue apologétique du moine Guillaume, dans RM., 1942, pp. 80–118.

124） 書名から受ける印象と異なり，シヴォレット（N. Scivoletto, Angilberto abate di S. Riquier et l' «humanitas» carolingia, dans Giornale italiano di filologia, 1952, pp. 289–313）の綿密に考証された伝記研究において，人文主義は問われていない。

125） S. Hilpisch, Günther und das Mönchtum seiner Zeit, dans 1000 Jahre St. Günther, Festschrift zum Jahr 1955, Köln, pp. 57–61.

126） ヴォルター（H. Wolter, Ordericus Vitalis. Ein Beitrag zur kluniazensischen Geschichtschreibung, Wiesbaden, 1955, p. 5）は「この説はもはや支持することができない」と書いている。

127） Y a-t-il une culture monastique? dans les actes de la IV^{a} Settimana internazionale di studio sull'alto medioevo (Spoleto, avril 1956), intitulés Il monachesimo nell'alto medioevo e la formazione della civilta occidentale. Cluny fut-il ennemi de la culture? dans RM., 1957.

128） L. Th. A. Lorié, Spiritual terminology in the latin translations of the Vita Antonii, Utrecht-Nijmegen, 1954, 特に pp. 164–171: Monastic latin and primitive Western monasticism.

129） L'humanisme bénédictin du VIIIe au XIIe siècle, dans AnaMo, I, pp. 1–20. Y a-t-il une culture monastique? dans les actes de la IV^{a} Settimana internazionale di studio sull'alto medioevo (Spoleto, 1956).

130） M. Hubert, Aspects du latin philosophique aux XIIe et XIIIe siècles, dans REL., XXVII (1949), pp. 227, 231.

131） これらの著作家たちについては，たとえば，cf. E. de Bruyne, Études d'esthétique médiévale, Bruges, 1946, II, pp. 160–163.

132） A. H. Tompson, Classical echoes in medieval Authors, dans History, 1948, p. 38.

133） Historia pontificalis, ch. 9–11, éd. R. L. Poole, Oxford, 1927, pp. 21–29. S. Bernard et la théologie monastique du XIIe siècle, dans S. Bernard théologien (ASOC., 1953, iii–iv), p. 17.

134） Cf. The letters of John of Salisbury, I, éd. W. J. Millor, H. E. Butler, C. N. L. Brooke, London, 1955, pp. LVII–LXI.

135） C. Mohrmann, Le dualisme de la latinité médiévale, dans REL., XXIX (1952), pp. 344–347（このテキストは以下に再録されている。Latin vulgaire. Latin des chrétiens. Latin médiéval, Paris (Klincksieck), 1955, pp. 50–53). ボルガー（R. R. Bolgar, The classical heritage..., p. 117）は，この二重性がすでに9世紀に存在していたことを指摘した。

136） H. Wolter, Ordericus Vitalis, 1955.

137） たとえば以下を参照。Cf. Un humaniste ermite. Le B^{x} Paul Giustiniani (1476–

1528), Roma, 1951, pp. 17-40, ch. 1: Le stoïcien.

第8章　文学ジャンル

1)　Recherches sur les Sermons sur les cantiques de S. Bernard, dans RBen., 1955, pp. 80-81.

2)　Liber quo ordine sermo fieri debeat, P. L., 156, 21-52.

3)　Dialogus super auctores, éd. Huyghens, pp. 17-18.

4)　「対話」には，実在の人物が登場することもあるが，大抵は虚構の人物である。La vêture «ad succurrendum» d'après le moine Raoul, dans AnaMo., III, pp. 158-165. C. H. Talbot, Aelred of Rievaulx, De amima, London, 1952.

5)　G. Cohen, La comédie latine en France au XIIe siècle, Paris, 1931, I, p. xxxix は，この巻で刊行された喜劇が「修道院の学校」に由来すると述べている。実際には，彼が他の箇所（p. xxviii）で認めているように，それらの作者は，12世紀後半の学校の環境に属している。シトー会士オート・セュのヨハネス（12世紀末）の『七賢人の物語』(Historia septem sapientium, éd A. Hilka, Heidelberg, 1913）を13世紀初頭に編集したのは，序文で（p. 1）彼自身が述べているように，不満を抱いた修道士である。この作品については，cf. E. K. Rand, The Mediaeval Virgil, dans SM., 1932, p. 437.「修道士の冗談」(joca monachorum）と名づけられた，こうした一種の教育的なぞなぞは，しばしばエピクテトスと皇帝ハドリアヌスとの対話の形をとり，また大部分は聖書に基づいている。これについては，W. Suchier, Das mittellateinische Gespräch Adrian und Epictitus nebst verwandten Texten (Joca monachorum), Tübingen, 1955 を参照。

6)　Petrus Damiani, De perfecta monachi informatione, 4, P. L., 145, 724.

7)　M. Hubert, Aspects du latin philosophique aux XIIe et XIIIe siècles, dans REL., XXVII (1949), p. 217.

8)　R. McKeon, Rhetoricism in the Middle Ages, dans Speclum, 1942, pp. 1-8.

9)　Un traité De fallaciis in theologia, dans RMAL., 1945, pp. 43-46. M. D. Chenu, Grammaire et théologie aux XIIe et XIIIe siècles, dans AHDLMA., 1936, pp. 5-28.

10)　J. de Ghellink, L'essor de la littérature latine au XIIe siècle, II, p. 90.

11)　ドイツにおけるベネディクト会の歴史家のリストは，F. Zoepfl, Die Grundlegung der deutschen Kultur durch die Benediktiner, dans MTZ., 1953, p. 242.

12)　Cf. J. M. Canivez, «Cîteaux» (Ordre) dans DHGE., XII (1953), col. 914 の項目参照。

13)　「その目的は，この［修道院で］教養に秀でた人々が育成されることにあり，彼らは，後代の記憶に価する王国の歴史と事蹟を年毎に記録していたのである」(Ut in eo viri eruditione praestantes alerentur, qui regni annales resque posterum memoria dignas cartis quotannis mandarent)。引用は，Canivez, ibid., col. 915 に拠る。

14) A. Wilmart, Le convent et la bibliothèque de Cluny vers le milieu du XIe s., dans RM., 1921, pp. 113-115.

15) 「詩人と歴史家を解釈する学問」(Scientia interpretandi poetas et historicos), De clericorum institutione, III, 18, P. L., 107, 395. 本書25-28頁参照。

16) A. Viscardi, La cultura nonantonala nei sec. XI-XII, dans Disputazione di storia patria per le antiche provincie Modenesi, série VIII, vol. 5, Modena, 1953, pp. 349-351.

17) In Math., V, P. L., 168, 1424.

18) H. Wolter, op. cit., p. 209, n. 197.

19) L. Sorrento, Tito Livio dal Medio Evo al Rinascimento, dans Medievalia, Brescia 1944, pp. 410-412. G. Billanovich, Lamperto di Hersfeld e Tito Livio, Padova, 1945, p. 47 は，中世の修道士たちが抱いていた「敬虔なティトゥス・リウィウス」について語ることができた。また同著者は，ティトゥス・リウィウスがローマの政治と軍事の歴史を語るために用いた表現を，ヘルスフェルトのランベルトゥス（Lambert d'Hersfeld）が，どのように修道院の歴史記述に適用したか，を明らかにした（p. 33 以下)。同じく，サン＝トロンのティエリ（1107年歿）がミュンスター＝ビルゼンのランドランドゥスの美徳を賞揚するために，ティトゥス・リウィウスによるハンニバルの描写を，「決して滑稽さに陥ることなく」模範にしたことを明らかにした（p. 39)。

20) Wolter, op. cit., p. 195.

21) De miraculis, Prol., P. L., 189, 907-909.

22) 「創造者と万物の正義の支配者を讃美するために，年代記が執筆されねばならない」(Ad laudem Creatoris et omnium rerum iusti Gubernatoris chronographia pangenda est)。このテキストおよび他のテキストも，Wolter, op. cit., p. 73 et notes に引用されている。

23) Ibid., p. 204, n. 56.

24) L. Arbusow, Liturgie und Geschichtschreibung im Mittelalter, Bonn, 1951.

25) P. Lehmann, Mittelalterliche Büchertitel, dans SBBAW., Philos.-Hist. Kl, 1953, Heft 3, pp. 20-24.

26) Wolter, op. cit., p. 71.

27) H. L. Mikoletzky, Sinn und Art der Heiligung im frühen Mittelalter, dans MIOGF., 1949, p. 105.

28) この事実は，たとえば，リェージュの司教区の場合に確認される。H. Silvestre, Renier de Saint-Laurent et le déclin des écoles liégeoises au XIIe siècle, dans Annales du Congrès archéologique et historique de Tournai, 1949, p. 122.

29) J. P. Bonnes, Un lettré du Xe siècle. Introduction au poème de Létald, dans RM., 1943, pp. 29-33: L' historien et l'écrivain, et p. 24, note 2.

30) Vita S. Juliani, Epist. dedic., 4, P. L., 137, 784.

31) De sanctis et eorum pignoribus, I, i. P. L., 156, 615.
32) これがこの書の第一巻の目的である。P. L., 156, 607-630.
33) L. III, ibid., 649-666.
34) L. I, II, 5, ibid., 620 以下。G. Monod, De le méthode historique chez Guibert de Nogent, Paris, 1904.
35) Hist. ecclés., II, 161. Wolter, op. cit., p. 204, n. 71 の引用に拠る。
36) C. H. Talbot, The liber Confortatorius of Goscelin of Saint Bertin dans AnaMo., III, pp. 11-22: Goscelin as Hagiographer.
37) 「ことに，昨今の著述家は，何らの証拠ももたず，〔彼らが書こうとする〕人物のこの世に知られていない生涯から何を主張するべきかを知らず……他の聖人たちと共通する諸徳を彼に付与する以外のことを知らない」 (Nescit adeo recens scriptor, omni probamento desertus, quid eius vita terris ignota astruat, nisi quod illi communes aliorum sanctorum virtutes aggerat.) ibid., p. 17, n. 83. の引用に拠る。
38) テキストは，ibid., pp. 17-18.
39) B. de Gaiffier, Les revendications de biens dans quelques documents hagiographiques du XIe siècle, dans AB., 1932, pp. 123-138 は，特に，修道院文学から取られた例を引用している。他の例については，N. Huyghebaert, dans SE., 1955, p. 165 参照。
40) たとえば，サン＝メダールの聖遺物である主の歯の発見に関する物語の場合がそうである。cf. B. de Gaiffier, La source latine du miracle Dou sainct dent Nostre Seigneur, dans Neuphilologische Mitteilungen (Helsinki), LIV (1953), pp. 195-201.
41) La consécration légendaire de la basilique de Saint-Denis et la question des indulgences, dans RM., 1943, pp. 74-84.
42) H. Silvestre, Le Chronicon S. Laurentii Leodiensis dit de Rupert de Deutz, Louvain, 1952.
43) P. Delehaye, Les légendes hagiographiques, 3e éd., Bruxelles, 1927, p. 2.
44) W. Lampen, Mittelalterliche Heiligenlegende und die lateinische Philologie des Mittelalters, dans Liber Floridus. Festschrift P. Lehmann, 1950, p. 122. いくつかの例は，R. Aigrain, L'hagiographie, Paris, 1953, pp. 305-312 において，修道院文学から採られている。本書は，教父時代の末期から12世紀までの聖人伝の歴史について的確に論じている。
45) これらの韻律をもった伝記は，10世紀にロスヴィタが何人かの聖人に関して執筆した聖人伝の劇形式と比較される。cf. E. Franceschini, Il teatro post-carolingio, dans I problemi comuni dell'Europa post carolingia, Spoleto, 1955, p. 307.
46) B. de Gaiffier, L'hagiographe et son public au XIe siècle, dans Miscellanea L. van der Essen, 1947, pp. 135-166.
47) 「すなわち，信心深い人々が徹夜課に参加できるように……神の全能と神の貴い殉教者を讃えるために敬虔にまた豊かに時間を割くことができるように，相当量のまと

まった話よりも，むしろ簡潔に分割しなさい。」(Compendiose magis quam compto sermone aliquanta discerpere, ut in vigiliis videlicet sollemnitatis ipsius habeant fideles populi... ut possint in laudibus omnipotentis Dei eiusdemque pretiosi martyris largius devotiusque vacare.) オスティアのレオの De origine B. Clementis (éd. P. Meyvaert et P. Devos, dans AB., 1955, p. 417) の序文。

48) ベルナルドゥスの『第一伝記』(Vita prima) 第３巻から採られた注目すべき例が，A. de Meyer et J. M. de Smet, dans RHE., 1953, p. 190-193 に引用されている。

49) O. Koelher, Das Bild des geistlichen Fürsten in den Viten des 10. und 12. Jahrhunderts, Berlin, 1935.

50) 大グレゴリウスは，『対話』第２巻の『聖ベネディクトゥス伝』において，このジャンルの模範を提供した。この観点からの研究は，A. Sapin, Le moine d'après les Dialogues de S. Grégoire le Grand, Grenoble, 1953 においてなされた。その後，Dom B. Steidle, Homo Dei Antonius, Zum Bild des «Mannes Gottes» im alten Mönchtum, dans Antonius Magnus Eremita, Roma (Studia Anselmiana, 38), 1956, pp. 149-195 は，大グレゴリウスによって使用されたテーマの多くが，最古の修道院文学，特に『聖アントニオス伝』(Vita Antonii) に見出されることを明らかにした。

51) H. Baumann, Die Historiographie des Mittelalters als Quelle für die Ideengeschichte des Königstums, dans HZ., 1955, pp. 458-472: Heiligengeschichte und Profanhistorie.

52) W. Lampen, op. cit., p. 127.

53) B. de Gaiffier, La lecture des actes des martyrs dans la prière liturgique en Occident, dans AB., 1954, p. 161.

54) W. Lampen, op. cit., p. 122.

55) B. Krusch, La falsification des vies de Saints burgondes, dans Mélanges J. Havet, Paris, 1895, p. 38.

56) 本章註37を参照。

57) P. L., 137, 785.

58) Ibid., 781-782.

59) M. A. Dimier, La lettre de Pythagore et les hagiographes médiévaux, dans Le Moyen Age, 1954, pp. 403-418.

60) V. Saxer, La «Vie de Sainte Marie Madeleine» attribuée au Pseudo-Rhaban Maur, œuvre claravallienne du XIIe siècle, dans Mélanges S. Bernard, Dijion, 1954, pp. 408-421 および La Crypte et les sarcophages de Saint-Maximin dans la littérature latine du moyen âge, dans La Provence historique, 1955, p. 203.

61) S. Roisin, Réflexions sur la culture intellectuelle en nos abbayes cisterciennes médiévales dans Miscellanea L. van der Essen, 1947, p. 247.

62) S. Bernard docteur, dans COCR., 1954, p. 284.

63) Le texte complet de la vie de Christian de l'Aumône, dans AB., 1953, pp. 21-

52.

64) P. Roisin, L'hagiographie cistercienne dans le diocèse de Liége au XIIIe siècle, 1947. 他の地域，他の時代に関して，同様の研究がなされねばならない。

65) Etym., I, 40-41.

66) J. M. Oesterreicher, dans Sept philosophes, Juifs devant le Christ, Paris, 1955, p. 333 で引用されている P. Landsberg, Le moyen âge et nous も同様の観点を採る。

67) Recherches sur d'anciens sermons monastiques, dans RM., 1946, pp. 1-12.

68) Prédicateurs bénédictins aux XIe et XIIe siècle, dans RM., 1943, pp. 48-73.

69) M. M. Lebreton, Les sermons de Julien de Vézelay, dans AnaMo., III, p. 118. 同じような文言は，イニーのグエリクスにも見られる（Exordium magnum Cist., d. 3. c. 8, P. L., 185, 1059)。

70) Études sur S. Benard, p. 81.

71) Études sur S. Benard, pp. 34-37.

72) Études sur S. Benard, p. 45-83.

73) R. Bauerreiss, St. Georgen im Scwarzwald, dans Studien und Mitteilungen z. Gesch. der Bened. Ordens, 1934, p. 50.

74) Manuscrits cisterciens à la Bibliothèque Vaticane, dans ASOC.

75) P. L., 183, 753, n. 26; 754, n. 32.

76) P. L., 184, 1145, n. 71; 1146, n. 88.

77) Inédits bernardins dans un ms. d'Orval, dans AnaMo., I, p. 151.

78) Inédits bernardins dans un ms. d'Orval, dans AnaMo., I, p. 142-160. Inédits bernardins dans un ms. d'Engelberg, dans RM., 1947, pp. 1-16.

79) P. L., 183, 747-758; 184, 1135-1156.

80) Anciennes sentences monastiques, dans COCR., 1952, pp. 117-124.

81) Textes et mss. cisterciens dans diverses bibliothèques, dans ASOC., 1956, p. 292.

82) P. David, Recueil de conférences monastiques irlandaises du VIIIe siècle, dans RBen., 1937, pp. 62-89.

83) P. L., 183, 55.

84) Recherches sur les Sermons sur les Cantiques de S. Bernard, III, Les sermons sur les cantiques ont-ils été prononcés?, dans RBen., 1955, pp. 71-89. IV. Les étapes de rédaction, ibid., pp. 228-258.

85) Serm., 65-66.

86) Le commentaire bref du Cantique attribué à S. Bernard, dans Études sur S. Bernard, pp. 105-124. Dom J. Hourlier, Guillaume de Saint-Thierry et la Brevis commentatio in Cantica, dans ASOC., 1956, pp. 105-114.

87) La première rédaction de Sermons in Cantica de Gilbert de Hoyland, dans RBen., 1952, pp. 289-290.

88) Les Sermons synodaux attribués à S. Bernard, dans RBen., 1953, pp. 292-309. Sermons de l'école de S. Bernard dans un ms. d'Hauterive, dans ASOC., 1955, pp. 3-26.
89) Les collections de sermons de Nicolas de Clairvaux, dans RBen., 1956.
90) Sur la genèse des sermons de S. Bernard, dans Études sur S. Bernard, pp. 45-83. S. Bernard et ses secrétaires, dans RBen., 1952, pp. 208-229.
91) Dom E. Dekkers, Les autographes des Père Latins, dans Colligere fragmenta. Festschrift Alban Dold, Beuron, 1952, pp. 127-139.
92) 「なぜあなたは，著作をするために舌を，書き記すために手を動かさないのだろうか。」(Cur non movebis linguam ad dictandum, manum ad scribendum ?) Epist., 191, M. G. H., Epist. kar. aevi, II, P. 319, 8.
93) E. Lesne, Histoire de la propriété ecclésiastique en France, t. IV. Les livres, Scriptoria et bibliothèques, Lille, 1938, p. 354.
94) こうした意味に到達するまでの意味論的な展開については，A. Ernout, Dictare, «dicter», allem. «Dichten», dans REL., 29 (1951), pp. 155-161.
95) たとえば，A. Boutemy, Notice sur le recueil poétique du mn. Cotton Vitellius A XII du British Museum, dans Latomus, 1937, p. 313 で校訂されているテキストを参照。
96) Études sur S. Bernard, pp. 34-36, 226. ここでは，例として，エンゲルベルク写本18の二行詩を付け加えておけば十分であろう。

　「これがアウグスティヌス，そしてフロエウィニウスの仕事である。
　一方は口述し，他方は書き記した。」
　(Hic Augustini est opus ac Froeuuini:
　Alter dictavit, alter scribendo notavit)

97) Éd. M. Inguanez-H. M. Willard, Monte-Cassino, 1938.
98) Th. M. Charland, Artes praedicandi, Paris-Ottawa, 1936, pp. 99 以下。「この〈新しい〉修辞学は，最も純粋な弁証論理学の実験場となった……。〈説教の技法〉(Artes praedicandi) は，中世的な思索とさまざまな文学ジャンルへの弁証論理学の侵略の非常に明確な証言の一つである」，ibid., 9.
99) Le sermon sur la royauté du Christ au XIIIe siècle, dans AHDMLA., 1943-1945, pp. 143-180. Le magistère du prédicateur au XIIIe siècle, ibid., 1946, pp. 105-147.
100) M.-D. Chenu, Introduction à l'étude de S. Thomas d'Aquin, Paris-Montréal, 1950, p. 53.
101) J.-P. Bonnes, Un des plus grands prédicateurs du XIIe siècle, Geoffroy du Lauroux dit Babion, dans RBen., 1945-1946, p. 184, 199.
102) Ibid., p. 210.
103) Le sermon, acte liturgique, dans La Maison-Dieu, n. 8 (1946), pp. 32-35.
104) C. Mohrmann, Le style de S. Bernard, dans San Bernardo, Milano, 1954, pp.

172-184; Le style des œuvres mariales de S. Bernard, dans Marie (Nicolet-Québec), mars-avril 1954, pp. 26-30.

105) J. P. Bonnes, loc. cit., p. 190.

106) J. P. Bonnes, loc. cit., p. 200.

107) 「修道士という名称と誓願の由来はこの unum と monas にある。この必要不可欠の統一は……」(Ab hoc uno et ab hac monade monachourm appellatio et professio ducit originem. Hoc unum necessarium...), Geoffroy d'Auxerre, éd. dans Le témoignage de Geoffroy d'Auxerre sur la vie cistercienne, dans AnaMo., II, p. 176.

108) La poste des moines, dans Cahiers de Saint-André, 1955, pp. 74-77. L. Vailhé, Histoire générale des postes françaises, I, Paris, 1945, pp. 206-219.

109) Commerce épistolaire, dans AnaMo., II, pp. 145-150.「書記」(notarii) の役割については，S. Bernard et ses secrétaires, dans RBen., 1951, pp. 208-229.

110) Le genre épistolaire au moyen-âge, dans RMAL., 1946, pp. 63-70.

111) Lettres de vocation à la vie monastique, dans AnaMo., III, pp. 169-197.

112) Écrits spirituels d'Elmer de Cantorbéry, dans AnaMo., II, pp. 45-117.

113) Manuscrits cisterciens dans des bibliothèques d'Italie, dans ASOC., 1949, p. 105.

114) Dom J. Laporte, Epistulae Fiscamnenses. Lettres d'amitié, de gouvernement et d'affaires (XIe-XIIe siècles), dans RM., 1953, pp. 5-31.

115) Études sur S. Bernard, p. 96.

116) Éd. R. Gibbon, B. Goswini vita, Douai, 1620, pp. 267-273.

117) Documents sur la mort des moines, dans RM., 1955, pp. 167-180.

118) MS. Vat. lat. 7528, pp. 244-245: 見舞うことのできない病気の友人を慰める書簡は pp. 247-248:「両親のどちらかを手紙で訪問するとき」(Quando visitat aliquem de parentibus suis per litteram suam) については，cf. Textes et manuscrits cisterciens dans diverses bibliothèques, dans ASOC., 1956, pp. 295-296. この種の書簡は，12世紀末のシトー会士，トロモンの書式集にもある (P. L., 204, 232)。モンペリエ写本 ms. Montpellier, Médicins, H. 302 では，この書簡は「親しい仲間への書簡」(Ad socium amicabilis epistola) と題されている。

119) La spiritualtié de Pierre de Celle, pp. 14-23. Lettres d'amitié. Pierre le Vénérable, pp. 53-59, Amitié par correspondance. La conversation par écrit, dans AnaMo., II, pp. 145-150.

120) Lettres spirituelles, dans AnaMo., I, pp. 115-119.

121) Opusc., 35, P. L., 145, 589.

122) Opusc., 52, P. L., 145, 763.

123) L'amitié dans les lettres au moyen âge, dans RMAL., 1945, pp. 391-410.

124) 本書193頁以下参照。

125) P. L., 195, 659-702; フランス語訳は J. Dubois, Bruges-Paris, 1948. 霊的な友愛

(spiritualis amicitia) という表現は，ボニファティウスが修道女に宛てた書簡にすでに見出される (éd. M. G. H., Script. rer. germanic. nova series, I, Berlin, 1955, S. Bonifatii et Lullii epist., p. 221, 5)。カロリング期の書簡と詩の作成における友愛については，今後研究されねばならない。Bolgar, The classical heritage, p. 184 は，このことに言及している。

126) Dom H. Rochais, Contribution à l'histoire des florilèges ascétique du moyen âge, dans RBen., 1953, pp. 246-291 は重要な研究である。

127) R. W. Southern, The making of the Middle Ages, London, 1953, p. 207.

128) この目的は，デフェンソル，アルクイヌス，スマラグドゥスによって明確に示されている。cf. Dom H. Rochais, dans RBen., loc. cit., 264, n. 1-2.

129) 「道徳を自分のために描く者は，ここから花々を摘み取る」(Hic carpat flores, quis depingat sibi mores)。この言葉は，10世紀の修道院の写本にあるパテリウス (Paterius) の『大グレゴリウスの書物からの証言』(Testimonia de libris Gregorii Magni, éd. P. Lehmann, Mitteilungen aus Handschriften, V, dans SBBAW., Philos.-Hist. Kl., 1938, Heft 4, p. 35.) の冒頭に書かれている。

130) P. L., 194, 1540.

131) Smaragde et son œuvre, Introduction à la voie royale, p. 5.

132) F. M. Powicke, Ailred of Rievaulx and his biographer Walter Daniel, Manchester, 1922, pp. 10-18.

133) H. Weisweiler, Das Schriftum der Schule Anselms von Laon und Wilhelms von Champeaux in deutschen Bibliotheken, Münster, 1936, pp. 244-247.

134) P. Glorieux, Les Deflorationes de Werner de Saint-Blaise, dans Mélanges J. de Ghellinck, Gembloux, 1951, II, 699-721.

135) Un maître de la vie spirituelle au XIe siècle, pp. 37, 97.

136) Dom H. Rochais, loc. cit., p. 264, n. 2 の引用に拠る。

137) Un maître de la vie spirituelle au XIe siècle, p. 97.

138) Jean de Fécamp et S. Bernard dans les florilèges anciens, dans AnaMo, I, pp. 94-108.

第9章　修道院神学

1) S. Bernard et la théologie monastique du XIIe siècle, dans S. Bernard théologien, Roma (ASOC., IX, iii-iv), 1953, p. 8.

2) A. ラントグラフは，修道院神学の問題について，親切に次のように書き送ってくれた。「それは伝統的な神学であり，初期スコラ学はそこから離れたのである」(Sie ist die traditionelle Theologie, von der sich die Frühscholastik losgelöst hat)。筆者はこの卓越した歴史家が，この高い権威のある判断を引用することを許可してくれたことにも感謝する。

3) 本書57頁以下を参照。

4) K. Künstle, Die Theologie der Reichenau, dans Die Kultur der Reichenau, München, 1925, pp. 704-705.

5) F. Zoepfel, Die Grundlegung der deutschen Kultur durch die Benediktiner, dans MTZ., pp. 242-243.

6) La théologie comme science d'après la littérature quodlibétique, dans RTAM., 1939, pp. 351-347. J. Beumer, Die Kritik des Johannes von Neapel O. P. an der Subalternationslehre des hl. Thomas von Aquin, dans Grerorianum, 1956, pp. 261-270.

7) コンガール（Y. Congar）による Diction. de théol. cathol., XV, I, Paris, 1946, col. 341 の «Théologie»の項目。

8) «Seelesorgetheologie»

9) «Théologie kérygmatique»

10) 「少なくとも二つ」であるが，ここでは，律修聖堂参事会の問題，特にサン＝ヴィクトル学派の問題は専門家の手に残しておくべきであろう。

11) M. van Aasche, «Divinae vacare lectioni», dans SE., I (1948), pp. 13-21. 特に，P. Delhaye, L'organisation scolaire au XIIe siècle, dans Trad., 1947, pp. 211-268. 極めて資料的な裏づけがしっかりしたこの研究が発表されたのと同じ時に，私も，L'humanisme bénédictin du VIIIe au XIIe s., dans AnaMo., I, p. 120 において，同じような結論を明らかにしたがそれは，12世紀の問題に関してだけではない。また，cf. R. Bolgar, The classical heritage and its beneficiaries, Cambridge, 1954, pp. 117-118.

12) K. Hallinger, Gorze-Kluny, Rome, 1950-1951 は，修道院組織の観点から，これら二つの中心を研究した。ここでは文化的な観点から検討がなされている。

13) P. Delhaye, Deux textes de Senatus de Worcester sur la pénitence, dans RTAM., 1952, pp. 203-224.

14) 引用は，R. W. Hunt, English learning in the late twelfth Century, dans Transactions of the Royal Historical Society, Fourth Series, vol. XIX, London, 1936, p. 30 に拠る。

15) Pierre le vénérable et les limites du programme clunisien, dans COCR., 1956, pp. 84-87.

16) 司教座学校については，cf. J. Fleckenstein, Königshof und Bischofschule unter Otto dem Grossen, dans Archiv für Kulturgeschichte, 38, 1956, pp. 38-62; J. Autenrith, Die Domschule von Konstanz zur Zeit des Investiturstreits, dans Forsch. zur Kirchen-und Geistesgeschichte, Neue Folge 3, Stuttgart, 1956.

17) 「それゆえ，聖なる教父たちと教会博士たちは，司祭が必要上知らなければならないことが何かを定めている。すなわち，秘跡書，朗読集，洗礼式文，暦の計算，悔悛規定，詩編唱集，年間説教集である」(Determinant igitur sancti patres et ecclesiastici doctores quae sunt quae necessario presbyteros scire oportet, scilicet librum

sacramentorum, lectionarium, baptisterium, compotum, canonem paenitentialem, psalterium, homilia per circulum anni...), Sermo ad sacerdotes, éd. C. A. Robson, Maurice of Sully and the medieval vernacular homily, Oxford, 1952, p. 56. このテキストの続きは，マウリティウスの説教集の序文となっているが，このカリキュラムを展開し，特に，悔悛の秘跡を執行するために，さまざまな種類の罪に関して知らなければならないすべてのことを詳細に説明している。

18) L'humanisme bénédictine..., loc. cit. E. Lesne, Les écoles de la fin du XIIe, Lille, 1940 passim.

19) 本書147-48頁参照。

20) Vita, I, 32, P. L., 158, 69.

21) E. Kleinedam, Wissen, Wissenschaft, und Theologie bei Bernhard von Clairvaux, Leipzig, 1955, pp. 11-13 および，Jumièges, Congrès scientifique du XIIIe centenaire, Rouen, 1955, pp. 604, 624, 775ff., 783ff における何人かの中世研究者の指摘を参照。

22) Contemplation et vie contemplative du VIe au XIIe siècle, dans DSp., t. II, Paris, 1953, col. 1929-1948. ここでは，こうした呼び方が伝統的であり，誰もが認めていたことを確認すれば十分である。

23) Études sur S. Bernard, p. 152.

24) L. Grill, dans Bernard de Clairvaux, Paris, 1953, pp. 143-144.

25) これはペトルス・ウェネラビリスの表現である。Epist., III, 2; P. L., 189, 279. これらの人物については，S. Balau, Étude critique des sources de l'histoire de pays de Liége au moyen âge, Bruxelles, 1903, pp. 304-307.

26) Lettres d'Odon d'Ourscamp, cardinal, cistercien, dans AnaMo., III, p. 156.

27) A. Vernet, Une épitaphe inédite de Thierry de Chartres, dans Recueil de travaux offerts à M. Clovis Brunel, Paris, 1955, p. 666.

28) Césaire d'Heisterbach, Dialogus miraculorum, Dist. I, De conversione, XXXIX:「謙遜の徳はあまりにも偉大であるため，それへの愛のゆえに修道会を訪れた聖職者たちは，しばしば俗人をよそおい，書物を読むことよりも，家畜の群れを養うことを選び，聖なる位階や学識のゆえに他の人々の上に立つことよりも，謙遜に神に仕えることに満足したのである」(Tanta est virtus humilitatis, ut eius amore saepe ad ordinem venientes clerici, laicos se simulaverint, malentes pecora pascere, quam libros legere, satius ducentes Deo in humilitate servire, quam propter sacros ordines vel literaturam ceteris praeesse), éd. J. Strange, Köln, 1851, pp. 46-47.

29) A. Schneider, Vita B. Davidis monachi Hemmerodensis, dans ASOC., 1955, p. 33.

30) De sancta simplicitate, V, P. L., 145, 699.

31) L'humanisme bénédictin..., dans AnaMo., I, pp. 18-20.

32) Lettres de vocation à la vie monastique, dans AnaMo., III, p. 196.

33) Sup. Cant, 80, 1:「私たちは道徳の探究に戻ることにしよう」(redeamus ad indaganda moralia) は，神の似姿である魂に関する発展を追う。86, 1:「道徳に関しては」(quae ad mores spectant) は，祈りと御言葉との一致に関する発展を紹介する。

34) これらの指摘は，Sources chrétiennes (Série médiévale), Paris (éd. du Cerf), 1957 に収録されている論考『祭壇の秘跡について』の仏訳つき刊本の序論で展開されている。

35) Epist., 7, P. L., 203, 58.

36) Sermo IX, P. L., 198, 1747; 同じテーマは，コメストルの Sermo VII, P. L., 171, 412 D-413 A (Ps.-Hildebert, XIV; cf. P. L., 198, 1741D) にも見出される。

37) P. Delhaye, L'organisation scolaire..., loc. cit., p. 228.

38) Epist., 106, 2, P. L., 182, 242.

39) Éd. A. Wilmart, dans RAM., 1933, pp. 389-390.

40) In Reg. S. Bened., I, P. L., 170, 480.

41) La spiritualité de Pierre de Cell, pp. 92-93. 特に Epist. 73, P. L., 202, 519 参照。

42) De sancta simplicitate, V, P. L., 145, 699.

43) Textes sur S. Bernard et Gilbert de la Porrée, dans MS., 1952, pp. 111-128.

44) 「聖なる修道会に受け入れられたにもかかわらず，……彼らは文法学者たちの群れに足を運び，……上っ面だけで小手先の駄弁に汗し，……向こう見ずにも，文法学者たちの芝居がかった格闘練習場を襲うのである」(Post acceptum sacrum ordinem... grammaticorum vulgus adeunt..., exteriorum artium nugis insudant..., theatralia grammaticorum gymnasia insolenter irrumpere), De perfectione monachi, 11, P. L., 145, 306-307.

45) Prol. P. L., 145, 695.

46) Entheticus, 59-60, 93-94, 111-114, P. L., 199, 966-967.

47) Serm. sup. Cant., 74, 2.

48) De baptismo, Praef., P. L., 182, 1031.

49) E. Kleinedam, loc. cit., pp. 147, 153, 156.

50) J. Vendryès, Le langage, Paris, 1921, pp. 294-295.

51) M. Hubert, Aspects du latin philosophique aux XIIe et XIII^{e}s., dans REL., XXVII (1949), p. 212.

52) 具体的な例は，E. von Ivanka, La structure de l'âme selon S. Bernard, dans S. Bernard théologien, loc. cit., pp. 202-208.

53) Cf. S. Bernard théologien, p. 16, n. 5; p. 101, n. 1; p. 108; pp. 304-305.

54) 「というのも，われわれは教父たちの定めた境界に閉じ込められ，しかも，それらを越え出ることは禁じられている」(Patrum namque inclusi limitibus, quos praetergredi prohibitum est), Sermo 51, P. L., 194, 1862.

55) Inédits bernardins dans un ms. d'Orval, dans AnaMo., I, p. 157 (「キリスト者の

ディスキプリナ」については，本書134-36頁参照）。ベルナルドゥスのこの箇所は，M. Dumontier, S. Bernard et la Bible, Paris, 1953, p. 67 で解説されている。

56) A. Landgraf, Dogmengeschichte der Frühscholastik, II, 1, Regensburg, 1953, pp. 57-60. Der hl. Bernhard von Clairvaux in seinem Verhältnis zur Theologie des 12. Jahrhunderts., dans Bernhard von Clairvaux, Mönch und Mystiker, Wiesbaden, 1955, p. 46.

57) «A puero advectus sufficienter didicit monasticam normam; deinde in grammaticae studuit fundamento, sed et dialecticae litavit aliquando acumina», éd. G. Mercati, Opere minori, Cité du Vatican, 1937, I, p. 372.

58) C. H. Talbot, Sermones inediti B. Aelredi, Roma, 1952, p. 14.

59) L'arithmétique de Guillaume d'Auberive, dans AnaMo., I, pp. 181-204. それゆえ，ヴァイスヴァイラー（H. Weisweiler）が Scholastik, 1955, p. 407 で述べるスコラ学に対する修道士の「敵愾心」は，他の観点と同じく，数学的な図形の使用に関してもあてはまらない。P. Tannery et l'abbé Clerval, Une correspondance d'écolâtres au XIe s., dans Notices et extraits des mss. de la Bibl. nationale, 36, 2 (1899), pp. 533-536 はある算術の教師に宛てた一修道士の書簡を公刊した。この書簡は，修道士たちがスコラ学者たちと良好な関係を保っていたことを証言すると同時に，彼らが算術に対して向けていた関心も証言している。

60) Ibid., pp. 195-196.

61) J. Beumer, S. J., Rupert von Deutz und seine Vermittlungstheologie, dans MTZ., 1953, pp. 257 以下は，ルペルトゥスのテキストを引用し，より包括的な判断を下しており，さして事情に通じていない多くの歴史家の判断とは異なる。

62) A. Landgraf, Zum Begriff der Scholastik, dans Collectanea Franciscana, 1941, pp. 487-490 は，特に，9世紀のオーセールの学校に由来する「ヘブライスへの手紙」の註解のテキスト（P. L., 117, 858）を引用する。さらに，同著者による Probleme um den hl. Bernhard von Clairvaux, dans CistC., 1954, pp. 3-7 は，他の研究者とともに「然りと否」(sic et non) という弁証論理学の方法が，アベラルドゥスの時代以前にもよく使われており，この点で，アベラルドゥスが革新的であったわけではないことを証明した。それゆえ，R. R. Bolgar, The classical heritage and its beneficiaries, Cambridge, 1954, pp. 205-206, 578 が提示するように，弁証論理学と神学を調停した功績がペトルス・ロンバルドゥスに帰せられることもない。

63) M. Harting, dans Die Kultur der Reichenau, p. 643.

64) ベルナルドゥスの De baptismo, Praef., P. L., 182, 1031. また Super Cant., 16, 9 では，「学問的な論争において巧妙に勝利をおさめた」(argute litterario genere conflictu) ことを誇る修道士のことが述べられているが，これは文脈上，修道士が修道生活に入る以前に犯した過ちに言及している箇所である。

65) A. Landgarf, loc. cit., p. 352.

66) Geschichte der scholastischen Methode, Freiburg im-Breisgau 1911, pp. 98-100.

「神秘主義的な傾向」と「合理的な傾向」の対照性そのものは，ミシェル（A. Michel）の Diction. de théol, cathol., XV (1947)の項目 col. 1713, 1714 «Trinité»で明らかにされた。

67）「『言葉の争い』，見よ，これは当節の神学者たちの討論を非難している。彼らは，神の明白な真理よりも，言葉の争いや揚げ足取りばかりを求め，理解し探求するよりも，わなを仕掛けるために討論する。また天に根づいた樹木，すなわち聖書という樹木の果実と小枝を敬意をもって取り扱い，それらを摘み取るのではなく，あたかも自由学芸，機械的な技芸であるかのごとくに取り扱うのである。」(Et pugnas verborum, Ecce, quia modernorum theologorum arguit disputationem, qui pugnas verborum et quasdam cavillationes quaerunt, veritate Dei etiam manifesta, qui disputant ut illaqueant potius quam discernant et inquirant. Et sic reverenter fructus et ramos huius arboris, scil. sacrae paginae, cuius radices fixae sunt in caelis, tractant et carpunt, ac si ars liberalis esset vel mecanica). A. ラントグラフによって，TRev., 1955, p. 350 に引用されている。

68）M.-D. Chenu, Arts «mécanique» et œuvres serviles, dans RSPT., 1940, p. 314.

69）De consid, V. 6.

70）«Sacramentum hoc magnum est, et quidem venerandum, non scrutandum», De consid., V, 18.

71）「神が悪を望むと言い立てる好奇心に満ちた者たちの穿鑿」(Scrupli quidam curiosorum, qui Deum malum velle argutantur), De voluntate Dei, 5, P. L., 170, 440; cf. De omnipotentia Dei, 23, ibid., 473.

72）De sacram altaris, P. L., 204, 703C; cf. ibid., 204, 679D.

73）M.-D. Chenu, Culture et théologie à Jumièges après l'âge féodal, dans Jumièges, Cnogrès scientifique du XIIIe centenaire, Rouen, 1955, p. 780.

74）Disputatio altera adv. Abael., P. L., 180, 321.

75）Ed. Straub-Keller, Strasbourg, 1899, pl. XI bis に転載。

76）M. T. d'Alverny, Le cosmos symbolique de XIIe s., dans AHDLM., 1953, p. 81.

77）J. Beumer, loc. cit., pp. 263-264. 本書付録 IV も参照。

78）La spiritualité de Pierre de Celle, p. 92.

79）De sancta simplicitate scientiae inflati anteponenda, P. L., 145, 695.

80）「聖なる無教養は自分自身にとってのみ有益である」(Sancta rusticitas solum sibi prodest), Epist., 53, 3, C. S. E. L., 54, 447。この警告は，ある司祭に宛てられたとはいえ，賞賛（sancta）と留保（solum sibi）を同時に含んでいる。

81）In Eccles., 18-21, P. L., 168, 1218. «Immoderata, sanctam rusticitatem repellit», In Io., 8, P. L., 169, 77.

82）«Non decet sponsam Verbi esse stultam», Sup. Cant., 69, 2. 同様に，ibid., 76, 10:「無学な牧者がどうして神の言葉の牧場に導くことができようか」(Quomodo in pascua divinorum eloquiorum educet pastor idiota?)。

83) Cf. Pierre le Vénérable, pp. 282-283. La spiritualité de Pierre de Cell, p. 92.

84) Cf. ibid., p. 95.

85) Epist. ad Fr. de Monte Dei, I, 13. 仏訳は, J. M. Déchanet, Lettre d'or. Paris, 1956, p. 54. サン＝ティエリのギヨームは，彼特有の包括的な総合に，純朴の一般的な概念を位置づける。「聖なる純朴」(sancta simplicitas) というテーマの歴史と意義は今後の研究に値する。

86) «Christianae simplicitatis humilitas», Exord. magn. Cist., d. 3, c. 8, P. L., 185, 1059.

87) Regula,. 7.

88) Sup. Cant., 85, 9, 7.

89) Epist., 188, 1, P. L., 182, 353; Epist., 191, 1, ibid., 357; Epist., 189, 2, ibid., 355; Epist., 330, ibid., 535.

90) Epist., 251, P. L., 211, 517.

91) この定式は，ヒエロニュムスの Contra Vigilantium, 15, P. L., 23, 351 から着想を得ている。同じ言葉が，ベルナルドゥスによっても引用される。Epist., 89, 2, P. L., 182, 221; Sup. Cant., 64, 3, P. L., 183, 1085.

92) Chronicon Villar, M. G. H., 25, p. 208, 25.

93) Ibid., p. 210, n. 6.

94) 13世紀のパリの学校については，M.-D. シュニュが以下のように強調することは正当である。「われわれは，修道院学校の人々から遠く離れた所にいる。彼らは，神への愛のゆえに，急ぐこともなく，野心もなく，明日のことを思い煩うこともなく，聖書を読むことと神に仕えるために，若い修道士を養成しているのである」。Introduction à l'étude de S. Thomas d'Aquin, Montréal-Paris, 1950, p. 16.

95) «Inflati scientia. Non dicit: 〈quia ad scholas ivi, quia a doctis didici〉, sed: quia mandata tua quaesivi (Ps. 118, 45)... Est quaedam scientia quae dicitur amor sive caritas, quia, secundum Gregorium, amor ipse notitia est et eius in quem derivatur, quia quantum amas, tantum nosti...». 引用は，W. A. Pantin, The monk-solitary of Farne, dans English Historical Review, 1944, p. 178.

96) De fide, I, 5, P. L., 16, 537.

97) Ibid., I, 13, 548.

98) R. W. Pantin, loc. cit., p. 177.

99) 「昨今の註解者たちが期待していたことは，……信仰から理解が生じることよりも，理解から信仰が生じることであった。……彼らは信仰を理性のみによって判断するのである」(Novi commentatores... fidem potius ex intellectu quam intellectus ex fide consequi speraverunt... Qui fidem sola ratione metiuntur), La traité de Guillaume de Saint-Jaques sur la Trinité, dans AHDLMA, XVIII (1950-1951), p. 94.

100) H. Radshall, Doctrine and development, 1898, p. 143. これは G. G. Coulton,

Five centuries of religion, Cambridge, 1923, I, p. 283 にそのまま引用されている。

101) こうした証拠は，S. Bernard mystique, 1948, pp. 162, 169–175 に引用されている。また Bernhard von Clairvaux, Mönch und Mystiker, Wiesbaden, 1955 所収の M. Bernards, Stand der Bernhardforschung, pp. 8 et 29 も参照のこと。これらに A. Landgraf, Probleme um den hl. Bernhard von Clairvaux, dans CistC, 1955, pp. 1–3, 6–7. Dom D. Knowles, St. Bernard of Clairvaux: 1090–1153; dans Dublin Review, 1953, p. 118 も付け加えることができる。また特に，J. Chatillon, L'influence de S. Bernard sur la pensée scolastique an XIIe et au XIIIe siècle, dans S. Bernard théologien, pp. 284–287 は正確，詳細かつ証拠に裏付けられた説明を行なっている。アベラルドゥスの教育の才気溢れるが，危険な特徴については，R. R. Bolgar, The classical heritage and its beneficiaries, Cambridge, 1955, pp. 158–161 の示唆に富んだ説明を参照。

102) R. R. Bolgar, The classical heritage and its beneficiaries, Cambridge, 1954, p. 158.

103) ペトルス・ダミアニについては，J. Gonsette, S. J., S. Pierre Damien et la culture profane, Louvain-Paris, 1956 の優れた見解を参照。特に，pp. 8–15 の S. Pierre Damien et les excès de la culture profane を参照。

104) Loc. cit., p. 117.

105) G. Geenen, O. P., Eadmer, le premier théologien de l'Immaculée Conception; dans Virgo Immaculata, Acta congressus mariologici..., t. V. Roma, 1955, pp. 90–136.

106) Loc. cit., pp. 100–101.

107) Ibid., p. 101, n. 18.

108) J. Beumer, S. J., Mariologie und Ekklesiologie bei Isaac von Stella, dans MTZ., 1954, pp. 48–49.

109) De consid., V, 32, P. L., 182, 808.

110) De reventia oartionis, Regula, c. 20.

111) De corpore et sanguine Domini, P. L., 121, 125–170.

112) De sacramento altaris, P. L., 204, 770–774.

113) Pierre le Vénérable, pp. 325–340: Mort et transfiguration. C. Bodard, Christus-Spiritus. Incarnation et résurrection dans la théologie de S. Bernard, dans Sint Bernardus van Clairvaux, 1953, pp. 89–104. Le mystère du corps du Seigneur. Quelques aspects de la christologie de Pierre le Vénérable, dans COCR., 1956, pp. 100–131.

114) 「哲学とは知恵への愛である。知恵とは存在するものの真理の完全な把握である。だが，その真理を愛さなかったならば，誰も真理を獲得することはなく，あるいは，わずかな真理しか獲得しないのである」(Philosophia autem est amor sapientiae; sapientia autem est integra comprehensio veritatis eorum quae sunt, quam nullus

vel parum adipiscitur nisi amaverit.), éd. E. Jouneau, Le «Prologus in Eptateucon» de Thierry de Chartres, dans MS., 1954, p. 174. 同様の定義は，R. Baron, Hugonis de Sancto Victore epitome Dindimi in Philosophiam, dans Trad., 1955, pp. 105, 55 et note にも示されている。

115) J. Schuck, Das Hohelied des Hl. Bernhard von Clairvaux, Paderborn, 1926, p. 11.

116) In Apoc., 2, 2, P. L., 169, 881.

117) In Matth, XII, P. L., 168, 1604.

118) 本書第 2 章参照。「（言は）使徒を通して音声によって外的に響くが，しかし，それ自身を通して聴く者の心を内的に照らす」(Voce sua foris etiam per apostolos insonat, sed corda audientium per seipsum interius illustrat), Mor., XXVII, 43, P. L., 78, 424.

119) 「神の恩恵の働きかけによって」(Ex affectu inspirationis divinae gratiae), Regula, c. 20.

120) P. Delfgaauw, La lumière de la charité, chez S. Bernard, dans COCR., 1956, pp. 42-61. ボニファティウスにも，「外的な書物の学びによるだけでなく，神の知恵の内的な光に照らされることによって」(non solum exteriore litterarum studio, verum etiam interiore divinae scientiae luce inlustratae. S. Bonifatii et Lullii epist., dans M. G. H., Scriptor. rer. germanicar. nova series, I, Berlin, 1955, p. 221, 5.) という非常に意義深い表現が見出される。

121) J. Mouroux, Sur les critères de l'expérience spirituelle d'après les Sermons sur le Cantique des cantiques, dans S. Bernard théologien, pp. 253-267，特に，pp. 256, 259: L'expérience en Église.

122) ルペルトゥスのテキストは，J. Beumer, Rupert von Deutz..., loc. cit., pp. 261, n. 26-27 に提示されている。ベルナルドゥスに関しては，本書 8 -10頁および，Super Cant., 3, 6; 7, 8; 11, 8; 14, 8, etc... 参照。

123) 本書193-94頁参照。

124) «Rationem fidei humanis committi ratiunculis agitandam», Epist., 189, 4, P. L., 182, 355.

125) T. Camelot, Foi et gnose. Introduction à l'étude de la connaissance mystique chez Clément d'Alexandrie, Paris, 1945 の洞察に満ちた分析，特に pp. 58, 99, 123 を参照。また，L. Bouyer, Le sens de la vie monastique, Paris, 1950, pp. 300-313 の Sagesse et gnose（知恵とグノーシス）も参照。

126) E. Gilson, Sens et nature de l'argument de S. Anselm, dans AHDLM., 1934, pp. 49 以下。また，J. P. Bonnes, dans RBen., 1945, pp. 184-188 の興味深い洞察も参照。

127) E. Kleinedam, loc. cit., pp. 30-64.

128) Sup. Cant., 23, 14.

129) 信仰の理解を求めるこうした仕方が，第二ヴァティカン公会議の示す路線にどれ

だけ沿っているかを指摘することが，ここで許されるだろうか。Sessio3, c. 4には「確かに，理性が信仰の光によって照らされ，熱心に，敬虔に，慎重に探求するなら，理性は，神の援けによって，諸々の神秘についてのある理解，この上なく有益な理解を獲得する。理性は，自然本性的に認識する事柄の類比から，また諸神秘の相互の結合と人間の究極的な目的との結合からこれを遂行するのである」(Ac ratio quidem, fide illustrata, cum sedulo, pie et sobrie quaerit, aliquam Deo dante mysteriorum intelligentiam eamque fructuosissimam assequitur, tum ex eorum, quae naturaliter cognoscit, analogia, tum *e mysteriorum ipsorum nexu inter se et cum fine hominis ultimo*. Denzinger-Umberg, Enchyridion symbolorum, n. 1796) と記されている。この宣言の射程は，その準備段階で提示された草案とは対照的であると思われる。

130) R. P. Eugène de l'Enfant Jésus, O. Carm., Je veux voir Dieu, Tarascon, 1949, p. 428. 無原罪の御やどりの場合に，ベルナルドゥスは，エアドメルスのように観想者の直観に訴えるよりも，むしろ「神学的な理性」にも訴えているということは，P. A. Fracheboud, La lettre 174e de S. Bernard et les divers facteurs du dévelopement dogmatique, dans COCR., 1955, pp. 193-195が示すところである。そして，まさにそのことによって，彼は教義の進展を遅らせた。しかし同時に，彼は，彼による反対とそれが誘発した探求によって，他の人々の場合であれば「信仰の感覚」が感知するような真理を説明し理性的に正当化したという点で，進展のきっかけとなった。

131) Sermo in Nativ., II, 7, P. L., 184, 837.

132) 「ペトルス・アベラルドゥスは，神が何であるかは，人間の理性によってすべて理解されうると思い込み，キリスト教の信仰からあらゆる価値を奪い取ろうと躍起になっているのである」(Petrus Abaelardus christianae fidei meritum evacuare nititur, dum totum quod Deus est humana ratione arbitratur se posse comprehendere), S. Bernard, Epist., 191, P. L., 182, 357.

133) De consid., V, 30. Cf. Guerric d'Igny, Rogat., 4, P. L., 185, 153.

134) 本書8-10頁参照。

135) De sacram. alt., P. L., 204, 758.

136) Ibid., 713.

137) G. Geenen, loc. cit., pp. 119, 122-124.

138) Ibid., p. 133.

139) E. Kleinedam, loc. cit., p. 44.

140) Sup. Cant., 8, 9; 本書290-92頁も参照。

141) Sup. Cant., 8, 6.

142) Sup. Cant., 80, 1; 86, 1.

143) Sup. Cant., 8, 5.

144) M.-D. Chenu, O. P., Culture et théologie à Jumièges après l'ère féodale, dans Jumiegès, loc., cit., p. 781.

145) Apologia, 8, P. L., 182, 903.

146) Un maître de la vie spirituelle au XIe siècle, Jean de Fécamp, p. 77.

147) De oratione, 60, P. L., 79, 1179. ここでの引用は, I. Hausherr, Le traité de l' oraison d'Evagre le Pontique, dans RAM., 1934, p. 90 の訳による。

148) 「穿鑿するのではなく，讃嘆するために〔神の偉大さに〕向かいなさい」(Intendere audet, sed quasi admirans, non quasi scrutans), Sup. Cant., 62, 4.

149) De sacram. alt., P. L., 204, 655, 685.

150) Ibid., 749.

151) ベルナルドゥスとトマスの教説は，「異なる観点において互いに相手にまさっている」が，彼らに帰すべき「二重の忠誠」(double fidélité) については，A. Forest, S. Bernard et S. Thomas, dans S. Bernard théologien, pp. 308-311 の洞察を参照。

152) 本書付録 III も参照。

153) このテキストについては本書257-58頁も参照。

154) Sup. Cant., 8, 5-6.

155) Sup. Cant., 8, 9.

第10章　典礼の詩

1) Dom E. Dekkers, Les anciens moines cultivaient-ils la liturgie?, dans Vom christlichen Mysterium, Gesammelte Arbeiten zum Gedächtnis von Odo Casel, Dusseldorf, 1951, pp. 97-114.

2) Dom J. Winandy, Les moines et le sacerdoce, dans VS., LXXX (1949), pp. 23-32.

3) Éd. G. Constable, Petri Venerabilis sermones tres, dans RBen., 1954, pp. 255-277.

4) いくつもの例が，A. van de Vyver, Les œuvres inédites d'Abbon de Fleury, dans RBen., 1935, pp. 139-150 に示されている。

5) U. Berlière, L'ascèse bénédictine des origines à la fin du XIIe siècle, Maredsous, 1927, IIe partie, ch. III, L'œuvre de Dieu: Messe, office divin, pp. 150-168 は，典礼について明確に取り扱う著作として，ドイツのルペルトゥスの『聖務日課について』(De divinis officiis, P. L., 170, 11-532) のみを引用する。

6) Dévotion privée, piété populaire et liturgie au moyen âge, dans Études de pastorale liturgique (Coll. «Lex orandi», I), Paris, 1944, p. 171. ここで挙げられている写本のリストはさらに増やすことができるだろう。多くの断片は，在俗の聖職者に向けられたもので，修道士に向けられたものではないと思われるからである。

7) De exordiis et incrementis quorumdam in observantiis ecclesiasticis rerum, éd. M. G. H., Capit., II, 471. このテキストは，K. Künstle, Die Theologie der Reichenau, dans Die Kultur der Abtei Reichenau, München, 1925, p. 709 において，「典礼の手引き」(Lehrbuch der Liturgik) と名づけられている。

8) P. L., 170, 11-12.

9) P. L., 137, 1003. 批判版テキストは，L. Gauthier, Histoire de la poésie liturgique

au moyen âge. Les tropes, Paris, 1886, pp. 20-21 に収録されている。この資料に基づいて，さまざまな事実がたびたび指摘されてきた。たとえば，W. Meyer, Gesammelte Abhandlungen zur mittelalterlichen Rythmik, Berlin, 1905, I, p. 37, 304.

10) 中世における metrum, tropus, sequentia の使用については，P. Lehmann, Mittelalterliche Büchertitel, dans SBBAW., Philo-Hist. Kl., 1948, Heft 4, pp. 50-54.

11) Dévotion privée, piété populaire..., loc. cit., pp. 156-169. K. Young, The drama of the mediaeval church, Oxford, 1933, I, 576ss. P. Alfonso, Sulle origini del dramma sacro, dans Annuario del Pontificio Istituto di Musica Sacra, Roma, 1942, pp. 19-26 は，「典礼的な」起源をもたない演劇ですら，修道院に起源をもっていることを示した。

12) Gautier de Coincy（サン＝メダール修道士 1236年歿），Le livre de la Vierge, éd. B. Guégan, Paris, 1943, p. 172.

13) B. de Gaiffier, L'hagiographe et son public au XIe siècle, dans Miscellanea L. van der Essen, Bruxelles, 1947, p. 139.

14) Miracula S. Bertini, dans M. G. H., SS, XV, 517.

15) L. Gautier, La poésie religieuse dans les cloîtres des IXe-XIe siècles, Paris, 1887, p. 45.

16) L. Gautier, Hist. de la poésie liturgique, loc. cit., part I, p., 28; W. Meyer, op. cit., II, p. 307. V. Sesini, Poesia e musica nella latinità ciristiana dal III al X secolo, Torino 1949, a cura di G. Vecchi, pp. 200-242: Monaci artisti.

17) J. Handshin, The two Winchester Tropers, dans The Journal of theological Studies, 1936, pp. 34-49, 156-172.

18) Anciennes sentences monastiques, dans COCR., 1952, p. 120, n. viii.

19) 修道院の伝統は，この devotio という語のもつ「神への奉仕」という古代的な意味を守ったが，同時に，それを新たな心理的ニュアンスによって豊かにした。Pierre le Vénérable, pp. 331, 332; S. Bernard mystique, p. 113. J. Chatillon, art. «Devotio», dans DSp., t. III, (1955), col. 710-712.

20) Hist. de la poésie lit., pp. 124-127.

21) La poésie religieuse..., p. 11.

22) Ibid., p. 32.

23) L. Gautier, Hist. de la poésie lit., pp. 270-278.

24) Ibid., p. 271.

25) 本書第 3 章を参照。宗教的な目的が，カロリング期の学校教育に刺激を与えたことについては，P. Lehmann, Das Problem der Karolingischen Renaissance, dans I problemi sulla cività carolingia, Spoleto, 1954, pp. 330-333 によって強調されている。

26) P. L., 139, 532, n. 18.

27) Ibid., 526, n. 6.

28) Ibid., 532-533, n. 21.

29) 「世俗の文学は，美しい言葉と文章のゆえにエジプトの住民から奪ってきた貴金属，いや，この上なく好ましい金属である。したがって，あなたが自分自身と自分のものとを神に捧げたとき，あなたの内にあるものは，教育によるものであれ，生まれつきのものであれ，もしこれを正しく，聖く，時と場所をわきまえ，神の礼拝のために用いたならば，神への献げ物としてふさわしいのである」(Litteratura secularis in pulchris verbis et sententiis metallum de Egyptiacis non ignotum, immo acceptissimum incolis, cum igitur te tuaque Deo obtuleris, quicquid in te manet discipline vel assumpte vel naturalis, divinis convenit donariis, si hoc iuste, sancte, discrete, loco suo vel tempore, ad divinum cultum ordinaveris), Dialogus super auctores, éd. R. B. C. Huyghens, Bruxelles, 1955, p. 65.

30) R. Derivière, La composition littéraire à Jumièges: les offices de S. Philibert et de S. Aycarde, dans Jumièges, Rouen, 1955, pp. 969-976.

31) Pierre le Vénérable, p. 272. [Cf. Horatius, Ars poetica, 332.]

32) 「聖務日課の時，貴女の側の席に座り，歌い続けたためにしわがれ声になっている修道女のほうが，神を讃美する際に，沈黙するでもなく歌うでもなく，いわば走るでもなく休むでもないような修道女よりは，貴女にとって好ましいのではないかと私は思う」(Collateralem tuam in servitio divino ex cantu assiduo raucizantem tibi gratiorem crediderim, quam eam quae in laudibus divinis nec tacet, nec cantat, quasi quae nec currit, nec vacat), éd. M. Bernards, Speculum virginum, 1955, p. 201, n. 366.

33) De arte metrica,. W. Meyer, op. cit., II, p. 120 の引用に拠る。

34) P. Thomas, S. Odon de Cluny et son œuvre musicale, dans A Cluny. Congrès scientifique, Dijon, 1950, pp. 171-180.

35) De ignota canto の冒頭，ポンポーザのミカエル宛て書簡（éd. M. Gerbert, Scriptores ecclesiastici de musica, Saint-Blaise, 1784, II, p. 44）。

36) Donizon de Canossa, Vita Mathildis. 引用は，Mabillon, Annales. O. S. B., éd. Lucca, 1739, IV, p. 301 に拠る。

37) E. de Bruyne, Études d'esthétique médiévale, Bruges, 1946, I, pp. 306-338: L'esthétique musicale は，この論考において，道徳的な生活に関する諸考察が音楽の技術の解説と一緒にされていることを明らかにした。

38) たとえば，Ps-Hucbald, Commemoratio de tonis et psalmis modulandis, éd. M. Gerbert, op. cit., I, p. 213.

39) たとえば，Bernon de Reichenau, Prologus in tonarium, éd. Gerbert, loc. cit., II, pp. 62-63: Guy d'Arezzo, De ignoto cantu, ibid., p. 35; Réginon de Prüm, De harmonica institutione, ibid., I, pp. 234-235.

40) たとえば，Bernon de Reichenau, De varia psalmorum atque cantuum

modulatione, ibid., II, p. 105.「テレンティウス，ウェルギリウス，トゥリウス，その他の文人たちの著作は，彼らが語ったままで伝えられているのだから，……なおのこと，天上の言葉の啓示は，その文法の規則に従って保持すべきではないだろうか」(Sic enim Terentius, Virgilius, Tullius, ceterique litterarum sequaces in suis scripturis hoc meruerunt, ut eorum dicta permanerent inconvulsa..., quanto magis caelestium verborum oracula in sua perseverare deberet regula?) 同じく p. 106 以下も参照。

41) 「第三旋法は駆り立て，キリストの復活を描き出す」(Tertius impingit Christumque resurgere fingit), Pierre Vénérable, p. 275. Cf. J. Evans, Monastic life at Cluny (910-1157), Oxford, 1931, pp. 122-125.

42) 「われわれの心がわれわれの声と調和するようにすべきである」(Mens nostra concordet voci nostrae), Reglua, c. 19.

43) P. L., 182, 1128A.

44) Ibid., 1128B.

45) Ibid., 1128C-D.

46) 「聖なる福音の言葉を保持するわれわれは，歌唱の品位と美によってそれに彩りを添えたのである」(Litteram ut sanctam et evangelicam retinentes, honestate et pulchritudine cantus supercoloravimus), ibid., 1123B.

47) L. Sorrento, Medievalia, Brescia, 1944, p. 148.

48) G. Vecchi, Metri, ritmi nonantolani. Una scuola poetica monastica medievale (sec. XI-XII), dans Deputazione di storia patria per le antiche provincie Modenesi, Atti e memorie, serie VIII, vol. VI, Modena, 1954, pp. 220-257.

49) Bénédictions pour les lectures de l'office de Noël, dans Miscellanea G. Mercati, Cité du Vatican, 1946, II, pp. 477-483.

50) F. X. Haimerl, Mittelalterliche Frömmigkeit im Spiegel der Gebetsbuchliteratur Süddeutschlands, München, 1952, 特に，第 1 部の Benediktinisches Mönchtum als Hauptträger der Gebetfrömmigkeit im Frühmittelalter, pp. 5-19. そこで挙げられているリストは補完されなければならない。cf. Dévotion privée, piété populaire, loc, cit., pp. 151-156; Un maître de la vie spirituelle au XIe siècle, Jean de Fécamp, Paris, 1946, pp. 37-44, 60-62; Écrits spirituels de l'école de Jean de Fécamp, dans AnaMo, I, pp. 91-114.

51) Les idées et les lettres, Paris, 1932, p. 47.

52) A. Wilmart, Le «Jubilus» sur le nom de Jésus dit de S. Bernard, Cité du Vatican, 1943 (Ephemerides liturgicae, LXVII).

53) A. Wilmart, Auteurs spirituels et textes dévots du moyen âge latin, Paris, 1932, pp. 361-414.

54) K. Künstle, Die Theologie der Reichenau, loc. cit., pp. 707-709. L. Gautier, La poésie religieuse dans les cloîtres..., p. 20.

55) Un maître de la vie spirituelle au XIe siécle, pp. 33-34, 44.

56) La spiritualité de Pierre de Celle, ch. VI: La confession fréquente et la communion quotidienne, pp. 124-126.

57) Pierre le Vénérable, pp. 310-311, 360-364.

58) Dom R. J. Hesbert, S. Bernard et l'eucharistie, dans Mélanges S. Bernard, Dijon, 1954, pp. 156-176; C. Hontoir, La dévotion au Saint-Sacrement chez les premiers cisterciens (XIIe-XIIIe s.), dans Studia eucharistica, Antwerp, 1946, pp. 132-156.

59) P. Delhaye, Deux textes de Senatus de Worcester sur la pénitence, dans RTAM., 1952, p. 205, lettres 4 et 5.

60) M. Bernards, Speculum virginum, pp. 117-118.

61) Les méditations eucharistiques d'Arnauld de Bonneval, dans RTAM, 1946, pp. 40-56.

62) La spiritualité de Pierre de Celle, pp. 121-124. Pierre le Vénérable, pp. 134, 311-317. M. Bernards, Speculum virginum, pp. 113-117.「赦しを受けるに価するよう告解しなさい」(Sic confitere ut absolvi merearis), ibid., p. 113, n. 266.

63) Recherces sur les Sermons sur les Cantiques de S. Bernard: Aux sources des sermons sur les Cantiques, dans RBen., 1959, pp. 237-57.

64) Pierre le Vénérable, pp. 326-390.

65) Le traité de Guillaume de Saint-Jacques sur la Trinité, dans AHDLMA., 1950-1951, pp. 89-102.

66) La vie économique des monastères au moyen âge, dans Inspiration religieuse et structures doctrinales, Paris, 1948, pp. 211-259.

67) Suger, Comment fut construit Saint-Denis, Paris, 1945: Suger grand bâtisseur, pp. 5-26.

68) P. L., 186, 1234. Suger grand bâtisseur, loc. cit., pp. 25-26.

エピローグ

1) E. Curtius, Europäische Literatur und lateinisches Mittelalter, Bern, 1954, p. 503.

2) C. Mohrmann, Problèmes stylistiques de la littérature chrétienne, dans Vigiliae christianae 1955, p. 222; Les formes de latin dit «vulgaire». Essai de chronologie et de systématisation de l'époque augustéenne aux langues romances, dans Latin vulgaire, latin médiéval, latin chrétien, Paris, 1955, p. 1.

3) C. Mohrmann, Probèmes stylistiques, loc, cit., p. 234.

4) Cf. L. Stade, Hieronymus in prooemiis quid tractaverit, Rostock, 1925.

5) Cf. L. Arbusow, Colores rhethorici, Göttingen, 1948, pp. 97-103: Topik des Exordiums.

6) Epist., XII, 6, M. G. H., Epist., II, pp. 351-353.

7) Dom B. Capelle, Les homélies de S. Grégoire sur le Cantique, dans RBen., 1929, p. 205. Dom P. Verbraken, Le commentaire de S. Grégoire au premier livre de Rois, Louvain, 1956, p. 126 も同様の結論に達している。すなわち，編集には「ほんのわずかながら大修道院長クラウディウスが手を入れた形跡が見られる。教皇はかなり表面的な印象に左右された。……副助祭ヨハネス宛ての書簡に，彼のいらだった口調が漏れるのもそうしたことであろう」。

8) C. Mohrmann, Les formes de latin dit «vulgaire», loc, cit., p. 2.

9) Éd. L. Traube, Vorlesungen und Abhandlungen, III, München, 1920, p. 193, および M. G. H., Poet. aevi karol., IV, II, p. 657.

10) Sup. Cant., 37, 2. ヒルザウのコンラドゥスによる同様の表現は，本書152-53頁で引用された。

11) Epist., 106, 2, P. L., 182, 242.

12) Epist., VIII, 8, P. L., 144, 476.

13) Sup. Cant., 3, 1.

14) Ms. Auxerre 50 (XIIe-XIIIe s., Pontigny, O. Cist.), f. 139^{v}:「兄弟たち，あなたがたは，すべての写本よりも，むしろそれぞれの体験という書物，心の中で読んだ，と私は考える」(In libro propriae experientiae et in corde magis quam in omni codice, fratres, puto vos legisse satis)。

15) このことは，ベルナルドゥスの小品，書簡153-154に現われているが，これらは『雅歌講話』の，いわば序論をなしている。cf. Rech. sur les serm, sur les Cant. de S. Bernard, dans RBen., 1955, pp. 80-81 et 1959, p. 255.

16) たとえば，「実際，この書簡が書簡であろうとするなら，ここで締め括るべきであろう」(Iam vero, ut epistola remaneat, epistola finienda erat...), Aplogia 15.

17) Les sermons de Bernard sur le Ps. Qui habitat, dans Bernard de Clairvaux, Paris, 1953, pp. 435-446. Formes successives de l'Apologie, dans RBen., 1955, pp. 257-258. S. Bernard écrivain, dans RBen.

18) 「聖堂の果てしない高さ，際限のない奥行……については，さしあたり省略する」(Omitto oratoriorum immensas altitudines, immoderatas longitudines...), Apologia 28.

19) Topic., 31. Martianus Capella, De nuptiis philolog., 5, 523 に praeteritio, Rhethor. ad Herenn., IV, xxvii, 37 に occultatio が登場する。

20) 『弁明』の最初の部分に関しては，「これはいかなる文体か。修辞学者が insinuatio と呼ぶものである。……さて，被告の弁護人は演説の冒頭で，非難する者たちといっしょになって［被告を］痛烈に非難する。……しかし，続いて，彼は，驚くべき言葉の技法によって，自分が確証した事柄を無効にし，告発した事柄を弁護するのである。」(Quid est illud genus...? Rhethores appellant illud Insinuationem... : tunc enim advocatus accusati in principio orationis cum detestantibus detestatur..., postea vero, mira verborum arte, quae firmaverat infirmat, quae ac-

cusaverat excusat), Dialogus inter Cluniacensem et Cisterciensem, éd. Martène, Thes. nov. anecd., éd. Paris, 1717, col. 1577. «insinuatio» については，Rhethor. ad Herenn., I, vi, 9.

21）同様の疑問は，D. Knowles, Cistercians and Cluniacs, Oxford, 1955, p. 14 にも表明されている。

22）P. Lehmann, Die Vielgestalt des zwölften Jahrhunderts, dans HZ, 1954, pp. 232-233 は，この修辞学の賞賛すべき点を強調した。L. Negri, Appunti nella personalità litteraria di S. Bernardo, dans Humanitas, 1954, pp. 625-637 は，ベルナルドゥスのさまざまな著作から引いてきた事例を用いて，彼の「文体の技術」の完璧さを明らかにした。

23）H. Bremond, La poésie pure, 1926 と Prière et poésie, 1926 から J. Rivière, Rimbaud, 1930, H. Lavelle, La parole et l' écriture, 1947 および H. v. Balthasar, Phénoménologie de la vérité, 1955 を経て J. Monchanin, De l'esthétique à la mystique, 1955 まで。

24）本書172頁参照。これは，M. Florisoone, Esthétique et mystique d'après Sainte Térèse d'Avila et S. Jean de la Croix, Paris, 1956 の研究対象になった著作および時代とは，かなり異なる問題である。

25）C. Mohrmann, Les style de S. Bernard, dans S. Bernard, Milano, 1954, pp. 177-184 は，ベルナルドゥスの言語と霊性の関係について，依然として最も示唆に富んだ研究である。

26）P. Petit, Préface à la trad. française du Post-scriptum de Kirkegaard, p. viii.

27）Apologeticus pro Abelardo, P. L., 178, 1863.

28）De consid., II, 4.

29）Les collections de sermons de Nicolas de Clairvaux, dans RBen., 1956, pp. 269-302.

30）P. Duployé, Rhétorique et parole de Dieu, Paris, 1955, p. 108, n. 7 における，アドルフ・フォン・ハルナックの言葉の引用。

31）Sup. Cant., 41, 3-4. 他のテキストは，Dom E. Boissard, La doctrine des anges chez S. Bernard, dans S. Bernard thélologien, p. 128 に示されている。

32）Sup. Cant., 85, 14.

付　　録

I　ベネディクトゥスの『戒律』と「雅歌」

シトー会のポンティニ修道院に由来するオーセール写本50（13世紀）は，ベネディクトゥスの『戒律』に関する無名の未公刊の注解を含んでいる。『戒律』の最後の章の「神の権威によって書かれた旧約聖書と新約聖書のどの書物，どの言葉も，人間の生活にとってこの上なく正しい規範ではないか」（73:2）という言葉を説明するさい，著者は「雅歌」に言及する（116頁参照）。以下、そのテキスト（f. 123）である。

確かに，何を避け，改めるべきかを，新約聖書の諸書，そして聖なる普遍的教会の教父たちのあらゆる書物があなたに指し示しているけれども，「雅歌」と呼ばれる旧約聖書の書物は，他の何よりも，それらを甘美に指し示している。われわれの父であるソロモンの講話はかくも霊的で好ましいので，親密な語らい，談話の下で，この困難なことをすべて語ってしまっているかのようである。彼は，正しく生活し，正当に愛する魂のための規律を書いた。それは，修練士の魂のためではなく，回心の当初から修道生活と愛の完成のために急いだ（『戒律』73:2）魂のための規律である。こうした魂は，修道士にふさわしい生き方をある程度示しているというのではなく，すでに十分に示しており，そのすべての飾りは，なしうるかぎり，完璧であろう。これらの魂には何が必要か。われわれもまた示そうとするもの，すなわち，銀細工を施した黄金の首飾りか。修道士にふさわしい生き方とは，これらのすべてであり，宝石をちりばめた首飾り，つまり，こうした魂のもつあらゆる徳である。それゆえ，「雅歌」にはこうした魂のための生活，定め，規律，生きるための最も正しい規範がある。要するに，この霊的な講話は，霊的なものに比肩されなければならないだろう。そこでは，次のように語られている。「私の選んだ魂よ，来なさい……私の愛する魂よ，来なさい……起きなさい，起きなさい，野へと出発しなさい」あの場所へ，あの方の下へ。われわれは何をしよう。これか，あれか。かの書物は次のような語らいを隅々まで響かせる。ああ，何と甘美な響きであろう。「園に座っているおとめ〔魂〕よ，友は，あなたの声に耳を傾けている。あなたの声を私たちの耳に響かせておくれ。あなたの

声を私に聞かせておくれ（雅8:13)。何と愛された方，そして愛された魂」。あの方は清らかに恥じらい，魂も清らかに恥じらう。それゆえ，兄弟たち，見なさい。もしわれわれが怠惰で，悪しき生活を送っているならば，やはり恥じ入るのみであり（『戒律』73:7)，『戒律』のみならず，旧約聖書のこの書そのものの内に，回心と修道生活の完成に関して，何も見出すことができないのではなかろうか。

Quas nimirum aversiones atque conversiones Novi Testamenti paginae, denique sanctorum omnes tibi resonant libri catholicorum patrum, sed prae ceteris dulcius illa Testamenti Veteris pagina quae dicitur Canticum canticorum. Spirituales iucundaeque admodum Patris nostri illius Salomonis collationes, adeo ut sub colloquiis privatisque confabulationibus negotium hoc deprompserit totum. Regulam ipse descripsit bene viventium et legitime amantium animarum, non novitiarum quidem, sed quae ad perfectionem conversationis et amoris a suae conversionis initio festinarunt; non quae aliquatenus, sed omnino plenius iam se demonstrent habere honestatem morum, et quarum, in quantum possibile est, perfectus sit ornatus omnis. Quid enim sibi volunt huiuscemodi ut et nos demonstremus ea, scilicet murenulae aureae vermiculatae argento? Morum honestas omnia ista, colli monilia denique talis animae varietates omnes. Ibi igitur vita et instituta, regula et rectissima vivendi norma talium animarum, denique et quae comparari debeant spiritualibus spirituales collationes. Sunt autem huiusmodi: *Veni, electa mea... Veni, dilecte mi... Surge, surge, egredere in campum,* in locum illum vel illum. Faciamus haec vel illa. Quid? Huiusmodi collationes liber ille resonat per totum. Ha quam dulce ibi resonat illud: *Quae habitas in hortis, amici auscultant te, sonet vox tua in auribus nostris; fac me audire vocem tuam! Qualis dilectus, talis et dilecta*: candidus et rubicundus ille, candida et rubicunda illa. Videte igitur, fratres, si nobis desidiosis et male viventibus talis inest, et non magis merito confusionis rubor, quod in illo certe et ipso Veteris Testamenti nondum invenimur libro de conversionis et conversationis perfectione?

II　聖務日課の際に居眠りをした修道士について

本書185頁に訳した詩は，モンペリエ写本 Médecine, 35（12世紀）f. 12 に保存されている。ヴェルネ（M. A. Vernet）は，この写本がポンティニに由来する蓋然性が高いことを，親切に私に教えてくれた。いずれにせよ，この写本は17世紀にはそこにあった（cf. C. H. Talbot, Notes on the Library of Pontigny, dans ASOC., 1955, p. 166, n. 289)。以下のテキストはこの写本（P.）に拠る。同じテキストは，表題に一箇所違いはあるが，モンペリエ写本 Médecine H. 294（12-13世紀，クレルヴォー）（C.）に見出される。J. Martini, N⁰ XXVIII, A Catalogue of manuscripts, early printed and rare books, Lugano, 1938, p. 15 には，シトー会のヴィレール＝アン＝ブラバン（Villers-en-Brabant）修道院に由来する12-13世紀の写本に基づいたテキストが公刊されている。以下の校訂版の異文ではこれを M. と略す。最後に，A. ヴィルマールは，このテキストがベルリン写本 Phill. 1685, f. 175（14世紀 Collège de Clermont）にも見出されることを指摘した（RBen., 1936, p. 167)。

DE MONACHO DORMIENTE[1] AD VIGILIAS[2].
ABBAS：Flecte caput, fili, quia dicunt[3]: *Gloria Patri.*
DIABOLUS：Non Flectet, triplicem nisi ruperit antea funem[4].
ABBAS：Ne perdamus ovem, funem, Deus, aufer et hostem.
DEUS：Libero captivum; tu corripe desidiosum[5].
MONACHUS：Ante caput perdam, quam deinceps lumina claudam.

1) dormiente om C.
2) qui dormiebat in choro M.
3) Dicitur M.
4) Cf. Ecclis., IV, 12.
5) desiosum M.

III　ベルトラン師の『思弁的な神学』

『聖ベルナルドゥスの……思弁的な神学——彼の個々の著作に散在する命題の集成。神学の教師にも民衆の説教者にも，そして敬虔に学ぶ者にも（かくも）有用かつ必携の書』(Divi Bernardi... theologia speculativa, ex sparsis per illius opera sententiis collecta..., opus tam theologiae lectoribus quam concinatoribus et devotione (sic) studentibus perutile ac necessarium) というタイトルで，四巻から成る著作を，ピエモンテのピグネロル（Pignerol）のシトー会士ローラン・ベルトラン（Laurent Bertrand）が，1675-78年にアスティで出版した（完全なタイトルと著者に関する情報については，L. Janauschek, Bibliographia Bernardina, Wien, 1891, n. 1213, 1220, 1234 参照)。本書は，以下の計画に沿って，論述が分けられる。神論（De Deo)：存在，属性等々，創造論（De creatione）三位一体論（De Trinitate)，被造物の区分（De distinctione rerum creatarum)，天使論および彼らの行なう礼拝と彼らが受ける崇拝について（De angelis et eorum cultu, tam activo quam passivo)，受肉論（De Incarnatione)。もう少しで完成する本書の終りには，秘跡論（De sacramentis)，正義と法について（De justitia et jure）の論考が含められるはずであった。著者の死が，この最後の原稿を執筆し，出版することを阻んだのである。各論述（tractatus）は，問（quaestiones）に分けられて，各問は項（articuli）に分けられている。したがって，第一問 「神の存在について」(De Dei existentia）は以下のような項からなる。第一項「神在りということは自明のことか」(An Deum esse sit per se notum）第二項「神在りということは論証可能であるか」(An Deum esse possit demonstrari）——…第六項「先に述べられた諸根拠は神の存在と完全性を論証的に証明するか」(An rationes praemissae probent divinam existentiam et perfectiones demonstrative)。各項は本文（Textus）結論（Conclusiones）再論（Resolutiones）から成る。受肉論の第一項は，「受肉は可能であるか」(An Incarnatione sit possibilis）という標題であり，最後の項は，「キリストの霊魂の中に諸々の弱さがあったのか」(Quinam defectus fuerint in anima Christi）である。設問の仕方の例としては，第1巻82頁の項の冒頭を引用することができ

よう。「神との交わりは，どの程度可能であり，どのような仕方によるか。難点は，善の根拠は関係においては形相的に確立されない…という聖トマスの教えた命題から生じる」(An Deus communicetur, quot et quibus modis? Difficultas procedit ex sententia divi Thomae docentis rationem boni non esse formaliter constitutam in relatione...)。本書268頁以下参照。

IV　図版の説明

図版 I「修道士に教えるベルナルドゥス」 パドヴァ大学 MS. 687 の『雅歌講解』の装飾頭文字。古くからなされたベルナルドゥスの描写で最も多い姿に一致する (cf. L'image de S. Bernard dans les manuscrits, dans S. Bernard et l'art des cisterciens, Dijon 1953, p. 22-24)。クレルヴォーの修道院長は，彼が註解しようとする書物を手に持ち，見せている。修道士たちは彼を見上げている。彼は「兄弟たち，あなたがたには，他の人たち，世俗に属する人たちに語ることとは別のことが語られなければならない。いずれにせよ，異なる仕方で語られなければならない」(Vobis fratres alia quam aliis de saeculo aut certe aliter dicenda sunt...) と語る。本書 8 ,276頁参照。

図版 II「詩編を読み，瞑想する修道士」 マシュー・パリス（1254年歿）の学校の素描。大英博物館所蔵の MS. Cotton Iul. D. VII, f. 42^{v} に描かれ，M. R. James, The Drawings of Mathieu Paris, dans Walpole Society, XIV (1925), pl. XXX に記載されている。書見台の上には書物が開かれ，頁の上には次のように記されている。「修友ウェイリングフォードのヨアンネス，看護人でもあった」(Frater Iohannes de Walingeford, quandoque infirmarius)。ウェイリングフォードはベネディクト会セント＝オーバンズの大修道院に属する支院であった。下部には二行詩が写されており，これは，異同はあるが，他の写本，例えば Graz 1287（Seckau 12-13世紀）にも見出される。

Larga corona quidem, nigra vestis, bota rotunda
Non faciunt monachum, sed mens a crimine munda.
(確かに，見事な剃髪，黒い衣，先の丸い長靴が
修道士たらしめるのではなく，罪から清められた心が大切)

図版 III「樹木の下で」 この図は，フランシスコ会士アレクサンデルによる「ヨハネ黙示録」の註解（1243年頃）の改訂版から採られた。これは，ケンブリッジ大学所蔵の写本 Mm. 5. 31 に従って写されている。この図は，本文と余白の註からして，シトー会の初期の様子を再現している。Une peinture des origines cisterciennes, dans ASOC., XII (1956), III-IV, p. 305 に，写本と本文が示され，図の説明文が転載

された。左手には，シトー修道院長ステファヌス・ハルディングスが，最初の四人の修道院長——その中の一人がベルナルドゥス——を，フェルテ，ポンティニ，クレルヴォー，モリモンの創設のために派遣する様子，右手には，この四つの修道院が描かれている。中央では，シトー会士が「手仕事に従事」する。それは樹木（樫とぶな quercus et fagos）という堅固な学校である。彼らは，自然という書物と都市の学校で同時に学ぶことはできない。「樹木と石とがあなたを教育するだろう」（Ligna et lapides docebunt te. S. Bernard, Epist., 106, 2）本書173頁参照。

図版IV「ランツベルクのヘラディスによる哲学，自由学芸，詩人」 アルザスのモン＝サント＝オディルのアウグスティヌス律修参事会女子修道院の女子修道院長ヘラディスは，1175-1185年頃に，彼女の修道院共同体を教育するために，挿し絵の入った詞華集『悦楽の園』（Hortus deliciarum）を執筆した（本書175頁参照）。本文は，聖書，教父そして中世の著作家からの抜粋である。本書の構想は，創造からキリストの再臨にいたるまでの，世界の救済の歴史の展開に沿っている。El. ロットとJ.-G. ロットが，シュトラスブール版（Oberlin）1945の冒頭で，簡潔な分析を行なっている。図の説明文のすべては，J. Walther, Hortus deliciarum, Strasbourg, 1952, pp. 69-70 および J. E. Sandys, A History of classical scholarsihip, Cambridge, 1903, pp. XIII-XIV に転載されている。

薔薇形の装飾は，次のような銘で囲まれている。「哲学は，七つの学芸を研究によって教える。これは元素と事物の秘密を探索する。これらの修練を世の哲学は探求し，探求されたことを記し，書物に書き留め，弟子たちに教えてきた」（Septem per studia docet artes philosophia. Haec elementorum scrutatur et abdita rerum. Haec excercitia quae mundi philosophia investigavit, investigata notavit, scripto firmavit et alumnis insinuavit.）ヴァルター（上掲）が引用した前後の文脈には，次の語句が付加されている。「アテナイ人の七人の弟子たち，すなわち七つの自由学芸は，四学芸と三学芸から生じる。これらが自由と言われるのは，この世の煩いから霊魂を自由にし，創造主を知るために霊魂を整えさせるからであり，アテナイ人の弟子たちと言われるのは，アテナイ人の下で研究が最も活発だったからである」（Ex quadrivio et trivio procreantur septem Athenienses alumnae, id est septem liberales artes, quae ideo dicuntur liberales quia liberant animam a terrenis curis et faciunt eam expeditam et paratam ad cognoscendum Creatorem, (本書259頁以下参照) et ideo dicuntur Athenienses alumnae quia apud Athenas maximum studium viguit.）。

中央の王座には知恵すなわち哲学が座している。その王冠には，倫理学，論理学，自然学（Ethica, logica, physica）という三つの肩書が載せられている。それは次のような銘を手にしている。「すべての知恵は，主なる神から来る（シラ1:1)。知者のみが望むことをなすことができる」(Omnis sapientia a Domino Deo est Soli quod desiderant facere possunt sapientes)。その胸からは七つの泉が流れ出ている。「知恵の七つの泉は哲学から流れ出る。それは自由学芸と呼ばれる。聖霊が七つの自由学芸の発明者であり，それらは，文法学……」(Septem fontes sapientiae fluunt de philosophia, quae dicuntur liberales artes. Spiritus Sanctus inventor est septem liberalium artium, quae sunt grammatica...)。ここで数え上げられる七学芸は，外側の円環の葉形装飾に示され，各々は，シンボルと銘によって描かれている。第一が，哲学の頭上で，文法学（Grammatica)，次に修辞学（Rethorica)，第三の場所には弁証論理学（Dialectica）だけ，ついで他の学芸が配置される。内側の円環，哲学の下には，二人の哲学者，「異教徒の司祭」であるソクラテス，プラトンが描かれ，「彼らは，哲学者，この世の知者，異教徒の司祭であった」(Philosophi, sapientes mundi, gentium clerici fuerunt.) と記されている。

最後に，神的な知恵の円環の外では，詩人たちが，醜い黒鳥の霊感を受けて執筆をしている。「詩人ないしマギは汚れた霊から教えを受けた者たちである。――彼らは，汚れた霊どもから霊感を受け，詩的で魔術的な作品と架空の物語を書いている」(Poetae vel magi spiritu immundo instructi.－Isti, immundis spiritibus inspirati, scribunt artem, magicam et poetriam et fabulosa commenta)。『悦楽の園』の他の図像には，悪魔に取り憑かれた者たちの唇に同様の鳥が描かれている。――それゆえ，詩人は，知恵の円環の外側に締め出されるが，しかし，彼らはそこにいるのである。

哲学者たちの中にアリストテレスの姿はない（本書262-63頁参照)。プラトンは，特に教父とボエティウスを通して知られていた。9世紀のコルヴァイのボヴォや他の修道士の著作家たちは，彼らの『哲学の慰め』(De consolatione philosophiae) 第3巻9章の註釈において，『ティマイオス』に由来する思想をかなり活用した (cf. R. B. C. Huyghens, Mittelalterliche Kommentare zum «O qui perpetua», in SE., VI (1954), pp. 373-427)。ヨハネス・スコトゥス・エリウゲナは，9世紀にあって，ニュッサのグレゴリオス，証聖者マクシモス，偽ディオニュシオスの著作を翻訳し，ギリシアへと特に関心を向けることにより，プラトン的な要素を西方の伝統に紹介することに貢献した。彼は，とりわけ，サン＝ティエリのギヨームとベルナ

ルドゥスに影響を与えることになった（cf. Cappuyns, Jean Scot Erigène. Sa vie, ses œuvres, sa pensée. Louvain, 1933; A. Forest, dans Hist. générale de l'Eglise (Fliche-Martin). t. XIII (1951), pp. 9-30; J.-M. Déchanet, Guillaume de Saint-Thierry. L'home et l'œuvre, Bruges-Paris, 1942, passim)。

最後に，M.-D. Chenu, Platon à Cîteaux, dans AHDLMA., XXI (1954) p. 106 から優れた表現を引用しておくべきであろう。

シトー会におけるプラトン。プラトンがこのシトー会に見出されるということは，当時のシャルトルでなされていたような，テキストの読解がもたらす客観的，技術的な性格を伴った，学校における勤勉な研究の結果ではない。彼は知的で哲学的な存在ではない。そうだとしたら，それは，シトー会においては，精神の欲望である好奇心への致命的な譲歩であったろう。さらに，プラトン的な体系の認識は，極めて概括的とはいえ，真の直観に留まっていた。プラトンは，新プラトン主義的な思弁がキリスト者の観想に，それを支える概念的な骨組みを提供するという意味で，宗教的な存在なのである。

V　「教父」と「教師」

12世紀の神学を紹介することに最も貢献したA.-M.ラントグラフが亡くなったのは，本書の初版が出版された後のことである。彼は，本書で提示された成果の全体を認めることに非常に好意的であり[1)]，ローマ教皇庁の神学アカデミーの後援によってラテラノで開催された会議において，修道院神学の市民権を公に承認した[2)]。彼が執筆した最後の文章においても，彼は再度この問題について述べた[3)]。そこにおいて，彼は，修道院神学が教父神学とスコラ神学との中間を成しているのではないということを非常に明確に述べている[4)]。それは，教父神学の延長であり，初期スコラ学（la première scolastique, Frühscholastik）と同時代に属している。ただし，ラントグラフは，ここで，初期スコラ学を前（期）スコラ学（la préscholastique, Vorscholastik）と区別する。またさらに，彼は，「神学として，修道士の神学は，12世紀後半のスコラ学者の神学よりも，本質的に不完全であった」[5)]と付け加える。

本書においても，修道院神学の限界は認められていた[6)]。それゆえ，修道院神学が，修道院の時代以降に展開した神学の形態に与えられるべき高い評価を，軽んじることがあってはならない。そこで，私が，若い修道士たちの前で，修道院の著作家について語ったいくつかの見解を，ここに再録しておきたい[7)]。

教会がわれわれに知ってもらいたいと望んでいるいくつかの事柄があり，しかも，われわれは，それらを修道院の著作家たちから学び取ることはないだろう。われわれは，彼らの中に神学のすべてを見出すことはないだろう。われわれは，正当に，修道院神学について語る。しかし，この魅力的で新たな表現が，修道院の著作家だけを研究するという新たな形の怠惰の言い訳になってはならない。われわれの教父たちの時代以後の諸世紀における神学的な貢献を，われわれが消化吸収できるようにするために，この教父たちが取り扱わなかった諸問題に関する明確な観念を持つことが重要である。われわれに必要なのは，体験によって確かめられ，権威によって承認された，正確で確かな術語である。われわれは概念を必要とする。われわれの世代は，危機的なまでに，それらを欠いている。熱意，

宗教的な衝動，まして宗教的な感情が，知識そして伝統的な哲学およびスコラ神学の方法論的な研究に取って代わることができるなどと思ってはならない。

ここで，グレゴリアン大学の神学部の学部長であったアルスツェギー師（Z. Alszeghy, s. j.）の言葉も思い起こすべきであろう。

ベルナルドゥスの著作には，それ自体で高い価値をもつ宗教的な思想が表われており，それは，単にスコラ的な理論の先取りとして済ますことのできない思想である。われわれは，彼の著作に，見解の相違というよりは思考の形態の相違によって，スコラ神学とは異なる一つの神学を見出す。この神学との出会いは，神学者にとってこれまでなかったほどに有益である……今日の神学者は，組織神学と理性的な方法なくして，彼の職務を果たすことができないと考えているが，しかし，同時に彼は，その目的に達するためには，自分がどれほどベルナルドゥスの修道院神学を必要としているかを認めている。そして彼は，そこに，彼の必要を満たしてくれるものを見出すのである[8)]。

さらに，「修道院神学」という表現それ自体が引き起こしたさまざまな反応は，私にそれを説明する機会をもたらし，それはやがて公表されるだろう。すでに，細かなことは，以下のタイトルの書物において示されている。Études sur le vocabulaire monastique du moyen âge, Rome (Studia Anselmiana, 48) 1961, Excursus VI: Monachisme et théologie, pp. 70-79 および pp. 157-159.

1） 本書第９章註２）参照。
2） この会議の講演は，以下のタイトルで出版された。Essentia et vires motivae scholasticae nascentis, in Divinitas, II (1958), pp. 225-241.
3） L'amour des lettres et le désir de Dieu, dans Gregorianum, XL (1959), pp. 124-127.
4） 本書243－44頁参照。
5） 上掲論文 p. 180.
6） 本書290－91頁参照
7） 厳律シトー会の総会の会場で，学生たちに行なった講演，COCR., XIX (1957), pp. 238-248 に発表された。
8） Contributi alla teologia bernardina, dans Gregorianum, XXXVIII (1957), p. 340.

VI アンセルムスの位置

本書において，私は，カンタベリーのアンセルムスを修道院神学とスコラ学との関係で位置づけることを避けた。しかし，ミラノ・カトリック大学教授S・ヴァンニ・ロヴィーギがこの教師について語った絶妙の表現は，関心を刺激せずにはおかないであろうし，アンセルムスはそれに十分に価する[1]。

現在刊行中の『霊性の歴史』(Histoire de la spiritualité) の「ベネディクト会の伝統」に割かれた章において，アンセルムスに関する見解が述べられている[2]。ここでは，いくつかの点を示しておくだけで十分であろう[3]。

アンセルムスは，古代修道制のすべての代表者たちの上に立っている。実を言うと，彼を一つのカテゴリーに入れてしまうことは難しい。彼は天才である。したがって，枠の外にいる。彼は修道士であり，修道制に生命を与える教父の伝統に，心の底から結びついている。同時に，彼は形式論理学に情熱を傾け，権威 (auctoritas) に基づくよりもむしろ理性の光によって，信仰の所与を省察しようとすることが多い。彼は，暫定的で，不完全な総合を作り上げた。そして，それは，彼の期待を裏切ったが，大胆な企てであり，また，彼が自然本性の可能性への美しい信頼を抱いていたことを示している。彼の影響は，とりわけ，13世紀にまで及んだ。12世紀においても，イサアク・デ・ステラ，リーヴォーのアエルレドゥス，サン＝ヴィクトルのリカルドゥスのような何人かの精神に影響を与えた。まさしく，彼は例外であり，枠に収まらないがゆえに，彼は，修道士とスコラ学者を区別する一般的な図式に合致しないのである。

1) S. Vanni Rovighi, Questo mirabile secolo XII, dans Studium, LIV (1958), p. 423-424. 同様に，アンセルムスに関する多くの情報は，以下の内容豊富な書物にも見出される。Spicilegium Beccense. I. Congrès international du XIe centenaire de arrivée d'Anselme au Bec, Le Bec-Hellouin-Paris (Vrin), 1959. および R. Roques, Structures théologiques, Paris, 1962, pp. 243-293.
2) La spiritualité du moyen âge, Paris, 1961, pp. 203-208.
3) ここに掲載したものは，教皇庁立アンジェリクム大学 (Collegium Angelicum)

で行なわれた講義からの抜粋である。この講義は，以下の表題で出版された。Richesses spirituelles du XIIe siècle, dans VS., 100 (1959) 298-306.

［訳者付記］ 後に，ルクレールは，アンセルムスに関するこうした評価を変更し，彼を修道院神学者として位置づける。以下に紹介するのは，Renaissance and Renewal in the Twelfth Century, ed. R. L. Benson and G. Constable with C. D. Lanham, Harvard University Press, 1982, pp. 68-87 所収の論文 'The Renewal of Theology' の一節（pp.77-78）である。

修道院神学の根本的な構成要素は——ベルナルドゥスと修道士たちが好んだ言葉を用いるならば——体験である。このことは，すでにアンセルムスにおいて明らかであり，修道院神学の全体的な革新を開始したのは彼である。聖書に関するアンセルムスの個人的な瞑想，そして聖書に関する彼の神学的な省察の統一性は，彼の修道生活の統一性に由来し，また彼の著作の統一性に反映されている。修道士としての彼の生活において，典礼と個人的な祈りの生活とが第一のものであった。彼にとって，神は，解決されるべき問題ではなく，愛され，祈られるべき現実であった。神により近づくために，神をよりよく知りたいという彼の希求，そして修道院長としてのさまざまな配慮は，アンセルムスにとって，等しく，より一層の光を求めて努力するための機会であった。彼の伝記作者エアドメルスの報告によると，ある晩，聖務日課の最中に，「神の恩恵がアンセルムスの心を照らし」，その光が，『プロスロギオン』において神について述べられる事柄の理解へと彼を導いたのである（『アンセルムス伝』 I，19)。このことによって，彼は，弁証論理学による推論を用いた知的な努力を免除されたわけではなかった。しかし，恩恵の照明と知的な努力から生じた諸著作は，彼の理論的な探求と霊的な体験の統一性を証明するものである。